TTM

全面工艺管理

TOTAL TECHNOLOGY MANAGEMENT

任紫菊◎编著

机械工业出版社

CHINA MACHINE PRESS

本书主要内容为中兴通讯全面工艺管理实践分享。企业推行全面工艺管理能够提高产品质量、减少内耗、降低全流程成本、扩大产品销售。

本书主要包括全面工艺管理的概念和组织架构介绍、从产品售前到售后全流程各环节的工艺管理方法及案例，此外还包括产品质量和可靠性的工艺管理方法，以及企业如何推行全面工艺管理等。本书按章节逐步阐述如何实现追求全流程性价比最优的对产品全生命周期的系统性工艺管理，按流程步骤讲解方法，提供实践模板和借鉴性强的案例。

本书适合作为企业各级工艺技术人员和工艺管理人员的案头随查随用工作参考资料，还可作为企业培训用教材和高等院校理工科学生的学习用书。

图书在版编目（CIP）数据

全面工艺管理 / 任紫菊编著. —北京：机械工业出版社，2024.1
ISBN 978-7-111-74598-3

Ⅰ. ①全⋯ Ⅱ. ①任⋯ Ⅲ. ①产品生命周期－工艺管理 Ⅳ. ①F273.2

中国国家版本馆 CIP 数据核字（2024）第 061171 号

机械工业出版社（北京市百万庄大街 22 号　邮政编码 100037）

策划编辑：李万宇	责任编辑：李万宇　宫晓梅
责任校对：李可意　张亚楠	封面设计：马精明
责任印制：刘　媛	

北京中科印刷有限公司印刷

2024 年 7 月第 1 版第 1 次印刷

170mm×230mm・28.75 印张・3 插页・449 千字

标准书号：ISBN 978-7-111-74598-3

定价：169.00 元

电话服务	网络服务	
客服电话：010-88361066	机　工　官　网：www.cmpbook.com
010-88379833	机　工　官　博：weibo.com/cmp1952
010-68326294	金　书　网：www.golden-book.com
封底无防伪标均为盗版	机工教育服务网：www.cmpedu.com

序 1

FOREWORD

工艺工作包含工艺管理和工艺技术，是企业生产经营管理的核心基础和核心技术。工艺管理科学地计划、组织和控制各项工艺工作，并贯穿于企业生产经营的全过程，与计划、质量、财务、物资、人事等业务密切相关，是实现产品设计、保证产品质量、提高生产效率、减少浪费的重要手段，可以讲工艺管理是企业管理的主体。

通常情况下，工艺管理主要涉及产品设计研发、产品生产的工艺准备、产品生产的现场工艺管理等阶段以及技术改造等工作。中兴通讯股份有限公司（以下简称中兴公司）在多年的工艺工作中，将工艺管理工作融入到产品全生命周期各个阶段的活动中，即围绕通信产品的销售、研发、计划、采购、生产、运输、环境转变、安装、调试、使用、维护服务、回收等环节，梳理各个环节工作与工艺管理的关系，针对每个环节提出明确的工艺管理要求、内容和措施，并将具体措施融入到现有业务流程中，与全面质量管理、综合成本控制等业务紧密协同起来，实现了全流程闭环式工艺管理。

此种工艺管理思想和方法在中兴公司得到全面推广和应用。在数字化时代，人们对电子产品更多地关注用户体验、智能化、连接性和个性化等多方面的应用需求，产品设计制造难度越来越大。中兴公司将售前的市场调研和产品计划以及售后服务收集的工艺信息纳入工艺管理，有效地做到事前计划和事中控制，从而缩短新产品开发和生产的周期，使中兴公司的工艺质量和效率等关键指标获得显著的提高，打造了高品质、高性价比产品，实现了优质、高产、低耗、高效益目标，跟上了时代发展的步伐。

本书将理论和实践结合，系统地介绍了通信产品全生命周期工艺管理工作，把传统工艺管理拓展应用于销售、使用、维护服务、回收等环节，经过实践验证取得很好的效果。书中列举了大量案例和工艺管理活动，给出了应用场景的规范和模板，凝聚了作者在工艺领域三十多年的工作经验和思考，具有较强的指导性和可操作性，能够对工艺领域的从业人员提供有意义的帮助和指导，对工艺相关专业的高校师生提供借鉴和参考。

王国庆

2024 年 5 月

序 2

FOREWORD

1990 年，我与本书的作者同时进入机械电子工业部第三十九研究所（现中国电子科技集团公司第三十九研究所）工作，同事几年，后紫菊到中兴通讯工作。在中兴数年的工作中，她在工艺技术和工艺管理中积累、思考、创新、实践，形成了一套颇有价值的全面工艺管理思想。前几天，紫菊打电话给我，希望我为她的《全面工艺管理》一书作序，一方面我十分惶恐，感觉难以胜任；另一方面，又为她这种事业情怀所感动。一晃二三十年过去了，青春已离我们而去，能在即将退休之际，将自己工作的经验和思考，集结成书，与广大读者共享，也是人生的一大幸事。在认真拜读书稿后，我试着用以下想法，为本书做个序，请作者和读者参考。

核心能力是企业可持续发展的关键，具备较强核心能力的企业，也会同时具有良好的竞争优势和经济效益。通过技术创新提高核心能力，实施基于核心能力的战略管理，是现代高科技企业的科学管理原则。管理是一种生产力，能对技术创新起到促进作用，并能使技术创新发挥最大效能，还能降低技术不足引起的企业风险。可以说，管理创新和技术创新对于企业的发展处于同等重要的地位。

随着企业的内在动力驱动、社会经济的发展、全球新技术的不断涌现，要求企业持续进行技术创新和管理创新。管理创新与技术创新具有相辅相成的密切关系。在管理创新中，工艺管理的创新是不可或缺的重要组成部分。

在这个新技术、新材料、新工艺方法不断涌现的时代里，日新月异的通信行业中的企业，时刻迎接着市场新需求和通信技术快速发展的双重挑战。传统的生产工艺管理及设计工艺管理的理念和方法，已经不能适应时代发展的要求，企业需要对工艺和工艺管理的概念、思想和方法经行创新变革。从书中可以看出，为顺应时代需求，中兴通讯的"全面工艺管理"经过长期循环往复的探索、实践、总结而诞生了。

"全面工艺管理"认为，当代"工艺"由"工艺技术"和"工艺管理"组成，对工艺和工艺管理赋予了新的视角、新的内涵和新的管理途径。对通讯设备企业来说，全面工艺管理就是针对产品的应用场景、产品需求、售前、研发、计划、采购（包括供应商工艺管理）、生产、售后（包括回收）等全流程各个环节开展"全流程性价比最优的、端到端、环环相扣"的工艺管理。全面工艺管理方法致力于把各个环节的具体工艺职责落实到相应的业务流程中，并监督执行，是一种技术管理方法，其管理对象是产品全生命周期中各环节的相关工艺工作。

"质量第一，效益优先"是当代企业的发展理念，开展全面工艺管理工作是这一理念的重要落地措施。开展全面工艺管理是为了实现"工艺"的终极目标：提高产品质量，降低全流程成本，扩大产品销售。这个终极目标不仅符合企业发展的需要，也符合产业链上所有战略合作伙伴的需要。从中兴通讯的实践还发现，推行全面工艺管理，还可以激发组织或团队活力，员工会自觉地不断挑战自我，勇于突破上限，从"有效"奔向"高效"，在提高绩效的同时，推动"全面工艺管理"持续优化发展。实际上，通信行业长期的实践证明，全面工艺管理也已经成为产业链可持续性发展的重要落地措施。

《全面工艺管理》一书作者任职"工艺岗位"数十年，足迹踏遍全国每个省份和几十个国家，精通通信领域的各项工艺技术，对产品全生命周期的工艺管理有着深刻的理解。本书结合作者亲身经历的大量实际案例，深入浅出地解析了通信设备行业从客户中来、到客户中去的端到端的工艺管理的核心要点，能为读者提供一份通信行业的、全景沉浸式的工艺管理指南。对从事通信行业的高校师生及相关研究所科研人员深入了解通信设备全生命周期的工艺管理也有较好的参考价值。

全面工艺管理需要有全局性视野，当前快速迭代的数字化和智能化技术，结合全球低碳战略需求，一起为全流程"高性价比的环环相扣"的工艺业务流转提供了极大的便利和准确性，形成了推行全面工艺管理的水到渠成之势。本书旨在通过深入剖析通信领域全流程的工艺管理方法，推介全面工艺管理的思想和管理模式，作者通过本书分享这些年的全面工艺管理理念和经验，助力企业进行工艺管理的思考和变革，期望为行业乃至我国制造业的工艺管理技术进步贡献一份力量，为我国新型工业化高速发展履行一份社会责任。祝愿读者朋友们能从本书获得崭新的启迪。

李志伟

2024 年 5 月

在大学本科的工科专业中，与工艺相关的课程有很多，如"焊接工艺""塑性成形工艺""机械制造工艺""热加工工艺""化工工艺""酿造工艺""化学工艺"等，这些都是与具体事物相关的个体性工艺；还有工艺管理类课程，如"电子工艺与管理"等，一般是以生产技术实施过程为对象，学习其中的管理理论与方法。这些课程都聚焦于生产层面的技术和管理。

本书所提出的全面工艺管理（Total Technology Management，TTM），是一种从在产品的应用场景、产品需求、售前、研发、中试计划、采购、客户订单交付、生产到售后全流程的闭环式工艺管理的方法。全面工艺管理的管理对象是企业产品全生命周期的工艺工作，覆盖产品全生命周期范畴的活动，与以上提到的课程内容有很大的不同。

1990 年，笔者入职原机械电子工业部 39 研究所工艺推进室，这个研究室是研究新工艺技术的。当年老所长去美国参观学习后，认为中国需要大力发展工艺技术，于是成立了工艺推进室。现在回头再看，不禁感慨老所长的远见卓识。

笔者从事工艺技术和工艺管理工作 30 余年，特别是在中兴通讯股份有限公司（以下简称 ZTE）从事工艺工作的 27 年中，总结形成了全面工艺管理的思想和一系列方法，并反复在实践中检验、优化，从 2017 年年初开始在 ZTE 全公司范围内全面推广，效果显著。当今世界，技术发展日新月异，我国要发展工业，必然绕不开工艺，工艺和软、硬件技术必须匹配发展，希望这些从实践中总结提炼出来的实战经验，能帮助我国企业轻装上阵、快速发展。

全面工艺管理是为了实现工艺的终极目标：提高产品质量、减少内耗、降低全流程成本、扩大产品销售。其中每项工作都追求全流程性价比最优。针对不同的产品，在不同的企业中，全面工艺管理的具体管理方式不完全相同，但核心思想是一样的。工艺管理方法与企业文化密切相关，所以企业可以借鉴其他企业的全面工艺管理方法，但不可以直接复制，而且各个企业的全面工艺管理模式都是动态发展变化的，在不同时期有不同的特点。

全面工艺管理不仅是工艺管理和工艺技术的方法论，也是贯穿产品全生命周期的系统技术管理的思想论，可以帮助企业中从事市场营销、产品研发、产品中试、计划、采购、生产、售后服务等领域工作的技术和管理人员，形成全面工艺管理的思想，拥有全局性的眼界和思维方式，以便更好地完成企业中相关岗位的工艺管理工作，为企业和客户创造更大的价值。

通过本书，笔者主要想向读者阐明，在产品全生命周期过程中，各个环节与工艺的关系，以及如何通过切实可行的工艺管理方法，将各环节工艺工作环环相扣地梳理成规，实现降本增效的目标。

在不断学习和总结的道路上，公司、客户、供应商、合作单位和同行的每一位同仁都是笔者的老师！衷心感谢公司历任领导和同事对笔者研究全面工艺管理及编著本书的大力支持和帮助！感谢航天通信中心党委邓宁丰书记、中兴通讯技术规划部赵志勇总经理、中兴通讯学院闫林老师对本书出版工作的倾力相助！感谢出版社李万宇老师对笔者编写工作的悉心引导和鼎力相助！感谢王国庆院士、中国电子科技集团公司第三十九研究所党委李东伟书记在百忙之中仔细阅读了本书，并给本书做了序，中兴通讯将更加努力持续探索、推动全面工艺管理发展！

限于笔者的知识和能力水平，本书难免存在不足之处，恳请广大读者提出宝贵的意见和建议，共同探讨，共同进步。本书能给我国企业提供一点帮助或启迪，将是笔者和 ZTE 最大的欣慰，笔者会尽全力为读者答疑解惑。

工艺技术研究和推动工艺管理发展及创新，非常需要有勇于奉献的工匠精神，既然选择了远方，我们工艺人便只顾风雨兼程。愿我们都能以梦为马，不负韶华，一路披荆斩棘，终究繁花似锦。

目录

CONTENTS

第 3 章

**全面工艺管理
组织架构及
产品工艺总监**

第6章

**产品工艺结构
需求开发**

第 7 章

**产品研发中的
工艺管理**

第 8 章

产品可靠性中的工艺管理

第 11 章

**产品采购中的
工艺管理**

第 12 章

**客户订单交付
中的工艺管理**

第 13 章

**产品生产过程
中的工艺管理**

第 14 章

产品售后工作中的工艺管理

第 15 章

产品使用环境
的工艺管理

第 1 章

全面工艺管理的全面诠释

1.1 "工艺"概念的内涵和外延发展

1. "工艺"的早期定义

早期"工艺"一词使用的英文是"process",是指生产线将原材料或零部件加工成成品的过程,包括所做的各项工作。

2. "工艺"定义的发展

"工艺"后来使用的英文是"technology",从英文词义的变化可以看出,时代已经给"工艺"赋予了技术的含义。这时的"工艺"是指生产线将原材料或零部件加工成成品的过程,包括所做的工作,所使用的方法、工具和技术。

3. "工艺"范围和内容的拓展

从 ZTE 工艺人员工作岗位的演进(图 1-1)也可以看出人们对"工艺"认知的变迁。ZTE 的前身——中兴半导体有限公司,于 1985 年在深圳成立。最初,工艺人员在生产部的工艺科,工作职责是编写生产工艺文件和处理生产现场的问题,后来成立了工艺部,职责未变,但工作力度强化了。很快,公司领导意识到产品质量要从设计源头抓起,于是一部分工艺人员转岗至工艺设计,与结构设计人员合并在一起,成立了工艺部,属于产品开发部门;还有一部分工艺人员转岗至中试工艺,负责转产中的生产工艺工作。这个变革对公司的发展有着至关重要的推动作用,是里程碑式的事件,那一年是 1998 年。从那时候开始,工艺设计人员在参与产品开发的同时,还会处理售后工艺问题。随后,结构平台和工艺研究部等部门逐步设立了工艺总工。2005 年笔者被任命为传输产品线工艺总监,进行产品端到端的工艺管理。2018 年各产品线设立工艺总监,并组成工艺总监小组,实现横向联系,至此,ZTE 有了网格式的工艺管理团队和工艺管理模式。

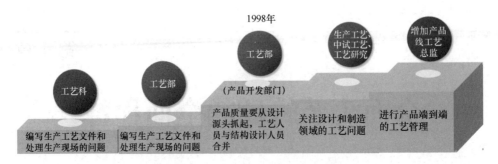

图 1-1　ZTE 工艺人员工作岗位的演进

由此可见，"工艺"概念的范围和内容顺应时代发展的需要在不断发展变化着。

4. 当代"工艺"的概念

ZTE 认为当代"工艺"应该包含"technology and technological process management"（这个"process"与前面的"process"词意范围不同），也就是说"工艺"应该由"工艺技术"和"工艺管理"组成。

本书"工艺"的概念可以理解为"泛工艺"，涵盖了在产品销售、研发、计划、采购、生产、运输、环境准备、安装、调试、使用、维护、回收等与产品相关的活动过程中，使用的各类有形和无形的工具和工艺技术，以及与各类活动相关的各项工艺管理工作。工艺蕴含在产品生命周期的每个环节里。

全面工艺管理的初级目标是配合产品开发部门实现产品的各项功能，全面工艺管理的终极目标是提高产品质量，减少内耗，降低全流程成本，扩大产品销售，要想真正实现工艺的终极目标，实行全面工艺管理是一个非常好的方法，如图 1-2 所示。

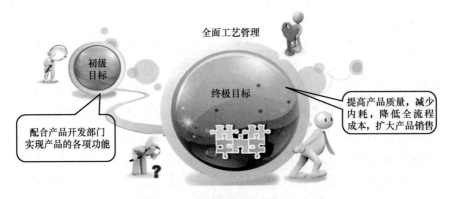

图 1-2　全面工艺管理的目标

1.2　全面工艺管理

1.2.1　全面工艺管理的概念

对通信产品企业来说，全面工艺管理就是在产品的应用场景、产品需求、售前、研发、中试、计划、采购（包括供应商工艺管理）、客户订单交付、生产、售后（包括回收）等全流程做端到端的工艺管理，把各个环节的具体工艺职责落实到岗位并执行，是一种技术管理。全面工艺管理和合规管理、质量管理一样，管理对象都是产品生命周期中的相关工作。全面工艺管理是企业业务管理的一部分。

全面工艺管理的重点有两个：

1）产品全流程环环相扣的端到端工艺管理。

2）每一项工作追求的都是"全流程性价比"最优。众所周知，局部最优，最终结果并不一定最优，有些时候，局部最优会导致最终结果最差。所以每一件与工艺相关的工作都要站在全流程的角度，"看"放在哪个环节做，全流程成本才最低。

1.2.2　推行全面工艺管理的原因

虽然"工艺"一词英文从"process"变到"technology"已经很多年了，但是不少人的认知还是停留在"process"上，日常工作中的关注点也放在生产工艺上，致力于研究各种生产工艺，并持续优化生产工艺。一些人意识到了设计工艺的重要性，在产品设计的时候会考虑当前业界的生产能力、材料情况和企业车间的设备能力等，以保证设计出来的产品能够顺利地批量生产，这就是面向制造与装配的产品设计（Design For Manufacturing and Assembly，DFMA）。这种做法是正确的，但是要提高产品质量、降低全流程成本、最终获得最高效的投入产出比，这样做还远远不够。

1. 过往实践说明只有各个环节都做好工艺管理，才有好的产品质量和利润

1）十多年前，笔者曾接到售前同事的诉求：某国际项目合同已经签了，做工勘的时候才发现有几个站点是室外站，需要一个室外机柜的代码。合同签了，表明产品型号已经确定了，这个型号的产品是否能用于室外未知，而室外站成本远高于室内站，完全可以断定这个项目利润已经打折扣了。严重的话还得重新做网络技术方案，重新设备选型。这个案例说明，销售方案中工艺问题没处理好，整个技术方案可能会出问题，利润会受影响。

2）多年前，很多售前同事不懂得 ETSI（欧洲电信标准化协会）和 IEC（国际电工委员会）标准的问题，以及插箱前固定和后固定的相关问题，导致了不少的补发货，之后通过配置模板里物料的相互关联，以及文档推送和各种培训，这样的问题已经杜绝了。这个案例说明，销售人员有工艺结构件知识的时候，能做出正确的配置，减少补发货，避免利润缩水，避免降低客户满意度。

3）计划员如果懂得结构的配置关系，注意观察工艺结构件的发货量变化，了解生产工时情况，则会缩短供货时间，极大地降低呆滞库存。例如，早年的一次结构件的切换，在清理库存和在途数量时发现结构件和线缆没有按匹配关系备料，线缆多了 4000 套，为了消耗掉这 4000 套线缆，只好多备了即将废弃的高成本的结构件。这个案例说明，设计降了成本，若计划没跟上，则效益就不能及时体现。当然，数字化时代，数字化的系统会给计划员推送所需要的各种数据，也能帮助做出匹配的采购计划，但不可否认的是，计划岗位存在工艺需求，而且随着产业链内各企业的协同发展，以及产业链之间竞争的加剧，计划岗位对工艺知识和技能的需求在持续增加。

4）为了散热，热设计和结构设计在保证机柜门强度的情况下，想方设法扩大机柜门的通风率，结果现场发现机柜门被贴上了各种资料，如图 1-3 所示，导致这个位置的设备通风困难，风扇转速增加，产生噪声投诉。通过培训、规范文档传递要求、巡检处理等方式，这种情况有了极大的改善。这个案例说明，即使设计做好了，若售后阶段没按要求执行，则设备也会发生故障。

5）很多年前，某客户反馈某项目设备布线做得差，工艺性不好。公司同事拍回来一些有问题的现场照片，经研究后，得出问题的原因是：

图 1-3　机柜门被贴上了各种资料

① 工程队安装布线没有按照安装手册执行（售后督导原因）。

② 售前配置遗漏了走线架等辅料（售前、合同交付及售后原因）。

③ 设备没有安装在适配的机柜中（研发、售前、售后、文档原因）。

④ 配置超出设计容限（研发、售前、售后、文档原因）。

⑤ 外购设备缺失安装布线指导文件（研发、采购、售后、文档原因）。

从上述事例可以看出，设计做得再好，交给最终客户的也不一定是好的产品，只有各领域都做好本职的工艺工作，最终的客户才能得到高品质的产品。

2．笔者的工作经历和工作内容表明各个岗位都需要工艺技能

1）笔者每年都会给售前、售后的同事讲课，介绍工艺结构方面的配置问题、使用问题、环境问题、标准问题和纯技术理论等，目的是给售前和售后同事传授工艺技能。

2）笔者时不时也会给客户讲课。毕竟设备制造商对设备、设备使用环境、设备安全使用方法，以及设备未来发展方向更有研究，可以给客户提供更多的工艺技能方面的帮助。

3）笔者给硬件设计人员培训过"单板工艺设计规范"。

4）笔者参加过线缆和结构件招标的商务洽谈，协调处理过呆滞库存、计划备料和供应商供货问题。

5）笔者协调处理过测试设备的研发问题和单板可生产性需求问题。

6）笔者和技术部合作过研发流程改进工作。

7）协同处理售前、售后问题是笔者工作中的一项重要内容。

8）协调处理硬件研发、结构平台、中试、生产和文档开发相关工作是笔者的日常工作。

9）近些年笔者研究比较多的是工艺中的可靠性之类的问题。

从这些琐碎的事情可以看出，这些岗位需要笔者的帮助和介入，本质是需要笔者的工艺技能。也就是说，这些岗位都是需要用工艺知识和技能完成相关工艺工作的。

3．通过全面工艺管理的"索道桥"加强各个"孤岛"型环节之间的连接

矩阵管理的大公司都有些像千岛湖，各个体系是岛，岛屿之间有湖水连接，如果强化各体系之间的连接，很多问题可以做得更好。全面工艺管理可以在岛屿之间起到索道桥的作用。举个简单的例子，一个产品的走线槽设计有缺陷，工程布线时处理得好，可以弥补这个设计缺陷，再将问题反馈给研发，研发改进走线槽设计，产品质量得到提升，这样前后方加强联系解决了问题。再例如针对"大容量设备对机房环境要求"事项，研发做好文档，售前和售后人员都分担一部分工作，这个事情就可以很好地落地，能给设备在机房争取到一个适配的环境，保证设备可以安全可靠地运行。这项工作需要研发人员、售前人员、售后人员和客户很好地联系起来，共同参与设备的安装运行。

通过 ZTE 推行全面工艺管理的经历来看，公司各部门之间，以及各部门与客户或供应商的沟通过程中，因为有了对工艺工作的分担，联系更为紧密了，并加深了相互理解和支持。笔者经常跟同事们说，只要大家手拉手，就可以密合各领域之间的缝隙，我们的工作会做得更好。

4. 全面工艺管理能培养复合型人才，使流程扁平化

每个领域都需要专业能力强、知识渊博、触觉敏感的人来给团队指路、掌舵。掌握的知识越多，站得就越高，看得自然更远，能做到未雨绸缪。而且知识越多，敏感度也会越高，能从各种蛛丝马迹中找到事物的发展趋势，预知前进的方向。

复合型人才的说法已经流行好些年了，笔者对复合型人才的优势有着深刻的体会，非常认同这个理念。懂工艺的复合型人才有如下优势：

1）可以减少二传手，提高工作效率，使流程扁平化，降低成本。

2）可以做出更合理的研发或市场项目方案，能使方案的性价比更高。

3）可以加深不同领域同事之间的相互理解，有助于提高士气。

下面举个例子来说明复合型人才的优势。若硬件设计人员了解单板生产工艺，则在器件选型和单板工艺设计时，不会仅仅依照公司标准做事，还会有更深层次的思考，会很好地平衡硬件需求和可生产性需求，或许还能碰撞出更好的方案及优化标准，这些情况在研发过程中时有发生。

再举一个售前的例子。了解设备对机房环境要求、室外应用情况的售前人员，在和客户交流方案的时候会更得心应手，不仅会给设备争取一个适配的环境，同时还会得到客户的"专业"的认可，给拿单加分。

培养懂工艺的复合型人才具有很高的可行性。笔者是学化学和高分子专业的，在工作中笔者也学会了线缆设计和制造工艺、PCB（印制电路板）设计和生产工艺、结构件工艺、热设计等知识，很多东西只要用心完全可以学会，更何况需要非设计领域同事掌握的工艺知识是比较简单的，理念也是比较浅显的。在日常工作中我们可以看到，现在年轻一代接受能力更强了，很多东西一点就通。新员工经过几个项目的磨炼，很多工艺知识或技能就能用上七七八八了。

1.3 "工艺"与产品生命周期各阶段的关系

1.3.1 设计、生产和采购与工艺的关系

设计、生产与工艺相关，这个是目前大家都知道的，如果说采购与工艺相关，是不是有点难以理解呢？其实采购与工艺的关系是非常大的。例如一个外购的结构件，由两位结构工程师分别出方案，张工出的方案零件数多，但加工工艺简单；李工出的方案零件数少，但加工工艺复杂，我们选哪个方案呢？自然是要评估功能实现性、可靠性、可操作性、可维护性、可生产性、成本、采购难易程度等，若功能实现性、可靠性、可操作性、可维护性、可生产性得分基本相同，则看成本和采购难易程度。成本和采购难易程度方面其实与采购策略有很大关系，除了材料成本外，量大成本低是显而易见的，如果把这个外购结构件里的零件和其他类似物料的零件打包招标，则采购量自然就大了，成本就低了，采购难度系数就极大地降低了。所以评估张工和李工的方案需要看采购策略，也就是说采购和工艺之间有着密不可分的关联性。

1.3.2 售前、售后和文档开发与工艺的关系

从 1.2.2 节的叙述，我们已经不难理解售前与工艺相关。售前工程师给客户推介产品时，需要根据客户的功能需求和应用场景，推介适配的产品，与此同时，还需要考虑推介的产品成本与客户资金规划的适配性。这些看起来与工艺没什么关系，实则不然。拿通信产品来说，售前工程师在给客户推介产品时，除要了解客户功能需求外，还要知道客户是否有足够的室内机房，客户光缆数量是否够用，或者是否需要用于室外站等。用于室外站时，需要考虑建站的选址要求、

土地使用成本、土建工程成本、室外机柜选型、室外用设备选型等，这些都需要与客户的资金适配，同时要保证自己的利润。假如忽略这些，只是一味地给客户推介最大容量的设备，结果可能是没有适配的室外机柜来承载设备，或者是成本超过了预算，导致项目无法落地，或者项目亏损。

售后工作很大部分内容是工艺范畴内的，比如设备安装（工艺）、调试（工艺）、维护（工艺）等，大家是很容易理解的。文档开发与工艺的关系也很好理解，设备安装（包括布线）说明书、设备使用说明书、设备调试说明书等，也都是具体工艺操作的文档，不懂这些工艺自然没法写出适用的文档。

工艺与每个环节的相互关系会在后续的章节详细介绍，从前文介绍中可以看出，工艺渗透在产品生命周期全流程业务的每个环节里，企业利用全面工艺管理的思想，把各个环节里的工艺工作内容，一环扣一环地关联起来，统筹规划，就能最大限度地提高产品质量，降低内耗，实现全流程成本最优，进而扩大产品销售，为企业和客户创造更大的价值。

1.4 举例说明用全面工艺管理的思想解决实际问题

1.4.1 用工艺技术解决噪声及温度问题

1）公司某款产品在大容量设备中销售量是相当大的，相对而言，其应用的机房环境是最差的，但散热和噪声投诉却极少。其中一个重要的原因就是应用了两个工艺管理措施：槽位优先配置原则和三条调速曲线。使用槽位优先配置原则，可以降低某些风扇转速，直接降低设备噪声。该设备设计了三条风扇调速曲线，当环境噪声需求高的时候，使用低噪曲线，这时候设备温度相对较高，但也满足寿命要求；环境噪声需求不高时，可以使用低温曲线，提升设备寿命。这是因地制宜的精细化管理方法。

2）对于国外某项目，公司某设备除了两块 10G 的单板外，其他都是大容量单板，但现场测得的系统温升不高，这是因为售前人员按照"大容量设备对机房环境要求"文档，给设备争取了适配的环境，这也说明，环境好对设备是非常重要的；同时，现场按照槽位优先配置原则对单板槽位做了调整，某板光模块外壳温度就从 42℃降到了 30℃。

1.4.2　用全面工艺管理的思想解决设备货损问题

货损是一个长久困扰我们的问题，刚开始总是想从设计上杜绝某产品货损的发生，后来发现，产品设计和包装设计无论对产品如何加强或保护，甚至是过设计，都无法杜绝货损的发生，后来用全面工艺管理的思想，把产品从设计（产品设计和包装设计）、包装生产工艺、运输、库存、上站、安装到调试工序都做了梳理，并根据实际考察情况，确定了容易导致货损的环节是卸货和产品二次上站，这基本上是一个管理问题，于是我们多方规范卸货工艺和二次上站工艺，加强质量管控，该产品当年货损降低了 50%。

1.5　做好全面工艺管理需要把各个环节需要做的工艺工作嵌入流程中

工艺工作是由巨多的小事组成的，日常工作需要嵌入流程里，通过"法制"来实现，技术或工艺可通过标准和规范来固化，基础知识等可通过各岗位"应知应会"来推广。

例如，"工艺结构可行性评估报告"加入立项评审流程，推动提前研究工艺结构问题，并保证项目具备可设计性、可生产性、可操作性和可维护性；单板工艺设计规范是单板工艺性设计的指导文件，是产品设计必须遵守的规范之一；生产防静电规范是设备生产必须遵守的规范之一。

工艺的事情看起来像是小事，但小事量变之后会质变成大事，只抓大事的结果就是大事越来越多。每一件具体的工艺活动都需要有固化场所，从而保证全面工艺管理的长治久安及持续性改进发展，从而实现 ZTE 的愿景：让沟通与信任无处不在！

第 2 章

全面工艺管理内容的标准化

2.1 标准的一般分类

标准是对一定范围内的重复性事物和概念所做的统一规定，它以科学、技术和实践经验的综合成果为基础，经有关方面协商一致，由主管机构批准，以特定形式发布，作为共同遵守的准则和依据。

标准的载体，即表现形式为文件。我国的标准分为：国家标准、行业标准、地方标准、团体标准和企业标准。

标准既是全面工艺管理的指导文件，也是推行全面工艺管理及发展全面工艺管理必不可少的工具，所以标准对全面工艺管理的意义非凡，在推行全面工艺管理的过程中，首先需要强化的就是对标准的认知和正确运用，以及通过创新而引导创立新的标准。

1. 国家标准

国家标准是指由国家标准化行政主管部门批准并发布的，对我国经济技术发展有重大意义、需要在全国范围内统一的标准，通常简称为"国标"。

2018 年，我国在《中华人民共和国标准化法》中将国家标准分为强制性国家标准和推荐性国家标准。强制性国家标准的制定严格限定在保障人身健康和生命财产安全、国家安全、生态环境安全以及满足经济社会管理基本需求的范围内。

1）强制性国家标准。国家通过法律的形式明确要求对于一些标准所规定的技术内容和要求必须执行，不允许以任何理由或方式加以违反、变更，这样的标准称之为强制性国家标准。对违反强制性标准的，国家将依法追究当事人的法律责任。强制性标准是最低门槛，是一条红线，任何团体和企业都不能踩踏这条红线。一旦违反或没能达到强制性标准的要求，相应机构的生产和社会活动应立即停止或被取缔，所生产的产品即为不合格产品。

2）推荐性国家标准。推荐性国家标准是指国家鼓励自愿采用的具有指导作用而又不宜强制执行的标准，即标准所规定的技术内容和要求具有普遍的指导作用，允许使用单位结合自己的实际情况，灵活加以选用。

3）指导性技术文件。指导性技术文件是为仍处于技术发展过程中（如变化快的技术领域）的标准化工作提供指南或信息，供科研、设计、生产使用和管理等有关人员参考使用而制定的标准文件。

4）国家标准代号。强制性国家标准代号为 GB、推荐性国家标准代号为 GB/T、国家标准指导性技术文件代号为 GB/Z、国军标代号为 GJB。例如，《家用和类似用途电器的安全　第 1 部分：通用要求》（GB 4706.1—2005）属于保障人身健康和生命财产安全的范畴、《计算机信息系统　安全保护等级划分准则》（GB 17859—1999）属于保障国家安全的范畴；《环境空气质量标准》（GB 3095—2012）属于保障生态环境安全的范畴等。

2. 行业标准

行业标准是指没有国家标准、需在全国某个行业范围内统一技术要求而制定的标准，是国务院有关行政主管部门组织制定并报国务院标准化行政主管部门备案的公益类标准。行业标准也分为强制性标准和推荐性标准。不同行业的行业标准代号有所不同，如农业标准为"NY"、环境保护标准为"HJ"、海关标准为"HS"等。

3. 地方标准

为满足地方自然条件、风俗习惯等特殊技术要求，省级标准化行政主管部门和经其批准的设区的市级标准化行政主管部门可以在农业、工业、服务业以及社会事业等领域制定地方标准。地方标准发布后应向国务院标准化行政主管部门备案，并在本行政区域内适用。省级地方标准代号由汉语拼音字母"DB"加上其行政区划代码前两位数字组成。市级地方标准代号由汉语拼音字母"DB"加上其行政区划代码前四位数字组成。如陕西省地方标准"DB61"、西安市地方标准"DB6101"。地方标准属于推荐性标准。

4．团体标准

团体标准是依法成立的学会、协会、商会、联合会等社会团体为满足市场和创新需要，协调相关市场主体共同制定的标准，由本团体成员约定采用或按照本团体的规定供社会自愿采用。团体标准属于推荐性标准。

5．企业标准

企业标准是在企业范围内为需要协调、统一的技术、管理工作要求所制定的标准，是企业组织生产、经营活动的依据。企业标准属于推荐性标准，但是企业标准对该企业内部来说，是强制性标准。企业标准是企业生存和发展的重要技术基础。

2.2 标准按照技术用途分类

标准按照技术用途可分为技术标准、管理标准、工作标准。

1．技术标准

技术标准为对标准化领域中需要协调统一的技术事项所制定的标准，包括基础标准，产品标准，方法标准，安全、卫生与环境保护标准等。

（1）基础标准

基础标准是指在一定范围内作为其他标准的基础并具有广泛指导意义的标准，包括标准化工作导则，如《标准编写规则 第 4 部分：试验方法标准》（GB/T 20001.4—2015）；通用技术语言标准；量和单位标准；数值与数据标准，如《数值修约规则与极限数值的表示和判定》（GB/T 8170—2008）等。

（2）产品标准

产品标准是指对产品结构、规格、质量和检验方法所制定的技术规定。

（3）方法标准

方法标准是指以产品性能、质量方面的检测、试验方法为对象制定的标准。其内容包括检测或试验的类别、检测规则、抽样、取样测定、操作、精度要求等方面的规定，还包括所用仪器、设备，检测和试验条件、方法、步骤，数据分析，结果计算、评定，合格标准，复验规则等规定。

（4）安全、卫生与环境保护标准

这类标准是以保护人和物的安全、保护人的健康、保护环境为目的而制定的标准。这类标准一般是强制贯彻执行的。

2．管理标准

管理标准是指对标准化领域中需要协调统一的管理事项所制定的标准。

3．工作标准

工作标准是指对工作的责任、权利、范围、质量要求、程序、效果、检查方法、考核办法所制定的标准。

2.3　标准名称的构成

标准名称由三个尽可能短的独立要素（即引导要素、主体要素和补充要素）构成。

1）引导要素（肩标题）：表示标准隶属的专业技术领域或类别，即标准化对象所属的技术领域范围。

2）主体要素（主标题）：表示在特定的专业技术领域内所讨论的主题，即标准化的对象。

3）补充要素（副标题）：表示标准化对象具体的技术特征。

构成标准名称的这三个要素，是按从一般到具体（或者说是从宏观到微观）排列的。各要素间相互独立和补充，但内容不重复和交叉。例如，《技术制图 图样画法 视图》（GB/T 17451—1998）：其中"GB/T 17451"为标准代号，"技术制图"为引导要素（肩标题），"图样画法"为主体要素（主标题），"视图"为补充要素（副标题）。

每个标准必须有主体要素，即标准的主标题不能省略。当主标题和副标题一起使用便可清楚、明确地表达标准的主题时，可省略肩标题。例如，《电工术语 低压电器》（GB/T 2900.18—2008）。

在系列标准中，每个分标准的名称中均包括副标题。例如，《机械制图 动密封圈 第 2 部分：特征简化表示法》（GB/T 4459.9—2009）；《机械制图 滚动轴承表示法》（GB/T 4459.7—2017）。

如果主标题包括了主题的全部技术特征，则副标题也可省略。如《齿轮基本术语》（GB/T 3374—1992）。

2.4 国外标准分类

ISO（国际标准化组织）、IEC（国际电工委员会）、ITU（国际电信联盟）被称为三大国际标准化组织，由这三大国际标准化组织制定的标准，以及 ISO 确认并公布的其他国际组织制定的标准，统称为国际标准。

西方国家的标准通常分为三级：

1）国家标准：如美国国家标准、德国国家标准、英国国家标准等。

2）协会标准：如美国电气工程师协会标准、美国汽车协会标准、英国石油协会标准、德国电气工程师协会标准等。

3）企业标准：如 IBM 公司标准、BENZI 公司标准等。

在西方国家，标准技术水平最高的是企业标准，其次是协会标准，而国家标准在技术水平上通常相对较低。

2.5 国际标准、国家标准、行业标准、地方标准、团体标准和企业标准之间的关系

理论上，国际标准、国家标准、行业标准、地方标准、团体标准和企业标准之间是没有隶属关系的，可以说是互为补充、相辅相成的关系。但是，这些标准在严格程度上是有顺序的，在使用选择上也是有顺序的。

早年，我国在标准化工作上落后于西方发达国家，很多标准是来源于国际标准的，这时候，国家标准与相应的国际标准一致性程度可分为：等同、修改和非等效。

1）等同：国家标准与相应的国际标准一致性程度为等同时，国家标准与国际标准技术内容和文本结构相同，仅有或没有编辑性修改。编辑性修改是指不改变标准技术内容的修改，例如，标点符号的修改、修改印刷错误、改变标准名

称、使用不同的计量单位等。等同采用的国家标准，用符号"≡"表示，其缩写字母代号为 idt 或 IDT。

2）修改：国家标准与相应的国际标准一致性程度为修改时，国家标准与国际标准技术内容和文本结构有少许不同，也可包含编辑性修改。用符号"="表示，其缩写字母代号为 eqv 或 EQV。

3）非等效：国家标准与相应的国际标准一致性程度为非等效时，国家标准与国际标准技术内容和文本结构有重大不同，这种国家标准不属于国际标准的范围。用符号"≠"表示，其缩写字母代号为 neq 或 NEQ。

近二十几年，我国科技在高速发展，自主制定的很多标准已经超越国际标准，每年都会发布不少优秀的行业标准。一个企业的活动如果只限于国内，则优选国家标准。如果活动也涉及其他国家，则必须遵循国家标准和国际标准。

对于国家标准、行业标准、地方标准、团体标准和企业标准，如果说用金字塔来比喻排列顺序，从底层往上排序为：国家标准、行业标准、地方标准、团体标准、企业标准，也就是说国家标准门槛最低，企业标准门槛最高。这是因为如果地方标准和企业标准低于国家标准和行业标准，那么这两种标准因其效力的原因会得不到支持，就成了无效的标准。如果完全相同，就失去了制定的意义，所以地方标准和企业标准必须要高于国家标准和行业标准。换言之，企业标准是最严格的标准。所以对于企业员工来说，首选标准是企业标准，企业无相关标准时，再选择行业标准或国家标准。

2.6　标准有效期

事物都是发展变化的，标准也是有时效性的。自标准实施之日起，至标准复审重新确认、修订或废止的时间，称为标准的有效期，又称标龄。由于各国情况不同，标准有效期也不同。ISO 标准每 5 年复审一次，平均标龄为 4.92 年。我国在国家标准管理办法中规定，国家标准实施 5 年内要进行复审，即国家标准有效期一般为 5 年。

企业标准管理过程中，一定要关注标准有效期，适时修订标准，保证标准的有效性和先进性。

2.7 标准化

标准化是指在经济、技术、科学和管理等社会实践中，对重复性的事物和概念，通过制定、发布和实施标准达到统一，以获得最佳秩序和社会效益。公司标准化是以公司获得最佳生产经营秩序和经济效益为目标，对公司生产经营活动范围内的重复性事物和概念，制定和实施公司标准，以及贯彻实施相关的国家、行业、地方标准等为主要内容的过程。

简单说就是：为在一定的范围内获得最佳秩序，对实际的或潜在的问题制定共同的和重复使用的规则的活动，称为标准化。标准化是标准制定、发布和实施的全过程。

1．与标准化相关的工作

（1）制定标准

制定标准是指标准制定部门对需要制定标准的项目，编制计划，组织草拟、审批、编号、发布的活动。它是标准化工作的任务之一，也是标准化活动的起点。

（2）标准备案

标准备案是指一项标准在发布后，负责制定标准的部门或单位，将该项标准文本及有关材料，送标准化行政主管部门及有关行政主管部门存案以备查考的活动。

（3）标准复审

标准复审是指对使用一定时期后的标准，由其制定部门根据我国科学技术的发展和经济建设的需要，对标准的技术内容和指标水平所进行的重新审核，以确认标准有效性的活动。

（4）标准实施

标准实施是指有组织、有计划、有措施地贯彻执行标准的活动，是标准制定部门、使用部门或企业将标准规定的内容贯彻到市场销售、规划、研发、采购、生产、流通、使用等领域中去的过程。它是标准化工作的任务之一，也是标准化工作的目的。

（5）标准实施监督

标准实施监督是国家或相关行政部门对标准贯彻执行情况进行督促、检查、处理的活动。它是政府标准化行政主管部门和其他有关行政主管部门领导管理标准化活动的重要手段，也是标准化工作的任务之一，其目的是促进标准的贯彻落实，监督标准贯彻执行的效果，考核标准的先进性和合理性，通过标准实施的监督，随时发现标准中存在的问题，为进一步修订标准提供依据。

（6）标准体制

标准体制是与实现某一特定的标准化目的有关的标准，按其内在联系，根据一些要求所形成的科学的有机整体。它是有关标准分级和标准属性的总体，反映了标准之间相互连接、相互依存、相互制约的内在联系。

（7）标准化法律

标准化法律从严格意义上讲有广义和狭义之分。广义的标准化法律是指调整涉及有关标准化的社会关系和社会秩序的法律规范的总和，它包括《中华人民共和国标准化法》以及与之相配套的各项法规和规章；狭义的标准化法律是指《中华人民共和国标准化法》，它是我国标准化管理工作的根本法。

（8）标准化技术委员会

标准化技术委员会是制定国家标准和行业标准的一种重要组织形式，它是指在一定专业领域内从事全国性标准化工作的技术工作组织。

2．标准化的重要作用

1）标准化是科学管理的基础。

2）标准化是现代化生产的必要条件。

3）标准化是科研、生产、使用等环节之间的桥梁。

4）标准化是扩大市场的必要手段。

5）标准化是提高经济效益的极佳工具。

6）标准化是科学技术转化成生产力的平台。

7）标准化是推动贸易发展的桥梁和纽带。

8）标准化可以在社会生产组成部分之间进行协调，促进对自然资源的合理利用。

9）标准化可以保证产品质量，维护消费者利益。

10）标准化有利于保障身体健康和生命安全。

简单说，标准化的重要意义是改进产品、过程和服务的适用性，防止贸易壁垒，促进技术合作。

2.8 企业标准化工作的基本任务

1）建立企业标准化体系。

2）贯彻执行国家、地方及相关国际有关标准化的法律、方针和政策。

3）实施国家标准、行业标准、地方标准和相关团体标准。

4）制定并实施企业标准。

5）对标准的实施进行监督检查。

6）定期或不定期对企业标准进行复审、修订。

7）参加国内、国际有关标准化活动。

2.9 企业工艺标准化工作注意事项

2.9.1 企业标准化体系应在企业成立时同期建立

坊间有句话"一流企业做标准"，说明了标准及标准化的重要性。做好企业标准化具有战略意义，标准是企业所有行动的指挥棒，早建立、早执行，收益好。所有员工入职后首先需要学习的内容之一，就是与自己岗位相关的企业标准。企业里每一位员工、企业的所有活动，都严格按照企业标准行事，企业就具备了高速发展的潜力。

企业产品标准化、典型生产工艺标准化容易做好，例如，《单板力学仿真指南》《单板工艺设计指南》《设备 HALT 测试方法》《设备高温老化和防静电管理办法》《单板周转管理办法》等，这些企业标准都已经相当成熟了。但是设计和生产领域外的一些工艺标准化容易被忽略，做好这些工艺的标准化，对全面工艺管理工作的顺利进行非常重要，毕竟标准和标准化的作用远高于人的推动力。

2.9.2　工艺术语标准化

标准化管理是企业的基石，术语是产品运营的语言，是一个产业链的官方用语，新员工入职需要培训标准化、专业术语、流程、岗位工作指引等。专业技术可以在后续的工作中逐步积累提升。

对企业来说，术语标准化容易被疏忽，特别是工艺术语。做好术语标准化会提高工作效率，降低沟通成本，同时也会给客户展现出一种科学、严谨的工作作风，增加客户对企业的信心。例如，在给客户宣讲的 PPT 里，多次提到一个物料"导风插箱"，不经意之间使用了不同的名称：导风插箱、导风单元、挡板、盖板。客户可能以为这是几个不同的东西，当客户得知这是同一个物料的时候，一定会认为你不够专业。再如，早年一个同事在和客户交流的时候，把降噪风机说成静音风机，客户心里预期很高，结果发现静音风机还是有声音（截至目前任何风机都不可能没有声音），客户非常生气，认为我们不诚信。这些其实都是工艺术语使用不当惹的祸。

在企业内部，若大家都使用术语交流，则效率会提高。比如说，市场前线的人员在传递故障回后方的时候，只要术语用对，就能快速精准定位故障类别，为故障的清除争取时间。例如，针对大型设备，每个产品都做了三条调速曲线，如果每个产品的调速曲线命名不同，则不容易记住所有设备调速曲线的命名，遇到故障时，前线给了故障设备的调速曲线，还得去查询到底是哪条性质的曲线，不便于快速进行故障判断和处理，如果都定义为"低噪曲线、适中曲线、低温曲线"，则故障情况一目了然。

每个行业都有相应的习惯用语，这些是企业术语的内容。对于业界没有的术语，定义的时候通常是从使用功能来定义，这时候需要系统考虑企业全部产品和各类工作，以及未来的演进情况，逐级拆分术语命名，做到"名字"含义显而易见且唯一。

理论上，企业员工任何时候都要严格使用企业标准中定义的术语，但是不同国家和地区有时候习惯用语不同，这时候一定要尊重当地的文化，使用当地客户习惯的用语。前线人员是后方人员的翻译，给后方传递信息时，需要把客户用语转换成企业标准术语；反之，需要把后方提供的资料翻译成客户习惯用语。

2.9.3 图纸命名标准化

图纸命名标准化方面各企业一般会做得比较好，会有命名规范，也会有专人审核或者系统自动审核。特别是业界通用的标准物料，例如 19in 机柜、19in 插箱等各部件的图纸命名，因为有国家标准的规定，这些方面的图纸标准化做得非常好。但是一些非标的物料以及一些集成性物料的图纸标准化就做得不是很好，比如室外应用的压铸件和室外模块，一方面是物料命名没有及时更新，另一方面是组件拆分方法的非唯一性所致，这些方面是标准化需要研究优化的地方。图纸命名标准化关系到物料的通用化、模块化、系列化、平台化和数字化，是这些工作的基础条件，命名不标准，就无法被搜索，通用化无从谈起，数字化就更有问题了，因为不是结构化存储的数据，是不方便被使用的。虽然图纸都有图号，但图号不是大家都知道的，使用不方便。

2.9.4 料单命名标准化

料单即物料清单，料单的英文代号是 BOM，一个产品的 BOM 说明了这个产品或部件总共需要多少个什么零件来组装。料单相当于一个组合物料的名称。料单命名标准化也是为了方便料单被识别和被使用，对于数字化需要的结构化存储和调用有重大意义。

一般来说，料单命名为：产品型号 + 部件名称 + 装配 + 其他组成。产品型号和部件名称来源于该部件的图纸名称，例如 ZXR10 8866 PDU 装配 DC，这个料单代表的是 8866 型号交换机直流电源分配插箱装配物料清单。

2.9.5 销售配置器上物料命名标准化

销售配置器是销售人员做产品配置时需要使用的系统模块。系统模块上物料的名称大多是部件或整机料单的名称，来源于该产品的料单，这部分命名是由料单命名确定的，一般都不会有问题。需要注意的是一些散料的命名，因为有相似物料，所以命名信息要全面，尽量一眼能看出是什么物料，例如××产品××插箱 21in 后安装侧耳，这个名称就很清晰，不能简化成 21in 后安装侧耳，或者××产品××插箱 21in 侧耳，简化后缺少信息，难以看出具体是哪个物料。散料命名可以使用图纸上产品型号+图纸上命名的方式确定。销售配置器上的物料命名确定后，不能更改，因为会录入客户的采购清单里，更改会非常麻烦。如果命名确实有问题，只能在备注栏里增加补充说明。

2.10　岗位工作指引

2.10.1　岗位工作指引的概念

岗位工作指引就是把一个岗位的工作职责、工作流程、常用标准、常用规范、应知应会的内容以及岗位情况的介绍整理在一个文件夹里，方便该岗位所有人员的学习和使用。岗位工作指引属于标准化工作范畴，做好这项工作，产生的经济效益不亚于做好一个产品。

虽然各岗位需要履行的工艺职责是通过相关流程来保证实现的，但是同时把工艺职责固化在各岗位的工作指引里，便于新员工快速学习和上手，有利于大家对本职工作的理解和认同，会推动相关工作流程的顺利进行，同时也会促进工作内容或工作流程的优化创新，类似这样的技术和工作方式的不断创新会促进企业健康发展。

2.10.2　制定岗位工作指引的原因

1．一个小故事

笔者曾经在一趟国际航班上与一个做国际市场的年轻人聊天，他雄心勃勃，说自己一定要把某个国际市场打开，还要做强做大，聊了很多他的想法，笔者为这个年轻人的理想所感动。同时，他也叹息说，有时候也很无奈，人员变动太快，每一次带新人都很辛苦，新人完全不知道遇到什么问题该找谁解决。笔者知道，他需要一份售前岗位工作指引。

2．岗位工作指引理论和实际的需求

中国有句谚语：没有规矩，不成方圆。意思是做任何事都要有一定的规矩、规则、做法，否则无法成功。所以各企业都会有各种规章制度、标准、流程和作

业指导书、需要学习的内容等，大公司这类资产就更多了，说成百上千都是少的。这些资产一般会散落在不同的地方，有的没有目录，有的没有文档命名规范，不易检索，导致员工不知道有什么资料存在，不方便使用，于是有些时候就不用了。有一些标准、规范早已过时，不容易被发现。师傅带徒弟时，不同的师傅带出的徒弟是不一样的，而且师傅和徒弟都很辛苦。即便有专门的地方来存放这些资料，作为新人，也不知道哪些东西是自己必须学习的，哪些东西是需要自己了解的……

如果我们把这些内容整理在一个文件夹里，大家使用起来就方便多了，新员工有了这个法宝，学完基本就可以上岗了，可以减少很大部分培训工作。因此，制定岗位工作指引的目的是规范团队人员的工作，提高工作效率，保障工作质量，使新员工尽快熟悉本岗位的工作性质、内容。同时也便于所有本岗位的员工日常使用，工作中需要的时候可以打开来看一下。此外，合规和应知应会等与本岗位直接相关的内容随时可以添加进去，员工可以根据自己的工作情况安排学习的时间，免去大量培训的烦琐。当然，不是说完全取消培训，必要的培训还是不能少的。

3．制定岗位工作指引的可行性

制定岗位工作指引的确是一件要求高、工作量大的事情，但是性价比非常高，特别是大公司。例如五个专家花费一周时间，完成了一个岗位工作指引的制定，供这个岗位的 5000 人使用，那节省的工作时间，以及提高的工作效率就难以估量了。如果这个岗位新入职 200 个新员工，则减少的培训工作量和新员工快速上手节省的时间是非常可观的。

每个岗位的工作都是以岗位工作指引定义的，如果不同人做出来的结果差异太大，则说明工作职责定义得不完整。

4．企业制定岗位工作指引的意义

企业制定每个岗位的岗位工作指引的意义在于：规范团队人员的工作内容和工作范围，提高工作效率，保障工作质量，使新员工尽快熟悉本岗位的工作性质、内容，快速上手。同时，也为老员工的知识体系更新提供了基础保障。

岗位工作指引是推动全面工艺管理的落地抓手：在业务嵌入流程时，通过推动岗位工作指引的落地，以促进业务流程顺利落实。

2.10.3　岗位工作指引的内容

岗位工作指引的内容包括岗位概述、岗位职责、岗位流程、岗位常用标准、岗位常用规范、岗位应知应会的知识等。

1. 岗位概述

岗位概述用于说明本岗位的基本情况。例如，本岗位职责简介；本岗位在企业中属于哪个体系；本岗位的一些常用名词解释；本岗位的直接业务和行政领导是谁（岗位）；本岗位通常和哪些岗位有工作联系；本岗位职称定级，以及晋级路径和晋级条件；本岗位高风险点是什么等。岗位概述的目的是把本岗位的相关情况介绍清楚。

2. 岗位职责

员工清晰地知道自己的岗位职责，不仅可以最大限度地实现劳动用工的科学配置，还可以有效地防止因工作内容重叠而发生的工作扯皮现象。各岗位职责清晰也是实现企业战略规划的基本条件。所以这个部分要逐条清楚地说明本岗位的具体工作职责或工作内容、各阶段输出的产物，以及需要达到的目标。同时要明确本岗位的工作范围和权利。

3. 岗位流程

企业里每项业务的流程都是为了实现客户价值和企业目标，根据最佳实践总结出的一套规范业务运作的规则和机制。因此流程可以规范工作行为，提高工作效率；衔接各岗位的工作，减少成本；监控行为，保证过程有迹可循；作为考核工作量的依据。

在这个部分里，需要对本岗位用到的流程给出名称，并以超级链接的方式呈现给使用者，同时说明这个流程完成的功能。必要时，对关键环节或不易理解的环节做出解释说明。

4. 岗位常用标准

标准很多，通常来说，员工知道自己岗位的常用标准就基本可以了。标准内容很多，不可能清楚记住每一个标准的全部内容，所以在工作需要时要反复查阅、使用，并在使用过程中提出优化改进建议。

在这个部分里，对于本岗位需要用到的标准给出名称和标准的作用，并以超级链接的方式呈现给使用者。必要时，对重点标准里关键部分或不易理解的部分内容做出解释说明。

5. 岗位常用规范

对企业员工来说，规范和标准一样重要。若每个岗位人员都有一份自己常用的"规范包"，则会促使规范安全、有效地落实。

在这个部分里，对于本岗位需要用到的规范给出名称和作用，并以超级链接的方式呈现给使用者。必要时，对重点规范里关键部分或不易理解的部分内容做出解释说明。

6. 岗位应知应会的知识

对于本岗位必须学习的、非标准和规范类的知识都可以放在这里，例如合规对于本岗位的具体要求，需要以"名称+超级链接"的形式呈现在这里。这部分内容比较多，可以逐步完善。需要注意的是，一定要把与本岗位直接相关的知识内容放在这里，切不可把所有东西都罗列在这里。

7. 更新动态和制定本岗位工作指引专家联系方式

岗位概述、岗位职责、流程、标准、规范和岗位需要学习的知识内容都是会变化的，所以岗位工作指引需要持续维护更新，有更新时需要系统自动通知到相关岗位每一个人。

在这里需要列出本岗位各维护专家名单，一方面，大家有问题可以咨询请教；另一方面，大家发现问题可以直接反馈到负责人，便于及时处理。

2.10.4 制定岗位工作指引注意事项

1）每个岗位设置兼职的工作指引专家负责人，负责本岗位工作指引的制定和维护。同时负责本岗位员工的咨询和辅导。维护工作还包括将各领域给本岗位提出的需要学习的内容补充到本岗位工作指引相关章节里。

2）各岗位的工作指引由各岗位的专家们制定，内容必须是与本岗位直接相关的，严禁为了省事，把相关和不相关的内容都加到某岗位的工作指引中，这样便完全失去了建立岗位工作指引的意义。比如说合规，不是全体员工都需要学会合规所有的知识，只需要学习与自己岗位有关的合规内容即可，所以需要梳理这些合规工作需要哪些岗位来实施，然后把相关工作拆分到不同岗位来完成，这样不仅工作职责清晰，员工也轻松，能更好地做好企业的合规工作。

3）需要制定本岗位的考试题库，每个岗位题库大于 100 个题目。考试题目尽量是选择题或判断正误题，每次题量 10～15 题，不需要占据太多时间用于考试。考试可以加深理解，便于工作顺利展开，以及推动标准、规范等被正确应用。

4）所有晋升人员必须参加本岗位的岗位工作指引考试，成绩大于 90 分方可有资格晋升。高级别意味着高能力、高水平，而且应该是一路多次考试上去的，90 分的要求并不过分。

5）当本岗位人员发现本岗位工作指引中标准、规范、流程等有不合适的地方的时候，必须反馈给本岗位工作指引负责的专家，由责任专家负责处理及维护。

2.11 通用化、模块化、系列化和平台化是产品工艺性好的更高境界

一般来说，如果产品可操作性、可生产性、可维护性好，就说明产品工艺性好。其实，产品通用化、模块化、系列化和平台化好是产品工艺性好的更高境界，所以通用化、模块化、系列化和平台化是产品规划、产品工艺结构规划必须考虑的内容。

通用化和模块化是标准化的初步阶段。系列化和平台化是标准化的高级形式。无论是从它们的理论层面还是方法层面，都体现出系列化和平台化是标准化发展的高级产物，是企业标准化走向成熟的标志。可以说，通用化、模块化、系列化和平台化是企业产品不同层级的标准化。

通用化、模块化、系列化和平台化做得好，产品设计、生产、计划、采购、销售、售后工作量会极大地降低，产品质量大幅度提高，这样的产品工艺性就是好！ZTE 的产品无论是从整机还是从部件都是根据长期产品规划和工艺规划，设

计成平台产品、系列产品，以及各类模块化、通用化的零部件。通用化、模块化、系列化和平台化建设需要有远见卓识。

2.11.1 通用化

对某些零件或部件的种类、规格，按照一定的标准加以精简统一，使之能在类似产品中通用且互换，这些可通用于某些产品中的零件或部件，称为通用件。简言之，就是一些类似的产品可以共用这些通用的零部件。当然，也可以在不同类别的产品中使用相同的通用件。

通用化是指在相互独立的系统中，使用具有功能互换性或尺寸互换性的子系统或功能单元的标准化形式。简单说，通用化就是尽量使产品使用尽可能多的通用件。通用化的目的是最大限度地减少零部件在设计和制造过程中的重复劳动，实现成本的降低、管理的简化、周期的缩短和专业化水平的提高。通用化既包括对物（如零部件）的通用化，也包括对事（如方法、程序）的通用化。比如某企业有 100 个产品，这些产品中都用到同一个零件，这个零件只需要设计一次，就可以给这 100 个产品共同使用，于是设计时间减少了，这个零件的生产工装设计一次就好，还可以批量采购原材料、批量生产，减少成本和生产时间。同时这个零件因为用量大，实践检验的时间长，质量一定是很稳定的。

通用化要从企业建立初期就开始做，这是一项不断持续优化的工作。比如说元器件通用性，如果刚开始没做通用性规划，研发人员随意使用元器件，经过一段时间后，再做通用性规划，会面临单板改版、计划困难、采购困难等问题。

当然，有一定历史的企业任何时候开始做通用化都是可行的，只是后面做的时候，历史的"包袱"会比较重，但是从历史经验中提取通用件会比较容易一些。

2.11.2 模块化

模块化设计是指在对一定范围内的不同功能或相同功能的不同性能、不同规格的产品进行功能拆解分析的基础上，规划并设计出一系列功能模块，通过模块的选择和组合可以构成不同的产品，以满足市场的不同需求的设计方法。这个分析、规划、设计、选择组合模块的过程就是模块化，是相似性原理在产品功能和结构上的应用。

模块化是通用化的高阶形式，也是绿色设计的方法之一。将绿色设计思想与模块化设计方法结合起来，可以同时满足产品的功能需求和环境需求，一方面，可以缩短产品研发与制造周期，增加产品系列，提高产品质量，快速应对市场变化；另一方面，可以减少或消除对环境的不利影响，如方便重用、升级、维修，以及产品废弃后的拆卸、回收和处理等。

模块化产品是实现以大批量的效益进行单件生产目标的一种有效方法，是一种实现标准化与多样化的有机结合及多品种、小批量与效率的有效统一的标准化方法。模块化工作中，模块的规划非常关键，模块覆盖面越广，兼容性越强，模块成本很可能会越高，也可能会导致组合成的系统软硬件成本高，所以模块规划时，除了考虑模块通用性功能外，还需要考虑模块的适用范围、模块成本、模块在系统里的成本占比等问题。

2.11.3　系列化

系列化通常是指产品系列化，是指对同一类产品的结构形式和主要参数规格进行科学规划的一种标准化形式。系列化是标准化的高级形式。系列化通过对同类产品发展规律进行研究，预测市场需求，对产品的形式、尺寸等做出合理的安排和规划。其目的是使某类产品系统的结构优化，功能、成本达到最佳。产品系列化主要包括系列化产品规划、确定系列化产品需求和开展系列产品设计三个方面的内容。系列化产品规划确定各产品参数时，不仅要考虑当前和未来市场对产品功能或性能的需求，还需要考虑企业或业界生产能力、企业质量水平、国内外同类产品的情况等。

系列化是建立在通用化和模块化基础之上的一种标准化形式，系列化产品既能满足市场不同功能或性能需求，快速推出产品，抢占市场，又能保证企业生产组织的稳定，同时又最大限度地节约了设计成本，是企业快速拓展市场，持续良性发展的一个重要的方法。

2.11.4　平台化

平台化通常指产品平台化，就是一组可供不同产品共享的设计和制造过程的共用资源。简单来说，可以理解为几个系列的产品共用同一个资源平台，包括硬件、软件、测试工装、生产工艺、售后手册等。目前，平台化是标准化的最高级形式，是标准化高度发展的产物，是标准化走向成熟的标志。平台化可以使企业效益最大化。平台化的特点如下：

1）零部件的系列化通用。

2）设计共用特征、接口通用化。

3）软件平台通用化。

4）生产辅具、模具共用。

5）零部件计划、采购及库存方便共享。

6）客户服务统一简单化等。

2.11.5　通用化、模块化和平台化与产品简洁性的取舍

产品通用化、模块化和平台化归根结底是为了降低产品成本，缩短产品上市时间。新产品设计时，平台化是产品规划确定的，是必须实现的需求，产品规划时做过预研和成本核算，所以即便有少数部件的设计会复杂化，也要按规划去实现平台化，毕竟要以大局为重。

新产品设计时，通用化和模块化有时候会与产品的简洁性有冲突，这时候可以遵循以下原则：

1）首先是想尽一切办法，在不增加产品复杂性和成本的前提下，尽量满足通用化和模块化的要求。

2）其次根据设计成本、产品销售量、批量价格、可生产性和可维护性等多方面权衡性价比：

① 产量很小的时候，按照通用化和模块化设计。

② 设计成本差异很小的时候，按照通用化和模块化设计。

③ 产量很大且设计成本差异较大时，可以不兼容通用化和模块化。

④ 产量很大且设计成本差异不大，但对可生产性和可维护性影响很大时，可以不兼容通用化和模块化。

第 3 章

全面工艺管理组织架构及产品工艺总监

3.1 全面工艺管理组织架构

1. 工艺总工

ZTE 在工艺结构的设计部门、工艺工程部门都设置有工艺总工一职。工艺总工的职责是负责本部门工艺技术任务的规划和组织任务的实施，工作重点是在产品设计和工艺技术研究上，保证各产品线规划的产品顺利且高质量地落地，同时应根据行业发展需求，对企业未来会用到的新技术、新工艺和新材料做预研。工艺结构总工主要是负责产品结构件的通用化和模块化规划，组织新产品设计和老产品维护，同时提出新技术、新工艺和新材料的预研需求。工艺部总工负责组织研究业界生产方面的新工艺和新技术，以及产品工艺规划提出的新产品需要研究的工艺技术等。

2. 线缆总监

ZTE 结构平台设立了线缆总监一职，主要负责组织公司线缆、连接器通用性规划，新型线缆和连接器研发，布线工艺研究，公司线缆、连接器和布线工艺的标准及规范制定。

3. 工艺总监

ZTE 各产品线设置了工艺总监一职，负责产品线端到端的工艺管理，即负责从产品售前、产品规划、产品研发、中试、计划、采购、生产到售后全流程的工艺管理，负责产品工艺成本规划。

4. 产品工艺总监小组

ZTE 各产品线工艺总监组成工作小组，互相协同，共同研究，互相借鉴，推进企业全面工艺管理及发展，以实现"提高产品质量、降低全流程成本、扩大产品销售"的目的。

通过各产品线工艺总监的互动，可以开阔眼界，着眼于全公司，乃至整个通信行业的工艺演进。各产品线好的工艺技术或工艺管理经验可以全公司内分享，某个产品线出现的工艺方面的故障或失误也可以给其他产品线提出预警，避免出现类似的问题。通过工艺总监小组的运作，各产品线工艺总监的工艺技术水平和管理能力快速提升，各产品工艺性稳步增长。

5. 工艺总工、线缆总监和工艺总监共同支撑全面工艺管理

工艺总监负责产品全流程工艺工作的规划和管理，工艺总工负责各自领域里产品设计或生产工作规划，以及组织先进工艺技术的研究和使用推广。线缆总监负责公司整体线缆、连接器及布线工艺管理。工艺总监小组与各领域工艺总工共同承担实现产品的全面工艺管理的任务。

3.2 产品工艺总监

3.2.1 设置产品工艺总监的缘由

1）企业要想把各岗位要做的与工艺相关的事情梳理清楚，形成规范、标准，以及应知应会的知识点等，嵌入企业业务流程和岗位工作指引，就需要懂得企业全流程业务和具备工艺管理能力的人来做这件事情。同时，相关工艺工作即便进入流程，也需要有人持续推动执行，否则这些最佳实践就是一纸空文，无法形成生产力。

2）工艺管理有很多具体且琐碎的小事，产品经理忙于产品研发和销售等各种大事，难以拿出大块的时间从头到尾考虑这些烦琐的工艺问题，因此需要有人把小事当大事研究，毕竟工艺管理做不好，会成为产品发展的绊脚索，甚至成为产品发展的瓶颈。

3）很多公司是矩阵式管理，这种管理模式在工艺管理上有一个弊端：各自为阵。这是人员在流程上所处位置决定的，不同位置上的人只能看到自己附近的事态，而业界工艺管理的积累又非常少，需要有人把各环节与工艺相关的问题关联起来考虑，从全程利润的角度进行全程工艺成本规划，即确定哪些事情放在哪个环节做，全程利润最高。

4）当企业比较大、岗位众多、职责划分较细的时候，无论岗位职责划分多细致，总有覆盖不到的地方。当出现不同部门或者不同岗位有与工艺相关的工作纠纷时，需要一个站在全流程角度的人来界定责任和职责，实际上就是做裁判，同时总结优化工艺管理。

5）工艺管理是技术管理，需要与当前的产品和业界的工艺水平相匹配，各企业不同时期的工艺管理特点不同，需要有专人持续研究、推动发展。

6）产品全生命周期的工艺管理是冷门学科，业界没有成熟的经验，而且有一定历史的一家企业基本无法完全套用其他企业的经验，需要结合本企业产品特点和企业文化吸收性地应用这些经验，因此企业中需要有人持续研究工艺管理。

7）实际上，很多企业是有工艺总工或工艺总监岗位的，只不过管理的工作范围基本是在研发和生产范围，也有针对售后范围设立工艺总工的。ZTE 认为，负责产品端到端的工艺管理人员叫工艺总监更合适，因为如第 1 章所述，工艺包括工艺技术和工艺管理，总工主要是偏向技术方面，而总监更具有管理职能，叫工艺总监比叫工艺总工更为恰当一些。

3.2.2　产品工艺总监岗位定位

对 ZTE 来说，产品工艺总监定位在 HPPD（高效产品开发）流程中［但需要与 LTC（线索到现金）流程固定衔接］，从产品线工艺结构需求开始到售后维护，处理、规划与协调产品使用环境管理、售前、研发、生产、采购（包含供应商工艺管理）、计划、成本和售后（包括回收利用）与工艺结构相关的各项工作。行政关系隶属于每个子产品线，归属于 PDT（产品开发团队）中的规划组。

工艺总监表面看是个管理岗位（技术管理），其实根源上是个规划岗位，负责划分整个产品的工艺需求。

工艺总监制定的工艺结构规划与产品规划是相辅相成的关系。工艺总监制定年度工艺结构规划时，相当于起到平台的作用，各产品按照工艺结构规划开发产品。工艺总监参与子产品线所有产品开发，对产品经理的工作起到支撑作用，参与产品规划和需求讨论，在产品立项后提供产品工艺结构需求说明书，参与产品线和结构平台所有的项目节点评审（理论上也应该包括软件项目评审，但实际上因为工艺总监知识能力限制，难以做到软件和硬件项目评审全兼容），对工艺结构需求的实现性把关。

3.2.3　工艺总工和工艺总监的关系

矩阵管理模式的企业，一般会有不同层级的工艺管理人员，如结构总工、生产工艺总工等，这些岗位是负责各自领域内工艺工作的，着眼点是工艺技术和局域性工艺管理。产品线工艺总监是负责产品全生命周期范围内的工艺工作，更多的是工艺管理工作。例如对研发段来说，工艺总监相当于规划总工，结构总工和生产工艺总工相当于硬件总工，工作不重复且有顺序关系：规划→技术研究或设计，从而保证产品线总体工艺规划落地。再例如，产品线的工艺结构规划中与结构平台相关的内容通过结构经理的规划落实。

3.2.4　产品工艺总监工作职责及输出产物

本章节前面说了，对 ZTE 来说，产品工艺总监隶属于 HPPD 流程里 PDT，但其活动贯穿 HPPD 和 LTC 流程，是这两个流程的衔接桥梁。产品工艺总监工作内容及输出产物见表 3-1。

表 3-1　产品工艺总监工作内容及输出产物

序号	工作内容	时间点	具体活动	输出产物
1	参与产品线规划	长期性工作	参加产品线规划活动，了解产品的演变趋势，从中获取工艺结构领域的需求信息，规划相关预研	规划记录（不归档，自己留用）输出产物均要归档模板自定义
2	每年输出产品工艺结构规划，并推动落地	每年 12 月底之前输出规划报告，第二年 12 月底之前完成当年规划落地	根据产品线的产品规划思想，做出产品工艺结构年度规划及远期规划，尽量把规划内容嵌入产品规划中落地，并推动不能嵌入产品规划中的内容落地	产品工艺结构规划有模板

（续）

序号	工 作 内 容	时 间 点	具 体 活 动	输 出 产 物
3	每年输出重点项目规划清单	每年 12 月底之前输出本产品重点项目的规划清单	根据产品线的产品规划，完成年度重点项目清单的拟制工作，识别出各项目需要研究的新工艺技术和新材料，以及难点工艺和技术	产品线重点项目清单 有模板
4	针对每个新立项的项目，输出工艺结构需求说明书	在结构子项目立项前提供；在产品线的需求和概念阶段被评审	收集、整理新产品工艺结构方面的市场需求，在结构子项目立项前拟制本项目的工艺结构需求说明书	产品工艺结构需求说明书 有模板
5	参加产品线和结构平台所有项目的节点评审	产品线：立项、需求和概念、成果鉴定、设计定型 结构平台：需求和概念评审、方案评审、样机评审	通过参加评审，对研发结果与产品工艺结构需求的满足度、先进性把关	完成评审打分表 有模板
6	组织对产品使用环境管理、产品架构形态的研讨及市场引导	长期性工作，按照每年的工艺规划内容和时间点进行	1）根据产品各种应用环境的变化，组织输出解决办法，引导市场按照规范操作 2）根据网络演进、设备容量变化、产品应用场景情况，与结构总工一起组织研究适配的产品架构 3）配合市场完成客户关于应用环境管理和产品架构形态研讨的任务	解决方案及宣讲PPT 归档，不定期纳入公司规范或标准 无固定模板
7	全流程工艺性成本规划	1）新产品需求阶段 2）市场出现新情况时 3）出现需要优化工作流程时	按照全流程性价比最优的原则，将工艺工作分配在不同的环节来完成，主要通过以下几个途径来实现： 1）产品年度工艺规划 2）产品工艺结构需求说明书 3）协同公司优化工作流程	1）产品工艺结构规划 2）产品工艺结构需求说明书 3）优化流程研讨过程文档
8	跟踪研究业界产品工艺性发展情况，并快速吸收先进经验	长期性工作	及时了解国内外类似产品的工艺结构动态，分析研究业界相关产品工艺性是否具有先进性，快速吸收别人的优点，并规划出自己产品的竞争性特点	1）产品工艺结构规划 2）产品工艺结构需求说明书 3）产品技术评审表 4）老产品维护性优化改进（涵盖从售前到售后各环节）

（续）

序号	工作内容	时间点	具体活动	输出产物
9	全程关注新产品和企业内新技术的预研；关注业界新工艺、新材料和新技术的情况	长期性工作	全程关注新产品、新技术的预研，对出现的新工艺、新方法或其他重大工艺结构问题做出决策	会议纪要、邮件及群组研讨内容
10	与工艺结构设计平台接口	长期性工作，按照规划研发节点进行	与工艺结构设计平台接口，参与、跟踪工艺结构研发工作的全过程，协调处理相关资源和进度问题	会议纪要、邮件及群组研讨内容
11	为市场售前人员提供工艺结构技术支持	长期性工作	1）收集、整理市场人员工作中需要的工艺结构方面的内容，组织后方输出资料 2）组织后方人员为市场特殊需求提供技术指导和相关资料	共性资料由工艺结构设计人员定期收录于产品工艺结构售前配置说明文档中
12	组织定制结构件的设计和生产	长期性工作	与市场人员接口，收集市场项目中工艺结构件的研制和生产需求，对研制的必要性进行把关，必要时组织相关工艺结构件的研发和生产	通过系统给工艺结构设计部门提临时性设计需求，并通知到采购计划、中试和订单交付部门
13	组织处理售后提出的相关工艺结构问题	长期性工作	组织后方人员处理售后提出的设备安装、布线、散热、噪声等问题	相关人员输出的资料、出差报告等
14	协调处理生产以及工艺结构件计划和采购出现的重大问题	长期性工作	当生产、计划、采购出现异常情况时，负责多方工作的协调，例如协调自制或外协、协调工艺结构件的突发性缺料问题等	会议纪要、邮件及群组研讨内容等
15	组织研究与当期产品相关的重大技术问题，总结研究成果，快速转化使用规范	有重大问题需要研究时	市场突发非规划类问题时，组织研究与当期产品相关的重大技术问题，如地铁项目腐蚀、特殊室外应用等关键技术，总结研究成果，并组织快速转化使用规范，投入使用	相关人员输出技术规范
16	参与工艺方面可服需求规划及落地	半年一次的工作	对工艺结构方面的可服需求正确性把关，对落地方案把关	相关人员把可服需求纳入规范、标准、需求文档等

（续）

序号	工作内容	时 间 点	具 体 活 动	输 出 产 物
17	参与可生产性需求规划及落地	半年一次的工作	对工艺结构方面的可生产性需求的正确性把关，对落地方案把关	相关人员把可生产性需求纳入规范、标准、需求文档等
18	组织产品线全面工艺管理团队工作，推动全面工艺管理方法和未来相关工艺技术研究	长期性工作	组织产品线全面工艺管理团队工作，推行全面工艺管理方法和未来相关工艺技术研究；推动年度工艺结构规划中未进入研发项目流程中的内容落地	团队月报、规范、标准等

3.2.5　产品工艺总监的工作资源

产品工艺总监的主要工作资源有：

1）公司结构平台的工艺结构技术人员。

2）中试部工艺科的工艺人员。

3）供应部和招标部的相关人员。

4）采购计划人员。

5）生产管理人员。

6）工艺部技术人员。

7）售前和售后的相关人员。

8）EDA（电子设计自动化）设计人员和生产工艺相关人员。

9）测试设备开发人员。

10）部门内部的各位领导和同事。

3.2.6　产品工艺总监与其他人员的工作关系

1）与售前和售后人员接口，收集工艺结构市场需求，并为售前和售后人员提供工艺结构技术支持。

2）与结构平台和中试工艺人员接口，组织产品工艺结构的研发和生产。

3）与工艺结构件的供应商和公司内部的供应人员、招标人员及成本总监接口，配合产品工艺结构件招标工作。

4）与规划总工、研发总工、产品经理、研发项目经理、成本总监、生产代表接口，做产品工艺结构的规划和成本规划（本质是工艺管理规划）。

5）与物流总监和订单交付技术人员接口，协助完成及时发货。

6）与研发和可靠性设计人员接口，将研发技术指标和可靠性指标落实在工艺结构设计需求中。

7）与EDA设计人员和生产工艺人员接口，处理PCB设计和生产问题。

8）与生产管理人员接口，协调外协及特殊情况的生产问题。

9）与计划人员接口，协调确定新品及定制件的计划量等。

3.2.7 产品工艺总监工作中的干系人

产品工艺总监工作中的干系人包括结构总工、结构经理、线缆总监、包装设计、中试工艺、产品需求计划总监、采购商务和采购员、工艺部工艺技术人员、生产管理人员、售前人员、售后人员、硬件设计人员、项目经理、产品经理、规划总工、硬件总工、质量总监、工程总监、成本总监、商务人员、文档开发经理等。

3.2.8 产品工艺总监考核指标

1. 完成的工作数量

1）每年完成产品工艺结构需求说明书的数量。

2）每年组织工艺结构研发项目的数量。

3）每年组织完成定制工结构件的研发和生产的数量。

4）每年完成售前和售后工艺技术支持的数量。

5）每年是否完成工艺结构规划以及工艺结构成本规划。

6）每年对客户引导的次数。

7）每年工艺规划复盘任务完成百分比。

2. 完成的工作质量

1）每年降低成本的结构件数量和降低成本总额。

2）工艺结构研发进度及研制规范符合度。

3）产品可操作性、可生产性和可维护性达标率。

4）工艺结构件的通用率。

5）产品工艺结构方面的故障率。

3.2.9　产品工艺总监任职资格要求

1．核心技能

1）熟悉产品线的每一个产品。

2）熟悉公司的生产工艺和工程工艺。

3）熟悉业界各类机房规范、与工艺结构件相关的标准。

4）有较强的沟通技巧，能有效率完成内外沟通。

5）熟悉公司各项与工艺相关的业务流程。

6）视野宽广，能及时捕捉市场上与工艺相关情况的变化，并及时做出应对策略。

2．专业知识

1）结构设计知识。

2）工艺设计知识。

3）热设计知识。

4）可靠性与工艺相关的知识。

5）生产相关的知识。

6）各种材料相关的知识。

7）项目管理 PMP（项目管理专业人士资格认证）相关的知识。

8）数字化转型相关的知识。

3．工作经验

1）有 5 年以上公司内部工艺设计或结构设计经验为佳。

2）有产品专业知识，同时外语流利者为佳。

3）有行业内相似工作经历为佳。

4．素质要求

1）具有奉献精神，能够负重前行。

2）表达、协调、沟通能力强。

3）工作主动性强，善于发现问题和解决问题。

4）思路清晰，条理清楚。

5）具有愚公移山的精神。

6）善于总结规律，同时具有"空杯"能力。

7）有大局观。

3.2.10　产品工艺总监所需的正式培训

工艺总监是一个需要多学科知识的岗位，不同类别产品的工艺总监对知识的需求会有所不同。需要特别说明的是，工艺总监不可缺少的培训有招标流程培训、成本（有效性、利润率）分析和商务合同谈判策划与实施培训。这些培训的目的是让工艺总监进行正确的全流程工艺成本规划。因为全流程成本规划不仅仅与全流程各环节工艺工作有关，还与招标、商务策略和策划等息息相关，所以这些培训是必不可少的。对工艺总监来说，这几方面的培训容易被忽略，因此需要特别提出。

3.2.11　产品工艺总监的中场学习

中场学习顾名思义就是职场人员在工作的过程中学习各种知识。这种学习是多方面的，不仅仅是本岗位技术知识的学习，还包括其他相关内容的学习，如PMP、数字化、成本分析和成本规划，甚至是其他领域知识的学习等。

1．中场学习对工艺总监的重要性

（1）扩展眼界和思路

埋头苦干很重要，中场学习充电、抬头看路也很重要。抬头看路关系到企业的发展。新员工需要学习，老员工更需要不定期地多元学习，因为长期在一个氛围里，思维容易被限定，学习了解一下其他类别的新东西，会触发很多新的思想火花，扩展眼界和思路，有助于为工作中的难题找到答案。

（2）经验也需要与时俱进

工艺总监一定是经验丰富之人，且有相当的话语权。在各种技术高速发展的今天，经验是双刃剑，用对了，经验可以加速问题的解决；用错了，会阻碍问题的解决，甚至把团队带偏。所以工艺总监在职业生涯中需要持续学习，不断地更新知识结构，与时俱进，紧跟时代发展的潮流，在紧跟发展、变化的思想指导下，正确使用经验，为企业工艺管理和工艺技术的发展保驾护航。

（3）为实践找理论

很多的工艺技术来自实践，虽然现在可以通过理论设计出具体的工艺技术，但从实践中总结出经验的情况依然大量存在，如果这些实践经验能上升到理论，则可以更好地优化实践经验，从而指导实践更好地发展。例如，2007 年笔者发现客户把传输设备用于室外机柜中，但是当年的设备是没有做室外防雷设计的，为什么现网设备没有被雷击呢？多处考察发现，BBU（室内基带处理设备）室外机柜、电源室外机柜和装传输设备的室外机柜基本都是放在一起的。回来后学习了一些防雷方面的知识才知道，业界有个"三米线"原则，即当电源做了 B 级防雷，BBU 做了 E1 等电接口防雷，传输设备和电源及 BBU 对接的线缆短于 3m 时，不会被雷击。于是在设备室外应用安装中提出要求：连接线短于 3m 可以不配置防雷单元。进一步延伸到：当散热可以满足要求时，设备尽量共柜安装，以减少防雷单元室外机柜的配置，降低配置成本。

（4）培训的收获通常远大于付出的培训成本

学习需要花费时间或者金钱，但有些时候，学习的收获是非常惊人的。笔者2004 年参加过创新理论（简称TRIZ）的系统培训，TRIZ 是苏联发明家、教育家 G. S. Altshuller 和他的研究团队，通过分析大量专利和创新案例总结出来的一系列创新理论和方法。当年笔者听说公司要创办这个培训班，非常兴奋，立刻报名参加培训。这个培训由专家来深圳总部讲课，每个月脱产一周封闭培训，连续半年时间，公司为此付出了一大笔费用。笔者收益是非常大的，好像是打开了脑洞，从此眼界很开阔，任何问题似乎都有了非常多的解决方案，笔者用 TRIZ 理论做出的发明专利收获颇丰，工作中解决了不少难题，甚至将 TRIZ 理论用在了孩子的启迪教育上，总之，收益远远超过了当初的培训成本，这次培训经历在笔者的职业生涯中有里程碑式的意义。

2. 工艺总监中场学习的途径

表面看，与工艺技术和工艺管理有关的培训不多，实际上，工艺总监需要的培训是多种多样的，而且企业内部就有很多隐含的资源，例如，可以充分利用平台资源学习。每个人的精力是有限的，不能什么都亲自经历，相关平台的测试报告、出差报告、故障分析、经验分享都非常重要，有些资料扫一眼就好，看到感兴趣的，应仔细阅读，甚至可以找作者讨论。保持对新生事物的好奇心和渴求心，处处都可以有学习的机会。总体来说，中场学习的场合和途径有：

1）设备使用现场。

2）企业内部各平台组织的培训。

3）企业内部各专业平台研究结果。

4）相关同事的出差报告。

5）售后项目的复盘报告。

6）年度巡检报告。

7）月度返修报告。

8）各产品线工艺总监的规划报告。

9）运营商的各种交流。

10）国家或行业的各种标准会。

11）各种相关的展会。

12）相关团体组织的培训和研讨会。

13）供应商方面的参观及各种技术交流。

14）各领域的同事。

15）图书。

16）各种网站和朋友圈转帖等。

第4章

产品售前工作中的工艺管理

4.1 产品售前概述

1. 产品售前的概念

售前服务是企业在客户未购买产品之前所开展的一系列激发客户购买欲望的服务工作，以及产品售卖的各项服务。售前服务的主要目的是协助客户做好系统需求分析和工程规划，使得我们的产品能够最大限度地满足客户需要，同时，处理好产品售卖的相关工作和财务工作。

2. 产品售前工作的重要性

1）售前服务是企业经营策略与经营决策之源泉。如果没有售前服务，企业就会相对缺乏顾客信息，造成市场信息不全面，企业的经营决策也就不理想，甚至会走上错误的路线。通过售前服务，企业可以了解客户和同行的情况，从而设计出符合客户期望的产品。可以制定出适当的销售策略，这样就会有事半功倍的效果。

2）售前服务是决定产品销售与企业效益的最基本因素。当今市场是买方市场，产品通常供大于求，客户有充分的选择余地，如果企业的售前服务没有做好，客户根本就不会注意你的产品；而且如果没有好的售前服务，即便是高质量的产品，客户在使用产品时也会产生诸多问题，再好的售后服务也不能从根本上解决问题，进而导致客户不会再次购买该产品。总之，很多问题都应该解决在产品销售之前。因此优质的售前服务是产品销售的前提和基础，是提高企业经济效益的关键。

3）加强售前服务可以扩大产品销路，提高企业的竞争能力。企业通过开展售前服务，可以加强企业和客户双方的了解，为客户购买产品创造条件，客户也会信任该企业及其产品，从而提高购买欲望。售前服务不仅可以赢得众多客户的支持，还赢得市场，获得利润，从而提高企业的竞争能力。

3. 传统售前与当代售前工作内容的差异

对通信领域来说，传统售前通常是负责给客户介绍产品功能和性能，负责产品销售的各项工作和财务工作，极少关注产品使用环境和使用规范。所以习惯上，售前人员认为售前只负责销售产品，而产品使用环境问题、设备安装使用问题等都是售后的职责范畴。

随着时代的发展，产品集成度越来越高，功能越来越丰富，对环境的依赖性越来越明显，所以当代客户在了解、购买产品的时候，不仅仅只关注产品功能和性能，还会关注产品的应用环境、操作、使用方法等。售前人员是与客户直接接触的，所以客户自然会从售前人员这里来了解、学习这些内容。因此多知识结构的复合型售前人员会增强客户的信任，从而提升客户对企业产品和企业的信任。而且只有售前和售后人员各分担一部分工艺工作，才可以大幅度降低售后故障，降低返修率，提高设备可靠性和寿命，从而提高客户满意度。

4.2 产品售前和工艺的关系

4.2.1 售前人员需承担工艺工作的理由

在第 1 章已经讲述了售前人员需承担工艺工作的理由，这里再举几个案例强化说明，因为要求售前人员履行工艺职责是一个比较大的观念性改变，有一定难度，需要加强这方面的推广工作。

1. 案例一

2015 年的一天，一个售前人员告诉笔者说：请尽快帮忙解决×站设备噪声问题，客户说这个问题若不解决，下一个订单就不给我们了。笔者安排相关人员去站点，发现几台设备业务量都很大，位于机房散热最差的区域，是典型的局部热点造成的噪声增加：局部大容量设备密集，且所处位置风量不足，导致局部制冷量不够，设备进风温度升高，风扇转速增加，导致噪声增加。与客户沟通后，客户在这个区域增加了一台空调，问题便解决了。这个案例说明，如果售前在和设计院沟通技术方案的时候，给设备安排一个合适的位置，或者提前请客户增加空调，则噪声问题就不会产生。当然，如果售后安装的时候，能沟通换一个位置（这个难度相对售前比较大），问题也不会产生。

2. 案例二

笔者早年观察发现：交钥匙工程，几乎不会出现需要售后的工艺问题。笔者研究后发现，交钥匙工程，售前人员需要从头到尾负责整个项目，所以售前人员会非常重视售后问题，和设计院讨论技术方案的时候，对设备的工艺问题会做细致的沟通处理，对提前预判的风险会做规避方案，因此项目会按照各项规范要求做出的设计方案顺利进行，设备也会因为处于良好的状态下而可靠运行。这个案例说明，售前若考虑好售后各种可能出现的问题，提前做好方案规避风险，后期就会很顺利，可以极大地降低售后问题发生的概率。当然，这时候售前是需要售后提供技术支持的。

3. 案例三

在某个沿海地区，有一批设备产生了严重的腐蚀问题，现场调查发现，设备被安装在破烂不堪的铁皮柜里，柜子距离海边 20～1000m，设备被典型的盐雾和潮气腐蚀。理论上，在距离海边 1km 范围内是不可以使用直通风室外机柜的，这种破败的铁皮柜就更不能使用了。项目复盘得知，销售的时候客户没有说设备要安装在什么地方，设备也是客户自己的工程队安装的。我们给客户讲明了设备腐蚀的原理和解决办法，客户决定搬迁设备到室内机房，搬迁了几个站后项目就因为没有经费支撑停下来了。这个案例说明，很多项目到售后阶段解决办法就很少了，如果在售前阶段能了解到设备未来的去向，尽早与设计院和客户沟通风险，问题大概率能避免发生。

从这三个案例我们可以看出，售前人员是承担有工艺工作任务的。如果相关工艺工作没有很好地执行，项目就会出现各种问题，为客户和企业创造的价值会打折扣。

4.2.2 售前技术人员需承担的工艺工作内容

1．参与产品并行设计

由售前人员工作性质所决定，售前人员参加并行设计的工作主要包括关注产品需求、产品方案。售前人员与客户接触机会多，能得到一手资料，所以售前人员是产品市场需求主力军，市场需求自然包括工艺结构需求。售前人员除了为产品线收集市场需求外，还需要参与产品需求的评审（包括工艺结构需求评审），参与工艺结构方案评审，代表客户对设备的实物形态给出评估意见。

2．根据设备使用环境帮助客户选择合适的产品

售前人员在帮助客户规划网络和设备的时候，不仅仅要考虑产品功能，还要根据产品的使用场景，选择适配的产品型号。例如，在冷风通道里，需要选择前进风后出风（冷风从设备前面进入，从设备后面出去）的设备；室外抱杆安装时，需要选择自然散热型、可以抱杆安装的设备，或者是可以装在能抱杆安装的室外机柜里的设备；在室外应用中，没有方舱的地方，不可以选择大容量设备，因为没有合适的室外机柜能装大容量的设备。只有选择了与环境适配的产品，项目才能顺利落地，否则到售后阶段就会出现问题，而且很多时候会有难以克服的困难。

3．为客户介绍设备使用环境要求

产品需求是根据产品应用场景所需功能和性能，以及当前技术能力而确定的。产品详细设计时，严格按照产品需求说明书规定的功能和技术指标进行产品开发，例如，规定某产品使用温度范围是−5～55℃，产品热设计人员就会按照这个指标做热设计和热仿真，最终的产品可以在−5～55℃范围内长期稳定工作，如果使用环境超出这个范围，设备就不能长期稳定工作，随时有宕机的风险。所以售前人员在给客户介绍产品的时候，需要介绍产品使用的环境要求，例如，大容量设备对机房环境要求、直通风室外机柜使用规范等。

（1）大容量设备对机房环境要求

以下要求适用于风管送风、地板下送风、精密空调送风的电信机房，指导ZTE 传输产品大容量设备的工程安装。

注：大容量设备指整机热耗大于 6000W 的设备；低功耗设备指整机热耗小于 3000W 的设备。

1）设备自身需求：

① 对于冷风通道封闭机房或者采用了"面对面、背靠背"设计的冷热通道隔离机房，需要提供前进风后出风或者前进风顶部出风的设备。必要时，在设备侧需配置导风侧柜，改变设备风道。

② 无论何种情况，当设备配置热耗达到 6kW 以上时，需配置导风侧柜。

③ 同列大容量设备之间需间隔 2 个低热耗机柜，不可紧贴放置，如图 4-1 所示。

图 4-1　同列大容量设备布局

④ 大容量设备机柜前后应保证至少 800mm 的安装间距。

⑤ 机房走线架的最低点应距离 ZTE 大容量设备顶部出风口至少 200mm。

⑥ 对于前进风后出风形式的产品，当一个机柜配多台插箱时，两台插箱间距至少为 2U 高度，且要求配置导风插箱，以防止回流。

⑦ 机柜门内外不允许粘贴任何文件，避免堵塞进出风口，建议做成册子悬挂。

2）机房环境需求：

① 大容量设备进风口区域实测温度不高于 25℃。

② 机房总制冷量不小于机房内设备总热耗的 1.5 倍，大容量设备区域的局部制冷量不小于该局部区域设备总热耗的 1.2 倍，如不具备条件，则需增加局部精密空调或列间空调。

③ 非冷风通道机房里，当机房安装有下出风大容量设备时，图 4-2 所示禁止区域禁止安放 ZTE 大热耗承载设备，以避免因大容量设备散热排出的热气流影响 ZTE 承载网设备进风口温度。

3）设备在机房的安装位置要求：

① 风管上送风机房。建议大容量设备安装在距离空调 3～7m 的距离，且相

邻两台大容量设备至少间隔两台低热耗机柜放置，以保证大容量设备的散热，如图 4-3 所示。要求大容量设备的前后两侧要有风管开孔，保证冷风进入前后两面。风管开孔不得在上出风设备顶部正上方（会减小热风散出速度，从而影响设备散热）。

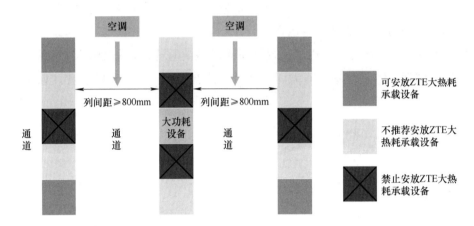

图 4-2　大容量设备在机房内布局关系

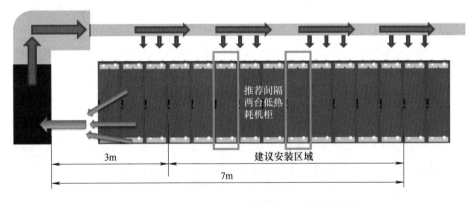

图 4-3　风管上送风机房大容量设备安装位置要求

② 精密空调上送风。对精密空调上送风的机房，要求精密空调的送风百叶朝向设备进风口方向；送风口必须面对安装设备的前、后维护通道，并且要求大容量设备安装在距离空调 2～5m 的距离，相邻两台大容量设备至少间隔两台低热耗机柜放置，以保证大容量设备能够获得足够的冷风供应，如图 4-4 所示。

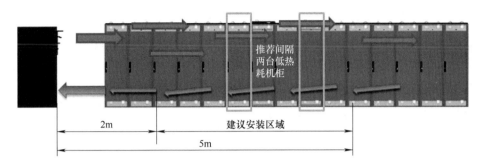

图 4-4　精密空调上送风机房大容量设备安装位置要求

③ 精密空调下送风。对精密空调下送风的机房，要求精密空调的送风百叶朝向设备进风口方向；送风口必须面对安装设备的前、后维护通道，并且要求大容量设备安装在距离空调 2～6m 的距离，相邻两台大容量设备至少间隔两台低热耗机柜放置，以保证大容量设备能够获得足够的冷风供应，如图 4-5 所示。

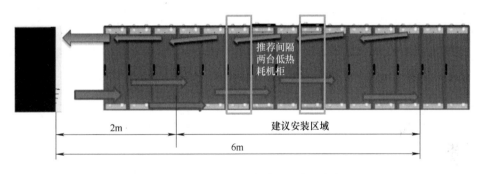

图 4-5　精密空调下送风机房大容量设备安装位置要求

④ 地板下送风机房。对地板下送风机房，建议大容量设备安装在距离空调 3～9m 的距离，且相邻两台大容量设备至少间隔两台低热耗机柜放置。设备前进风时，要求在设备的前、后（设备背靠背安装时）两侧安装有格栅地板，格栅地板的开孔率不小于 30%，如图 4-6 所示。

⑤ 地板下送风的冷风通道。地板下送风的冷风通道内，大容量设备的安装位置要求同地板下送风机房。

⑥ 列间空调送风的冷风通道。列间空调送风的冷风通道里，大容量设备建议配置在列间空调两边。

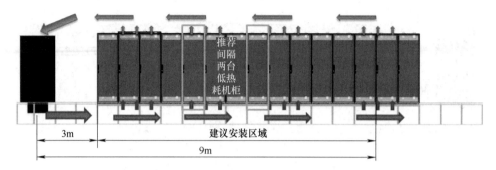

图 4-6 地板下送风机房大容量设备安装位置要求

（2）直通风室外机柜使用规范（ZTE 暂行规范）

1）直通风室外机柜要尽量用于空气干燥、无污染、灰尘少的地区。在这样的环境下，直通风室外机柜能充分发挥其耐高温、低成本的优异特性，同时规避易腐蚀劣势问题的发生。

2）C1 类地区：主要指地中海、红海等沿海地区。距离海边 14km 范围内，不得使用直通风室外机柜。距离海边 14km 以外的地区，要看之前该站点是否发生过腐蚀问题（包括机柜和设备），同时还需要分析风扇转速情况才能确定是否可以使用直通风室外机柜。使用直通风室外机柜时需要配套使用"三防"涂敷单板，直通风室外机柜需要使用铝制室外柜。

3）C2 类地区：主要指中国南部沿海地区、东南亚及周边地区等。距离海边 7km 范围内，不得使用直通风室外机柜。距离海边 7km 以外的地区，要看之前该站点是否发生过腐蚀问题（包括机柜和设备），同时还需要分析风扇转速情况才能确定是否可以使用直通风室外机柜，7～14km 范围内使用直通风室外机柜时，需使用铝制室外柜，单板需配置"三防"涂敷单板。

4）C3 类地区：主要指南美洲、南部非洲和大洋洲等地，如阿根廷、巴西等。距离海边 1km 范围内，不得使用直通风室外机柜，距离海边 7km 范围内，尽量不要使用直通风室外机柜，必须使用时，需使用"三防"涂敷的单板及铝柜。距离海边 7km 以外的地区，要看之前该站点是否发生过腐蚀问题（包括机柜和设备），同时还需要分析风扇转速情况才能确定是否可以使用直通风室外机柜。

5）B 类地区：除了 C1、C2、C3 类地区以外的其他地区的室外环境。距离海边 1km 范围内的地区尽量不使用直通风室外机柜，必须使用时，需使用"三防"涂敷的单板及铝柜。距离海边 7km 以内的地区，要看之前该站点是否发生过腐蚀问题（包括机柜和设备），同时还需要分析风扇转速情况才能确定是否可以使用直通风室外机柜（这个不是考虑沿海问题，而是担心站点附近有其他河流、化工厂等）。

6）通常情况下，距离冶炼厂、煤矿等重污染源 3km 范围内，不得使用直通风室外机柜。

7）通常情况下，距离化工厂、采石厂等中等污染源 2km 范围内，不得使用直通风室外机柜。

8）通常情况下，距离食品加工厂、皮革制造厂、采暖锅炉等轻度污染源 1km 范围内，不得使用直通风室外机柜。

9）直通风室外机柜采风口应远离城市污水管出口、化粪池和污水处理池，保持通信设备处于正压状态，避免腐蚀性气体进入设备内部，腐蚀元器件和电路板。

10）直通风室外机柜需安装在避雷针保护范围之内，即避雷针向下 45° 角范围内。

11）直通风室外机柜适合架离地面 3m 左右安装，至少架离地面 1m 安装。特别需要注意的是，不得直接安装在农田、花圃地面上，以及没有下水道的楼顶地面上。

12）直通风室外机柜进风口要背风安装，避免腐蚀性气体和灰尘进入机柜。

13）直通风室外机柜必须安全接地，数据接口和电接口需要做防雷处理，有条件也可以使用"三米线"原则，即与电源连接线短于3m，或者当与有防雷设计的数据接口连接线短于 3m 时，新增设备可以不配置防雷单元。

14）直通风室外机柜内整洁卫生能降低腐蚀发生概率，机柜门上密封条要完整有效；线缆连接好后要固定牢固，并做好线缆接头防水处理；施工杂物、线缆、垃圾等不能堵塞室外柜进出风口。因此设备安装完毕后要立刻打扫卫生，然后关紧室外柜门，并封堵走线孔，防止灰尘和湿气进入机柜。

15）因为直通风室外机柜内要保持干净，所以进风口最好有灰尘沉降腔，防尘网要厚一些，并需要根据实际情况及时更换。

16）直通风室外机柜在安装完成后要确认室外机柜的柜体完好，对磕碰掉漆位置需补漆防止柜体腐蚀。

17）当条件许可时，直通风室外机柜外最好有遮阳棚，成本低，但作用大，可以防止太阳辐射、防水、防锈。

18）直通风室外机柜内安装空间需要与插箱匹配，保证设备有足够的进出风空间。

19）直通风室外机柜内部气流组织方式需与设备的风道相匹配，如不匹配，需用风扇翻转、导风插箱等方式处理。

20）直通风室外机柜内设备空闲槽位必须用带插座保护罩的假面板封堵。

21）直通风室外机柜内设备的空闲端口必须用自带的橡胶塞堵上。

22）在直通风室外机柜里，上部比下部湿度会低 10%左右，耐腐蚀性差的设备尽量往上装。

23）若直通风室外机柜内电池出现漏液现象，则需要请客户更换电池（接头腐蚀或者机柜门进出风口腐蚀比较严重的都可能是电池酸雾所致）。

24）售后安装测试时，有一个核验公式，满足以下不等式，设备散热安全：（室外机柜温升+当地最高气温）≤（设备最高长期工作温度−5℃）。有遮阳棚时可以不减 5℃。

4．为客户介绍设备组件安装使用要求

对于业务单板的配置，客户一般是没有不同意见的，但是对于除设备插箱和机柜外的工艺结构件的配置，客户很多时候是不容易理解的，所以售前人员需要给客户解释这些工艺结构件的用途，从而保证设备在正常、安全的环境下运行。

例如，对于导风插箱，客户可能认为导风插箱占机柜空间，会导致少装设备，其实导风插箱作用非常大。当一个机柜内装多台设备时，很多时候会产生热级联，从而导致设备进风温度超限，设备发生故障，甚至是业务中断。矿山项目里，设备需要在密闭的防爆箱内工作，设备散热遇到前所未有的严峻考验。经过研究，ZTE 发现，给防爆箱内设计合理的导风插箱，可以极大地降低热风回流导致的热级联，同时也可以最大限度地让热能通过防爆箱箱体，与外界发生热交换，降低防爆箱内温度，实现防爆箱内部设备的安全散热。

图 4-7 所示的结构件，是多年前设计的一款导风插箱，用于两台横插箱之间，目的是降低上下插箱相互之间产生的热级联，以及插箱自身产生的热级联，从而保证设备进风温度尽可能降低。

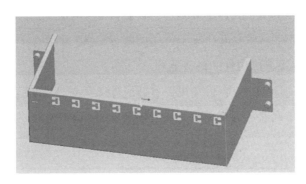

图 4-7　一款导风插箱示意图

再如盘纤侧柜（简称侧柜，如图 4-8 所示）的使用，侧柜需要占据半个机柜位，通常因其多占了机柜位而不容易被接受，其实，使用侧柜是有原因的：

1）改变风道，让设备成为前进风后出风的形式。现在的大容量设备多是中间进风、上下出风的架构形式，当使用环境是地板下送风或者是冷风通道时，配置侧柜后，设备就能变成前进风后出风的形式，从而与机房送风方式相匹配。

2）具有走光纤和盘光纤功能。我们目前使用的设备和机柜规格，是多年前定下的标准，那时候机柜内光纤和线缆数量很少，完全满足

图 4-8　带盘纤侧柜的机柜

使用要求。而现今设备容量大幅度增加，光纤数量很多，机柜内完全没有盘纤的空间，对于 OTN（光传送网）设备来说，因为有很多机柜内互连光纤，盘纤是必备功能，所以盘纤侧柜在改变风道的同时，可以解决走光纤和盘光纤的问题。

3）解决机房局部热点问题。国内现有的传输机房，单机位解热能力基本在 2000～5000W 之间，多数是 3000W 左右，如果设备热耗大于 6000W，特别是当几台大容量设备放在同一个区域时，基本上都会产生局部热点问题，这时候，配置了侧柜就相当于隔离了大容量设备，且设备多占了机柜位，可以极大地缓解局部热点问题的产生，这可以看作是不得已的解决办法。

5. 正确完成工艺结构件的售前配置

为了解决不同环境下设备的需求，有些时候不同情况需要配置不同的工艺结构件，如果配置错误或者少配，就可能会延误工程开通时间，也会增加不良质量成本，同时还会给客户造成非常不好的体验。为了避免错误配置，ZTE 设计了售前配置检查单，为售前配置人员兜底。

1）大容量产品工艺结构售前配置检查单，见表 4-1。

表 4-1　大容量产品工艺结构售前配置检查单

说明:

1）本检查单用于某产品售前人员做工艺结构配置时的自检，且加入售前和售后的交接清单目录，配置时售前人员需按本检查单完成自检。当所有选项为"是"或"不涉及"时方可传递给售后。

2）检查结果在"是""否""不涉及"中选择。选择"否"的，需要在"检查结果说明"栏中注明理由，理由不充分需要按照通过准则进行整改。

检查项分类	检 查 项	通 过 准 则	是否通过	检查结果说明
面板图配置	单板面板图按照槽位优先配置原则完成	低功耗单板配在两边槽位；高功耗单板配在中间槽位		
		当业务板不能满配时，对于 A、B 设备优先上框，然后再配下框；对于 C、D 设备优先配下框，然后再配上框		
		当有大功耗单板且槽位不满配时，大功耗单板间隔槽位配置		
		所有空槽位必须配假面板		
		走线量大的单板优先配在右边槽位		

（续）

检查项 分类	检 查 项	通 过 准 则	是否 通过	检查结果 说明
机柜配置	单发插箱时，客户机柜需与 ZTE 设备匹配，可参考产品装入第三方机柜要求	机柜门开孔率应不小于 60%		
		插箱下面均需有托架		
		机柜应保证所装设备有足够走线空间		
		机柜应保证所装设备有足够的进出风空间		
		其他配置问题可咨询产品线配置经理		
侧柜配置	对于 A、B、C、D 设备需配置盘纤侧柜	对于 A、B、C、D 设备需配置盘纤侧柜，具体参考产品工艺结构配置说明		
特殊场景配置	对于应用于冷风通道封闭的机房中的产品，需与产品线沟通	A 产品用于冷风通道封闭机房时需配置导风门；B 产品用于双列冷风通道封闭机房，需配置导风门		
		C 产品可用于冷风通道封闭机房；D 产品可用于双列冷风通道封闭机房		
	对于应用于室外的产品，配置需与产品线配置经理沟通，确认方案	需要关注设备使用的位置		
		关注方案的散热、防雷、腐蚀、成本等问题		
		具体方案可咨询产品线配置经理		
	对于应用于民居机房的产品，配置需注意客户对噪声的要求	售前人员应提前识别出民居机房（例如附近有住宅、医院、图书馆等噪声敏感的非正式机房）		
		对于民居机房，可与客户沟通使用低噪机柜或密封好机房门、窗、进线孔等		
光纤要求	与客户沟通	ZTE 通信设备都必须配置短护套光纤，否则会发生光纤顶门的问题。客户采购光纤时，售前人员需要提前告知客户这个要求，ZTE 有短护套光纤技术规格书供客户使用		
设备位置要求	与客户沟通	在与设计院沟通技术方案时，需要与设计院沟通 ZTE 通信设备对机房环境的要求，可参考"大容量设备对机房环境要求"，根据多方需求，给设备规划一个适配的位置		

2）低端产品工艺结构售前配置检查单，见表 4-2。

表 4-2　低端产品工艺结构售前配置检查单

说明：

　1）本检查单用于售前人员做低端产品工艺结构配置时的自检，且加入售前和售后的交接清单目录中。配置时售前人员需按本检查单完成自检。当所有选项为"是"或"不涉及"时方可传递给售后。

　2）检查结果在"是""否""不涉及"中选择。选择"否"的，需要在"检查结果说明"栏中注明理由，理由不充分需要按照通过准则进行整改。

检查项分类	检 查 项	通 过 准 则	是否通过	检查结果说明
单板配置	配置要求	单板槽位限配时，按限配要求配置，具体参照产品槽位优先配置原则文件		
机柜配置	机柜要求	安装在 19in 机柜的设备，需配置 19in 插箱		
		安装在 21in 机柜的设备需配置 21in 插箱（与 19in 插箱的差别是侧耳不同）		
		直通风机柜风险大，必须参照《直通风机柜使用规范》执行，具体需求与产品线配置经理沟通确定方案		
	空间要求	设备在机柜中应有足够的安装空间		
		室内横插箱需增加导风插箱		
		室内、室外设备都需要有足够的通风空间		
	走线要求	机柜内有足够的走线空间		
	散热要求	室内机柜门开孔率应不小于 60%		
		室外机柜内设备总热耗应与机柜的散热能力相匹配，具体与产品线配置经理沟通确定方案		
	环境要求	设备进风口温度要求高于设备长期最低工作温度，低于设备长期最高工作温度		
		潮湿及高污染地区，设备需要使用铝制热交换器室外机柜或空调室外机柜		
		轨道交通项目需按照《轨道交通项目机房及设备管理规范》执行		
		矿山项目需按照《矿山项目设备使用规范》执行		
	防护要求	低端设备应用于室外机柜中时，数据接口和电接口需要做防雷处理，即需配置防雷单元，或者满足"三米线"原则		
		机柜的防护等级应满足产品和环境的要求		
	安装要求	前安装机柜使用前安装插箱，后安装机柜使用后安装插箱（新产品满足前后安装兼容性）		

（续）

检查项 分类	检 查 项	通 过 准 则	是否 通过	检查结果 说明
机柜配置	安装要求	保证散热时，设备要求尽量位于室外机柜内循环进风口。避免腐蚀时，设备尽量装于直通风机柜的上部		
机房配置	机房要求	室内机房应密封，有利于防尘、防腐蚀，不能密封的机房当室外站处理		
	特殊场景 （冷风通道封闭机房）	前进风后出风的设备适用于冷风通道封闭机房，横插箱设备在冷风通道封闭机房中需增加导风插箱，具体情况请与配置经理沟通确定方案		
		低端横插箱设备在冷风通道封闭机房中最好使用ZTE定制机柜（节能性好）		
其他	方案沟通	当低端产品有其他配置问题或有室外应用需求时，需与产品线配置经理沟通方案		

6. 解答客户工艺结构方面的问题

随着通信网络的普及、设备功能的增加、容量的提升，以及使用环境要求的严苛，设备在安装、使用过程中，会出现各种各样的工艺问题，因此客户很关心设备的散热风道、寿命、耐腐蚀性、安装所需空间等问题，甚至有客户会研究芯片温升与寿命关系等问题，这些问题客户通常都会问产品售前人员，解答客户疑问是售前人员的职责所在，散热、腐蚀等所关联的工艺问题是比较专业的问题，售前人员可以在公司售前资料库中寻找答案，也可以要求后方专家提供技术支持。后方专家提供的文档资料，售前人员一定要先自我学习、消化吸收，然后再整理出合适的文件给客户。例如，给客户汇报的 PPT，肯定是售前人员在消化吸收后方专家提供的资料后自己编写的，因为专家只是对技术问题就事论事，只有售前人员最清楚客户的关注点、最了解客户的思维方式和专业用语习惯，所以售前人员做的 PPT 一定是最容易被客户所接受的。而且售前人员在编写 PPT 的过程中，会加深对专业技术问题的理解。

对于当前客户普遍感兴趣的工艺技术问题，售前人员需要提前花时间学习，弄清楚问题的前因后果，有不明白的地方一定要及时向部门或公司后方专家请教。

7. 传递客户及业界工艺需求或相关信息

售前人员还有一项重要的职能：传递客户及业界工艺需求或相关信息。产品设计、优化改进都离不开客户需求和业界工艺技术发展的信息，售前人员战斗在前线，最容易掌握一手资讯，客户提的工艺技术需求，例如某项目，客户需要双开门机柜、需要前进风后出风的设备、需要铠装光纤、机房下走线等，一定要第一时间随项目传递给产品线，这样才能保证按客户需求发货。同时，也便于产品线收集客户需求，为新产品开发储备需求。

遇到室外项目或者室内扩容项目时，需要按照表 4-3 和表 4-4，把相关信息收集好，传递给产品线，产品线分析信息后，给出室外项目或室内扩容项目的具体方案。

1）室外应用方案散热、防雷、防腐蚀评估信息表，见表 4-3。

表 4-3　室外应用方案散热、防雷、防腐蚀评估信息表（每个站型填一份表）

内　　容	应　　答
应用的国家和地区	
当地历史最高气温	
当地常规天气预报温度范围	
当地四季湿度值分布情况	
站点距离水域或化工厂等腐蚀源距离	
本站点直通风机柜内设备以往是否发生过腐蚀问题	
需要配置的设备型号	
需要配置的设备数量（同一个机柜中）	
需要配置的单设备最大热耗	
本项目单台设备配置热耗	
单台设备尺寸	
单台设备通风方式	
室外机柜内已有设备数量	
室外机柜内是否有电源单体	
单台室外机柜内所有设备的热耗（或功耗）总和	
室外机柜类型（热交换、直通风、空调柜或方舱）	
室外机柜规格：热交换器的热交换系数、空调的制冷量、直通风机柜的解热能力	

（续）

内　　容	应　　答
客户室外机柜内部正面照片以及站点全景照片	
如果是替换站点，需要知道被替换设备的尺寸和热耗（或功耗），以及耐热性，否则需要提供该位置的进风温度和当时机柜外的温度	
是否有电接口需要出室外机柜，以及电接口数量	
外接电源线是否能短于 3m	
配置 50G 以上接口业务板的数量	

注：1. 什么是站型？例如，站型 A、中兴 1500W 电源柜，2 台 A 产品、1 台电源单体、1 台 BBU，总功耗 800W；站型 B、中兴 1500W 电源柜，2 台 A 产品、1 台电源单体、1 台 BBU，总功耗 1000W。站型 C、X 厂家 2000W 电源柜，2 台 A 产品、1 台电源单体、1 台 BBU，总功耗 1000W（功耗按照 200W 增减，不够 200W 变化的，按最大的写）。总之，机柜不同或配置不同或整机功耗变化较大（大机柜可以按照 200W 分割、小机柜按照 100W 分割），站型就不同。有几种站型，就有几份信息清单。
　　2. 单设备最大功耗是指单插箱可以配置的最大功耗，是考虑扩容场景的，如果断定不扩容，可以不写。
　　3. 本项目单台设备配置功耗是指单插箱当前配置的高温功耗，因为室外机柜内一般都是高温。
　　4. 单台室外机柜内所有设备的功耗总和是指当前所有设备的总热耗（同时也需要知道环境温度，以便得出温升），优选后台查询得出，也可以现场测试得出，即用钳形电流表测电流，看电压，然后计算功耗，得出的数值可能包含室外机柜空调或风扇的功率。
　　5. 表里的资料信息有部分重叠，因为一般很难确定所有信息，所以尽量把能提供的信息填上即可。

2）室内应用方案散热评估信息表，见表 4-4。

表 4-4　室内应用方案散热评估信息表

内　　容	应　　答
应用的国家和地区	
机房还是方舱	
需要配置的各设备型号	
需要配置的各设备风道	
需要配置的各设备热耗	
机柜内原有设备风道	
机柜内原有设备热耗（或功耗）	
机柜内原有设备高度尺寸	
机柜内各种设备的数量	
机房环境温度（最好是设备进风处的温度）	
机柜标准（19in 或 21in）	
机柜深度和高度	
机柜门与立柱之间的距离	

（续）

内　容	应　答
机柜门开孔率	
机房制冷方式（精密空调、地板下送风、冷风通道、风管送风）	
机柜在机房内的位置（与空调的相对位置）	
机柜前后门与其他物体的距离	

　　注：1. 能提供机柜整体布局照片或图示，以及机柜门图片为佳。

　　　　2. 能提供机柜与左右两边机柜照片，以及机柜与空调位置关系照片为佳。

　　　　3. 表里的资料信息有部分重叠，因为一般难以提供所有的信息，所以尽量把能提供的信息填上即可。

　　售前人员在和客户交流的过程中，听到客户提到某厂家设备具备什么先进工艺，或者什么设备可操作性、可维护性好，或者某厂家设备安装性能不好等，这些信息都要传递给相应的产品线，便于自己公司的产品能够扬长避短。

　　售前人员在查询资料的过程中，发现同行产品具有某些工艺先进性时，需要把资料传递给产品线，以便产品线快速吸收业界的先进经验，打造出精品，更好地服务于客户。

　　总之，售前人员是公司的眼睛和耳朵，需要源源不断地把各类信息传递给企业大脑——产品线，帮助产品线规划、设计出满足客户需求的产品。这些信息同时也是企业制定发展规划的重要依据。

4.2.3　评估售前方案的一个诀窍

　　简单方案或者标准配置方案，按照售前指导书即可完成相关设计。复杂的场景存在多种不确定性，这时候一般会请研发人员提供技术支持，由研发人员给出项目配置指导意见。研发人员日常工作思维都是很严谨的，会要求售前人员提供各种输入信息、然后做仿真，最终给出一系列不同条件下的解决方案。

　　用研发方式解决工程问题，通常情况下，不仅耗时太长，解决方案成本高，而且工程施工也很困难。当然，优点是方案精准、风险很低。

　　市场项目一般都有时效性，很难做到机房或室外站环境需求的完整收集，当然如果一定要做，也是可以做到的，就是需要投入较多的人力和时间。因此，做项目方案需要使用工程思路，而不是研发思路，就是在风险可控的情况下，用粗放的、尽可能统一的办法解决所有场景配置问题。如果每种场景都做一种配置，物料种类多，安装方式各不相同，则成本高和施工困难是必然的，还有可能造成工程质量不高。所以工程方案要尽可能统一、简便。各种不利因素都凑到一起的概率是很低的，在我们对市场情况比较熟悉的情况下，是可以预判风险的，只要风险可控且有预案，就可以用粗放的方式梳理方案。

拿到一个要分析方案的项目，首先要剥茧抽丝地整理成几种情况，找出最严酷的情况。如果最严酷的情况能解决，则其他情况自然不是问题。如果最严酷的情况不能解决，则要给出理由和解决方向，同时按顺序依次分析次严酷情况，最后请售前人员和客户交流，利用我们的方案完成项目。

分析最严酷的情况时，需要注意的是，不能把所有最严酷的情况凑在一起考虑，这时候要充分发挥经验的作用，根据经验，确定各个边界条件的范围，这样可以最大限度地满足项目要求，同时也把风险控制在可控范围内。举个例子来说明这个方法。某项目，我们需要在客户机柜里扩容一台 5U 的横插箱设备，客户机柜是 ETSI 600 深机柜，机柜里已经有 1~3 台设备，空间上可以再装一台 5U 的设备。这时候，我们没必要知道每台设备的热耗和风道（因为很困难），我们只需要知道机柜门开孔率、机房环境温度大致情况即可。分析时，也不需要按照机柜内已有设备数量来考虑，只需考虑最差情况：机柜内已经有 3 台设备，且只剩下中间一个安装设备的位置情况（没有装导风插箱的位置）。显然，空位下方不能是上下通风的设备（如果是这种情况，则这个机柜里不能再扩容 5U 的设备），这时候空位装上设备后，和上下设备之间有可能产生热级联，是最严重的情况。如果环境温度还不错，机柜门通风率大于 60%，根据我们以往的测试情况，可以知道这种情况设备进风不会超温。因此，我们给出的配置方式是一台设备 + 一个导风插箱：

1）当机柜最下方有空间时，装一台设备和一个导风插箱，设备装最下方，这时候设备散热情况很好。

2）当机柜最上方有空间时，装一台设备和一个导风插箱，设备装最上方，这时候设备散热情况很好。

3）当设备装在中间，可以装导风插箱的时候，装一台设备和一个导风插箱，如果下方是上下通风的设备，导风插箱装下方；否则空位上下哪台设备出风温度高，导风插箱就装哪边。这时候设备散热有保障。

4）当只剩中间一个 5U 空位时，设备装这里，散热能满足要求，噪声相对比较高一点，风险可控。

这个方案的物料简单，安装工艺也简单，安装人员判断用哪种方式很容易，所以是一个性价比高的工程方案，这样的方案几乎可以在一天内完成，主要是沟通和收集资料需要一点时间，方案可以在几分钟内给出。

4.2.4 售前人员需要掌握的工艺知识

售前岗位是一个需要多学科知识的岗位，售前人员需要掌握的工艺知识相当多，丰富的知识不仅能使其具有前瞻性眼光，做出优秀的项目方案，还容易被客户认可，产品销售之路会更广阔。通信行业售前人员需具备的常规工艺知识如下：

1）区分 19in 机柜和 21in 机柜。19in 机柜是 IEC 标准，属于常用机柜形式，最显著的特点是机柜立柱安装孔距不均匀，安装空间是 U 进制，1U = 44.45mm。21in 机柜是 ETSI 标准，属于相对少见的机柜形式，最明显的特点是机柜立柱安装孔距均匀分布，安装空间是 S 进制，1S = 25mm。

因此，看立柱安装孔距可区分 19in 和 21in。19in 机柜需要配合 19in 插箱；21in 机柜适配 21in 插箱。19in 插箱换 21in 侧耳后也可以装入 21in 机柜里。图 4-9 和图 4-10 分别为 19in 机柜立柱和 21in 机柜立柱示意图。

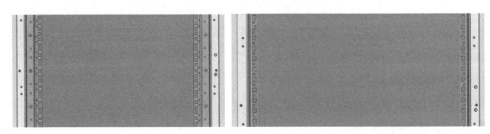

图 4-9　19in 机柜立柱示意图　　　　　图 4-10　21in 机柜立柱示意图

2）区分前安装和后安装。安装立柱在机柜前部的，称为前安装；安装立柱在机柜后部的，称为后安装。对设备来说，安装侧耳在插箱前面的称为前安装设备，安装侧耳在插箱后面的称为后安装设备。目前，只有国内三家通信设备厂商的 300mm 深机柜有后安装和中安装之分，其他机柜都是前安装机柜。图 4-11 和图 4-12 分别是前安装插箱和后安装插箱示意图。

3）了解自己负责销售产品的风道情况。风道图就是设备里风的流向图，在产品工艺结构售前配置说明文件里有不同产品的风道图。图 4-13 为某产品的风道图。

图 4-11　前安装插箱

图 4-12　后安装插箱

4）明白"BTU"的概念和换算公式。这个可以用物理学上的功和功率的概念来理解，BTU 是英制热量单位，相当于功，$1BTU = 1055J = 0.2931W \cdot h$，即 $1BTU/h = 0.2931W$，$1W = 3.412BTU/h$。其次，功耗和热耗 $1:1$ 转换时，系数是 3.412，如考虑 95% 转换，则系数是 3.241/ 3.412。

5）了解对设备腐蚀影响最大的两种物质是湿气和污染物。近几年，设备单板腐蚀导致设备故障问题时有发生。腐蚀问题比较复杂，引起单板腐蚀的物质最常见的是潮气、硫和灰尘，灰尘里含有腐蚀性物质，高温会加剧腐蚀，所以设备不能直接使用在高湿、高温、有大量灰尘的环境里。单板"三防"涂敷，可以延缓腐蚀发生、发展进程，但不能杜绝腐蚀。

6）了解什么是液冷、冷风通道封闭、短护套光纤、防雷基本措施、室外应用基本知识等，这些内容后面会有详细介绍。

图 4-13　某产品风道图

4.3　产品工艺结构售前配置说明模板

产品工艺结构售前配置说明是专门给售前人员介绍产品工艺结构件配置，以及客户通常会提出的一些问题的答案的文档，这个文档是售前人员必学资料之一，包括以下一些内容：

1．产品各组成部分介绍

1）主设备图示、各部分说明（例如插箱、风扇插箱、防尘插箱等）。

2）机柜爆炸图示及说明（说明机柜的前门、后门、托架、机柜门开孔率等）。

3）机柜内配置图示及说明［例如 PDU（电源配电单元）、插箱、导风单元、绑线夹等］。

4）附件图示及说明（例如侧柜、导风门、降噪机柜等可能会用到的物料）。

5）工程辅料（例如需要工勘的物料等）。

2．配置说明

1）机柜的配置说明（说明有几种形式的机柜）。

2）主设备插箱在各机柜中的配置说明（每种机柜内配置几个插箱或几种产品的插箱，以及混合组网时各设备的配置原则等）。

3）线缆配置说明（内部线缆如何配置，外部线缆如何配置）。

4）附件的配置说明（例如侧柜等附件的配置说明，在哪种场景配置哪种侧柜、导风门等）。

5）工程辅料的配置说明（例如底座、加固件、线缆等工勘物料的配置说明）。

3．主设备的槽位优先配置原则及布线说明

附加每款设备槽位优先配置原则文档，以及每种整机配置时各设备槽位优先配置说明。给出线缆和光纤布放原则说明。

4．风扇失效、风扇插箱插拔时间要求及备件需求说明

说明风扇失效的情况和插拔风扇插箱的时间要求，以及风扇插箱备件需求说明等。

5．风扇调速策略的使用说明及整机风道图

针对有多条调速曲线的设备说明每条曲线的基本噪声和温度情况，以及应用的场景，给出整机风道图。

6．插箱对机柜的要求

说明我们的插箱装别人机柜时，对机柜的要求：安装要求、散热要求、布线要求等。

7．配电说明

说明每款设备或每款整机配置设备对机房供电的要求，包括每路独立供电和空开短接供电的情况，短接时要给出设备功耗限制。同时还需要说明设备的PDU供电原理。

8．其他说明

如设备装室外机柜的要求说明，设备使用防爆箱要求说明等。

4.4 售前人员工艺素质要求

售前人员不仅仅负责产品销售工作，还是项目开发人员与客户之间的桥梁，是代表公司技术水平的技术专家。在一个具体的售前技术支持活动中，售前人员协调客户、产品开发人员间的关系，将公司的技术实力和产品优势向客户展现，听取客户的需求。可以说，售前人员是销售项目的技术框架的最初设计者。因此，要求售前人员具备技术人员和销售人员两方面的素质，同时在人才方面，售前岗位要具备基本工艺素质，成为复合型人才，以使流程扁平化。拥有各类丰富知识的人，会增加客户对公司产品的信任。售前人员在工艺方面的素质要求如下：

1）熟悉自己负责销售的所有产品，包括产品功能、性能、业务配置、工艺结构件的组成和配置，熟知各个产品的特点和优势。

2）具有较为全面的常规工艺技术知识。例如，熟悉产品使用环境要求；了解业界机房情况；了解室外应用的基本要求；了解设备防腐蚀基本要求；了解结构件的基础标准；了解设备散热和噪声基本标准和指标；了解液冷等新工艺、新技术和新材料的基本情况等。

3）对本企业的工艺开发能力、技术优势、弱势有比较清楚的认识。

4）对本企业生产能力有基本了解。

5）了解市场上同类产品工艺性能的优劣势。

6）了解行业当前工艺技术水平的基本情况。

7）了解行业工艺技术发展方向。例如，了解低端设备小型化、自然散热发展趋势；了解大容量设备液冷的发展情况；了解设备回收技术发展情况；了解节能环保演进情况等。

8）能熟练使用文本和图形编辑器进行工艺技术资料的编写。前方需要的工艺技术素材由后方技术人员提供，但需要售前人员自己编写成可以提交给客户的文档。因为售前人员和客户直接接触，了解客户的原始需求，熟悉客户的习惯用语和接受方式，所以给客户的文档由售前人员编写最为合适。

9）熟悉销售项目定制工艺结构件的一般程序。

4.5 赞 ZTE 售前人员的两句话

4.5.1 "来都来了"

ZTE 售前人员有一句很有名的话：来都来了。这句话表面看有一点消极感，实际上这句话是非常正能量的，是售前人员坚定的信念和韧性，以及高度责任感的体现。意思是说，既然来了，哪怕只有一线希望，甚至是没有希望，我也要尽我最大努力去争取。实际上，柳暗花明的事情也的确是时有发生的。例如，有一次投标，客户基本内定了供货厂家，但我们售前人员丝毫没有放弃，依然有条不紊地给客户讲解精心准备的资料，介绍产品功能和性能，以及简单易会的使用方法，积极解答客户的问题，并帮助客户优化方案，减少投入。后来，客户被我们产品的优势功能和性能所吸引，被售前人员的周到服务所折服，决定给我们一次产品测试的机会，结果，测试一次通过，我们最终拿到一半份额。

有些时候，项目遇到工艺问题，客户一时不能接受，邮件里已经说了"不可以"，售前人员仍然会充分准备好资料，去和客户面对面交流，用技术理论和实践案例给客户详细介绍，最终客户接受了我们提供的正确方案。

"来都来了"将作为 ZTE 售前人员的传家宝一直传承下去！

4.5.2 "说话也是生产力"

ZTE 售前人员还有一句很有名的话是：说话也是生产力。这句话是售前人员使命的真谛，也是售前人员自信的体现。产品销售不完全由产品本身的品质所决定，与售前人员的服务有着极大的关系，这是众所周知的事情。随着时代的发展，售前人员在产品销售中的作用越来越重要了，售前人员通过"说话"能为产品销售解决很多问题，同时也可为企业创造利润。例如，有一次客户提出需要定制机柜，机柜需要双开门，门楣需要指定造型。不少人认为设计一款产品不容易，但设计、生产一个结构件是很简单的事情，其实不然。结构件的设计除了功能性设计、造型设计外，还有力学仿真设计，设计一款机柜是一个大工程，一般大约会有 50 张图纸。结构件一般是需要通过模具来生产的，模具费用通常都比较贵，如果量少，一般不会开模具，而是通过机械加工的方式来完成，成本会很高，一个定制机柜多花几万块钱很正常。除了费用问题，从设计到样机测试、生产发货，时间也比较久，满足不了项目开通的时间需求。而且机柜双开门和指定门楣，对现有设备安装、使用有冲突，影响光纤走纤，灯板尺寸不能匹配等。当时，售前人员把这些情况一一给客户详细介绍后，客户终于同意用 ZTE 批量发货的机柜。问题解决了，无形中避免了额外费用的产生，保证了销售利润和工程顺利开通，这就是说话产生的生产力。

4.6　售前人员工艺知识考试题集

1. 公司业务线上每位员工都需要了解相应的工艺基础知识吗？（　　　）

A. 是　　　　　　　　　　　B. 不是

答案：A。

2. 售前人员需要掌握的工艺结构基础知识包括（　　　）。

A. 机柜的标准　　　　　　　B. 产品结构件的配置

C. 设备的风道　　　　　　　D. 设备的热耗

答案：A、B、C、D。

3. 普通机房里，大容量设备（　　　）相互紧挨着放在一起。

A. 能　　　　　　　　　　　B. 不能

答案：B。

4. 对于不同通风方式的机房，我们的设备在机房中的位置要求（　　　）。

A. 一样　　　　　　　　　　B. 不一样

答案：B。

5. 室外站具有（　　　）特点。

A. 工程费用高　　B. 配套成本高　　C. 维护成本高　　D. 单板返修率高

答案：A、B、C、D。

6. 机房最好选择在商铺等远离住户卧室的地方。（　　）

A. 对　　　　　　　　　　　　B. 不对

答案：A。

7. 下列室外应用中，（　　）可以不考虑防雷。

A. 空调室外机柜　　　　　　　B. 热交换室外机柜

C. 方舱　　　　　　　　　　　D. 直通风室外机柜

答案：C。

8. 下列室外应用中，（　　）里的设备腐蚀风险大。

A. 空调室外机柜　　　　　　　B. 热交换室外机柜

C. 方舱　　　　　　　　　　　D. 直通风室外机柜

答案：D。

9. 下列室外应用中，（　　）是密封的。

A. 空调室外机柜　　　　　　　B. 热交换室外机柜

C. 方舱　　　　　　　　　　　D. 直通风室外机柜

答案：A、B、C。

10. 安装在（　　）的设备或室外机柜容易发生腐蚀。

A. 海南的海边　　　　　　　　B. 化工厂附近

C. 灰尘很大又很潮湿的地下室　　D. 花圃里

答案：A、B、C、D。

11. 当走线架高度是 2.6m 时，（　　）不可以使用。

A. 2.2m 机柜　　　B. 2.6m 机柜　　　C. 2.2m 机柜 + 0.4m 顶帽

答案：B、C。

12. 当机房单机位制冷量是 5000W/机柜位时，在同一列可以连续放置多台功耗大于 6000W 的设备吗？（　　）

A. 可以　　　　　　　　　　　B. 不可以

答案：B。

13. "××产品装第三方机柜要求"（　　）"××产品工艺结构配置说明"文档里。

A. 在　　　　　　　　　　　　B. 不在

答案：A。

14．对于 C2 类地区，直通风室外机柜（　　）用于距离海边 7km 范围内。

A．可以　　　　　　　　　　　B．不可以

答案：B。

15．在地板下送风的机房里，大容量设备放在机房（　　）散热最好。

A．距离空调 2m 的位置　　　　　B．距离空调 4m 的位置

C．距离空调 7m 的位置　　　　　D．距离空调 10m 位置

答案：B。

16．对于地板下送风机房，中间进风、上下出风的设备前面地板（　　）使用格栅地板。

A．必须　　　　　　　　　　　B．不必

答案：A。

17．针对核心机房，设备进风口温度超过（　　）就会有局部热点问题发生（可以理解为发生局部过热的最低温度值）。

A．55℃　　　　B．65℃　　　　C．25℃　　　　D．22℃

答案：C。

18．通信机房可以直接通新风吗？（　　）

A．不可以，机房必须密封

B．可以，但新风必须是经过多层过滤的干燥、洁净的空气

答案：B。

19．客户可以自己采购光纤吗？（　　）

A．不可以，必须使用 ZTE 标配的光纤

B．可以，但光纤必须是满足性能要求的短护套光纤

答案：B。

20．机房装修的时候，可以安装调试设备吗？（　　）

A．不可以，必须装修完毕后，清理干净灰尘才可以安装调试设备

B．可以同时进行

答案：A。

21．通过清灰，可以把单板清理干净吗？（　　）

A．不可以，常规手段无法彻底清理干净

B．可以

答案：A。

22．机房装修的时候，可以给设备做个罩子挡住灰尘吗？（　　）

A．不可以，灰尘无孔不入，很难彻底挡住灰尘，而且上电设备会闷死，不上电，没必要先安装了

B．可以

答案：A。

23．机柜顶部距离走线架最小距离和最优距离是（　　）。

A．20cm、40cm　　B．40cm、20cm　　C．30cm、40cm　　D．40cm、50cm

答案：A。

24．导致设备腐蚀的因素有（　　）。

A．湿气　　　　　　B．雷击　　　　　　C．湿气、灰尘、高温　　　D．灰尘

答案：C。

25．冷风通道里的设备都需要是前进风后出风的吗？（　　）

A．是的，设备本身是前进风后出风或者加附件后改造成前进风后出风的

B．不一定

答案：A。

26．（　　）能解决机房噪声问题。

A．用带密封橡胶条多层复合门　　　　B．窗户用砖头、水泥封死

C．过线孔用沙袋或橡胶泥封堵　　　　D．设备调速曲线降档

答案：A、B、C、D。

27．5G横插箱设备都需要配置导风单元吗？如何配置？（　　）

A．是的，插箱上、下各一个导风单元

B．是的，插箱下面配置一个导风单元

C．是的，插箱上面配置一个导风单元

D．不需要

答案：A。

28．杜绝灰尘和潮气就基本能杜绝设备Cl⁻和潮气导致的腐蚀。（　　）

A．是　　　　　　　　　　　　　　　B．不是

答案：A。

29．有室外项目时，（   ）找产品线确认方案。

A．需要　　　　　　　　　　B．不需要

答案：A。

30．导致设备腐蚀的两大元凶是（   ）。

A．湿度、太阳　　B．潮湿、灰尘　　C．灰尘、氧气　　D．水汽、紫外线

答案：B。

31．通信设备腐蚀现象主要有（   ）。

A．PCB 线路腐蚀断线　　　　　B．元器件失效

C．元器件烧毁　　　　　　　　D．以上都是

答案：D。

32．当空气相对湿度低于（   ）时，腐蚀基本不容易发生。

A．40%　　　　　B．60%　　　　　C．70%　　　　　D．80%

答案：A。

33．对通信设备腐蚀"贡献"最大的元素是（   ）。

A．S　　　　　　B．Cl　　　　　　C．S 和 Cl　　　　　D．Na 和 Ca

答案：C。

34．一个地区是否是易腐蚀地区，主要取决于（   ）。

A．湿度高低　　　　　　　　　B．温度高低

C．海水盐雾浓度高低　　　　　D．温湿度变化率

答案：A、B、C、D。

35．潮气以（   ）形式存在。

A．水汽　　　　　B．凝露　　　　　C．雨水　　　　　D．海水

答案：A、B、C。

36．目前低端设备发生的一些过热问题，基本是（   ）所致。

A．设备热级联　　　　　　　　B．机柜门通风率不足

C．室外机柜散热能力不足　　　D．机房温度过高

答案：A、B、C、D。

37."三防"是指（   ）。

A．防潮   B．防盐雾   C．防霉菌   D．防水

答案：A、B、C。

38．当代设备功率增加后，风扇转速增加，则腐蚀的可能性（   ）。

A．增加   B．降低

答案：A。

第 5 章

产品工艺规划管理

5.1 产品工艺规划与产品规划的关系

产品规划是指产品规划人员在调查研究市场、探寻客户需求、分析竞争对手产品情况、衡量外在机会与风险，以及对市场和技术发展态势综合研究的基础上，根据企业自身的情况和发展方向，制定出可以把握市场机会、满足客户需要的产品的远景目标以及实施该远景目标的战略、战术的过程。产品规划一般包括远期规划和年度规划。随着科技日新月异，产品和市场需求都在快速变化，所以远期规划一般是 3～5 年，太远就属于企业产品战略规划范畴了。

产品工艺规划属于产品规划的一部分，或者说是产品规划中部分内容的细化和引申。产品工艺规划包括工艺技术规划和工艺管理规划两部分内容。产品工艺规划一方面是围绕产品规划进行的，是以配合完成产品规划目标为目的的活动，可以看作是"开源"；另一方面是优化产品线工艺管理（包括产品工艺管理远期发展规划和近期痛点规划），目的是进一步提高产品质量，降低全流程成本，可以看作是"节流"。由此可以看出，产品工艺规划是一项更为复杂的工作。

5.2 产品工艺规划的主要工作内容

产品工艺规划是在公司总体工艺规划及产品线产品规划下，实现产品功能，保障产品质量，降低全流程成本的规划，是在产品设计、使用产品的环境、研发、采购、生产、安装、调试等环节，使用相关技术或展开相关活动的规划。

产品工艺规划是一系列的规划，除了产品线的产品工艺规划外，还包括各环节与工艺相关的规划，例如供应链的自制还是外协规划、生产规划、售后的外包规划，以及相关标准、规范、流程的制定规划等，这些基本属于工艺管理规划范畴。

系列工艺规划中的产品工艺结构设计规划和中试的测试规划，基本属于工艺技术规划范畴，主要包括新产品设计及测试规划，以及通用化、模块化、平台化规划。

产品线的产品工艺规划主要是产品的工艺管理方面的规划，除公司总体工艺规划外，产品线的产品工艺规划是其他系列工艺规划的源头规划，本章节主要讲述的是产品线工艺总监拟制的产品工艺规划。

5.2.1 研究与产品相关的市场和行业

要完成产品工艺规划，首先要做的就是研究相关产品的市场和行业。产品工艺规划人员要研究与产品发展和市场开拓相关的各种信息，包括来自市场、销售渠道和内部的信息；研究客户提出或反馈的需求信息；研究产品使用环境变化的情况；研究竞争对手的研发情况；研究产品市场定位；研究产品发展战略等。例如，针对通信设备来说，要研究通信设备发展的动态；研究客户需求和业界芯片能力所致的产品架构的演变趋势；研究机房当期情况和未来演进的情况，毕竟设备和机房需要匹配发展，相辅相成。在研究清楚这些情况后，才能知道需要什么样的工艺技术能力和工艺管理能力来适配新产品的发展。

5.2.2 研究与产品相关的先进技术

产品工艺规划人员需要跟踪与产品相关的新工艺、新技术和新材料的研究进展，同时要根据产品市场演进情况和业界新工艺、新技术、新材料的成熟度，推断出新工艺、新技术、新材料面世的时间点，从而保证产品的先进性和高性价比，同时降低新产品的投产风险。

以通信设备来说，设备散热是一个至关重要的问题，散热技术也在持续快速发展，例如散热，从普通散热器到热管散热器和 VC 散热器，再到需要液冷才能实现大容量芯片的散热。因为液冷设备能满足机房低 PUE（电能利用效率）的要求，所以液冷技术在通信设备和通信机房的落地需要提前研究。什么时候液冷产业链能成熟，成本能达到预期，客户对使用液冷设备的接受度成熟，都是工艺规划人员需要研究的内容。

5.2.3　保持企业内部多方沟通

产品工艺规划人员应及时与客户及公司内部相关市场人员、售后人员、开发人员、管理人员、产品经理、采购人员、计划人员、生产人员和返修中心人员等保持良好的沟通，而且不仅仅是在规划阶段，这种沟通要覆盖整个产品生命周期。情况是随时变化的，要想了解全局，从全流程的角度出发做好产品线的工艺结构规划，就需要时刻保持信息渠道畅通，做到"居家而知全球"。

数字化在这个方面能展现出极大的优势。这时候，系统会实时给工艺规划人员推送各种信息，规划人员也能随时在企业云里获取需要的信息，"人与人"的关系，变为"人与云"的关系，信息的准确性、全面性会得到保障，沟通的效率会得到极大提高，这种条件下制定的各种工艺规划价值会更高。

5.2.4　收集与分析数据

产品工艺规划工作中最基本也最重要的一项内容就是收集与产品工艺规划相关的各类数据，并对这些数据进行科学的分析，总结出规律性内容，再将这些规律性内容规划在产品工艺规划中应用的部分。

5.2.5　提出产品工艺发展的远景目标和实现路径

产品工艺规划工作的任务之一是提出产品工艺发展的远景目标和实现路径，通过各种沟通渠道让公司内的相关人员熟悉和理解这个远景目标，并在各自岗位上实现这个目标的子目标。

产品工艺规划工作具有不受产品开发周期约束的特点。也就是说，产品工艺规划工作通常会跨越产品开发周期。

在产品开发周期的各个阶段中，产品工艺规划人员的工作方式并没有明显的不同，他们会随时了解客户、市场、技术创新、企业内组织变化、生产能力提升等情况，并根据内、外部的各种变化调整或完善产品工艺规划。

产品远期工艺规划通常是对重大的新工艺、新技术、新架构、新工艺管理方法研究或实施的规划。年度工艺规划主要关注的是未来一年与新产品相关的工艺和管理方面的内容，以及近期痛点工艺技术和工艺管理方面的内容。

5.3 产品线年度产品工艺规划模板

1. 模板适用范围

该模板适用于产品线工艺总监制定的年度产品工艺结构规划，目的是给产品线规划总工、硬件总工、产品经理、质量总监、工程总监、结构总工、结构经理、中试经理、测试经理、生产体系工艺总工、计划和采购经理及相关单位使用，保证产品工艺结构规划落地及回溯。

2. 设备应用场景管理规划

1）说明上一年机房管理方面的变化及未来的发展趋势。近些年通信网络持续扩展，通信设备容量急剧增加，而现有机房多数都没能与设备匹配发展，导致机房出现各种各样的问题，如局部热点、噪声超标、供电不足、PUE 高、机位紧张等。为了解决这些问题，机房也开始不断优化，所以近几年机房变化很快，未来的发展趋势也有多种理论性研讨，这些情况是通信设备厂家必须时时掌握的。

2）在机房管理方面，须明确新一年我们需要做哪些研究。机房管理不仅仅是客户的事情，设备供应商也需要研究相关内容，比如散热、供电、智能管理、节能减排、环保等。设备在持续发展，机房管理必须与设备匹配发展，所以机房管理的研究也是持续性工作，只是每年的侧重点有所不同。

3）在机房管理方面，要确定新一年的管理策略是什么。机房情况在持续不断地变化，特别是随着国际项目的不断增多，各种机房情况随之出现，所以需要想办法使设备尽量适配机房，或者机房方面做简单改进，对此需要出台机房管理策略，这些策略可能每年都不同，也可能几年内不变。

4）在引导客户机房管理优化方面我们需要做的工作。根据我们对机房管理的研究得出的成果，将在设备方面需要做的事情纳入产品设计需求中，有机房优化需求的则需要请客户来实现，所以我们需要把这些需求提供给客户，建议客户采纳。通常来说，我们需要把研究的课题和研究的大致过程、得出的结论，以及能产生的效益都给客户呈现出来，客户理解、接受了，才有可能实现机房优化。从目前来看，大的优化动作很难实现，除非是新建机房，老机房改造基本只能做局部变动。

5）新一年可能产生的新问题及应对办法。全球机房情况千差万别，不同运营商、不同国家习惯不同，我们在没有落实具体情况的时候，需要根据各种信息做推导，预判可能出现的问题，并针对这些问题做出应对措施。

3. 市场需求应对规划

1）说明上一年室内产品在工艺结构方面的需求情况，有什么趋势。针对机房管理的变化，设备方面需要及时响应，提出设备为适配机房变化的优化设计需求或工艺管理需求。针对变化，阐述我们的解决办法。例如，根据设备优化需求，我们是更改设计，还是优化配套的工艺管理？通过权衡利弊，得出性价比最高的解决方案。

2）说明上一年室外产品在室外应用方面的需求情况，有什么趋势。近些年，通信设备室外应用在快速增长，室外站环境和室外机柜的情况也在不断发生变化，设备是否能长期安全运行，与室外站环境、室外机柜形式和产品配置有极大的关系，所以需要持续研究室外站环境情况、室外机柜种类、室外机柜解热能力、室外机柜使用情况等，从中总结出规律性结论。

针对变化，阐述我们的解决办法。室外应用方案一点都不能马虎，稍有差池，设备就会出问题，因此根据当前室外应用的情况和发展趋势，需要做出完备解决方案以应对市场需求。

虽然根据室外应用发展趋势做出了应对方案，但市场应用不一定就是对的，我们需要研究什么是正确的室外应用方案，在什么环境下，应该选用什么样的解决办法对客户最有利，这是理性的解决办法，也是对客户负责任的做法。在有项目的时候，拿出我们的方案，帮助客户提高网络安全性。

3）近些年，轨道交通行业的通信设备使用环境发生了巨大的变化，同时随着 5G 落地，通信设备开始进入各种新的领域，例如矿山、工厂、电力等政企行业，政企客户不同于运营商客户，政企没有通信产品的研究院和设计院，所以对通信设备的挑战非常大，理想状态是分别建立政企客户的通信设备管理标准，在通用标准出台之前，各产品需要制定相应客户的产品工艺规划，并推动执行。具体内容可以参考室外应用的工艺规划，工艺管理的思路类似。

4. 研发方面的工艺规划

1）上一年产品研发过程中存在的工艺问题。复盘上一年研发过程中出现的工艺问题或者是可以进一步优化的工艺问题。对问题进行研究，筛选出确实是设计造成的问题（其他问题留给相应的环节研究解决办法），对问题进行分类。对整理出来的与设计相关的工艺性问题，研究解决办法或优化办法，针对通用性问题，要加入设计规范或设计标准里。

2）本年度规划的新品可能带来的需要研究的工艺问题。这里面可能有工艺技术问题和工艺管理问题，根据分析，识别出可能产生的问题，并研究找到解决问题的办法，推动执行。

5. 物流方面的规划

1）上一年在物流计划、采购、运输方面存在的工艺问题。复盘上一年在物流计划、采购、运输方面存在的工艺问题，对问题进行分类。针对整理出来的问题进行研究、分析，确定解决办法，从设计上解决，或者是从工艺管理上入手解决，推动解决办法落地。

2）新一年可能会出现的问题及应对策略。因为产品及使用的环境都在不断发生变化，需要根据事物发展趋势，估计可能出现的问题，并找出解决办法。同时根据我们持续的研究得出的一些成果进行推广应用。

6. 中试方面的规划

1）上一年在产品中试环节中存在的工艺问题。复盘上一年在产品中试、生产和测试用工装方面存在的工艺问题及风险，整理归类；并分析问题产生的根本原因，寻找解决办法，将共性问题纳入流程或标准、规范中进行管理。

2）新一年需要推广应用的新技术、新方法。针对上一年研究的结果，整理出需要推广的新技术和新方法，确定推广方案，并推动落地。

7. 生产工艺方面的规划

1）上一年生产中存在的工艺问题。复盘上一年存在的工艺问题，包括生产工艺、生产技术、生产设备、工艺纪律管理等，并进行分类整理。逐个研究产生问题的根本原因，研究出解决问题的办法，并推动落地。

2）新一年有哪些产品会上批量，以及是否需设置新的生产线。根据公司整体生产规划，结合新产品批量情况，制定出各新产品生产模式，即确定是放公司生产线生产，还是外协生产。

3）开发可生产性需求。开发可生产性需求是一项持续性工作，每年根据生产自动化研究情况和未来发展规划，提前提出可生产性需求，保证新设计出来的产品符合先进生产方式的要求。

8．售后方面的规划

1）上一年售后方面存在的工艺问题。复盘上一年售后出现的工艺问题，这个环节出现的问题有可能是各个环节产生的，例如，可能是设计问题、生产问题，也可能是售前的问题，还可能是文档开发的问题，以及售后安装调试不当造成的问题等，对这些问题进行分析归类。各环节的问题交由各环节自己研究解决，技术问题，各环节自己推动落地，管理问题，产品线负责推动解决办法落地。

2）新一年要做的提升。这里可以罗列新一年计划在售后方面做的工作，例如，实现工程资料无纸化；降低工程辅料损耗；提升设备安装、布线和调试速度等。可以预定实现路径。

9．其他需要说明的问题

这里可以写任何需要补充的工艺规划内容，例如，提请公司专家团队研究单板防腐蚀涂敷新工艺；需要给售前团队传递的新工艺知识；公司生产体系增加新技术所需生产设备和生产技术人员储备等。

5.4 新产品规划清单模板

新产品规划清单是给公司相关部门传递的重要信息，这里会传递需要相关部门研究的新技术或新工艺，从而保证新产品能顺利研发、生产、销售使用。其实，产品工艺规划与产品新品规划清单共同组成了产品线完整的年度工艺规划。新产品规划清单模板见表 5-1。

表 5-1　新产品规划清单模板

规划划分	项目名称	项目描述	成果鉴定时间	对工艺结构设计要求		对 EDA 相关要求		对工艺研究相关要求		对测试设备相关要求	
				时间要求	专业技术要求	时间要求	专业技术要求	时间要求	专业技术要求	时间要求	专业技术要求
预研项目	××V1.00	交直流一体化机框，增加1T板卡	2013.Q1	2012Q3	这个项目的难点在于散热和噪声设计，一体化机框要求噪声低于72dB	2012Q3	高密度和高速PCB	2012Q3	55mm×55mm 大型 BGA（管脚呈球状矩阵排列芯片）的焊接验证，设计定型前提出所有单板工艺问题；建议引进高速光器件焊接设备	2012Q3	风扇板和灯板等小板也需要有检测手段；建议引进 300pin 的 IOA 测试设备
经营项目	××V1.20	A 是室内1U 的小盒子，B 是室外 1U 的小盒子	2013.Q2	2012Q4	A 是自然散热设备，热设计是关键，B 用于室外机柜，散热是关键，两款设备低成本	2012Q4	高集成度，低成本PCB	2012Q4	成果鉴定前提出所有单板工艺问题；建议引进高速光器件焊接设备和冷热冲击机	2012Q4	建议引进 300pin 的 IOA 测试设备
……											

5.5　全程成本规划与全流程工艺成本规划

5.5.1　全程成本规划

说到"全程成本规划"可能比较陌生，但"全程利润"就人人皆知了。实际上，"全程成本规划"和"全程利润"是一个事物有关联性的两个方面，做好了全程成本规划就可能得到好的全程利润。

全程成本规划和全面工艺管理理念是非常吻合的，讲究的都是一个"全"字。一个产品从产品规划开始到工程服务，再到回收，这之间有很多个环节的工作，只是把每一个环节的成本性价比做到最好，产品的全程利润不一定是最好的，只有把全程的成本做到最低，才会有最高的全程利润，因此，需要对产品做全程成本规划。

产品方案、销售方案、采购方案和工程方案等，都是产品生命周期中对全程成本影响最为关键的因素，销售方案、采购方案和工程方案影响因素比较多，暂且不谈，单说产品方案，产品方案对成本影响是最大的，产品方案确定了，全程成本规划大部分内容也就确定了，其他各环节的工作要在全程成本规划的架构下，遵照区域性价比最好的原则。大家都知道，在产品方案阶段需要考虑市场应用、可生产性、可靠性、可服务性等，这实际上就是在综合考虑全程成本规划，例如套片的选择，不仅要考虑套片的功能性，还要考虑它的成本、焊接可靠性、可测试性、芯片的可维修性、芯片的功耗等。再如芯片的功耗问题，要求芯片功耗低，开发难度大，开发成本高，但芯片功耗大，散热器成本高、系统风阻大、风扇转速高、系统功耗增加，总的成本哪种最低就需要详细地核算了。

产品规划在考虑满足市场需求的同时，还要考虑公司的人力、物力、技术水平等多方面的因素，找到一个平衡点，这实际上就是全程成本最低和区域性价比最好的体现；确定产品需求时，关键需求比较容易确定，确定次要需求就要考虑方案的难易程度、生产制造的成本、工程服务的成本等；比如说采购，不能一味追求成本最低，要考虑物料的可靠性和返修率等；发货量不大的单板测试工装的开发问题，不仅要考虑开发成本回收，还要考虑单板的生产、工程服务的成本支出等问题；机柜和插箱装配布线是外协还是自制问题；物料标配还是作为工勘物料问题；国外项目包装设计问题；按站点发货还是集中发货问题等。这些都是全程成本最低问题的具体体现。

产品方案是产品设计全程成本规划最重要的阶段，这个阶段涉及的环节非常多，如果把各个环节的人召集在一起做方案，则效率比较低；如果有人熟悉公司各环节的工作，效率就会提升。各环节可以出一些规范，指导产品设计，比如PCB 可生产性设计、产品部件生产自制或外协原则、产品包装对产品设计的要求、产品可服务性要求等。方案设计人员通过这些规范，采用与相关环节人员一起讨论相关问题等方式，可以完成产品设计部分的全流程成本规划，再结合区域性价比最好的原则，就可以做到全程成本最低。

具体如何做好全程成本规划和区域性价比最好设计，是一个很复杂的命题，每个环节都有很多的工作需要做，本小节的目的是要说明：

1）我们不能只考虑单个环节的成本最优，要考虑全程成本最低。

2）要做好全程成本规划，就需要各领域做好相关的规范和标准，产品线需要培养熟悉全流程工作的人。

3）要做到区域性价比最好，就必须突破"孤岛"现象，各领域加强合作沟通。

企业全程成本规划是由多方面工作共同实现的，例如，市场销售策略、产品工艺规划、产品设计方案、转产方案、生产方案、项目工程方案等，即由业务线上的方方面面的规划、方案共同实现全程成本规划。

5.5.2 全流程工艺成本规划

全流程工艺成本规划是全程成本规划的一部分，做好全程工艺成本规划有利于获得好的全程利润。全程工艺成本规划相当复杂，需要通过制定标准、规范、年度工艺规划等来完成，全程工艺成本规划需要通过产品工艺结构需求、具体产品工艺设计、具体生产工艺、具体运输工艺、具体安装调试工艺、具体设备维护工艺、具体设备回收工艺等来实现。

与工艺相关的一些标准和规范是通用性工艺成本规划的指导文件，例如，岗位工作职责，指定了给客户传递机房选址规范的责任人是售前人员，就是说这项工作由售前人员来做最合适、性价比最高。再如，PCB 设计规范，这个规范说明 PCB 要按照规范要求的方式设计，工艺成本性价比最高。总之，工艺成本规划是通过规划工艺技术和工艺工作来实现的。工艺工作放在哪个环节做，如何做本身就确定了工艺成本。

1．每一项工艺工作全流程性价比最优

选择不同技术或工艺则产品成本不同，这个问题好理解，也比较容易完成选择。比较难的是工艺工作的规划，每一项工艺工作全流程性价比最优是全流程工艺规划的最高境界，意思是说，每一项工艺工作都要站在全流程的角度去看，看放在哪个环节做，才能实现全流程性价比最优。对于同一件事情来说，不同企业、不同产品，可能会放在不同环节来完成，只要全流程性价比最优，放哪里都是可以的。例如设备的装配布线，这项工作可以在公司内部生产线完成，也可以在外协厂家完成，还可以在工程现场完成，那么如何选择性价比会最优呢？这首先要看产品的销售量，再看公司生产的产能，此外，还需要比较外协的费用、自制费用和工程外包费用，以及这三种生产方式的质量和所需要的时间，通过这些费用计算和质量评估，可以得出选择结论，这类问题一般在产品工艺结构需求说明书里会给出结论。

2．通过产品设计体现工艺成本规划

大的事情和通用性工作工艺成本规划是通过标准和规范来确定的，还有一些是通过年度工艺规划和产品工艺结构需求说明书来确定的，另外一部分是通过设计来规划产品全流程成本的。工艺是设计出来的，设计不仅确定了材料成本，也确定了各种工艺，工艺确定，工艺成本也就确定了。例如，PCB 设计成双面贴片，或者单面贴片，或者双面贴片＋插件，则这块 PCB 的加工工艺就确定了，工艺成本也是确定的，显然，单面贴片设计的 PCB，工艺成本最低，双面贴片＋插件设计的 PCB 成本最高。

通过设计来规划工艺成本时，一般是遵循标准或规范，没有标准或规范支撑时，可以用区域性价比最高原则来指导设计，设计人员很难有全局的眼光，但设计人员肯定得熟悉原材料和生产情况，乃至机房环境和售后的情况，只有这样才能做好设计工作。

一般来说，新产品在产品规划、产品年度工艺规划、产品工艺结构设计规

划、新研产品的需求和方案、转产规划、生产规划里体现全流程工艺规划。通用化、模块化、平台化规划，在远期工艺规划和产品规划里体现。

5.6 如何确保工艺规划的按期完成

工艺规划的一部分任务可以落实在研发、中试、生产、售前和售后、质量年度规划里，大家共同研究、推动落实。一般来说，与产品设计相关的工艺规划和与研究或管理相关的工艺规划实现途径不同。

5.6.1 设计类规划落地方法

与产品设计相关的规划，可以加在研发项目适当的时间节点来实现，比如，低端产品装不同室外机柜摸底测试，这项任务可以加在各产品研发项目里的成果鉴定时间节点来完成。再如，要求各产品在网管上给出设备进风温度（有了这个参数，设备是否是因为环境温度超标所致故障就一目了然了），也可以加在各产品在研版本的成果鉴定时间节点来完成。这类规划是比较好安排和跟踪进展的，结果验收也很方便。

5.6.2 研究及管理类规划落地方法

有些需要研究的技术问题或者是管理问题，工艺总监可以组织团队，通过团队方式分解、落实任务，最终把研究的成果制定成标准、规范、流程等。团队成员根据需要研究的课题而定，可以是公司内任何岗位的员工。例如，研究风扇寿命影响因素的问题，可以分配给团队里的可靠性成员；研究结构件打样管理方面的问题可以分配给采购人员、结构设计人员和新品导入人员等。再如，制定"使用模具生产的结构件最小采购量"规范，这个任务可以指派给产品线人员、结构设计人员、采购人员和计划人员。团队运行周期为一年，没能完成的任务可以加入第二年的团队任务中。

第 6 章

产品工艺结构需求开发

6.1 产品需求概述

6.1.1 产品需求的概念

产品需求是产品所有功能和性能的描述及规划。这些功能和性能一般用于解决客户的特定问题，或者是给客户带来额外的价值。产品在开发时都必须要有相应的需求规格，并将这些规格清晰地描述出来，以便开发人员和测试人员能够直观地理解该规格，且不产生歧义。需求规格必须是完整的、准确的、易懂的。

产品需求是产品最终要达到的目的。它既是原因也是结果。一个产品由需求发起，结束于满足需求。产品需求一般来源于市场需求，与业界的能力和企业的能力有关。随着时间及市场需求变化，新产品需求需要不断地优化和创新。

从市场需求到产品需求的过程称为产品需求开发，产品需求开发的重要性是不言而喻的，有什么样的需求直接决定了会有什么样的产品。

6.1.2 产品需求的关键特性

（1）产品需求的普遍性

需求通常都需要具有普遍性，而不是特殊性（给客户定制的产品会具有特殊性的需求），一般来说，需求适用的范围决定了客户的范围。

（2）产品需求的完整性和一致性

每条需求都要完整描述，不得有发散性内容。同时，各需求之间不得有相互矛盾的地方。

（3）产品需求的可追踪性

产品需求的可追踪性指的是对某一特定需求在系统开发的整个过程中形成，

以及演变的跟踪能力，即可向前跟踪，也可以向后跟踪。可以使用可跟踪性关系来确定项目需求的满足程度。

（4）产品需求的可测试性

为了提高产品的故障检测定位和隔离能力而考虑的可测试性需求，直接影响产品问题故障检测定位和隔离的难易程度。简言之，产品需求一定是可以通过测试来检验满足程度的。

6.1.3　产品需求的基本内容

广义上来讲，产品需求应该包含产品的战略和战术，战略是指产品定位、目标市场、目标用户、竞争对手等；战术是指产品的结构、核心业务、具体用例描述、功能和性能内容描述等。具体来说，产品需求通常包含如下几个方面的内容：

1）产品概述：解释说明该产品研发的背景以及核心功能，通过这个部分的描述，读者能清楚了解这是一个什么样的产品。

2）名词解释：对文档中出现的比较新的名词进行解释。

3）预期读者：文档的使用对象。

4）产品成功的定义和判断标准：说明产品各功能和性能要达成的目标。

5）参考资料：开发产品需求所参考的各种资料。

6.2　产品工艺结构需求

6.2.1　产品工艺结构需求概述

产品工艺结构需求是产品需求的一部分，包括产品与工艺结构设计相关的产品需求，设备使用区域和环境规定、可生产性、可操作性、可维护性需求，以及相关可靠性需求，以及相关的工艺管理方面的需求。

产品工艺结构需求说明书主要是与产品工艺结构设计相关的产品需求和工艺管理需求。可生产性、可操作性、可维护性需求，以及通用可靠性需求由相关标准、规范提供。

6.2.2　产品工艺结构需求的基本内容

产品工艺结构需求一般包括如下内容：

1）引言：引言部分包括目的和范围、预期读者、文档约定。

2）综合描述：这个部分主要阐明项目背景、项目核心功能、对工艺结构的概括性要求。

3）工艺结构需求：这个部分是产品工艺结构需求最主要的内容，一般包括系统需求、系统配置需求、机柜需求、插箱需求、单板需求、包装需求、认证需求等。

4）参考文档：制定工艺结构需求所参考的文档。这里的文档不包括标准和规范。

6.3　产品工艺结构需求与产品需求、可靠性需求及工艺结构研制规范的关系

6.3.1　产品工艺结构需求与产品需求的关系

产品工艺结构需求来源于产品需求，是产品需求的一部分。理论上，产品需求、产品工艺结构需求、产品可靠性需求合在一起才是完整的产品需求。产品工艺结构需求也可以看作是产品需求的扩展需求，因为工艺结构需求需要把产品需求转化成工艺结构设计所需要的需求，以及相关的工艺管理需求。

6.3.2　产品工艺结构需求与产品可靠性需求的关系

产品工艺结构需求和可靠性需求都是产品需求的一部分，但可靠性需求是工艺结构需求的输入，也可以说是指导文件。毕竟可靠性需求是通过工艺结构设计、硬件和软件设计来实现的。

6.3.3　产品工艺结构需求与产品工艺结构研制规范的关系

产品工艺结构需求是产品工艺结构研制规范的输入。在产品工艺结构需求和可靠性需求的基础上，加入可操作性需求、可生产性需求、可维护性需求、通用

性需求、标准化需求等相关内容，以及各种工艺结构设计规范，形成产品工艺结构研制规范。可以说，工艺结构研制规范是继工艺需求之后的二次需求开发。产品工艺结构研制规范是产品最完整的工艺结构需求。

6.4 如何开发工艺结构需求

工艺结构需求开发是一项非常严谨的工作，需求开发的成败，直接关系到产品的成败，优秀的需求对产品的成功具有事半功倍的作用。产品的工艺结构需求开发通常从如下几个方面入手：

1）深刻理解产品功能需求。首先学习产品需求文档，必须完全理解需要设计的产品功能和性能，知道需要设计一个什么样子的产品，这是开发产品工艺结构需求的基础工作。

2）根据产品功能和销售策略确定产品应用场景。根据产品功能特性，我们就能知道该产品会用于什么场景，比如用于核心机房、汇聚机房、接入机房，以及是否有室外应用的需求。再根据销售策略，我们就知道这个产品未来会用于哪个国家、哪些客户。确定应用场景非常重要，因为产品需求开发都是根据应用场景来确定产品与环境相关的规格。

3）根据产品的应用场景确定产品的温度规格和架构形式。用于核心机房与用于接入机房的产品的温度规格是不同的，确定了产品用于哪一类机房，则产品的温度规格也就基本确定了。当然，温度具体设计多少不仅与环境、标准相关，还与业界芯片耐温性和本企业产品设计能力相关。也就是说，不仅要让产品适应应用场景，也要量力而行，否则后续设计的时候需求无法实现。确定应用场景，产品大致架构形式也就基本确定了，比如，用于数据中心的产品，需要设计成前进风后出风的形式。需要室外抱杆安装的产品，最好设计成自然散热形式等。

4）根据应用场景确定产品噪声需求。产品应用场景确定了，噪声指标也就基本确定了，不同环境使用的产品噪声指标是有标准规定的。当然现在产品发展很快，相关标准尚未更新，根据实际情况，这时候噪声指标可以在一定的范围内选择，但至少要有国家标准或国际标准支持。

5）根据产品组网方式确定产品的共柜需求。很多通信产品都不是独立应用的，而是和其他设备一起混合组网，共同完成通信任务，所以产品设计的时候，一定要知道这个产品会和哪些设备一起装在同一个机柜里销售，这样做产品架构设计时就可以考虑各产品的风道匹配性，以及装配空间分配和装配顺序的确定，从而保证产品安装和散热良好。

6）根据产品组网方式确定产品的布线需求。根据组网方式可以知道产品的连线方式和连接线缆的数量，比如该产品有多少根光纤与机柜内其他设备对接，对接关系是什么，有多少根光纤需要与机柜外设备对接，以及对接关系是什么。得到这些数据和接线表后，设计的时候，我们就可以确定插箱走纤槽的尺寸和机柜走纤空间的尺寸，以及设备面板走纤高度的尺寸。

7）与产品规划人员沟通确定产品单板配置。单板配置是热设计和工艺布线设计必须要获得的信息。不同的单板配置方式，设备功耗和走线数量是不同的。根据市场未来应用的功能需求情况，可以确定一个最大配置和典型配置，确定具体需求的时候，需要按照性价比最优和风险可控的原则考虑。

8）与产品规划人员和硬件设计人员沟通确定单板和单插箱功耗。根据主芯片功耗和以往设计所积累的经验数据，可以得到各单板功耗，再根据单板配置，可以得到设备单插箱最大配置功耗和典型配置功耗。

9）用类比法确定结构件成本需求。工艺结构件的设计成本可以通过类比法获得，就是以前类似产品设计成本是多少，再根据新设计产品的复杂度情况，给一个优化成本的比例，例如，新设计的产品 B 与产品 A 结构件类似，A 设计成本 300 元/台，B 产品比 A 产品复杂一点，根据设计需要不断优化的原则，B 产品的设计成本可以定为 300 元/台。如果 B 产品与 A 产品复杂度基本一致，则 B 产品的设计成本可以定为 270 元/台。当然，有计算公式可以算出设计成本，计算方法对单个零部件比较适用，复杂结构件的准确性稍微差一点，这时候不如用类比法更简单一些。用类比法时一定要有批量数据支撑，采购量不同，价格不同。

10）根据通用件设计规范和经验确定各部件通用率需求。通用率的确定与经验关系比较密切，在通用件设计规范的基础上，通过经验，可以评估出结构件、线缆、包装材料的通用率。了解公司各个产品情况，熟悉线缆、结构件和包装设计后，基本上很容易得出新产品上述材料的通用率，否则需要去研究现有产品的设计情况和通用率情况，再看新产品的相关情况，根据大数据来确定通用率。

11）根据公司总体工艺规划和产品情况确定大致生产流程。这部分主要是确定哪些工序在外协厂完成，哪些工序在公司生产线完成，哪些工序在工程现场完成。这些工艺流程得提前确定，这样结构设计的时候才会做出相应的组装顺序安排，给出配套的物料代码。

12）根据产品大致架构使用类比法确定产品发货方式。根据产品架构和现有的发货模式，可以确定产品的发货方式（整机发货、单插箱发货、单板随插箱发货），以及单板和其他模块是否有单独发货的需求。确定这些需求，结构设计和包装设计才可以做出相匹配的设计方案。

13）根据产品功能和应用场景确定配套附件的需求。比如，某产品会用于地板下送风场景，则有设计机柜底座的需求。再如，有改变设备风道为前进风后出风模式的需求时，需要配置侧柜，侧柜设计需要宽度需求参数。这些需求参数是可以根据产品功能和应用场景推导出来的。

6.5　如何理解不同客户的需求

收集客户需求、理解客户需求、将客户需求转化为产品需求，是产品需求开发人员工作的行为过程。收集客户需求途径很多：售前和售后相关活动、产品线与客户的各种交流、标书要求、现网设备巡检、展会、各类资料等。这里要说的是理解客户需求的问题，显然，只有深刻理解了客户的需求，才有可能将客户需求转化为产品需求，但有些时候，客户需求不是那么容易理解和接受的，笔者就经历了这样的时刻，并悟出了两个理解客户需求的方法。

6.5.1　从一个国家的文化入手理解客户需求

十几年前，笔者去一个国家出差，与客户探讨一个室外项目的需求，客户非常在意产品的外观，要求极度的人性化设计，笔者当时很懵，这是产品，又不是装饰品，这样设计会增加太多成本，不能理解，心情郁闷。当天晚上，同事说带笔者去外面走走，散散心。看着一栋栋形状奇特的房屋建筑被当作游客打卡的景点，笔者似乎想到了什么。离开该国时，在机场看到非常可爱的熊猫型垃圾桶，完全没有嫌弃脏的感觉，瞬间豁然开朗，这个国家面积不大，没有多少自然景观，每一栋房屋、每一个物件儿，不仅需要具有内在价值，还需要具有外在观赏价值，从这个角度再来看客户的需求，就很容易理解了。

还有一次也是去一个国家，与客户探讨产品需求，这也是笔者第一次到这个国家，笔者发现买任何一个东西，都附有很详细的使用说明书，一小盒饼干，说明书竟然有盒子的两倍长，最为惊讶的是，卫生间竟然写着马桶的使用方法。看到这些，笔者完全理解了为什么客户对产品使用说明书要求极度严格。

这也告诉我们一个道理：当无法理解客户需求时，可以先了解客户国家的文化，从国家文化的角度去研究客户的需求，问题或许就能解决了。

6.5.2　从一个企业的文化入手理解客户需求

不同国家的客户需求有差异，同一个国家不同企业的客户需求也有差异。理解客户需求可以从客户企业文化入手，从企业的发展历史入手，很多问题便会迎刃而解。

经历的事情多了，在笔者眼里已经没有不能理解的客户需求了。每一个客户的需求都是有渊源的。

6.6　产品工艺结构需求甄别

具备普遍性、完整性、一致性、可追踪性、可测试性，同时满足产品规划和工艺规划的需求是真需求，否则为假需求。例如，风扇冗余备份需求，这个就是真需求，必须纳入产品工艺结构需求中。再如，静音风扇需求就是假需求，因为目前世界上没有一款风扇是没有噪声的，产品规划和产品工艺规划里不会存在这样的内容。

产品工艺结构需求直接决定了新产品的功能和性能，一个错误的需求就有可能导致产品某些功能的缺失，或者性能的偏差，甚至可能导致整个项目失败，所以甄别真假需求的重要性是不言而喻的。

6.6.1　设计需求和管理需求

需求可以分为设计需求和管理需求。通过设计来实现的需求是设计需求；通过各种管理实现的需求称为管理需求。当然还有一部分需求是需要设计和管理共同作用才能完成的需求，这样的需求通常可以拆分成相应的设计需求和管理需求。

6.6.2 如何区分设计需求和管理需求

需求开发的时候，可以通过如下判据来区分哪些需求是设计需求，哪些需求是管理需求：

1. 需要产品设计来完成的需求

1）产品功能需求。

2）较大概率会出错的环境适应性、可操作性、可维护性和可生产性需求。

3）投入很少成本或代价能解决的环境适应性、可操作性、可维护性和可生产性需求。

4）通过工装或工具无法实现的环境适应性、可生产性、可操作性和可维护性需求。

2. 需要管理来完成的需求

1）无法通过产品设计来实现的需求。

2）通过简单管理、工装或工具可以实现的环境适应性、可生产性、可操作性和可维护性需求。

3）设计需要降低可靠性或增加相当大成本才能实现的需求。

3. 需要设计和管理共同完成的需求

1）仅通过设计或者管理无法实现的需求。

2）通过设计再加上管理可以得出高性价比结果的需求。

6.6.3 如何落实设计需求和管理需求

设计产品时，我们要考虑全流程成本和质量，在产品规划初期就分析好哪些需求通过产品设计来实现，哪些需求通过管理来实现。众所周知，产品越简单，质量越容易做好，成本越低；相反，如果我们把很多需求都加在产品上，把产品做成"金娃娃"，我们不仅没利润，质量也不一定好。产品功能简单，只通过设计就能解决很多的问题，但产品复杂后，就无法只通过设计解决全部问题了。通信设备发展到现阶段，管理对质量的重要性越来越高了，后期管理顺了，管理成本就很低了，性价比会变高。相反，产品设计上投入的成本，是永远都存在的硬成本，成本增加对企业和客户都不是好事。

（1）设计需求落地途径

显然，设计需求是通过加入产品工艺结构需求中，或者企业的标准或规范中，再通过产品工艺结构研制规范来实现设计落地的。例如，需要设计一个 1U 的 19in 插箱，这个设计需求肯定是通过研制规范来保证实现的。

（2）管理需求的落地途径

大多数管理需求是通过产品工艺规划以及企业标准或规范来实现的，例如，杜绝裸机上站的需求，这个需求就需要通过制定企业规范，再通过工艺规划，组建团队运作来推动完成。还有一部分管理需求是通过产品工艺结构需求说明书传递的。这样的需求通常是需要设计和管理共同完成的，例如，布线在外协厂完成、风扇插箱装配在外协厂完成，这个需求可以拆分成设计需求和管理需求，设计出生产装配布线顺序，通过管理来实现装配顺序落地，即通过产品工艺结构需求传递到工艺结构研制规范，再通过设计文件（如产品装配说明、产品布线说明）传递到中试，最后通过中试工艺文件传递给计划和生产等相关部门。

6.7　一切以客户需求为导向

近些年，有句流行语：一切以客户需求为导向。所以有人认为只要是客户需求的，就必须满足。是这样吗？

6.7.1　"一切以客户需求为导向"的两种解释

一种解释是：在销售的过程中一切要以客户的需求为重，客户需要什么样的产品，我们就给予什么样的产品，尽量满足客户的需求。当然任何一种产品都不可能百分之百满足所有的客户，对于有些客户，我们的产品可能暂时还不能满足其需求，那么，就需要根据客户的需求制定与其相适应的营销策略，从某一个方面去满足客户的需求。

还有一种解释是：企业以满足客户需求、提高客户价值为企业经营出发点，在经营过程中，特别注意客户的消费能力、消费偏好以及消费行为的调查分析，重视新产品开发和营销手段的创新，以动态地满足客户需求。

笔者认为第二种解释更为合理，因为点明了核心问题：增加客户价值！也就是说，是否满足客户需求要以是否增加客户价值为判据，满足客户需求和增加客户价值需要同时实现。

6.7.2　如何客观看待客户需求

1．确认客户的真实需求

首先要做的就是研究这个客户的需求，分析确认客户真实的需求，也就是弄明白客户真正想要的是什么，为什么客户会希望实现这个要求。弄清楚客户真实需求才能找到合适的解决办法。例如，客户标书里要求设备耐温需达到 65℃，实际上，业界还没有该相关产品可以在 65℃环境下长期工作。我们需要弄清楚，客户为什么会提这样的要求，通过沟通发现，客户认为室外机柜里温度高，会达到 65℃，所以客户这个需求是室外机柜内的设备不能超温，解决室外机柜内设备不超温的办法有很多种，不是必须使设备能耐 65℃高温。明确了客户的真实需求，解决办法就好找了。再如，客户对静音风扇的需求，实际上是对降低设备噪声的需求，虽然没有噪声目前不能实现，但通过消音器、降噪门等方式可以降低设备噪声，甚至通过机房门窗等改造，可以消除设备噪声对客户的影响。

2．确认需求是否会增加客户价值

不是客户所有要求都可以成为需求，能为客户提供价值增长的要求才可能成为需求。有客户企业标准规定：机柜内必须有接地排，插箱地线接在接地排上。这个要求针对早年的设计方式是有效的，实际上在现代设计中，插箱固定在机柜上已经非常严谨地接地了，机柜拉线接地就好了，如果这时候给机柜内增加一个接地排，再从插箱接线到接地排上，则不仅增加了成本，而且增加了设备安装的复杂度，接地效果还不如插箱侧耳和机柜立柱直接连接的方式好，此时我们可以给客户讲清楚道理，请客户改变接地方式的要求，接地排就不作为产品需求了。

3．对客户有价值的需求是我们的奋斗方向

有些客户的需求是当下实现不了的，但这些需求的确能给客户带来价值增

长，那这些需求就是我们奋斗的方向。企业要给客户带来价值，企业的长期收益才能最大化。例如，通信设备的耐腐蚀性，当前全球都没有好的解决办法，但我们必须持续研究，力求找到更有效的解决办法，"只要方向是对的，就不怕路远"，相信总有一天这个需求能实现。

4. 从产业生态链的角度看待每个需求

开发需求需要有全局性眼光，至少是要从产业链的角度来看待需求的有效性，有些不利于产业链良性发展的需求就不能作为产品需求。例如，产品大幅度降低价格需求，表面看，增加了客户的价值，但会严重损害供货商的利益，危害了供货商和产业链的良性发展，实际上也危害了客户的长期利益，所以这个超低价格需求不能成为产品需求。有些问题需要从产业链的角度寻找解决办法，这时性价比最优，比如，地铁项目设备腐蚀问题，在没有很好的设备防腐蚀解决办法之前，让机房环境达到设备工作要求是最简单的解决办法。从产业链来看，这样解决问题成本最低，也最容易实现，供需双方能获得最大价值，毕竟设备故障，客户承担的风险最大，供货商也需要付出更大的代价。

5. 坚持底线不动摇是为客户负责

有些时候对于客户的需求，表面上看是满足了，但实际上不仅没有增加客户价值，还可能损害了客户利益。比如，在易腐蚀的沿海地区，客户要求把设备装在直通风机柜里。如果按照客户要求执行，表面上看客户节省了采购热交换室外机柜或者空调机柜的成本，但直通风机柜内的设备必然会发生腐蚀，单板故障率高，设备寿命缩短，需要提前更换设备，最终导致客户的投资成本增加。短期内无法满足的客户需求一定要有相应的策略，以满足客户的应用。比如在易腐蚀的沿海地区使用的通信设备，可以使用热交换室外机柜或者空调室外机柜，也可以看情况使用有涂敷"三防"涂料的设备。影响产品质量、损害客户利益的需求要坚决杜绝，这是需求底线，坚持底线不动摇是为客户负责。

6. 不同客户需求与通用化的"和谐"方法

如何平衡客户文化需求与企业产品通用性的矛盾是经常会遇到的问题。首先看客户需求是否会增加客户价值，再看客户需求是否符合产业链良性发展需要。如果这两条都满足，那需要优化本企业的通用化规格，使之符合客户的需求，这是双赢的改变。如果不能给客户增加价值或者不符合产业链良性发展需要，则需要和客户沟通，力求客户接受符合客户利益的通用化。实在说服不了客户，且客户需求对客户利益和本企业利益影响不大，则接受客户这一需求。如果会影响产品质量，给客户带来损失，则一定要守住底线，必须说服客户，做到为客户负责，为自己企业负责。

例如，一些垂直行业对机柜颜色的要求，有时一个项目二十几个机柜，就有十几种颜色需求，这种一个机房要求一种颜色属于美观性需求，对客户的价值加分非常少，这种定制可以实现，但需要增加成本，而且供货周期会增加比较多，毕竟常规物料是有库存的，随时可以发货，定制的机柜要重新做图纸、申请代码，还需要协调供应商安排插队生产。因为工艺复杂了，所以辅助工作耗时长，量又很少，不仅成本增加，而且供货时间延长，因此供应商基本都不愿意接单。这时候我们需要和客户讲清楚道理，尽量推荐我们的通用机柜，客户实在不能接受，就只能接受成本增加和供货周期延长的结果。

6.7.3 主动挖掘客户需求是产品发展的源泉

客户需求是企业前进的动力，有了源源不断的客户需求，产品就有了创新的可能。没有客户需求，相当于闭门造车，产品肯定是难以适应市场需要的。可以说谁掌握了最多的客户需求，谁就占领了市场的先机，企业就有了发展的可能。

1．丢掉害怕客户提意见和建议的心理

企业工作人员一定不能有害怕客户提意见和建议的心理。客户给我们提意见和建议，是在给我们送财富，因为这些意见和建议是我们开发需求的素材。同时，我们需要秉承有则改之无则加勉的心态和客户交流意见，这个过程也是加深互相理解的过程，在解决问题的同时，加深理解客户的真实需求，在这个过程中我们也可以给客户介绍当前业界产品发展现状和我们的设计主张，介绍设备正常运行所需条件和操作方式，这是一个双赢的过程。

2．主动不断地收集客户需求

挖掘客户需求不能等客户提需求上门，要主动出击，从各个渠道搜集需求素材。要在各种与外界交流的活动中，不断收集需求素材。需求素材库充盈，预示着企业有高速发展的可能。

3．努力快速研究客户需求及实现方案

只有持续努力研究、实现需求，需求才能源源不断地涌来。比如，售前或售后同事提了需求，结果石沉大海，或者需要很久才得到反响，这自然会打击提需求人的积极性。如果需求被快速分析、研究、落实，则不仅激励了大家收集需求的积极性，也因为不断优化、创新产品，解决客户的诉求，从而增加客户对产品和企业的信任，这会是一个良性的循环。

4．树立与客户携手推动中国通信事业良性发展的坚定信念

笔者非常推崇"信息通信行业节能减排联盟"的理念：以新一代信息通信技术发展、基础设施融合为导向，以推动信息通信设备、平台、供电系统、制冷系统、运维系统、建筑一体化节能减排为目标，促进行业节能及技术创新领域研究和应用，打造创新平台，推动行业节能技术创新、标准化、产业链的形成，完成基础设计架构的产业链变革，实现信息通信行业绿色、节能、健康可持续发展。

在这个数字化高速发展的时代，一切都在以前所未有的速度变化：商业逻辑在改变、管理的核心在改变、思维逻辑在改变，任何一个企业都难以独善其身，至少整个产业链要协同发展。需求开发要从整个产业链角度来做，这样可以最大限度地节能降耗、降低成本，从而实现绿色环保，保证行业和国家乃至世界良性发展。这条路有些难走，但必须坚持，这是一条强国之路。

6.8　通信设备几种常用工艺结构需求模板示例

6.8.1　产品工艺结构需求说明书模板

1．引言

（1）目的和范围

本文档通过详细描述某产品的工艺结构部分的产品需求，在产品的功能、性能、质量属性以及外部特性方面，与产品建立一致的理解，为后续产品需求的开发提供基础与约束。

（2）预期读者（表 6-1）

表 6-1　预期读者

读 者 分 类	目　　　的
市场体系代表、产品经理	了解本文档对工艺结构需求的理解是否和产品要求的一致
研发体系系统人员	了解本文档对工艺结构需求的理解是否与系统方案一致
制造工程研究院工艺、结构和热设计开发人员	理解工艺结构需求，转化为工艺结构研制规范

（3）文档约定

1）需求优先级的约定：每个需求都有优先级属性，优先级的可能取值为：3、2、1。需求的优先级由产品对需求的迫切程度和该需求对产品的重要程度确定，3 最高、1 最低。

2）需求编号约定：

① 基本需求编号的前缀为 CR-F（F 为 Fundamental 首字母）。

② 质量需求编号的前缀为 CR-Q（Q 为 Quality 首字母）。

③ 其他需求编号的前缀为 CR-O（O 为 Other 首字母）。

3）文档性质约定：本文档由产品线工艺总监制定，传递给制造工程研究院开发人员，用于传递产品项目的基本工艺结构需求。

2．综合描述

1）背景：项目开发的背景需求描述，介绍目前业界基本情况和最先进的技术或产品等。

2）项目概述：描述项目基本功能，新开发的单板、结构件、线缆等介绍，大致配置等需求。

3．工艺结构需求

（1）应用场景

1）CR-F-0101 产品应用场景：

- 需求描述：〈产品的详细工作环境，例如，室内使用方式、室内通风方式。〉

- 优先级：（　　　）

- 注释和问题：（　　　）

2）CR-F-0102 产品应用国家和地区：

- 需求描述：〈该产品应用于哪些国家或地区。〉

- 优先级：（　　）

- 注释和问题：（　　）

3）CR-F-0103 产品使用温度范围：

- 需求描述：〈该产品长期及短期工作温度范围。〉

- 优先级：（　　）

- 注释和问题：（　　）

4）CR-F-0104 产品使用湿度范围：

- 需求描述：〈该产品长期及短期工作湿度范围。〉

- 优先级：（　　）

- 注释和问题：（　　）

5）CR-F-0105 产品安装方式：

- 需求描述：〈该产品是在机柜内安装，还是在龙门架内安装？产品是否有壁挂安装需求？机柜是安装于底座上，还是安装于地面？〉

- 优先级：（　　）

- 注释和问题：（　　）

（2）系统配置

1）CR-F-0201 系统机柜配置：

- 需求描述：〈该产品使用哪几种规格的机柜？例如，21in300 深后固定机柜、19in600 深前固定机柜。〉

- 优先级：（　　）

- 注释和问题：（　　）

2）CR-F-0202 系统设备配置：

- 需求描述：〈该产品在机柜中如何配置？和哪些设备共柜？例如，2 个 A 插箱＋1 个 B 插箱，或 4 个 A 插箱等。〉

- 优先级：（　　）

- 注释和问题：（　　）

3）CR-F-0203 系统辅助设施配置：

- 需求描述：〈该产品需要配置哪些辅助物料？例如，一个机柜配置 2 个侧柜，并说明发货策略。〉
- 优先级：（　　　）
- 注释和问题：（　　　）

（3）通用性需求

1）CR-F-0301 系统通用率要求：

- 需求描述：〈通用性设计可以使用量化跟踪的指标，例如，结构件 50%、线缆组件 80%、包材 60%等。〉
- 优先级：（　　　）
- 注释和问题：（　　　）

2）CR-F-0302 系统告警要求：

- 需求描述：〈例如，本设备需要设计 4 种灯：电源正常—绿色，紧急告警—红色，主要告警—橙色，一般告警—黄色。〉
- 优先级：（　　　）
- 注释和问题：（　　　）

3）CR-F-0303 系统结构件成本：

- 需求描述：〈给出可量化的数据，例如，设备插箱设计成本价 1600 元/台，风扇插箱设计成本价 600 元/台等。〉
- 优先级：（　　　）
- 注释和问题：（　　　）

4）CR-F-0304 系统接口一致性要求：

- 需求描述：〈例如，对于新产品的系列产品，要求相关线缆、外部连接器接口以及信号定义的统一，产品的告警、电源接口等外部接口统一，光口形式尽量统一，这样方便测试工装、测试线缆通用。〉
- 优先级：（　　　）
- 注释和问题：（　　　）

5）CR-F-0305 系统散热能力需求：

- 需求描述：〈例如，业务槽位单槽位最大热耗、交叉板单槽位最大热耗、主控板槽位热耗。整机最大配置及热耗数据、典型配置及热耗数据等。〉

- 优先级：（　　　）
- 注释和问题：（　　　）

6）CR-F-0306 系统噪声需求：

- 需求描述：〈例如，整机（机柜级）最大配置情况下，噪声在环境温度 23℃±2℃时，不能超出标称 A 计权声功率 7.2bels。〉
- 优先级：（　　　）
- 注释和问题：〈例如，风扇插箱设计两条调速曲线。除了按热设计方案设置的低噪调速曲线外，在标定芯片温度降低某一值再设置一条低温曲线。〉

7）CR-F-0307 系统生产需求：

- 需求描述：〈描述背板、风扇、机柜布线等物料的装配方式需求，例如，风扇插箱装配外协，整机装配在公司生产线装配等。〉
- 优先级：（　　　）
- 注释和问题：〈说明非标配结构件的装配布线工序规划。〉

8）CR-F-0308 系统兼容性要求：

- 需求描述：〈描述设备的兼容性需求。〉
- 优先级：（　　　）
- 注释和问题：（　　　）

9）CR-F-0309 系统防尘要求：

- 需求描述：〈描述防尘需求，例如，机柜级防尘、插箱级防尘等需求。〉
- 优先级：（　　　）
- 注释和问题：（　　　）

10）CR-F-0310 系统供电要求：

- 需求描述：〈描述系统供电方式，例如，是采用子架级供电，还是采用 PDU 供电？若采用 PDU 供电，PDU 是否有短接需求，几路短接等。〉
- 优先级：（　　　）
- 注释和问题：（　　　）

11）CR-F-0311 整机抗震要求：

- 需求描述：〈例如，地震烈度为 9 度。〉
- 优先级：（　　　）
- 注释和问题：（　　　）

12）CR-F-0312 系统认证要求：

- 需求描述：〈例如，整机要求 3C 和 CE 认证等。〉
- 优先级：（　　　）
- 注释和问题：（　　　）

13）CR-F-0313 设备包装要求：

- 需求描述：〈例如，除整机发货外，插箱、单板和风扇插箱有单独包装发货的需求。侧柜直接从厂家发货等。〉
- 优先级：（　　　）
- 注释和问题：（　　　）

（4）机柜需求

1）CR-F-0401 机柜顶部、底部通风要求：

- 需求描述：〈例如，机柜采用结构平台通用机柜，顶部及底部要符合通风及走线要求，或者底部不能通风等。〉
- 优先级：（　　　）
- 注释和问题：（　　　）

2）CR-F-0402 机柜布线要求：

- 需求描述：〈描述单个槽位最大出线数量、出线种类、最大配置量等。〉
- 优先级：（　　　）
- 注释和问题：〈描述对布线的特殊要求，例如，子架上面的电源部分尽量往机柜后面靠，把子架前面的空间留出来通风。子架和电源之间尽量留出一部分间隙来通风等。〉

3）CR-F-0403 对光纤布纤的要求：

- 需求描述：〈对于光纤的型号增加详细描述，例如，长护套光纤 + 光衰、短护套光纤 + 光衰、铠装光纤 + 光衰等需求描述。〉
- 优先级：（　　　）
- 注释和问题：（　　　）

4）CR-F-0404 机柜风道适应性要求：

- 需求描述：〈描述机柜对特殊风道的适应性要求。〉

- 优先级：（   ）

- 注释和问题：（   ）

（5）插箱需求

1）CR-F-0501 外观造型要求：

- 需求描述：〈如有特殊要求则使用此项，否则以结构平台规划为准。〉

- 优先级：（   ）

- 注释和问题：（   ）

2）CR-F-0502 插箱尺寸要求：

- 需求描述：〈描述子架是满足 IEC 要求还是 ETIS 要求，以及对插箱高度的要求等。〉

- 优先级：（   ）

- 注释和问题：〈设计插箱侧耳代码形式，例如，19in 前固定插箱代码等。〉

3）CR-F-0503 插箱供电要求：

- 需求描述：〈描述电源交流、直流以及电压需求。描述电源是否有备份需求，例如，采用电源板供电方式，直流–48V，电源双备份。〉

- 优先级：（   ）

- 注释和问题：（   ）

4）CR-F-0504 插箱功能板连接方式：

- 需求描述：〈描述插箱功能板是盒体形式连接还是有可插拔件的插箱形式连接，例如，背板+单板。〉

- 优先级：（   ）

- 注释和问题：（   ）

5）CR-F-0505 风扇模块固定要求：

- 需求描述：〈描述风扇是直接固定式还是可插拔形式等。〉

- 优先级：（   ）

- 注释和问题：〈是否有风扇插箱备份需求。〉

6）CR-F-0506 电源模块尺寸要求：

- 需求描述：〈描述电源模块的尺寸要求，如果没有明确的要求，可以根据项目具体开发决定。〉
- 优先级：（　　　）
- 注释和问题：（　　　）

7）CR-F-0507 对外电源接口的要求：

- 需求描述：〈描述电源电压波动范围要求，电源接口是否有特殊要求，例如跟哪些产品保持一致。〉
- 优先级：（　　　）
- 注释和问题：（　　　）

（6）单板需求

1）CR-F-0601 单板尺寸要求：

- 需求描述：〈给出单板尺寸和厚度参数。〉
- 优先级：（　　　）
- 注释和问题：（　　　）

2）CR-F-0602 光接口板结构要求：

- 需求描述：〈描述光接口板接口最大数量及类型，接口直出或斜出要求。〉
- 优先级：（　　　）
- 注释和问题：（　　　）

3）CR-F-0603 单板固定方式：

- 需求描述：〈例如，单板为可插拔方式，固定可采用松不脱等方式。〉
- 优先级：（　　　）
- 注释和问题：（　　　）

4）CR-F-0604 单板插拔方式：

- 需求描述：〈例如，采用力矩双扳手。〉
- 优先级：（　　　）
- 注释和问题：（　　　）

5）CR-F-0605 对单板结构布局要求：

- 需求描述：〈例如，扳手要尽量少占用面板空间，便于面板安排其他元器件。丝印、标贴、面板上标识的内容等。〉

- 优先级：（　　　）
- 注释和问题：〈例如，要关注扳手靠边时面板加工变形的问题等。〉

6）CR-F-0606 热插拔功能：

- 需求描述：〈例如，平台内单板组件具备热插拔功能，可以带电插入设备，对设备的正常运行无影响。〉
- 优先级：（　　　）
- 注释和问题：（　　　）

7）CR-Q-0607 环境防护要求：

- 需求描述：〈例如，结构件采取了"三防"措施。单板只有在环境恶劣的国家和地区应用，或在运营商要求时，允许进行"三防"处理。高频器件不能做"三防"处理等。〉
- 优先级：（　　　）
- 注释和问题：（　　　）

4．参考文件

① 产品需求说明书。

② 产品可靠性需求说明书。

说明：产品工艺结构需求说明书、产品单板结构设计参数要求及产品单板热设计参数要求共同组成产品的工艺结构、热设计完整基本需求。后两份文件具体说明单板尺寸需求、接口需求、元器件功耗、基本布局等信息，这是单板面板设计、单板布局、单板热设计所必需的信息。

6.8.2　产品室外机柜工艺结构需求说明书模板

1．引言

（1）目的和范围

本文档通过详细描述某产品室外机柜的工艺结构部分的产品需求，在产品的功能、性能、质量属性以及外部特性方面，与产品建立一致的理解，为后续产品需求的开发提供基础与约束。

（2）预期读者

预期读者见表 6-1。

（3）文档约定

1）需求优先级的约定：每个需求都有优先级属性，优先级的可能取值为：3、2、1。需求的优先级由产品对需求的迫切程度和该需求对产品的重要程度确定，3 最高、1 最低。

2）需求编号约定：

① 基本需求编号的前缀为 CR-F（F 为 Fundamental 首字母）。

② 质量需求编号的前缀为 CR-Q（Q 为 Quality 首字母）。

③ 其他需求编号的前缀为 CR-O（O 为 Other 首字母）。

3）文档性质约定：本文档由产品线工艺总监制定，传递给制造工程研究院开发人员，用于传递产品项目的基本工艺结构需求。

2．综合描述

1）背景：项目开发的背景需求描述，介绍目前业界基本情况和最先进的技术或产品等。

2）项目概述：描述项目需要做什么类型的室外机柜，适配哪些产品，大致性能参数等需求。

3．工艺结构需求

（1）应用场景需求

1）CR-F-0101 产品应用场景：

- 需求描述：〈有气候防护完全温控场所、有气候防护部分温控场所、有气候防护无温控场所、有气候防护布局恶劣空气场所、无气候防护场所。〉
- 优先级：（　　　）
- 注释和问题：（　　　）

2）CR-F-0102 产品应用国家和地区：

- 需求描述：〈该产品应用于哪些国家和地区。〉
- 优先级：（　　　）
- 注释和问题：（　　　）

3）CR-F-0103 产品使用温度范围：

- 需求描述：〈该产品长期和短期工作温度范围。〉
- 优先级：（　　　）
- 注释和问题：（　　　）

4）CR-F-0104 产品使用湿度范围：
- 需求描述：〈该产品长期和短期工作湿度范围。〉
- 优先级：（　　　）
- 注释和问题：（　　　）

5）CR-F-0105 产品使用高度范围：
- 需求描述：〈该产品长期工作高度范围。〉
- 优先级：（　　　）
- 注释和问题：（　　　）

6）CR-F-0106 产品承受太阳辐射需求：
- 需求描述：〈该产品长期工作太阳辐射防护需求。〉
- 优先级：（　　　）
- 注释和问题：（　　　）

7）CR-F-0107 产品承受沙尘需求：
- 需求描述：〈该产品长期工作防沙防尘需求。〉
- 优先级：（　　　）
- 注释和问题：（　　　）

8）CR-F-0108 产品耐腐蚀性需求：
- 需求描述：〈该产品长期工作防腐蚀需求。〉
- 优先级：（　　　）
- 注释和问题：（　　　）

9）CR-F-0109 产品防风需求：
- 需求描述：〈该产品长期工作防风需求。〉
- 优先级：（　　　）
- 注释和问题：（　　　）

10）CR-F-0110 产品防霜、雨和雪需求：

- 需求描述：〈该产品长期工作防霜、雨和雪需求。〉
- 优先级：（　　　）
- 注释和问题：（　　　）

11）CR-F-0111 产品噪声需求：

- 需求描述：〈该产品长期工作噪声需求。〉
- 优先级：（　　　）
- 注释和问题：（　　　）

12）CR-F-0112 产品其他防护需求：

- 需求描述：〈该产品长期工作外部防护需求，包括但不限于鼠、虫、涂鸦、粘贴、阻燃、防盗、抗撞击等。〉
- 优先级：（　　　）
- 注释和问题：（　　　）

（2）机柜参数

1）CR-F-0201 机柜具体形式：

- 需求描述：〈具体描述室外机柜的形式，例如，空调室外机柜、热交换器室外机柜、直通风室外机柜、空调 + 直通风室外机柜等。〉
- 优先级：（　　　）
- 注释和问题：（　　　）

2）CR-F-0202 机柜尺寸：

- 需求描述：〈描述机柜外围尺寸和内部净空间需求。〉
- 优先级：（　　　）
- 注释和问题：（　　　）

3）CR-F-0203 机柜内部线缆：

- 需求描述：〈描述机柜内部线缆种类和数量。〉
- 优先级：（　　　）
- 注释和问题：（　　　）

4）CR-F-0204 机柜内部安装接口：

- 需求描述：〈描述机柜内各种接口种类和数量，包括是否有照明灯等。〉
- 优先级：（　　　）

- 注释和问题：（　　　）

5）CR-F-0205 机柜内部温度：

- 需求描述：〈描述机柜内部温度或温升需求。〉

- 优先级：（　　　）

- 注释和问题：（　　　）

6）CR-F-0206 机柜内部风扇调速：

- 需求描述：〈描述风扇调速方式需求。〉

- 优先级：（　　　）

- 注释和问题：〈例如，是否需要两条调速曲线。〉

7）CR-F-0207 功能单元配置需求：

- 需求描述：〈描述产品配置的所有功能单元种类、数量、尺寸、热耗等需求。〉

- 优先级：（　　　）

- 注释和问题：（　　　）

8）CR-F-0208 机柜内部配置设备：

- 需求描述：〈描述设备型号、数量和工作温度等性能参数。〉

- 优先级：（　　　）

- 注释和问题：（　　　）

9）CR-F-0209 机柜内部热耗：

- 需求描述：〈描述机柜内各设备的热耗、最大值、典型值，以及机柜内最大总热耗和典型总热耗。〉

- 优先级：（　　　）

- 注释和问题：（　　　）

（3）机柜外部需求

1）CR-F-0301 机柜颜色：

- 需求描述：〈描述机柜外部颜色需求，或者说明按公司结构件颜色标准。〉

- 优先级：（　　　）

- 注释和问题：（　　　）

2）CR-F-0302 机柜外部出线：

- 需求描述：〈包括线缆的种类、数量、出线方式等。〉
- 优先级：（   ）
- 注释和问题：（   ）

3）CR-F-0303 机柜安装场景：

- 需求描述：〈包括安装方式、安装工具、安装可扩展性，如扩展 GPS 天线支架等。〉
- 优先级：（   ）
- 注释和问题：（   ）

4）CR-F-0304 机柜内部供电：

- 需求描述：〈包括整机系统供电模式、类型、数量、电压等。〉
- 优先级：（   ）
- 注释和问题：（   ）

5）CR-F-0305 机柜外部标识：

- 需求描述：〈描述整机外部需要的标识、告警、原理图、提醒标贴等需求。〉
- 优先级：（   ）
- 注释和问题：（   ）

6）CR-F-0306 机柜安装方式：

- 需求描述：〈描述机柜安装方式需求，例如抱杆、挂墙、台面安装等。〉
- 优先级：（   ）
- 注释和问题：（   ）

7）CR-F-0307 机柜外部承重：

- 需求描述：〈描述整机落地、抱杆或者挂墙安装时，地面、抱杆或者墙面的承重要求。〉
- 优先级：（   ）
- 注释和问题：（   ）

8）CR-F-0308 机柜附件：

- 需求描述：〈描述机柜所需外部附件的名称、数量、尺寸需求等，例如顶帽、底座、电池仓等。〉

- 优先级：（   ）
- 注释和问题：（   ）

（4）通用性需求

1）CR-Q-0401 整机通用率要求：

- 需求描述：〈通用性设置可以使用量化跟踪的指标，可以按照结构件、线缆和包装等分类给出具体的参数，例如，包装材料通用率不低于 60%等。〉
- 优先级：（   ）
- 注释和问题：（   ）

2）CR-Q-0402 整机告警要求：

- 需求描述：〈例如，本设备需要设计 4 种灯：电源正常—绿色，紧急告警—红色，主要告警—橙色，一般告警—黄色。〉
- 优先级：（   ）
- 注释和问题：（   ）

3）CR-Q-0403 整机结构件成本：

- 需求描述：〈给出可量化的数据，例如 25000 元/台。〉
- 优先级：（   ）
- 注释和问题：（   ）

4）CR-Q-0404 整机接口一致性要求：

- 需求描述：〈例如，对于新产品的系列产品，包括定制系列产品尽量要求相关线缆、外部连接器接口以及信号定义的统一，产品的告警、电源接口等外部接口统一，光口形式尽量统一，这样方便测试工装、测试线缆通用。〉
- 优先级：（   ）
- 注释和问题：（   ）

5）CR-Q-0405 整机生产需求：

- 需求描述：〈描述风扇装配、风扇插箱装配，其他功能部件安装和机柜布线等物料的装配方式需求，如外协、公司生产装配等。〉

- 优先级：（　　　）
- 注释和问题：〈还需要说明非标配结构件的装配布线工序规划。〉

6）CR-Q-0406 整机兼容性要求：

- 需求描述：〈描述需要兼容的设备或模块等名称、数量、尺寸、热耗等参数。〉
- 优先级：（　　　）
- 注释和问题：（　　　）

7）CR-Q-0407 整机抗震要求：

- 需求描述：〈例如，地震烈度为 9 度。〉
- 优先级：（　　　）
- 注释和问题：（　　　）

8）CR-Q-0408 整机认证要求：

- 需求描述：〈例如要求 3C、CE 认证等。〉
- 优先级：（　　　）
- 注释和问题：（　　　）

9）CR-Q-0409 整机环保：

- 需求描述：〈描述整机系统对环保方面的要求，例如，可拆解、可回收、可循环利用，以及相关国家的指令和标准、无铅等。〉
- 优先级：（　　　）
- 注释和问题：（　　　）

10）CR-Q-0410 整机包装：

- 需求描述：〈描述整机及各部件的包装需求，例如，所有物料装配后整机发货，或者哪些部件有单独发货需求等。〉
- 优先级：（　　　）
- 注释和问题：（　　　）

11）CR-Q-0411 整机寿命：

- 需求描述：〈描述整机寿命需求。〉
- 优先级：（　　　）

● 注释和问题：（　　　）

4．参考文件

产品室外机柜市场需求。

6.8.3　产品光模块工艺结构需求说明书模板

1．引言

（1）目的和范围

本文档的描述对象是单槽位某光模块结构。通过详细描述其系统、功能单元、可靠性、质量以及其他方面的需求，为后续设计、测试、验收等工作提供基础与约束。

（2）术语、定义

本文档使用的专用术语、定义见表6-2。

表6-2　术语和定义

术语/定义	英文对应词	含　　义

（3）缩略语

本文档使用的专用缩略语见表6-3。

表6-3　缩略语

缩　略　语	英　文　原　文	中　文　含　义

（4）预期读者

预期读者见前文表6-1。

（5）文档约定

1）需求优先级的约定：每个需求都有优先级属性，优先级的可能取值为：3、2、1。需求的优先级由产品对需求的迫切程度和该需求对产品的重要程度确定，3最高、1最低。

2）用户需求编号约定：

① 基本需求编号的前缀为 CR-F（F 为 Fundamental 首字母）。

② 质量需求编号的前缀为 CR-Q（Q 为 Quality 首字母）。

③ 其他需求编号的前缀为 CR-O（O 为 Other 首字母）。

3）文档性质约定：本文档由产品线工艺总监制定，传递给制造工程研究院开发人员，用于传递产品项目的基本工艺结构需求。

2．综合描述

1）背景：项目开发的背景需求描述，介绍目前业界情况、相关光器件成熟度以及能实现的基本功能等。

2）项目概述：例如，光器件方案、PCB 数量、结构件配置、应用单板等需求。

3．系统需求

（1）外部需求

1）CR-F-0101 外部尺寸需求：

- 需求描述：〈描述光模块的最大外形尺寸、公称尺寸、满足的协议等，可以附图说明。〉

- 优先级：（   ）

- 注释和问题：（   ）

2）CR-F-0102 外部环境需求：

- 需求描述：〈这里需要对模块是否与系统解耦做出说明。如果是非解耦则参照相应系统工作温度，如−5～45℃或−5～40℃。模块在工作、包装、贮存、运输、使用的过程中，需经受不同的操作方法、运输工具、实际工作的地理位置及气候变化等环境条件的影响。这些环境条件包括：使用场所［贮存（包装）、运输（包装）］、气候类型（寒温、暖温、干热、亚湿热和湿热）、机械条件（振动、冲击等）。在这些环境条件下，需保证产品能够承受相应的环境影响。模块工作温度为壳温 0～70℃，相对湿度为 5%～85%；模块工作海拔一般为 5000m 以下；如果工作海拔高于 5000m，则应充分考虑绝缘及散热劣化的问题，试验时试验温度按照 NEBS 标准要求进行。应用环境条件项见表 6-4。〉

表 6-4 应用环境条件项

应用环境条件		贮存（包装）	运输（包装）	室内工作
最低温度	℃			
最高温度	℃			
最低相对湿度	%			
最高相对湿度	%			
温变速率	℃/min			

- 优先级：（　　　）
- 注释和问题：（　　　）

3）CR-F-0103 外部安装接口需求：

- 需求描述：〈描述光模块的对外安装接口，例如安装孔位置尺寸、满足协议的要求等。〉
- 优先级：（　　　）
- 注释和问题：（　　　）

4）CR-F-0104 光接口标准要求：

- 需求描述：〈描述对外光接口所符合的标准。〉
- 优先级：（　　　）

注释和问题：（　　　）

5）CR-F-0105 模块电连接器要求：

- 需求描述：〈描述光模块与单板之间的连接器接口。〉
- 优先级：（　　　）
- 注释和问题：（　　　）

6）CR-F-0106 外部标识需求：

- 需求描述：〈描述外部标识，如产品铭牌、周转标贴、光模块收发接口等标识。〉
- 优先级：（　　　）
- 注释和问题：（　　　）

7）CR-F-0107 产品铭牌要求：

- 需求描述：〈描述产品铭牌，包括模块制造商（可以是商标）、模块名称、生产序列号、型号、认证标志等信息。〉

- 优先级：（　　　）
- 注释和问题：（　　　）

8）CR-F-0108 单板配置要求：

- 需求描述：〈非解耦的光模块需要提供模块需要配置的系统，见表 6-5。〉

表 6-5　模块需要配置的系统

序号	产品系统	配置插箱	400G 光模块配置	单板名称	单板宽度
1	××系统	A 插箱 4 个	A 插箱下三框业务板	××	××mm
2		B＋D 插箱各 1 个	B 满配单槽位××＋D 两框	××	××mm

- 优先级：（　　　）
- 注释和问题：〈噪声指标以系统产品定义的规格为准。〉

（2）内部需求

1）CR-F-0201 内部 PCB 尺寸：

- 需求描述：〈描述 PCB 尺寸〉
- 优先级：（　　　）
- 注释和问题：（　　　）

2）CR-F-0202 关键元器件尺寸和数量：

- 需求描述：〈对关键元器件尺寸和数量进行描述。〉
- 优先级：（　　　）
- 注释和问题：（　　　）

3）CR-F-0203 功耗需求：

- 需求描述：〈描述模块的最大功耗，并给出单板上元器件功耗列表，见表 6-6。〉

表 6-6　关键元器件功耗列表

元器件名称	功耗/W	数　量	应用环境	最高工作温度/℃
A	×	1	2×100G	105
B	×	1	1×100G	90
C	×	5	所有环境	125
D（电源）	×	8	所有环境	125

- 优先级：（　　　）

- 注释和问题：〈表中均为长期工作温度，具体以规格书为准。〉

（3）通用需求

1）CR-Q-0301 成本需求：

- 需求描述：〈描述开模状态下产品设计成本。〉
- 优先级：（　　　）
- 注释和问题：（　　　）

2）CR-Q-0302 质量要求：

- 需求描述：〈描述模块质量最大值。〉
- 优先级：（　　　）
- 注释和问题：（　　　）

3）CR-Q-0303 使用寿命要求：

- 需求描述：〈例如，盒体结构件的使用寿命为 10 年。〉
- 优先级：（　　　）
- 注释和问题：（　　　）

4）CR-Q-0304 模块通用要求：

- 需求描述：〈描述模块需要满足的产品和单板的要求，如满足何种系统对 100G 线路侧何种光模块的要求。〉
- 优先级：（　　　）
- 注释和问题：（　　　）

5）CR-Q-0305 机械变频振动测试要求（裸机）：

- 需求描述：〈描述模块随系统通过裸机变频振动试验。如满足 Telcordia GR-468-core 标准，变频振动参数见表 6-7。〉

表 6-7　变频振动参数表

项　　目	试　　验	参 考 标 准	条　　　件
机械完整性	变频振动	MIL-STD-883F 方法 2007.3	××g 20-2000-20Hz 4min/循环 4 个循环/3 个方向

- 优先级：（　　　）
- 注释和问题：（　　　）

6）CR-Q-0306 机械冲击测试要求（裸机）：

- 需求描述：〈描述模块随系统通过裸机机械冲击试验需满足的标准。试验时模块不加电，模块质量不同，采用的测试标准也不同，质量<0.225kg，峰值冲击脉冲 300g，脉冲宽度 3ms，机械冲击参数见表 6-8。〉

表 6-8 机械冲击参数表

项 目	试 验	参 考 标 准	条 件
机械完整性	机械冲击	MIL-STD-883H 方法 2002.5	条件 A：5 次；轴向冲击脉冲值及脉冲宽度

- 优先级：（   ）
- 注释和问题：（   ）

7）CR-F-0307 生产需求：

- 需求描述：〈模块生产规划，例如，盒体结构件与 PCB 的组装在生产线完成，整个模块装配在单板中发货。〉
- 优先级：（   ）
- 注释和问题：（   ）

8）CR-F-0308 环保需求：

- 需求描述：〈例如，材料应符合 SJ11363-2006、RoHS6、WEEE、REACH 及无卤的要求。〉
- 优先级：（   ）
- 注释和问题：（   ）

9）CR-F-0309 颜色需求：

- 需求描述：〈例如，整机表面处理为镀镍，整体颜色为银色。〉
- 优先级：（   ）
- 注释和问题：（   ）

10）CR-F-0310 包装需求：

- 需求描述：〈例如，模块随单板包装发货，有单独发货需求。〉
- 优先级：（   ）
- 注释和问题：（   ）

11）CR-F-0311 模块接地需求：

- 需求描述：〈例如，模块内部 PCB（工作地）与模块外壳不共地，允许/不允许模块外壳与单板保护地接触。〉

- 优先级：（　　　　）
- 注释和问题：（　　　　）

12）CR-F-0312 金属外壳搭接电阻要求：

- 需求描述：〈例如，模块外壳等导电部件必须保证搭接面无任何过度涂漆、无任何锈蚀，以保证接地连续性。外壳与工作地之间的直流搭接电阻不大于×mΩ。〉
- 优先级：（　　　　）
- 注释和问题：（　　　　）

13）CR-F-0313 防腐要求：

- 需求描述：〈例如，产品有用于室内或室外直通风机柜里的需求。〉
- 优先级：（　　　　）
- 注释和问题：（　　　　）

14）CR-F-0314 防尘防水要求：

- 需求描述：〈例如室内应用，模块防护等级应达到 IP×。〉
- 优先级：（　　　　）
- 注释和问题：（　　　　）

4．参考资料

光模块产品需求说明书。

6.8.4　机柜颜色定制需求模板

定制机柜从收到需求到生产出成品周期比较长，而且定制机柜因为缺少一些模具，成本比较高，所以常见的是定制机柜颜色，主要是通过表 6-9 把需求传递给结构设计。

表 6-9　定制机柜需求

序　号	需 求 内 容	售前人员填写内容
1	项目名称	
2	客户名称	
3	所用产品名称和型号	

（续）

序　号	需 求 内 容	售前人员填写内容
4	所用机柜 18 销售代码（在给结构提需求时，产品需转化成 12 代码和 6 代码）	
5	客户要求机柜颜色的色号	
6	机柜需求数量	
7	机柜发货时间要求	

通常来说，一类产品会有一个工艺结构需求研制规范模板，这里面包括通用产品需求、可生产性、可操作性、可维护性、可靠性、外观造型、结构件设计需遵循的设计规范内容。有新产品时，调用相应的模板，根据新产品的具体需求，在模板上修改或增减需求内容，这样可以大大缩短工艺结构研制规范的开发时间。

第 7 章

产品研发中的工艺管理

7.1 研发岗位定义和分类

简单说，产品研发就是企业改进老产品或开发新产品，使其具有新的特征或用途，以满足市场需求的过程。研发活动是一种创新活动。产品研发是企业核心业务，也是企业发展的源泉，更是企业核心竞争力所在。

一般产品的研制周期都可以分为项目论证阶段、系统设计阶段（包括需求开发、系统方案和系统设计）、试生产阶段（中试过程）、生产阶段（包括小批量和大批量生产阶段）四个阶段。

从事研发工作的岗位通常分为硬件研发、软件研发、结构研发、工艺研发、可靠性研发、研发测试、工装开发、包装设计等。

7.2 硬件研发中的工艺管理

硬件研发一般是指电子产品硬件研发，是一种看得见实物的电子产品研发，比如手机、鼠标、交换机设备都是硬件。硬件研发也就是在这些电子产品领域进行的一系列研究，从而创造出新产品。硬件研发一般分为原理图设计、元器件选型、印制电路板组件（简称单板）设计、功能和性能测试、可靠性测试等。硬件研发过程中的系统和单板热仿真是由热设计工程师完成的。

如果一个产品性价比高，通用化、模块化、平台化做得好，同时具有良好的可生产性、可操作性、可维护性和可靠性，那么我们就说这个产品具有优良的工艺性。硬件和工艺的联系最为紧密，硬件设计必须考虑可生产性、可操作性和可维护性。产品的工艺性很大程度是设计出来的，硬件设计的工艺管理基本是通过标准和规范来实现的，比如"单板工艺设计指南"，这份文件规定了单板的可生产性和可操作性。可生产性需求库和可服需求库是进一步保证单板可生产性、可操作性和可维护性实现的工具。单板设计检查单、单板各级设计评审、单板工艺检查也是保证单板具有高性价比，以及优秀的可生产性、可操作性和可维护性的工具。

元器件选型是硬件研发很关键的一项工作，通常是在元器件通用库里进行选型，进入通用库的元器件不仅性能稳定可靠、批量生产成本性价比高，而且具备良好的可生产性。所以新型元器件选择，除了满足功能需求并具有扩展性外，性能稳定、批量生产成本性价比高、可生产性、可返修性能都是必须考虑的因素。"元器件工艺认定关键技术要求"对元器件的工艺性有具体的规定，包括引脚材料和镀层、元器件外观尺寸和形状、组装工艺、可焊性、耐焊性、耐热性、返修性、包装要求、静电敏感性、烘烤要求（吸湿性）、清洗、涂敷、辐射等。

硬件设计人员的工艺知识背景在硬件设计中也是很有帮助的，毕竟总有细微的地方是标准、规范覆盖不到的，这时候，设计人员的工艺技能就发挥作用了。在单板的工艺设计中有工艺设计人员参与，对单板工艺性负责。如果硬件设计人员和EDA（电子设计自动化）设计人员都有工艺知识或经验，则沟通会很顺畅，设计方案会顺利达成，因为有些时候需要权衡硬件性能和工艺性能。所以硬件设计人员和EDA设计人员应知应会的工艺技能学习不能放松。当然工艺专家评审的时候也会对单板工艺性再次把关。

7.3 软件研发中的工艺管理

软件研发是根据客户要求建造出软件系统以及系统中的软件部分设计的过程。软件研发是一项包括需求捕捉、需求分析、设计、实现和测试的系统工程。软件一般是通过某种程序设计语言来实现的。通常采用软件研发工具可以进行研发。软件分为系统软件和应用软件，并不只包括可以在计算机上运行的程序，与这些程序相关的文件一般也被认为是软件的一部分。软件设计思路和方法的一般过程，包括设计软件的功能和实现功能的算法及方法、软件的总体结构设计和模块设计、编程和调试、程序联调和测试、编写和提交程序。

软件研发也必须遵循可生产性、可操作性和可维护性要求，这些要求在相应的标准、规范以及可生产性需求库和可维护性需求库里。软件的通用化、模块化、平台化也是产品工艺性的一部分内容，软件设计有"软件方案模板""可编程设计规范""网管设计规范"，以及各种测试用例、设计模板、检查单等。

7.4　研发测试中的工艺管理

研发测试指的是对研发的产品进行测试，或者说针对研发项目进行的测试。测试指的是对产品的功能、性能、可生产性、可操作性和可维护性进行测试。研发测试的目的是测试产品本身是否存在设计缺陷。研发测试的工作包括：参与产品的需求分析、制定测试计划、制定测试方案、制定测试用例、编写测试报告、完成项目测试和项目总结报告；根据产品需求进行产品功能、性能、稳定性、兼容性等测试；帮助研发定位问题，并提出改进意见和建议。发现共性问题，可加入各类标准、规范，以及可生产性、可操作性、可维护性需求库里。

在对产品的可生产、可操作性和可维护性做研发测试时，可采用测试方案和测试用例模板，具体产品根据产品研制规范做调整即可。研发测试经验丰富的技术人员，会从测试的蛛丝马迹中发现一些隐蔽性问题，这说明即使标准化工作做得再完美，经验在测试阶段也是很重要的，经验的积累，沉淀在测试方案或测试用例后，经验就升华了。

7.5　结构和工艺研发中的工艺管理

产品结构和工艺研发是产品研发的一部分，是针对实现产品功能和性能而开发的各种结构件和线缆组件等。工艺设计人员、结构设计人员以及热设计人员，需要参与单板工艺性设计和结构设计，完成产品生产工艺和安装工艺的设计。毕竟有什么样的设计，就有什么样的生产工艺和安装工艺。结构和工艺研发人员对产品工艺结构件的可生产性、可操作性和可维护性负责。结构和工艺开发具体包括如下内容。

7.5.1 实现产品功能的设计

1. 产品架构设计

在产品需求开发完成后，产品设计首先是设计产品架构，在产品通用化、模块化、系列化和平台化的规划下，根据产品使用的场景，以及产品功能、性能和散热需求，设计出产品架构。产品架构通常由硬件设计、热设计、结构设计和工艺设计共同研究设定。产品架构设计对产品成败有着至关重要的意义，架构不合理，就难以保证产品功能和性能的实现，或者难以适配产品所需要使用的环境场景。

最初的产品架构基本是根据经验设定的，再通过热仿真以及背板、单板的EDA仿真，确保散热和单板、背板走线满足产品性能要求，同时还需要保证各部件具备可生产性、可操作性和可维护性。例如，大背板在印制线路板厂家是否可以批量生产、风扇插箱是否方便生产及维护等。必要的时候，还需要对产品架构的结构做力学仿真，保证结构件设计的可实现性。

2. 产品热设计

热设计就是根据产品架构和系统热耗，以及设备适用环境的相关参数，对产品散热性能做仿真和测试工作。热设计是随着通信和信息技术产业发展而出现的一个新型行业，已经成为产品研发中不可或缺的重要领域，而且随着设备容量和功耗的快速增加，热设计是否通过几乎是产品设计是否成功最关键的因素。热设计工作包括前期的热仿真和后期产品的热测试。热仿真包括产品系统仿真和模块及单板仿真。

热设计要根据产品架构和系统热耗参数建模，模型边界参数由产品使用场景确定，包括机房制冷形式、制冷量，设备安装形式、走线形式及线缆容量等，这些数据确定后，由"热设计规范"指导相应边界参数的设定。边界参数设定越精准，得出的结果越准确，所以边界参数的设定是热仿真过程中非常关键的工作，成败在此一举。将仿真结果和最终的测试结果比对，可以优化边界参数的设定，进而优化"热设计规范"。

单板热设计所需的关键文件是产品单板热设计参数要求，这是单板热设计具体需求文档，主要包括单板尺寸、元器件选型、基本布局、特殊元器件静电泄放和接地要求、元器件面热流密度大于 0.5W/cm^2 的元器件功耗、特殊的热敏感元器件、大尺寸的无源元器件等，结合产品工艺结构研制规范和元器件降额标准，应用仿真软件就可以得到单板热仿真结果了。

元器件的功耗不等于热耗，元器件的热耗值库需要长期测试积累，因为元器件厂家虽然给出了元器件的热耗参数，但元器件在不同的业务情况下热耗是不同的，也就是说一个芯片在不同场景下热耗不同，差别可能还比较大，所以需要根据业务类型和业务量测试单板热耗，进而测算出芯片热耗，这是一项费时的细活儿，但确是产品设计必须要做的基础研究。

根据产品工艺结构研制规范和单板仿真结果，进一步做系统仿真，得到系统仿真结果。热仿真与单板设计和系统架构设计需要迭代进行：先有一个设备架构或组合方式架构、一个单板基础布局，经过仿真后，或许需要优化架构或单板布局，再仿真，最终确定最优架构或单板布局。

热设计常用标准、规范有《可靠性设计要求-热设计》《可靠性设计要求-噪声控制设计》《可靠性试验要求》《通信设备可靠性技术要求-通用要求》《结构热设计建模规范》等。

热设计虽然属于设备可靠性设计范畴，但因为热设计对产品设计至关重要，且和工艺、结构的关系较为密切，所以放在工艺结构研发章节叙述。

3. 产品工艺设计

ZTE 的产品工艺设计内容有：单板布局设计、线缆及连接器选型、布线设计，设备可操作性、可维护性、可生产性设计，生产流程设计（通过产品设计规划出来的生产流程）等。目前，全球都还没有符合这种形式的电子产品工艺设计专业，工艺设计经验来源于工艺人员和企业的长期积累沉淀。

单板布局与产品性能、线路设计、热设计、防腐蚀设计、力学设计、可生产性设计、可操作性设计、可维护性设计、单板包装设计等密切相关，需要多学科配合完成，工艺负责单板可生产性设计、可操作性设计、可维护性设计、防腐蚀设计。常用功能的单板有基础布局规范，具体单板在基础布局模板上细化设计即可。

设备的布线设计主要是在可生产性、可操作性、可维护性和可靠性要求基础上，对线缆和连接器做选型，设计线缆组建，设计设备的布线路径和线缆固定方式。设计思想通过单板设计和结构设计来体现，"整机布线设计及技术要求"就是指导布线设计和布线生产的技术规范。

线缆和连接器选型是工艺设计的一项主要工作，可参考线缆和连接器通用库，以及"线缆选型指导书"和"连接器选型指导书"。

电源线和光纤是通信设备常用线缆，在这里对电源线和光纤应用做一个简要介绍。

（1）电源线

电源线是一种用于电流传输的电缆，由一个或多个电导体组成，用一个整体护套把导体固定在一起。通常电流传输的方式是点对点传输。电源线按照用途可以分为交流（AC）电源线及直流（DC）电源线。目前各国对直流和交流电源线都要求安全认证，不同国家要求的标准有所不同。

日常使用中，习惯上将粗的电源线或者是多芯电源线称为电源电缆，单芯（多股）的细线称为电源线或导线。通信设备用电源线通常是单芯多股电源线。不同国家对电源线颜色选择不同，外部直流电源线颜色见表7-1。

表7-1 外部直流电源线颜色

国　　家	正 极 接 地		负 极 接 地		备　　注
	−48V	−48VGND (RTN)	+24/+27V	RTN	
中国	蓝	红	红	黑	GJB367-1
英国	灰	蓝	棕	蓝	BS7671
德国	蓝	红	红	蓝	
	黑	黑	黑	黑	用标签标注极性
法国	蓝	黑	&	&	还有其他颜色，没有统一规定
	蓝	棕	&	&	
意大利	蓝	棕	&	&	
澳大利亚	蓝	红	红	蓝	Telstra 007338-A186
新西兰	蓝	红	红	蓝	
日本	蓝	红	红	蓝	
荷兰	蓝	棕	&	&	仅做参考
美国、加拿大、墨西哥	蓝	红	&	&	还有其他颜色，没有统一规定。GR347的4.2.5规定了颜色的优选顺序，有多种颜色
	灰	黑	&	&	
	灰	红	&	&	

（续）

国　　　家	正极接地		负极接地		备　　注
	−48V	−48VGND (RTN)	+24/+27V	RTN	
西班牙	蓝	黑	&	&	仅做参考
葡萄牙	蓝	黑	&	&	
南非	蓝	红	红	蓝	
马来西亚	蓝	红	&	&	

注：1. "&"表示目前还不明确。

　　 2. 备注中没有说明引用标准的部分，表示为习惯做法或调研总结得出的结论，还没有成文的规定，可能采用其他颜色也可以接受。

1）电源保护地线缆颜色要求。

① 按照标准要求，所有欧洲国家、亚洲国家（日本、韩国除外）、非洲国家、南美洲国家（委内瑞拉除外）、大洋洲国家，其保护地线颜色为黄绿色，客户自己有特殊要求的除外。

② 根据标准要求，加拿大、美国、墨西哥、委内瑞拉、日本、韩国等，其保护地线颜色为绿色，客户自己有特殊要求的除外。

直流电源线和交流电源线线径的选择有国家标准支持，考虑到线缆堆叠散热问题，按照业界经验，机柜内直流电源线一般按照 $5A/mm^2$ 设计，交流电源线一般按照 $8A/mm^2$ 设计。机柜外接直流电源线一般按照 $2\sim3A/mm^2$ 设计，交流电源线一般按照 $6A/mm^2$ 设计。直流电源连接器按照电流大小、空间尺寸、接线柱数量、可插拔次数要求在连接器通用库选择即可。对交流电源线来说，不同国家或地区电网的额定电压、额定电流值，以及对电源插头和线材的要求有一些差异，一些发展中国家没有自己的安规认证标准，实际应用中可能存在一个国家使用多种制式插头的情况。总之，情况相当复杂。

2）交流电源线线径选择见表 7-2。

表 7-2　交流电源线线径选择

序　　号	认　　证	截面积/线规	额定电压	额定电流
1	3C 认证	$0.5\ mm^2$	250V	6A
2	3C 认证	$0.75\ mm^2$	250V	6A、10A
3	3C 认证	$1.0\ mm^2$	250V	10A、16A
4	3C 认证	$1.5\ mm^2$	250V	10A、16A

（续）

序　号	认　证	截面积/线规	额定电压	额定电流
5	3C 认证	2.5 mm^2	250V	16A
6	美标认证	18 AWG	125V	10A
7	美标认证	16 AWG	125V	13A、15A
8	美标认证	14 AWG	125V	15A
9	德标认证	0.5 mm^2	250V	16A
10	德标认证	0.75 mm^2	250V	10A、16A
11	德标认证	1.0 mm^2	250V	10A、16A
12	德标认证	1.5 mm^2	250V	10A、16A

当电源线以额定电流工作且环境温度高于 35℃时或者当电缆长度在 2～6m 之间时，线径应选择较大一级截面积的规格。当长度大于 6m 时，根据设计及设备所允许的实际情况选择电源线。例如，额定电流为 6A 的电缆，当长度超过 2m 时，可选用 0.75mm^2 的电源线。

3）交流电源线组建选择。交流电源线由插头、线材、尾插组成。插头制式根据具体发货国家确定，目前最常用的插头制式集中在以下四种：中国式插头、欧洲式插头、北美式插头、英国式插头。同一个国家可能同时使用不同插头。按照单相或三相电分为两芯插头、三芯插头；按照电流大小，IEC 额定电压为 250V，额定交流电流为 2A、2.5A、6A、10A 和 16A。有些国家根据具体情况会有其他电流规格，如美国、日本有 7A 和 15A 等。表 7-3 是 ZTE 的 10A 交流电源线插头制式与国家或地区对应关系。

表 7-3　ZTE 的 10A 交流电源线插头制式与国家或地区对应关系

	编码（长度）	符合安规认证要求、可以合法使用的国家或地区	其他主要使用的国家或地区	认　证
1	10A-A01 2m（弯式）	中国大陆		3C
	插 头 外 形	尾 插 外 形	电 缆 外 形	

（续）

	编码（长度）	符合安规认证要求、可以合法使用的国家或地区	其他主要使用的国家或地区	认　证
2	10A-B 02	美国、加拿大	哥伦比亚、墨西哥、菲律宾、越南、利比里亚、巴巴多斯、玻利维亚、危地马拉、洪都拉斯、萨尔瓦多、巴拉圭、泰国	UL（美国）、CSA（加拿大）

插 头 外 形	尾 插 外 形	电 缆 外 形
E / N L	E / N L	

	编码（长度）	符合安规认证要求、可以合法使用的国家或地区	其他主要使用的国家或地区	认　证
3	03	德国、丹麦、瑞典、挪威、芬兰、比利时、奥地利、荷兰	法国、匈牙利、印度尼西亚、土耳其、黎巴嫩、蒙古、塞尔维亚、摩尔多瓦、巴勒斯坦、约旦、波黑、乍得、科特迪瓦、摩洛哥、莫桑比克、中非、多哥、喀麦隆、几内亚、布隆迪、贝宁、突尼斯、斯洛文尼亚、马里、埃及、克罗地亚、安哥拉、立陶宛、保加利亚、西班牙、葡萄牙、罗马尼亚、波兰、捷克、亚美尼亚、格鲁吉亚、哈萨克斯坦、乌兹别克斯坦、阿塞拜疆、拉脱维亚、乌克兰、土库曼斯坦、塔吉克斯坦、吉尔吉斯斯坦、秘鲁	VDE（德国）、Demko（丹麦）、Semko（瑞典）、Nemko（挪威）、Fimko（芬兰）、CEBEC（比利时）、OVE（奥地利）、KEMA（荷兰）

插 头 外 形	尾 插 外 形	电 缆 外 形
E / L N	E / N L	

（续）

	编码 （长度）	符合安规认证要求、可以合法使用的国家或地区	其他主要使用的国家或地区	认　证
4	04	英国	马来西亚、沙特阿拉伯、阿联酋、尼日利亚、也门、孟加拉、文莱、缅甸、卡塔尔、加纳、肯尼亚、马拉维、毛里求斯、阿曼、纳米比亚、津巴布韦、乌干达、塞拉利昂、坦桑尼亚、赞比亚	BSI（英国）
	插 头 外 形	尾 插 外 形	电 缆 外 形	

	编码 （长度）	符合安规认证要求、可以合法使用的国家或地区	其他主要使用的国家或地区	认　证
5	05	瑞士		SEV（瑞士）
	插 头 外 形	尾 插 外 形	电 缆 外 形	

	编码 （长度）	符合安规认证要求、可以合法使用的国家或地区	其他主要使用的国家或地区	认　证
6	06	意大利		IMQ（意大利）
	插 头 外 形	尾 插 外 形	电 缆 外 形	

备注：和客户沟通也可考虑使用欧式 10A-C 交流电源线。

（续）

	编码 （长度）	符合安规认证要求、可以合法使用的国家或地区	其他主要使用的国家或地区	认　证
7	10A-G 07	以色列		SII（以色列）
	插 头 外 形	尾 插 外 形	电 缆 外 形	
		E N　L		
	编码 （长度）	符合安规认证要求、可以合法使用的国家或地区	其他主要使用的国家或地区	认　证
8	08	阿根廷		IRAM （阿根廷）
	插 头 外 形	尾 插 外 形	电 缆 外 形	
	E L　N	E N　L		
	编码 （长度）	符合安规认证要求、可以合法使用的国家或地区	其他主要使用的国家或地区	认　证
9	10A-I 09	巴西		INMETRO （巴西）
	插 头 外 形	尾 插 外 形	电 缆 外 形	
	E L　N	E N　L		

备注：和客户沟通也可考虑使用美式 10A-B 交流电源线。

（续）

	编码（长度）	符合安规认证要求、可以合法使用的国家或地区	其他主要使用的国家或地区	认　证
10	10A-J 10	日本		PSE（日本）
	插 头 外 形	尾 插 外 形	电 缆 外 形	
	E N　L	E N　L		
	备注：插头制式同美标 10A-B，可与客户沟通认证形式进行选择。			

	编码（长度）	符合安规认证要求、可以合法使用的国家或地区	其他主要使用的国家或地区	认　证
11	10A-K 11	新加坡		PSB（新加坡）
	插 头 外 形	尾 插 外 形	电 缆 外 形	
	E FUSE L　N	E N　L		
	备注：插头制式同英标 10A-D，可与客户沟通认证形式进行选择。			

	编码（长度）	符合安规认证要求、可以合法使用的国家或地区	其他主要使用的国家或地区	认　证
12	10A-L 12	韩国		KC（韩国）
	插 头 外 形	尾 插 外 形	电 缆 外 形	
	E L　N	E N　L		
	备注：插头制式同欧标 10A-C，可与客户沟通认证形式进行选择。			

（续）

编码 （长度）	符合安规认证要求、可以合法使用的国家或地区	其他主要使用的国家或地区	认　证
10A-M 13	南非		SABS（南非）

13

插 头 外 形	尾 插 外 形	电 缆 外 形

编码 （长度）	符合安规认证要求、可以合法使用的国家或地区	其他主要使用的国家或地区	认　证
10A-N 14	中国台湾		CNS （中国台湾）

14

插 头 外 形	尾 插 外 形	电 缆 外 形

备注：插头制式同美标 10A-B，可与客户沟通认证形式进行选择。

编码 （长度）	符合安规认证要求、可以合法使用的国家或地区	其他主要使用的国家或地区	认　证
10A-O 15	印度	尼泊尔	BIS（印度）

15

插 头 外 形	尾 插 外 形	电 缆 外 形

备注：插头制式同南非 10A-N，可与客户沟通认证形式进行选择。

（续）

	编码 （长度）	符合安规认证要求、可以合法使用的国家或地区	其他主要使用的国家或地区	认　证
16	10A-P 16	澳大利亚	新西兰、乌拉圭	SAI （澳大利亚）

	插 头 外 形	尾 插 外 形	电 缆 外 形

各国线材芯线颜色通常按照 IEC 标准，三芯 L/N/PE 颜色分别为棕、蓝、黄绿；UL 认证三芯线 L/N/PE 颜色分别为黑、白、绿（若无特殊要求，也可执行 IEC 标准）。

4）交流电源线认证。若某国家有强制交流电源线认证，则交流电源线优先满足该认证。若无强制性认证，插头制式满足要求即可（一般会满足常用认证，比如欧洲地区的 VDE 认证，北美地区的 UL 认证）。CCC 交流电源线，需要进行组件认证；其他交流电源线，插头、尾插和线材需要单独认证。交流电源线在各国家（地区）认证满足的安规标准见表 7-4。

表 7-4　交流电源线在各国家（地区）认证满足的安规标准

国家（地区）	认证安规标准	国家（地区）	认证安规标准	国家（地区）	认证安规标准
中国	CCC	美国	UL/CUL	德国	VDE
巴西	INMETRO	欧盟	CEE	荷兰	KEMA
法国	NF	意大利	IMQ	比利时	CEBEC
瑞典	SEMKO	瑞士	SEV	丹麦	DEMKO
奥地利	OVEE	英国	BSI	印度	BIS
以色列	SII	南非	SABS	日本	PSE
新加坡	PSB	韩国	KC		
澳大利亚	SAI	加拿大	CSA		

（2）光纤

光纤是光导纤维的简称，通信设备用光纤是一种由石英玻璃制成的纤维，可作为光信号传导工具。传输原理是光的全反射。光纤裸纤一般分为三层：中心为高折射率玻璃芯（芯径一般为 50μm 或 62.5μm），中间为低折射率硅玻璃包层（直径一般为 125μm），最外是加强用的树脂涂层。裸纤质地脆，易断裂，因此裸纤外面通常会有一层塑料保护套。

　　光纤活动连接器是一种以插头和适配器为基础组成的插拔式光连接器组件。按插头不同可分 LC（方头）、SC（方头）、FC（圆头）、MU、ST、MT-RJ、DIN、MPO、E2000 等形式。按连接器光纤端面形式不同可分为 FC、PC、UPC 和 APC 型。例如 LC 形式、PC 端面的光纤活动连接器通常标识为 LC\PC。常用光纤活动连接器如图 7-1～图 7-9 所示，常用光纤活动连接器性能参数见表 7-5。

图 7-1　LC 型光纤活动连接器

图 7-2　SC 型光纤活动连接器

图 7-3　FC 型光纤活动连接器

图 7-4　MU 型光纤活动连接器

图 7-5　ST 型光纤活动连接器

图 7-6　MT-RJ 型光纤活动连接器

图 7-7　DIN 型光纤活动连接器

图 7-8　MPO 型光纤活动连接器

图 7-9　E2000 型光纤活动连接器

表 7-5　光纤活动连接器性能参数

项　目	参　数
插头形式	LC、FC、SC、ST、DIN 等
插入损耗	≤0.3dB
回波损耗	单模：PC≥45dB，APC≥60dB
	多模不要求回波损耗
工作温度	−20～70℃
储藏温度	−5～50℃
机械寿命	500 次
符合标准	IEC 61754、YD/T 1272、IEC 874

习惯上，带有保护层的光纤和两端连接有光纤活动连接器的组件称为光跳纤，只有一端有光纤活动连接器的叫尾纤，适用于光纤收发器、路由器、交换机、OTN、PTN 等所有带光口的设备。业界习惯把光跳纤和尾纤都统称为光纤。

光纤有单模和多模之分。单模光纤是指在工作波长中只能传输一个传播模式的光纤。单模光纤玻璃芯径一般为 9μm 或 10μm，其模间色散很小，适用于远程通信。单模光纤的主要参数是由国际电信联盟 ITU-T 在 G652 建议中确定的，因此这种光纤又称 G652 光纤。

多模光纤是指在工作波长中可以传输多个传播模式的光纤。多模光纤芯径/外径为 62.5μm/125μm，或者 50μm/125μm，其重要传输参数为带宽和损耗。多模光纤传输的模式多达数百个，各个模式的传播常数和群速率不同，使光纤的带宽窄，色散大，损耗也大，只适于中短距离和小容量的光纤通信系统。

通信设备常用的是单模光纤，单模光纤的保护层常规为黄色，光纤直径（带保护层的光纤）多为 2mm 和 3mm。

光纤性能不受电磁辐射影响，不受温度影响，但环境温度超过 70℃，光纤保护层会软化变黏，不过不影响信号传输。光纤怕挤压、弯折，光纤布线时，不可以和其他线缆成束绑扎，特别需要注意的是面板上光纤的系束绑扎，光纤静态弯曲半径要满足 10D（D 为光纤直径）要求，极限情况下可以做到 5D。弯曲半径过小，会导致插损增大；弯曲半径过大，会导致光纤束超高，机柜关门时会挤压光纤，致使插损增大或光纤折断，光纤布线理论计算规则如图 7-10 所示。布线高度经验参考数据见表 7-6。

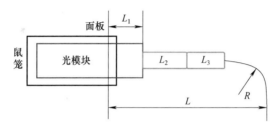

光纤所需的最小距离包括五部分：光模块突出面板的距离L_1、光衰长度L_2、光纤插入后的长度L_3、光纤的弯曲半径R、多根叠加值X。因此光纤布线长度为$L = L_1+L_2+L_3+R+X$。

图 7-10　光纤布线理论计算规则

表 7-6　布线高度经验参考数据

LC 型光纤	连接器长度/mm	光口满配需深度尺寸/mm	
		24 光口	48 光口
普通光纤（ZTE 定制）	33	70	80
普通光纤（市场通用）	50	87	97
铠装光纤（ZTE 定制）	40	80	100
铠装光纤（市场通用）	50	90	110
普通光纤（ZTE 定制）+ 光衰	33 + 15	85	95
普通光纤（市场通用）+ 光衰	50 + 15	102	112
铠装光纤（ZTE 定制）+ 光衰	40 + 15	95	115
铠装光纤（市场通用）+ 光衰	50 + 15	105	125

注：1. 24 光口出 48 根光纤，48 光口出 96 根光纤。

2. 普通光纤（ZTE 定制）：短尾，连接器长 33mm，直径 2mm。

3. 普通光纤（市场通用）：长尾，连接器长 50mm，直径 2mm。

4. 铠装光纤（ZTE 定制）：短尾铠装，连接器长 40mm，直径 3mm。

5. 铠装光纤（市场通用）：长尾铠装，连接器长 50mm，直径 3mm。

6. 光衰：光模块上加光衰，则深度方向空间需增加 15mm。

光纤布线设计时要保证：① 光纤不会触及可能损伤光纤的毛刺，活动零部件。② 走线路径避免热源。③ 通常光纤走线弯曲半径要求为其直径的 10 倍。④ 布线时把最靠近里面的 4 对光纤走在两股光纤的中间，以保证其有足够的弯曲半径，如图 7-11 所示。

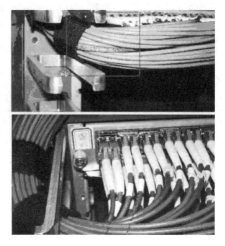

现今通信设备光纤布线有个情况需要说一下，就是缠绕管和波纹管的使用，现在已经不需要使用这些保护光纤的东西了。多年前，业务中光纤使用量非常少，通常一个机柜里就几根光纤，光纤和大量的数据线走在同一个走线槽或走线架上，担心光纤被数据线挤压，所以给光纤缠上缠绕管或波纹管。实际上，缠绕管和波纹管的工艺性是比较差的，稍有不慎，可能会折损光纤。在现在通

图 7-11　光纤布线弯曲半径要求示例

信业务中，光信号是主流业务，很多设备里几乎全部是光接口，而且在机房里光纤有独立的走线架，这时候就不再需要给光纤裹上缠绕管和波纹管了，所以现在的工程中已经不再需要缠绕管和波纹管了，只是不少人的习惯还停留在当年，看见光纤就认为需要用缠绕管或波纹管。情况发生变化了，就一定要及时优化解决问题的办法。

4．产品结构设计

简单说，产品结构设计就是设计产品中的所有结构件。这些结构件不仅要实现产品功能，而且需要具备可生产性、可操作性、可维护性、可靠性和外观造型，以及实现结构件的成本规划，同时通过结构件各部件零件的组装方式，设计出生产工艺路径。结构设计人员需要在热设计、工艺设计、硬件设计、EDA 仿真、力学仿真和包装设计等人员的共同协助下完成结构设计。

ZTE 结构设计需要遵守的标准和规范是相当多的，例如《结构设计规范》《PCB 单块单板和拼板设计规范》《可靠性试验要求》《产品安全性设计指南》《来料包装通用技术要求》《通信设备通用应用环境条件》《电子信息产品中有毒有害物质的限量要求》，以及各模块设计规范等。经过多年的经验积累，ZTE 各

阶段的设计文档均有成熟的设计模板。

结构设计和软硬件、工艺、包装设计一样，都有需求评审、方案评审、详细设计评审和样机评审，各领域专家参加各阶段评审，协助对产品各阶段结果把关，工服人员会在样机阶段做工程试装验证。在项目立项阶段，有工艺结构可行性评审，这个评审的资料是通过预研得到的。

虽然有各种设计规范、标准、模板等文件指导结构设计，有各专业专家协助把关，但是结构设计人员的经验还是非常重要的，不仅要熟悉结构件厂家的生产工艺，还需要熟悉自己公司生产线的工艺，以及工程现场的安装、使用工艺。对于新手结构设计人员来说，自己设计的产品第一次生产时，需要去生产线跟线，及时发现设计需要优化的地方，加深对生产工艺的掌握。第一个样机一定要和工艺人员一起完成装配、布线试验，在实践中体会设计是否有需要改进的地方。新产品最好是和工艺设计人员一起去参与开局，自查设备可优化设计的地方。

5. 产品包装设计

产品包装设计顾名思义就是设计产品的包装。产品包装关系到产品运输及储存过程中的安全性，对产品来说也是很重要的，一旦出现货损，损失利润不说，影响工程周期和客户满意度事大。

包装设计重点关注的是产品安全性设计、可生产性设计、成本设计和绿色环保设计。包装设计中通用化设计非常重要，不仅包材量大，成本低，生产工艺也方便使用自动化生产，生产成本可以大幅度降低。

包装设计常用规范、标准和应用手册也非常多，例如《产品包装标识设计要求》《包装设计文档要求》《包装物料设计规范》《托盘集合化包装设计要求》《产品通用包装工艺基础》《包装设计需求列表库》《系统设备包装设计规范》《全球装卸运输工艺技术规范》《包装设计手册》等。它们可以保证产品包装需求的开发和实现。

从本章节可以看出，软硬件设计、热设计、结构设计、工艺设计和包装设计都有各种规范、标准、模板、检查单、测试用例等为产品设计保驾护航，但是仅有这些是不够的，产品优化创新永远是产品设计的主题曲，在标准、规范的基础上变革、创新，再优化标准、规范是产品发展的康庄大道。当前各种新技术、新工艺、新材料不断涌现，对优化包装设计是非常有利的，例如，对某模块化系列机柜进行包装设计优化，通过在包装中使用更加高效的缓冲材料、更改包装箱材质，将包装箱宽度方向尺寸从 830mm 减小到 770mm，优化后，货柜装载率提升了 33%，年节约 357 个 40ft（1ft = 0.3048m）高货柜。

绿色包装不仅仅限于公司产品发货，对于外协厂家发过来的物料也可以做绿色设计，例如，以某产品机壳来料为例，在供方来料中推行循环包装代替一次性包装，按照年发货 50 万台产品计算，每年可节约纸制品 325t，塑料制品 150t，胶合板 312.5t。再如，推行塑钢托盘代替胶合板托盘，节约一次性木材用量以某产品托盘为例，每个托盘质量减轻 9kg，节约胶合板 14kg，以该产品年使用新托 20 万个为例，每年可节约胶合板用量 2800t。

7.5.2　产品环境适配性设计

很多时候，一款产品需要适配不同的使用环境，设备适配安装环境方面的需求通常是通过产品架构配合附件设计来满足，比如，需要同时满足机柜安装和壁挂安装，这时候插箱按 IEC 或 ETSI 标准设计，再设计一个壁挂架即可满足这两种场景。再如，机柜需要满足水泥地面安装和架空地板安装，这时候设计机柜底座用于架空地板安装就好了。用于不同制冷方式的机柜，一般通过设备安装方式、加导风插箱、挡板、侧柜、导风门、通风门等方式实现产品风道的改变，当然前进风后出风环境下的设备最好是产品架构按照前进风后出风的方式设计。

环境温度的适配设计就是产品环境温度规格的设计，基本是通过产品架构、风道、元器件耐温性选择，设备制冷方式选择等来实现设备温度规格要求。当然如果是室外应用，也可以通过不同形式室外机柜的配置来满足不同环境温度的要求，这个问题后面会具体阐述解决方案。

设备耐腐蚀性设计是通过整体方案来实现的，这种环境基本都是室外应用，是通过产品设计、单板涂敷、室外机柜选择、工程管理等方式满足设备耐腐蚀性要求，这个问题后面也会详细阐述。

随着通信网络的大幅度拓展、业务的下沉、垂直行业通信业务的发展、通信设备价格不断降低等，设备的使用环境不断超出标准范畴，产品环境适配性设计任重而道远。

7.5.3　产品通用化、模块化、系列化、平台化设计

产品系列化和平台化设计需求来源于产品规划，由产品研制规范、产品工艺结构需求说明书和产品工艺结构研制规范，分别将需求拆分到硬件、软件和工艺结构的设计中。产品通用化和模块化设计是工艺结构设计非常重要的工作，这项工作基本是由公司结构平台统一规划设计的，在结构总工年度规划里体现，这样可以实现利益最大化。例如，插箱导轨通用件、各型号散热器通用件、各种光纤和线缆组件通用件、单板通用包装箱、风扇插箱模块、电源分配箱模块、走线槽模块、门锁固定模块、底座模块等，这些物料图纸和代码分门别类地保存在通用件库里，供公司所有产品设计时选择，一般是在产品详细设计时选用，也可以在方案阶段规划出来。通用化、模块化比例高的产品，成本和质量都是有保证的。

7.5.4　产品可生产性、可操作性、可维护性设计

产品工艺结构设计除了实现产品功能设计外，必须完成可生产性、可操作性、可维护性和可靠性设计，一个生产困难重重、无法操作、难以维修、可靠性低的产品是无法批量销售的，即使勉强销售，售后质量成本也一定很高，利润或许为负值。

可生产性、可操作性、可维护性需求基本来源于可生产性需求库和可服需求库，以及各类设计规范和设计标准，在工艺结构研制规范各模板里已经添加了相应的可生产性、可操作性、可维护性需求。该需求库是公司宝贵的资产，因为市面上很少有这类的书籍，需求库里的资料基本都是公司各类成功案例和经验教训，主要包括产品数字化样机、试装、试生产、批量生产、工程安装和布线及使用、售后维护、返修环节得到的设计成功或失败或需优化的案例，另外，还有一些需求来源于理论推导和计算。经过多年积累，现在可操作性和可维护性需求在逐步减少，因为自动化生产的蓬勃发展，可生产性需求和可生产性设计在不断地开发中。

虽然有可生产性、可操作性、可维护性需求库，各类规范和标准，各专业、各环节专家评审的保驾护航，但工艺结构设计人员的自身经验也非常重要，因为同一个功能部件的设计，可能有很多种设计方法，结果是可生产性、可操作性、

可维护性能各不相同，成本也可能不同，知识面广、经验丰富的工艺结构设计人员就可能做出高性价比的部件设计。所以工艺结构设计人员除了自己动手装配、布线，积极参与工程开局外，还需要随时学习市场上先进的技术和工艺，并勇于尝试，熟悉公司的各类标准和规范，学习范围要放眼全球，并且要勤于思考。当一件小事都能引发相关领域设计或管理灵感时，恭喜你知识积累已经到达很高程度了，并且进入了快速发展的阶段。

7.5.5 产品可靠性设计

工艺结构产品可靠性设计包括力学设计、安全性设计、热设计、电磁兼容设计、接地设计、耐腐蚀设计等。这些设计需求来源于可靠性需求说明书、工艺结构需求说明书，以及可靠性设计要求标准和规范。通用需求会在相应产品的工艺结构研制规范模板里体现，具体项目可做相应的增减。

力学设计涉及所有结构件（包括包材），常规设计根据设计规范、设计手册和设计案例，以及设计人员的知识和经验就可以完成。复杂单板、插箱、整机、包装设计，需要做力学仿真，通过仿真和设计的重复迭代，确保结构件力学的可靠性。

安全性设计，例如，依照相关标准，通信设备接触表面允许的最高安全温度：扳手和拉把类为 48℃，其他表面为 55℃。再如，风扇插箱处的网板，不仅要防止风扇扇叶打手，还需要防止异物掉入风扇内损伤风扇。还有光模块防激光伤眼设计和防激光警示标识、连接器插头的固定设计等，这些都属于安全性设计。力学设计也属于安全性设计范围。

电磁兼容设计是指系统、分系统、设备在共同的电磁环境中能协调完成各自功能的共存状态。电磁兼容设计通过提高产品的抗电磁干扰能力以及降低对外的电磁干扰，避免由于干扰导致的产品故障，从而提高产品的可靠性。电磁兼容设计一般需要从抑制干扰源、切断干扰传播途径等方面进行设计。工艺结构电磁兼容设计是通过结构件设计、线缆和连接器选型设计来实现系统分配给工艺结构需要完成的电磁兼容指标。例如，单板上的接地簧片设计是解决单板的电磁辐射和抗干扰问题，屏蔽线缆和带接地金属外壳的连接器是解决线缆干扰和衰减等问题。

接地设计是产品设计中相当重要的一个环节，在可靠性设计方案中会有详细的接地设计方案，结构接地设计按照可靠性设计方案和《可靠性设计要求－接地设计》等标准执行，例如，背板接地铜箔设计位置、单板面板和 PCB 接地连接、插箱和机柜接地点设计等。

根据《产品单板应力应变测试规范》，使用仿真分析软件，完成单板在部件加工段受力场景下的应力仿真，识别和挖掘应力风险点，触发应力测试需求。

7.5.6　产品成本设计

工艺结构件设计成本指标是由工艺结构需求说明书传递的，这是最低设计指标，实际设计的时候还需要深入挖掘降低成本空间。成本设计是每个设计人员的必修课，没有成本概念的设计人员是不合格的。对结构设计来说，除了使用常规的通用化、模块化设计外，材料选择、设计方案是成本设计的关键。比如，结构精益设计，减少零件数量、零件简化设计的部件成本相对较低；不能借用的零部件，设计要素尽量拉通设计；批量大的零部件可以使用模具制品；批量小的零部件尽量使用钣金件等。结构设计人员在做设计方案和进行详细设计时，需要知道产品未来的销售量，根据销售量需求才能做出低成本的设计。显然，模具件品质稳定，量大时单品价格低，如果量不大，单品分摊的模具费就比较高，不如钣金件价格低。熟悉结构加工工艺和设备生产工艺对降低成本设计是非常有利的。例如，在薄板上冲密孔，容易导致板料变形，成品率不高，但如果改为蚀刻工艺，则会因成品率高而降低成本。

线缆组件的设计关键是使用通用件，通过量来降低成本。再就是创新设计降低成本，例如，笔者曾经联合电缆供应商设计了一款同轴电缆，申请了国际发明专利。当时笔者偶然得知那时候有一种可以直接生产泡皮结构的工艺，脑子里瞬间出现一种电缆结构，因为笔者是学高分子材料的，知道这种结构可以提高线缆传输质量，马上联系供应商试制了这种同轴电缆，成本降低了 16.32%，同时解决了原同轴电缆组件加工难，易导致电缆组件开路的问题，不仅提高了成品率，而且提高了电缆和电缆组件的生产效率，电缆电性能指标比之前进口电缆好，当年节省成本超过 2000 万。几年后，笔者召集团队又改进了该电缆的结构和材料，进一步降低成本24%，当然是在性能指标不降低的基础上进行改进的。

热设计创新设计是提高设备性价比的重要途径，核算成本时，也不能只看绝对成本，要从全生命周期的成本整体投入来看，热设计降低成本的两个关键措施如下：

1）使用新材料和新技术降低设备成本或运营成本。通过使用新的散热材料和散热技术，提高散热效率/散热材料成本的比值，可以降低设备成本，或者降低设备运营成本。比如，VC 散热器的使用、液冷的使用，虽然设备直接成本增加，但设备可靠性提高了，设备运营时电费有较大幅度的降低，从产品的整个生命周期来看，性价比提高了很多。

2）使用散热部件通用件降低设备成本。比如风扇通用、散热器通用、导热材料通用等。风扇和导热材料通用化设计是日常比较容易做到的，散热器通用化设计比较难，主要受单板面积和布局的影响，散热器通用化是一个系统设计的事情，与设备架构、元器件选型、单板生产工艺和布局、风机选型都相关，所以在规划的时候要充分考虑到这个问题。

产品设计不是一味追求成本最低，理想状态是追求性价比最高，这也是全面工艺管理的思想。

7.5.7 技术积累

技术积累是指企业作为一个有机系统，在从事技术活动过程中所获得的一种寓于企业组织之中的知识积累和技术能力传递。企业通过技术积累，可巩固和增强企业技术优势。对于企业核心竞争力的形成，技术积累功不可没。通信行业的工艺技术和工艺管理，基本是靠企业自己的积累，通过企业技术积累实现传帮带，实现技术积累之上的技术创新，这更加凸显工艺技术积累的重要性。

技术积累可以来源于成功案例分享，无论是系统设计、整机设计、插箱设计、零部件设计，还是单板热设计、插箱热设计，再或者是布线设计、连接器或线缆设计、单板盘纤设计，甚至是一个工装设计、一辅助工具设计、一个连接器压接工艺等，任何一个优秀的设计或者一种好的工艺方法都可以分享出来实现技术积累。成功案例经过迭代演进可以发展成技术规范或技术标准，也可以编入技术手册。

技术积累也可以来源于失败教训的总结分析。失败了，肯定是有原因的，分析出失败的根源，可以避免此后再出现同样的错误，同时触类旁通，相关错误都可以避免。失败的案例也可以总结出原因编入标准、规范中。

工艺管理属于技术管理，成功或失败的工艺管理案例的分享也是技术积累。工艺管理没有明确或统一的模式，基本都是各企业自己摸索创立的工艺管理模式，实践过程中成功或失败的案例都可以给下一步工作改进提供指导。

7.6　通信设备降耗及降噪

随着通信行业的快速发展，以承载产品为例，近 20 年，设备容量从 20G 左右提升到 32T，单板功耗从几瓦发展到上百瓦，单插箱功耗从几十瓦发展到几千瓦，整机功耗从几百瓦发展到上万瓦。虽然比特功耗在大幅度降低，但因为容量的急剧增加，总的功耗依然在大幅度上升。

设备功耗增加带来了一系列问题，如设备热级联加剧、机房局部热点频发、机房供电紧张、机房 PUE 攀升、设备腐蚀问题、硫化问题、噪声问题等。为实现"双碳"目标，降耗降噪是一项长期工作，任重而道远。

现在想单纯从设备设计上降耗降噪已经无法达成目标了，必须从每个相关环节入手，精工细作，从细节处降低功耗和噪声。也就是说，降耗降噪是一个全生命周期的系统工程，是全面工艺管理的思维方式。降耗和降噪在很大程度上是同一个问题，功耗降低了，噪声基本也就降低了，只有在特殊情况下这两个问题才需要分开讨论，本章节只讨论降耗。

从通信产品的生命周期来看，各个环节降功耗的方法很多，不同产品因为业务类型、业务模式以及组网方式不同，各环节降耗的方法也有所不同，这里主要介绍一些降功耗的思路。

7.6.1　研发团队降耗

研发团队自然是降耗的主力军。产品规划、产品硬件架构设计、产品软件架构设计、硬件设计、软件设计、热设计和工艺结构设计都是降耗的先头部队。

1. 产品规划降耗

规划产品在网络中的功能时，可以从业界网络构成和发展等方面来规划出低耗的设备，例如 OTN（光传送网）的 OXC（光交叉连接）产品就是一个网络级低耗的产品。

规划产品主芯片套片时，在权衡功能、性能、成本、可生产性、可操作性、可维护性的同时，还必须考虑系统功耗，尽量选择低功耗套片。

规划产品功能时，对单板功能的划分不同，设备功耗不同。例如，某些功能放在必配单板上和放在选配单板上，功耗是不同的，显然是放在选配单板上系统功耗更低，毕竟在不需要这个功能的时候，设备会因为少功能而减少功耗。再如，一块 10 光口单板，肯定比 10 块 1 光口单板功耗低很多。如图 7-12 和图 7-13 所示，通过提高单板集成度和传输速率，设备功耗逐级降低，不仅可以节省机房空间，还可以减少机房电源、配套等资源的支出。

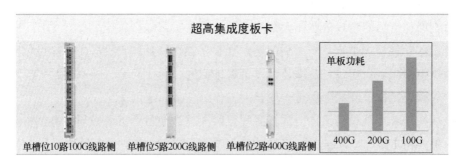

图 7-12　单板集成度与功耗的关系

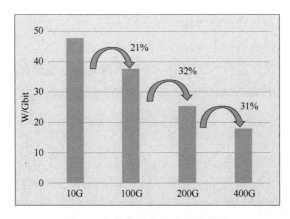

图 7-13　传输速率与功耗的关系

此外，还可以直接规划产品降耗功能，例如，系统运维降耗功能，ZTE 提供 5G 承载网 SPN 动态节能技术，基于现网流量潮汐效应，借助 AI 和大数据分析，自动匹配流量趋势预测模型，在保障业务品质的基础上，对设备功能模块实施动态休眠和快速唤醒，有效降低网络功耗，平均节能效率提升 15%。

2．产品硬件架构设计降耗

产品硬件架构不同，设备功耗不同。集中式架构和分布式架构功耗差别是比较大的，一般集中式架构功耗会比分布式低 20%～30%，所以在芯片条件允许的情况下，应尽量采用集中式架构。

散热架构方式选择得好，可以降低设备进风温度或者降低风扇的风压需求，这样风扇可以处于较低转速状态，以降低功耗。不要小看风扇功耗的改变，有的风扇在低温状态和高温状态，整机功耗可以差 2000W。

灵活供电可以降低设备功耗，比如，分区供电与智能电源管理，降低对机房单路供电能力的要求，对于没有配置单板的区域，可以暂不配置电源或者让电源板处于休眠状态，系统新配置单板超出供电能力时单板不上电，保证设备正常运行，对于没有加载业务的单板可以不上电或者进入休眠模式，降低系统功耗。

3．产品软件架构设计降耗

软件架构设计降耗主要来源于软件操作系统的选择。不同操作系统能耗是不同的，权衡功能、性能和功耗情况等，尽量选择低能耗的操作系统。再就是通过高效架构的效率提升，来降低系统能耗。例如，大数据+AI 动态降低设备运行时的能耗。

4．硬件设计降耗

通过硬件设计降耗的途径比较多，这里简单举几个例子：

（1）低功耗芯片设计

当前芯片低功耗设计是硬件降耗首要的任务。通过芯片功能集成，减少芯片数量，减少外围电路，从而实现单板功耗降低。再就是通过先进芯片工艺技术，降低芯片的单位容量功耗，如图 7-14 所示。当然，先进的设计方式

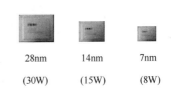

| 28nm | 14nm | 7nm |
| (30W) | (15W) | (8W) |

图 7-14　先进芯片工艺技术降低
芯片单位容量功耗

也可以进一步降低芯片功耗，例如，选择性能和功耗性价比高的 MOS 管、优化
MOS 管数量、选择合适的较低的内核电压、降低工作主频等。

（2）系统硬件方案简化

例如某产品的交换板可以实现无 CPU 方案；系统软件集中化，线卡的软件
功能减少，降低系统对线卡 CPU 的需求，线卡 CPU 可以选择性能更低一些的方
案，以降低线卡 CPU 的功耗。

（3）精益设计降功耗

按照硬件精益设计的思想对单板的需求和方案进行详细的分析和设计，从根
本上减少硬件方案的复杂度，以及对单板设计做精细化管理，降低硬件成本和功
耗。例如，在单板设计中，将多功能合并到一个元器件来实现，去掉非必要功
能，减少外围元器件数量等。

（4）选择低功耗芯片

选择芯片需要考虑的问题很多，功耗也是必须要考虑的问题之一，在权衡利
弊的时候，尽量选择低功耗芯片。例如，选择新型光模块可以降低功耗，
MSA→CFP→CFP2→CFP4，功耗为 30W→24W→12W→6W。

（5）SA、NP 芯片 SERDES（串行器和解串器的英文简称）链路配置

对于业务线卡，NP/PP 和 SA 之间、SA 与交换板 SF 之间的物理链路带宽一般
是大于线卡的接入业务带宽的，不需要所有的 SERDES 链路全部工作。可以根据
线卡的具体需要来配置线卡上 SA 交换侧 SERDES 链路数量，对于没有使用 SA 的
SERDES 链路，交换板上对应的 SERDES 链路也可以处于关闭状态以降低功耗。
同样，如果线卡采用 NP/PP+SA 的方案，则 NP/PP 与 SA 之间的 SERDES 链路也
可以根据业务带宽需要选择合适的数量，关闭不需要的其他链路以降低功耗。

（6）关闭芯片内部不用的功能模块

芯片内部的一些功能模块是可以动态关闭和打开的，这些模块有些单板是不
需要的或者需要一部分，可以根据每块单板的具体需求来确定哪些模块可以关
闭，在单板初始化配置时进行关闭，以降低芯片的功耗。

（7）采用硬件动态切频和关时钟技术

硬件动态切频和关时钟技术可以大幅度降低实际应用中的功耗；智能变频设
计，功耗可以做到更低。

（8）其他

还有很多降功耗的设计方法，例如，不同工艺的成帧器，稳定工作电压需求不同，通过精细化的电源管理，分配芯片稳定工作的最低电压，减少能耗等。

5. 软件设计降耗

软件设计降耗最基础的方法如下：

（1）动态关闭不用的 SERDES

对于非满带宽槽位，关闭业务板及对应交叉板上无用的 SERDES，可以有效降低能耗，根据业务情况，无业务单元也可关闭不使用 SERDES，需要的时候再打开。

（2）CPU 动态关闭一些不用的进程

单板上的 CPU 一般有多个进程在同时运行，部分进程不是一直都工作的，可以根据业务需求关闭一些不需要的进程，通过降低 CPU 的负载以降低功耗。

（3）精益设计降低功耗

用精益设计的思想，优化软件设计，可以降低功耗，例如，完成一个功能需要占用 CPU 1min，优化设计后，只需要 30s，CPU 运载时间减少，耗能降低。

6. 热设计降耗

热设计降耗主要是通过降低风扇转速以及降低设备芯片温度来降低功耗。风扇在全速下的功耗比低速下高十几倍，甚至二十倍。芯片在高温下比常温下功耗最多可以高 30%。独立风道散热、风扇智能调速是指系统散热区间分割，相互独立，每个分区有独立风扇，各分区风扇根据单板总功耗大小自动调速至最合适转速，降低风扇功耗，未插单板分区，风扇调至最低转速。

热设计做的各种工作，例如，风道设计、风道隔离、单板热设计等，都是为了降低芯片温度，保证设备正常工作，同时，芯片温度低了，芯片功耗就低。通常情况下，风扇转速和芯片温度是呈反比的，这时候以控制芯片温度为首要任务，一般是通过散热器或液冷散热方式，在不提高风扇转速的情况下降低芯片温度。特别是要控制设备在高于 50℃的环境下工作，这时候风扇转速高，芯片温度高，设备功耗高。

7. 工艺结构设计降耗

工艺结构设计是在热设计的指导下，通过工艺设计和结构设计，实现热设计的方案，从而通过降低芯片温度和风扇转速来降低设备功耗。比如，布线设计时，线缆不可以挡住设备的进出风口，避免因为降低风量而导致风扇转速提高，所以线缆要尽可能给设备进出风提供空间。再如，按照热设计的理论，机柜内合理使用导风插箱或挡板等结构件，可以减少机柜内设备的热级联，从而降低设备进风温度，降低风扇转速和芯片温度。

7.6.2 售前团队降耗

1. 销售方案降耗

销售方案降耗主要是通过给客户推荐低功耗的网络方案和先进的节能技术方案来实现，这时候降低的是整个网络的功耗。

（1）光电混合交叉组网对于站点功耗改进

对于光电混合交叉组网情况，假设对于穿通的业务需求，预留 1/3 的 100G 单板满足部分中继需求，需要进入电交叉，剩下 2/3 业务只需要进行光层调度即可；只需要配置 100 个 100G 线路侧单板，电交叉矩阵只需要 18T+，整体功耗降幅将达到 30%。

（2）端到端 OTN 组网，降低整体网络功耗

端到端 OTN 业务提供 OTN 设备从骨干层部署至城域边缘层，IP 旁路 Bypass 技术分组业务通过 Bypass 技术有效旁路 IP 层设备的流量压力，节省昂贵的 IP 端口，释放 IP 网络资源，降低网络部署成本，降低整体网络功耗。

（3）给客户推荐冷风通道封闭降低机房用电量

冷风通道封闭可以很好地隔离冷风和热风，降低混风。同时冷风到设备进风口的路径最短，冷量损失最小，从而降低用电量。而且因为冷风通道温度较低，设备风扇转速低，能耗进一步降低。

2. 配置相应的设备或单板降耗

根据不同机房情况，选择不同的设备，使设备和机房互为匹配，这样有利于降低设备和机房能耗。

1）冷风通道封闭适配前进风后出风或前进风上出风的设备。这时候机柜内空余位置配置上挡板，可以保证冷风通道里的冷量直接且没有损失地全部用于设备散热，机房能耗低。

2）热风通道适配前进风后出风的设备。因为机房高度有限，热风通道的热风基本是在机柜后面的热通道内收集的，所以适配后出风设备，这时候机房耗能低。

3）地板下送风机房适配上下通风的设备。地板下送风对上下通风的设备散热最好，可以从机柜下方直接送风，相当于精准送风。在混风机房里，精准送风机房能耗是最低的。

4）接入机房不能配置核心机房用的大容量设备。接入机房如果配置核心机房用的大容量设备，因为机房制冷量不足，会导致设备风扇处于全速状态，风扇功耗和芯片功耗都会增加。

5）有条件时配置低能耗业务单板。例如，在合适的网络情况下，对 OTN 产品来说，配置线支路合一单板可以降低设备功耗。

3．将设备设计在适合的位置降耗

前面也说了，在机房里，不同位置制冷量是不同的。如果将大容量设备放在风量最低的地方，则这个地方必然会产生局部热点问题。如果把大容量设备放在风量最好的地方，很可能就没问题发生（前提是制冷量够）。同样的机房制冷，将设备布局在合适的位置，可以避免增加空调，增加能耗。

对室外机柜来说，室外机柜送风位置是整个室外机柜内温度最低的地方，不同类别的设备耐温情况是不同的，比如 BBU 最高短期工作温度通常是 65℃，而传输设备最高工作温度通常是 55℃，所以室外机柜内设备布局时，传输设备放在室外机柜送风位置最合适，BBU 处于机柜顶部，只要温度不超过 65℃，就可以正常工作。相反，如果传输设备被放在机柜内出风位置，假如这个地方的环境温度 60℃，则设备可靠性难以保证，网络故障风险大。

4．利用槽位优先配置原则降耗

利用槽位优先配置原则，将各类单板配置在预先确定的适配的槽位上，可以最大限度地降低设备风扇的转速，同时，单板温度可以相对最低。反之，有些时候可能需要增加空调以解决局部热点问题，或者导致设备噪声超标。

5．正确使用室外机柜降低站点功耗

客户使用室外机柜时，建议客户室外机柜内设备不要超配，否则会导致室外机柜内温度太高，从而使机柜内设备进风温度高，不仅风扇转速高，芯片温度高，能耗高，还会存在设备超温故障风险。

7.6.3 售后团队降耗

售后团队是一个执行团队，研发的设计、售前的各种配置以及售前建议客户提供的各种环境条件等，都需要售后团队一一按要求落实。同时，售后也是最后把关兜底的环节，可以说成败在此一举。

售后团队在降耗方面需要做的工作就是严格执行《大容量设备对机房环境要求》《低端设备环境检查单》《室外机柜使用指南》《风扇调速策略》，以及产品槽位优先配置原则等规范文件，保证设备或网络处于低功耗状态，同时，充分运行大数据+AI的动态节能工具，降低网络运行功耗。

7.6.4 高质量的生产降耗

生产质量高，设备处于高稳定状态也是可以降低功耗的，例如，严格按照热设计规定的厚度涂敷导热材料。导热材料厚薄对芯片散热影响是比较大的，太厚或太薄都不利于散热，热设计会根据导热材料的特性给出一个厚度值，生产工艺中会有实现这一指标的具体操作工艺，严格按照工艺文件执行，就能把芯片的热量很好地通过散热器导出，避免提高风扇转速，从而可以保证芯片和风扇都处于低能耗状态。

7.6.5 保证元器件采购质量降耗

1）采购低功耗元器件。同样规格的元器件，不同厂家的产品，功耗也可能是有差异的，在考虑性价比的时候，要考虑功耗参数，尽可能选择低功耗元器件。

2）保证元器件性能参数的一致性。元器件性能参数不一致时，为了保证单板性能稳定，单板可能会有一些冗余设计。若元器件性能参数一致性好，则单板设计可以做到最简单化，从而使能耗最低。

3）用采购策略激励供应商研发低功耗元器件。采购策略类似于风向标，如果采购策略中，低功耗倾向很清晰，则供应商会想办法设计低功耗元器件。在激励元器件供应商降功耗这个问题上，采购和研发都可以发力，元器件选型、采购策略、与供应商合作开发低功耗元器件都是常用的办法。

ZTE IC 开发团队一直致力于开发低功耗元器件。低功耗元器件开发也是一个系统工程，从需求和规划开始，每个环节都有降功耗的工作，这是全面工艺管理思想在 IC 开发环节的应用。

7.6.6　客户机房管理降耗

在通信行业，机房体系中制冷系统平均能耗占比约 40%，所以除了设备方面降耗外，机房管理降耗也是个重要环节。一般来说，机房降耗有如下几个方面可以考虑：

（1）采用冷风通道封闭或者热风通道封闭降耗

采用冷风通道封闭或者热风通道封闭，可以缩短冷风到设备入风口的距离，提升冷量的利用效率，同时，避免了冷热风混合导致的冷量损失，可以极大地提升空调的利用率，减少空调的数量，节省电能。而且这两种形式下的设备进风温度会比较低，风扇转速低，设备功耗低。所以这两种节能方式是目前最佳机房管理方式。

（2）采用液冷设备降耗

液冷设备自身可以把自己产生的 70%～80%的热量带出机房。业界现有机房制冷量都在趋于饱和，增加制冷量有各种困难，例如，机房承重无法增加空调、电池等，而使用液冷设备只给机房增加设备热耗的 20%～30%，配合局部冷风通道改造，新增设备可以很好地适配现有机房，不会额外增加能耗。

（3）采用合适的空调机组降耗

机房制冷空调机组有多种形式，例如，风冷式冷水机组、水冷式冷水机组、蒸发冷却式冷水机组、间接式蒸发冷却机组以及这些机组的组合等。不同形式的空调，能耗是不同，适配的环境也不同。目前认为间接式蒸发冷却机组能效性价比高，是因为相比传统开放式冷却塔来说，间接式蒸发冷却机组制备冷水温度更低，自然冷却时间更长。空调机组形式要根据机房负荷规模、机房所处的地理环境以及当地能源结构和价格来做选择，尽量利用自然资源，例如风、低温气候、水利资源等，尽可能降低制备冷水温度、延长自然冷却的时间。

（4）采用 AI 环境监控降耗

设备可以根据现网流量潮汐效应，借助 AI 和大数据分析，自动开关一些功能模块，降低设备功耗。同理，机房也可以借助 AI 和大数据对机房温度和空调机组制冷进行管理，动态调整机房温度进行降耗。

（5）采用合理供电方式降耗

国内从 2015 年开始，机房供电问题日趋困难，运营商和设备商都开始研究低耗的供电方式，设备侧的电源池、高压直流供电、开关电源的休眠技术都是低耗的供电方式。机房供电节能主要有供电架构节能、供电系统节能和供电设备节能。供电电源尽量靠近负荷中心，以减小配电线缆上压降导致的损耗。电源多次转换会导致能耗损失，这种情况要尽量避免。

（6）采用合适的备电方式降耗

通信设备的备电是指主供电路故障时，给设备提供的另一路供电。机房备电通常是用电池，早年使用的是铅酸电池，近些年开始使用性能更好的磷酸铁锂电池，对电池进行智能化管理能起到节能降耗的作用。以后使用高压直流后，使用交流电做备电，节能效果更好。室外站通常会用太阳能、风力发电，这些是再生能源，性价比高，是未来的发展方向。当然室外站也有使用电池的。

7.7 一些增加硬件成本或会引起其他问题的"以人为本"的设计要杜绝

"以人为本"的设计理念是正确的，毕竟设计任何一个产品都是为了方便人们的操作和使用，这是设计人员永恒的追求。但是在技术水平还没有达到一定高度的时候，要杜绝增加太多硬件成本的"以人为本"的设计，也要杜绝会引起其他问题的"以人为本"的设计，这时候需要工艺管理和质量管理上阵，通过管理来保证产品正常操作和使用，从而保证产品质量和产品寿命。

1. 案例一

如图 7-15 所示，这个单板插座保护罩的设计需求来源有 4 个：①工程现场插单板时，容易碰到单板插座，使插座损坏；②工程现场单板会掉在地上，容易摔坏插座；③生产时，容易碰坏插座；④为了防止单板变形影响 BGA 焊点可靠性，所以需要给单板设计一个加强筋。插座凸出在单板外面，容易被碰到。

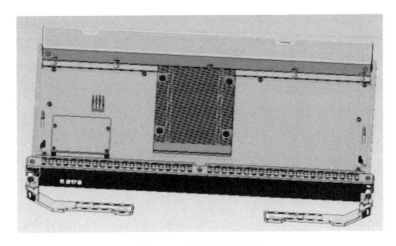

图 7-15　单板插座保护罩

这种插座保护罩的设计是一个很不好的设计。增加插座保护罩不仅会增加成本，关键是会增加单板质量。对于目前的设备，单板减重是一个非常急迫的需求，因为单板元器件多，散热器多，若单板太重不仅操作不易，而且也容易碰坏单板。即使增加了插座保护罩，也不能完全避免插座受损，因为保护罩不可能和插座平齐，那样会影响单板和背板连接器配合。前两个需求可以通过规范操作、强化操作者责任来满足。为满足生产需求，可以把插座保护罩作为工装使用，单板生产完成时，回收工装。加强筋可以通过一个很窄的加强条来实现单板加强作用，或者通过单板屏蔽板来实现。

2. 案例二

再如单板和设备货损问题，有些维护人员携带单板上站维护时，嫌单板包装盒太大，不好携带，所以去除单板外包装，仅带内包装上站，这样单板损坏的可能性增大。机柜从库房上站时，会被拆除包装箱，裸机侧卧入运输车里运上站，这个过程会导致机柜立柱变形，影响设备插箱的安装。因此强化单板简易保护的设计、机柜立柱强化设计等，不但增加了产品成本，而且还都不能彻底解决问题。

从力学设计原理分析，简易单板包装无法确保单板不被损坏，裸机上站显然就更不合乎要求，也是不合理的行为。后来 ZTE 通过客户加强对外包公司的工程管理，某产品一年内货损减少 50%。这说明管理起作用了，继续坚持推动规范性操作，会进一步降低货损。

7.8 标准化设计与创新的关系

标准化设计是产品设计的基石，创新设计是产品设计的灵魂，二者缺一不可。通常情况下，创新是在标准范围内进行的。超越标准的创新属于技术革命的范畴，通常需要很大的投入，在大量的技术研究后，推动成立新的标准，再推动标准的执行。这是一项艰巨而伟大的工作。

1．设计必须遵守通用标准

一个不遵循设计标准的产品是寸步难行的，不仅设计中会有各种问题，而且生产、销售、操作、维护等方方面面都会有问题。例如，一个插箱宽度大于21in标准，那这个插箱没法装入业界任何一个21in机柜里，这种产品客户基本是不可能接受的。再如光模块设计，如果接口不是按照标准协议来设计的，那基本完全无法使用，除非自己再定制适配的光纤活动连接器，即使定制成功，成本应该也是承受不起的。有些东西不同国家，标准是不同的，如果不满足当地标准，销售和使用便会受阻，比如日本销售到中国大陆的电饭煲，电源线就是按照中国现行的 220V 三芯插头设计的。遵循标准是使全流程成本最低的设计基本原则。

笔者刚参加工作时，感觉标准是束缚。随着时间的推移，笔者现在认为标准是理想的翅膀，借着翅膀的力量可以自由飞翔。

2．设计必须创新

现在市场上各种产品已经相当丰富了，如果设计出来的产品没有创新，就难以有自己的特点和优势，在市场竞争中难以获胜，所以创新是企业生存和发展的必要条件。创新是长期研究、探索以及实践经验的复合产物，需要积累。

3．如何在遵循标准的基础上进行创新

大多数情况下创新和遵循标准是不冲突的，标准是前人大量研究和实践的总结，在较长时间内是正确的，对产品有正向的作用。

创新设计的前提是吃透标准，包括标准内容、标准范围等。举个例子来说明这个问题，大约二十年前，在做一个产品工艺设计时，笔者提出做后安装机柜和

后安装插箱，这样从机柜正面会非常方便布线和进行线缆维护。这一方案对现在的产品来说意义更为重大，因为现在的大设备装 300mm 深机柜时，如果是前安装方式，完全无法布线，所以这一设计方案无论是当年还是现在都算是技术创新。无论是 19in 标准还是 21in 标准，都只规定了立柱的间距和固定孔形式，没有规定立柱是否可以放在机柜后面，所以我们这一设计没有违反 19in 或 21in 标准，只不过当时业界习惯前安装而已。如今中国通信企业的 300mm 深机柜基本都做后安装或中间安装。遵循标准下创新可以看作是对标准的补充或拓展，这些内容未来可能成为新的标准内容。

4．如何创立新的标准

标准随着时间的流逝，或者事物的改变，可能会失去对事物的指导作用，或许还会成为事物发展的障碍，这时候就需要有新的标准来取代老的标准。制定标准是个复杂而严肃的事情，新的标准尚未启用时，以旧的标准为执行标准，这时就需要预估新标准的发布时间，要很好地权衡风险和收益，把控好产品的研发进度，从而决策产品设计时以什么标准为准，从而保证产品的合格性和先进性。

遵循标准是设计人员的天职，当发现标准过时或出现不合理的情况时，要大胆提出疑问和改进建议，改进标准也是设计人员义不容辞的责任，毕竟使用者最有发言权。

创立一个全新的标准是一项艰巨的工程。需要根据前期的研究提出课题、再研究、验证，并反复迭代，向标准组织申请立项，再反复迭代研究、论证，直到标准形成、发布。

创立新的标准也不是很难的事情，只要我们有理有据就可以大胆提出自己的想法。创立新的标准是为人类创造福利，是非常好的事情，需要大力提倡。

7.9 企业需要保护研发人员的创造力

想象力是创造力的基础。研发人员的创造力是产品创新的源泉。保护好研发人员的创造力是企业管理层的重要工作之一。

（1）给研发人员宽松的研发环境

宽松的研发环境可以让研发人员有自由创新的空间。企业绝不可以通过行政手段干预研发设计，例如，工艺结构设计的产物是很直观的东西，会被认为其设计很简单，很容易被人提各种意见。实际上，提意见的人基本是站在自己的角度来看待产品的，认为这个地方设计不合理，需要修改成另外一个样子。实际上，工艺结构设计关系到方方面面的需求，设计的时候需要权衡利弊才能确定方案，例如，走线槽设计，既要考虑走线容量，又要给系统留散热空间，同时，走线槽还不能占用太多背板高度空间，也不能影响机柜门开关，绝不能单纯从一个角度去看待走线槽的设计。

任何人都可以给设计人员提问题，提需求，提解决建议，但完全不能干预研发设计。长期干预研发设计工作会磨灭研发人员创新能力或创新动力。

（2）企业需要大力营造创新氛围

企业可以开展各类活动，大力提倡创新，营造一个朝气蓬勃的创新氛围。员工如果一直处于朝气蓬勃的创新氛围中，久而久之，创新就会成为一种习惯，或者说是一种本能，这时候创造力就爆棚了。企业可以通过创新大赛、研发创新评比等活动，对创新者进行各种奖励。总之，就是要激励研发团队养成创新习惯。

7.10 工艺结构设计人员素质要求

工艺设计人员需要具备的基本技能和知识有：常用线缆和连接器的特性及使用要求、常用线材和连接器加工工艺、常用线缆组件加工工艺、各国及本企业常用线缆和连接器标准；PCB 材料知识、PCB 生产工艺、EDA 设计流程、单板布局规范、单板及整机生产工艺、本企业生产能力；机械设计和机械加工工艺、产品设计与开发理论、防腐蚀相关知识及标准、节能减排和环保相关知识及标准、企业工艺设计岗位指引等。

结构设计人员需要具备的基本技能和知识有：机械设计基础知识、机械加工工艺和表面处理基础知识、机械制图、电子设备结构设计、国内外结构设计相关标准和规范及流程、产品设计与开发理论、连接器和 PCB 材料基础知识、EDA设计流程、PCB 生产工艺、防腐蚀相关知识及标准、节能减排和环保相关知识及标准、企业结构设计岗位指引等。

除此之外，工艺结构设计人员还需要做到如下几点：

1）了解需要设计产品的工作原理。接到一个产品的设计任务，首先要了解清楚该产品的功能和大概工作原理，了解该产品在网络中的位置，这样有利于产品架构设计和工艺设计。

2）了解需要设计产品的工作环境。设计任何一款产品都需要知道它的工作环境，知道产品工作环境才有可能设计出与环境适配的产品。

3）时刻关注产品工作环境的改变。环境不是一成不变的，例如接入机房，这些年改变非常大，很多机房几乎等同于室外站了。环境变了，一方面要尽量改变产品设计，以适配环境的变化；另一方面需要督促机房管理满足标准要求。

4）随时关注业界新材料、新技术及新工艺的情况。埋头苦干重要，抬头看路也很重要，随时了解业界新材料、新技术及新工艺的情况，并及时应用于改进产品或新产品设计中，从而提升产品竞争力。

5）养成自己动手的习惯。自己设计的产品，自己至少要亲自动手安装、布线、操作、维护一次。最好能跟线一次，看看批量生产中会出现什么情况。新产品开局要尽量争取到现场。这样不仅可以掌握一手信息，还有助于新思路的产生。

6）养成学习专业范围外其他知识的习惯。工艺结构设计关系到很多方面，学习多方面的知识，有助于帮助理解其他专业的需求，同时，也可以开阔自己的眼界，跳出圈儿看问题，很可能带来创新收获。当然这是一个长期积累的过程。见多识广的工艺结构设计人员是企业非常重要的财富。

7.11　并行设计浅析

说到产品研发，并行设计绝对是一个绕不开的话题。并行设计做得好，说明技术管理做得成功。这里对并行设计做个浅显的叙述。

7.11.1　高级并行设计

并行设计是一个老生常谈的话题，传统意义上的并行设计是指当产品有研发项目时，各个环节人员（如市场人员、售后人员、生产人员、中试人员、可靠性人员、测试人员、工艺结构设计人员、包装设计人员、文档开发人员等）和项目研发人员（主要指产品需求开发人员、软件和硬件设计人员）一起开展工作，共同实现项目目标。可以理解为是一种对产品及其相关过程（包括制造过程和支持过程）进行并行和集成设计的系统化工作模式。其基本思想是在产品开发的初始阶段（即规划和设计阶段），就以并行的方式综合考虑产品生命周期中所有后续阶段（包括工艺规划、制造、装配、试验、检验、经销、运输、使用、维修、保养直至回收处理等环节）的问题，从而降低产品成本，提高产品质量。

笔者这里要说的并行设计是指企业各专业团队平时都要在自己专业方向上做技术或管理的预研工作，当有研发项目时，各专业团队集结成项目团队，大家再利用往日的研究成果，对立统一地快速推进项目落地。如同好几支队列，大家一直在同步伐往前奔跑，遇到项目，交织在一起往前跑，做完项目，大家又回到各自原有的跑道上，继续同步往前奔跑。

这里想重点强调的是，在有项目之前，各专业团队已经在自己领域内做了深入的预研工作。为了区分，可以称之为高级并行设计，简称并行设计。传统意义上的并行设计称为初级并行设计。

企业产品的研发、推进是一个立体化进程，每一个专业的支撑都不可或缺。缺少任何一个专业的支撑，产品在这个方面注定是不完美的，或者说可能会存在缺陷。这些年产品技术发展得很快，各行业也必须配套发展，不能等遇到问题再开始研究，这样会错失市场机会。而且现在的产品从立项到批量生产，时间非常紧张，光靠研发项目这点时间，是来不及做深入的细节研究或难点研究的，这些都需要平时进行深入研究。如果各专业团队平时都有了足够的预研技术积累，当有研发项目时，就能快速整合出优秀的项目方案，并迅速实现设计、生产、销售落地。

高级并行设计也可以看成是广义的并行设计，是各专业团队同步贯穿整个企业始终的并行设计。并行设计不仅仅只有设计，还有工艺管理、技术管理、质量管理、成本管理等。

7.11.2　并行设计的优势

从上面的叙述就可以看出并行设计有如下优势：

（1）缩短了产品批量生产的时间

各专业团队因为有了前期的预研活动，对很多技术的关键点和难点已经做了深入的研究，项目进展速度会大大提高。设计是各专业共同参与的，可生产性、可操作性、可维护性问题在设计阶段都已落实，提高了产品设计、制造一次成功的概率，避免了设计返工。同时，各专业都在并行开发，比如生产工艺及生产测试设备和工装、售后安装及调试文档等，都同期并行开发完成，产品可以快速实现研发、批量生产、销售及使用。

（2）提高了产品的质量

瓶颈问题和难点问题都提前做了深入研究和验证，并行开发阶段考虑到了产品全生命周期里各个环节可能会出现的问题，不仅研发、生产、销售和售后都会顺利进行，而且相比较串行设计得到的产品，并行设计的产品质量有质的飞跃。

（3）降低了产品成本

虽然预研也有人力和物力投入，但预研成果是企业多产品共享的，分摊到每个产品上的预研费用就不多了，总体来说，产品的成本是降低的。

（4）提高了产品的竞争力

因为在项目立项之前，各专业在自己领域做了最先进的技术、材料或工艺的研究，所以做新项目时，可以顺利地把研究过的先进技术、材料或工艺用到产品上，保障了产品的先进性。又因为缩短了产品研发、投产的时间，因此有了抢占市场的先机。再加上产品成本的降低和质量的提升，自然是极大地提升了产品的竞争力。

（5）助力企业各专业更快更好地发展

虽然说企业里各专业平时都在自己领域里做预研工作，但各专业之间并不是相互独立的，而是相辅相成的关系。因为在企业里，各专业的共同目标是先进的高品质产品。例如，一个专业的研究课题可能是另一个专业的需求。并行设计可以带动或推动各专业领域共同进步，又因为各专业研究结果的共享，加快了各专业预研的速度。

7.11.3　如何开展并行设计中的日常研究工作

1. 并行设计日常研究课题来源的三个依据

在企业里，各专业的共同目标是先进的高品质产品（对销售来说，先进的高品质产品是业绩的根本），所有的研究活动都是围绕先进的高品质产品进行的，因此各专业在平时研究的课题依据是：公司和产品线的远期和近期规划、业界的发展趋势、公司存在的问题。也就是说，需要根据这三方面的情况，制定出各专业领域的研究课题。

首先是各专业领军专家，根据公司和产品线的远期和近期规划，结合一直跟踪的业界研究进展，甄别出哪些是我们通信业会用到的新技术、新材料或新工艺，列出研究课题，这个方向是主方向；其次是目前我们存在的短板问题以及国内外客户提出的问题。

预研课题确定后，不会是一成不变的，可能会迭代演变。随着时间的推移，以及各领域研究的成果，预研课题可能会发生目标或范围的改变。

2．预研

并行设计日常预研课题确定后，接下来该解决研究方式和经费问题了。具备研究条件的企业，可以自己独立进行研究；当企业自身不具备知识能力、设备能力，以及经费需求过大时，可以和其他企业合作研究，大家互惠互利，共同发展。中国通信行业发展很快，很多基础技术或工艺要继续突破，全部都靠通信企业自身去研究、发展是非常困难的，这时候借力其他企业的能力是非常好的选择。例如，设备出现100G业务的时候，业界原有的风扇就难以满足设备对风量、风压和噪声需求了，企业自己开发风扇显然是不合适的，性价比太低，时间也太长，然而和供应商合作开发高性能风扇就是一个不错的选择。我们三次和供应商合作开发同轴电缆的成功案例，也说明与供应商合作开发产品是一条正确的路径，供应商的技术平台是我们得天独厚的资源，原因如下：

1）供应商有着比我们更丰富的技术和经验。

2）供应商有各种现成的试验和测试设备。

3）为了拓展业务，供应商非常愿意和我们进行技术合作。

借力供应商只是一种途径，还可以和高校、研究所等其他单位合作。对外合作时应该避免技术垄断，比如说，对于合作得到的物料供方不可以卖给其他企业，这种方式不太好，毕竟供方也参与了研发，如果能广泛销售，供方可以获得更大的利润，后续研究会更有意愿。而且广泛使用，物料成本会更低，也更利于物料优化改进。同时也有助于社会共同进步。

3．并行设计中的对立统一

产品并行设计时，协调好各专业之间的对立统一很重要。产品设计时，各专业积极协同是项目成功的关键，但每个专业都要坚持自己专业领域的底线，一些原则性问题不能一味退让，否则会导致产品某个方面存在缺陷。比如说，为了给单板留出光模块的位置，减少一个扳手，也就是做单扳手设计，在单板插拔过程中很可能会造成插针损坏，所以双扳手算是当前技术条件下的一个底线。这时候可以设计一种薄片扳手和护套，既满足了光口数量要求，又满足了单板插拔受力的要求。

再比如说，某个部件需要的螺钉种类和数量多，属于部件强度需求，这会导致生产时间长，或生产出错，这时候就需要对这个部件方案做改进，减少螺钉种类和数量，事实证明，是可行的，最终的结局皆大欢喜，这就是"对立"产生的收益。

设计中统一是容易做到的，协调对立比较困难，既要勇于对立，又要很好地协调对立。协调对立时，专家组是裁判，集思广益之后，会找到"统一"的方法。

有些事情看起来是不能逾越的底线，实际上，技术、工艺或条件发生改变后，这一底线也是可以改变的，比如，单板上元器件之间的间距，随着贴片机精度的提高和生产工艺的日益成熟，对这一距离要求越来越低，这对 PCB 布局是非常有利的。

完全不能逾越的底线会在各标准、规范中体现，这些是大家需要共同遵守的设计原则。

7.11.4　企业相关技术标准、规范在并行设计中的作用

随着企业标准、规范的长期积累沉淀，以及可操作性、可生产性、可维护性、可靠性需求的日趋完善，产品并行设计时，需要参与项目的人越来越少了，产品后端的要求是前期设计的输入，可以直接通过规范、标准、数据库等形式来参与，没必要每个项目都由后端人员提出需求。而且标准、规范的作用是直接的，可以加快各环节并行设计的进程，所以注重标准或规范的建立，如同储备了大量的技术人才。

7.11.5　数字化有利于并行设计更上一层楼

数字化可以让并行设计更为顺畅，有利于进一步地缩短产品上市时间、提高产品质量、提高产品的竞争力。在数字化云里，各专业可以很快分享到其他专业

的研究成果，及时消化吸收，快速转化成生产力。设计时，各专业可以方便、快捷地得到同源的数据或模型，以便能够同期顺利地完成相关工作。例如，利用结构数字化模型，热设计可以完成热仿真，工艺设计可以完成布线设计图，包装可以完成包装工艺设计，生产可以完成生产装配、布线工艺文件等，所以说，数字化有利于并行设计更上一层楼。

7.12 精益研发

ZTE 认为精益研发是精益思想在研发领域的落地和延伸，以创造价值、消除浪费为目标，以尊重人员和持续改进为价值观，以精益五原则为指导，在此基础上进行研发领域的具体实践活动的探索和推广。

ZTE 多年来一直坚持推行精益研发，以客户价值为导向，在组织与人员、流程与规范、工具与方法等方面全流程端到端系统推进，以精益成熟度模型为载体，持续推进价值交付、管理实践、工程实践和文化等方面实践活动的能力水平提升，通过项目成熟度提升、教练选育、最佳实践提炼与推广、精品课程开发与培训等来综合构建精益研发体系，陆续在价值工程、价值流分析、精益度量与看板、研发活动线上化、标模、仿真云等方面进行精益改进和数字化转型探索，以精益流程为基础构建支撑流程与业务快速变化的数字化平台，以及内置精益理念和管理经验的数字化应用，在研发效率提升和人员赋能激活等方面取得了显著的进步，项目周期、研发一版成功率等指标水平逐年稳步提升，同时也持续在降低产品成本和能耗、满足节能环保需求等方面取得巨大成就。

经过这些年的努力，ZTE 研发项目整体精益成熟度水平提高了近一倍。

7.13 产品工艺结构设计文件内容举例

在产品设计阶段，工艺和结构设计需要拟制很多文档，前端拟制的文档是后续工作的输入，同时也是技术积累，以及问题溯源的依据。工艺和结构设计文件主要有产品工艺结构可行性评估报告、产品 ID 方案、产品工艺结构研制规范、产品结构设计方案、产品工艺设计方案、产品包装设计方案、结构样机验证方案、产品数字化模型、产品热仿真报告、产品或单板力学仿真报告、产品热测试报告、产品样机测试报告、产品装配说明、产品布线说明、产品打样信息说明、产品整机工程安装技术说明等，此外，还有项目计划、项目配置等管理类文档。这里介绍一下产品工艺结构可行性评估报告，如果评估报告结论为"不通过"，则该项目不能立项通过，需要修改项目目标或范围。再次做可行性评估。设计这份文档的原因有两个：提醒项目组提早做并行设计，工艺、结构和热设计人员需要在有项目意向时，同软、硬件预研人员一起开始项目的预研工作；当前通信行业设备散热成为产品是否能成功的决定性因素，工艺结构设计以及批量生产的可行性也越来越重要，所以需要提前进行评估，避免产品立项后无法完成项目目标。

产品工艺结构可行性评估报告包括以下内容：

1. 编写目的

本文档通过详细描述某产品工艺结构可行性分析，在产品结构设计、热设计、布线设计、力学分析、可生产性等方便做评估，评估结论作为立项评审依据。

2. 项目背景

描述本项目提出的背景或原因，以及目前业界基本情况和最先进的技术或产品等。

3. 产品功能和目标

描述产品目标、应用市场、研发时间进度要求。可以具体描述需要设计哪些机柜、插箱和单板，以及各插箱、单板功能。

4. 产品架构描述

描述产品初步架构形式和尺寸；各功能部件形式和尺寸，包括各类单板尺寸；各类单板功耗、设备功耗和系统功耗。

5. 可行性论证及结论

（1）产品或系统结构设计论证

描述产品或系统结构设计可行性，并给出结论。

1）各类单板结构设计论证。描述各类单板结构设计可行性，并给出结论。

2）各类功能部件结构设计论证。描述各类功能部件结构设计可行性，并给出结论。

（2）产品或系统热设计论证

描述产品或系统热仿真情况，并给出结论。各类单板热设计论证时描述各类单板热仿真情况，并给出结论。

（3）产品或系统力学论证

描述产品或系统力学论证，并给出结论。

1）各类功能部件力学论证。描述各类功能部件结构力学设计可行性，并给出结论。

2）各类单板力学论证。描述各类单板力学论证，并给出结论。

（4）产品或系统工艺可行性论证

1）产品或系统及单板连接器选型分析、线缆选型论证。描述产品或系统及单板连接器选型分析、线缆选型论证，并给出结论。

2）产品或系统布线可行性论证。描述产品或系统布线可行性论证，并给出结论。

3）产品或系统生产可行性论证。描述产品或系统（包括单板和背板）生产可行性论证，并给出结论。

（5）综合评估结论

描述产品或系统综合评估后的可行性结论。

6. 依据资料

描述论证所依据的资料。

第8章

产品可靠性中的工艺管理

8.1 可靠性概述

8.1.1 可靠性定义和要素

可靠性指的是产品在规定的时间内，在规定的条件下，完成预定功能的能力。关键词是"时间、条件、功能和能力"。从这里可以看到，要想知道一个产品实现功能的能力，前提要求是时间和条件。可通过可靠度、失效率、寿命、平均无故障间隔等参数来评价产品的可靠性。

可靠性包含了耐久性、可维修性、设计可靠性三大要素。

（1）耐久性

耐久性指产品使用无故障性或使用寿命长。当然任何产品都不可能确保永远不发生故障。耐久性的前提是严格地选择元器件等材料，以及恰当的元器件降额设计。

（2）可维修性

可维修性指当产品发生故障后，能够很快且很容易地通过维修排除故障，并通过日常的维护和保养，大大延长产品的使用寿命。产品的可维修性与其结构有很大的关系，即与设计可靠性有关。

（3）设计可靠性

设计可靠性是决定产品质量的关键。由于人机系统的复杂性，以及人在操作中可能存在的差错和操作使用环境的各种因素影响，发生错误的可能性依然存在，所以设计的时候必须充分考虑产品的易使用性和易操作性，这就是设计可靠性。通常来说，产品的可操作性和可维护性越好，发生人为失误或由其他问题造成的故障和安全问题的可能性就越小。

8.1.2　产品可靠性的重要性

产品质量是企业生命线实际上指的就是产品可靠性是企业的生命线。产品出现可靠性问题，会给企业带来如下影响。

1）产品出现安全问题。由产品可靠性问题导致的安全问题是很严重的事故，危害或许无法估量。

2）影响客户对企业的信任。产品出现可靠性问题，客户会失去对产品和企业的信任，或许还会去购买竞争对手的产品。企业从而失去客户、失去订单。

3）蒙受经济损失。客户不可能使用故障产品，退货、货物替换、维修都会付出不良质量成本代价，再加上失去客户信誉导致的订单减少，企业经济损失是很大的。情况严重时，可能会引发集体诉讼，损失或许会更大。

4）延长产品批量投产时间。可靠性问题可能会导致产品无法按期批量生产，不仅有经济损失，或许还会因为错失良机，产品无法按期面世，导致研发失败。

5）人才缺失。人才是企业的核心竞争力，产品如果可靠性问题多，则会导致企业声誉不佳，进而影响对人才的吸引力，长此以往，会缺失人才，使企业失去竞争力。

8.1.3　产品可靠性分类

产品可靠性分为固有可靠性和使用可靠性。固有可靠性用于描述产品的设计和制造的可靠性水平；使用可靠性综合考虑了产品设计、制造、安装环境、维修策略和修理等因素。从设计的角度出发，把可靠性分为基本可靠性和任务可靠性。前者考虑包括与维修和供应有关的可靠性，用平均故障间隔时间（MTBF）表示；后者仅考虑造成任务失败的故障影响，用任务可靠度（MR）和致命性故障间隔任务时间（MTBCF）表示。

固有可靠性通过设计、制造的过程来保证，很大程度上受设计者和制造者的影响。而使用可靠性依赖于产品的使用环境、操作的正确性、保养与维修的合理性，所以它很大程度上受使用者的影响。

8.1.4 可靠性工作内容

可靠性工作也是一个覆盖产品全生命周期的活动，本章节主要介绍的是研发阶段的工作。一般来说，可靠性工作主要有如下内容。

1）参与研发项目可靠性并行设计。制定产品可靠性需求说明书、产品可靠性方案、产品可靠性测试方案、元器件可靠性选用分析报告、产品可靠性预计报告、产品热设计方案、产品力学设计方案、产品可靠性总结报告等研发文档；指导软硬件、工艺结构、工装等设计；组织完成各阶段可靠性试验；参加各环节评审；组织完成产品各种认证等。

2）制定企业可靠性标准。企业可靠性标准是研发的基础及指导。制定可靠性标准是一项艰巨而长期的工作。不同产品，可靠性理论基本是一样的，但遵循的实现标准可能是不同的。可靠性标准需要不断优化完善，毕竟条件发生变化，会有新的情况发生，需要新的标准应对。例如元器件热设计降额标准，近些年元器件参数的标称和元器件功耗变化很大，因此降额标准也需要做相应的更改。

3）组织或参与行业及国家可靠性方面的标准制定。制定行业或国家标准除了规范市场商业行为外，也给企业节省了一大笔资金，有些研究企业无须再自己花时间、金钱做了，积极参与标准的制定可以紧跟市场形势，及早把先进的东西用于企业自己的产品，提高产品竞争力。

4）组织并实施可靠性方面的预研工作。这些年，可靠性理论没有明显的变化，但可靠性技术、方法以及产品技术在快速发展，产品面临的市场情况也在不断地变化，所以需要研究的问题一直会有，例如通信设备防腐蚀问题研究、矿山用本安型通信设备的研究、政企用通信设备防尘问题等。这些可靠性问题需要可靠性专家组织研究。

5）解决售前或售后提出的可靠性问题。售前售后的客户会提出一些可靠性问题，要求设备厂家协助解决。例如，某客户提出他们机房的设备会发生雷击问题，问 ZTE 的设备是否具备防雷能力。防雷是个系统性问题，不是一个方面做好就能杜绝问题的发生，可靠性人员去机房做了详细勘察，对发生过的问题资料做了回溯，发现雷击根源是机房接地系统有问题，找到原因，就容易解决了。售后也会有一些可靠性问题发生，例如，有个机房着火了，则这个机房着火点附近的设备都需要查找原因，机房防雷、接地系统勘察、设备之间业务及安装关系调查、设备本身防雷和接地设计审查等，这些需要可靠性专家来完成。当然，常规问题的解决，由标准、规范或技术文件指导售前售后处理即可。

6）研究解决企业产品存在的可靠性问题。随着网络的发展变化，例如云网融合，设备也会发生相应的变化，研发过程中会有新的可靠性问题需要研究解决。又因为产品使用环境在不断地变化，产品会出现一些可靠性方面的问题，新的可靠性技术和方法需要研究解决。例如近些年多发的硫化问题，防硫化的元器件可以延缓硫化问题的发生时间，但难以杜绝其发生。单板或模块涂敷或灌封可以极大地延缓硫化发生的时间，但也会有一些副作用，如果设备使用环境没有硫元素的存在，则可以杜绝问题的发生，比如机房密封可以做到杜绝硫化发生，此时应注意装修材料也不可以产生硫元素。这些问题都需要可靠性人员给出解决办法。

7）供应商可靠性管理。供应商管理是供应链的职责。物料的可靠性管理是非常重要的事情，特别是元器件的可靠性管理，关系到产品的质量。对供应商的可靠性管理覆盖供货全周期各个阶段，是一个不断推进、不断优化提升的过程。例如，对某个元器件来说，可靠性管理不仅仅是来料参数合格性检测，还需要知道其 MTBF 数据的来源（是基于试验数据还是标准计算所得）、元器件失效机理、B10/L10 数据的支撑（可以是现成失效数据或者试验数据）、年失效数据的失效计算方法和数据支撑等。通过这些信息的管理来对供应商供货周期各阶段的工作做可靠性管理。

8.2 可靠性与工艺的关系

工艺设计除了满足产品功能的设计外，再就是可操作性、可维护性、可生产性和可靠性设计。可靠性设计包含的内容很多，比如线缆和连接器的载流量、防腐蚀、散热、辐射发射、接地、承重、振动等。产品可靠性需求是工艺结构设计的需求输入。产品可靠性方案和各种可靠性标准及规范，是工艺结构的指导文件。

8.2.1 工艺结构设计可靠性管理

虽然可靠性理论是业界通用的，但不同产品实现可靠性需求的方案可以不同。可靠性需求和可靠性方案是通过软件、硬件、工艺、结构、热设计和包装设计来实现的。可靠性需求纳入产品工艺结构研制规范后，再根据产品可靠性方案，完成工艺设计、结构设计、热设计、力学设计、包装设计方案，并在详细设计中实现可靠性需求。例如，通过机柜、背板、插箱、单板及其他功能部件的接地设计，实现产品的接地需求，接地可以通过线缆或连接器连接实现，也可以通过金属件之间以螺钉固定的方式实现。一般在满足可靠性要求的前提下，通过权衡可操作性、可生产性、可维护性和成本，确定一个性价比最高的方案。再如金属件的表面处理，在满足标准要求的接地电阻参数条件下，还要考虑产品使用环境防腐蚀等级的要求以及成本要求，选择一个合适的涂敷方式或材料。

结构件的承重设计除了满足力学性能要求外，还要考虑可生产性、可操作性、可维护性和成本。这里的可生产性包括结构件本身的生产，以及产品的组装、调试等生产。力学性能要求不仅有承重本身的要求，还有运输、抗震方面的要求。产品可靠性设计按需求要求范围设计就可以了，不能过设计，例如，如果抗震烈度需求是 8 度，就没必要做 9 度的设计。毕竟提升可靠性，很多时候需要付出更多的成本代价。

包装设计的核心是权衡可靠性和成本之间的关系，基本准则是在满足产品可靠性的前提下降低成本。产品包装的安全性不仅仅与包装设计有关，还与工艺管理有很大的关系，例如，随身携带单板上站时，不仅要携带原包装上站，还不得将装有单板的单板包装盒掉在地上，或者使其遭受大力碰撞，否则单板很有可能损坏，因为即使单板包装盒是过设计，单板也承受不了这样的外力冲击，所以要保证单板的安全，不仅单板设计和包装设计要保证可靠性，还必须严格按照相应的工艺要求携带单板。包装设计也是有很多保证产品可靠性的标准和规范支撑的，例如单板包装应力降低方案设计指引等。

8.2.2　生产可靠性（包括工装可靠性）管理

有资料表明，一些产品在使用早期发生的故障，基本是因为早期失效所致。这些早期失效一般是生产问题或来料问题所致。通过环境应力筛选，可以把这些早期失效的问题提前暴露出来，但是这些环境应力不得超出产品或物料规格，避免因为过应力导致失效发生。

生产与可靠性的关系非常密切，一切生产工艺都必须在产品可靠性要求的前提下制定。例如单板焊接工艺，元器件焊接温度、焊接时间是在保证元器件耐温性前提下，再考虑元器件管脚可焊性和生产效率，当然通过理论规划和试验研究，是可以在保证元器件耐温性的同时，满足焊接质量和生产效率的。总之，任何提高生产效率的方法都一定是在保证产品可靠性的基础上实施的，这是生产工艺先进性的体现。

选择一些生产用辅料时也要考虑对设备可靠性的影响，例如固定元器件用的硅胶，硅胶虽然耐热性和弹性都很好，但会引起元器件及管脚硫化，所以要慎用硅胶材料。

单板周转使用的 EPE（高发泡聚乙烯）泡棉防静电有效期只有 6~9 个月，防静电到期后的 EPE 泡棉均需报废处理，浪费很严重。为了低碳环保，采用永久防静电的通用注塑箱、橡塑等材料替换 EPE，周转托盘平均使用周期从 6~9 个月可以延长到 5 年以上。

工装设计也离不开可靠性支撑，例如，一般来说，连接器的可靠插拔次数为 200~300 次，设计单板测试工装时必须考虑这个因素，超过插拔次数的连接器不可靠，会影响故障判断，从而影响产品质量和测试效率。

制定生产工艺文件或设计工装都有相应的标准或规范，例如《回流焊生产指南》《自高温老化设计规范》《高温老化工艺模板》《无线终端产品 HALT 实验规范》《单板测试工装设计规范》等，其中会提出可靠性指标和实现方法。

8.2.3 运输可靠性管理

运输可靠性与产品力学设计、结构设计、工艺设计、包装设计和包装工艺相关，同时，也与运输、存储环节的工艺管理有关。运输可靠性设计是安全和成本的权衡，不能把安全可靠性都寄托在设计上，有些时候，即使在设计上投入了很大的成本，也无法保证设备的安全，还需要在运输、存储的工艺管理上下功夫，从包装工艺、运输及搬运工艺、存储要求、二次转运工艺直到拆箱工艺，每一个环节都要做详细的操作规范和管理，结合规范化设计和生产，从而保证设备的运输可靠性。

振动标签使用时，需要做到每个环节都检测标签是否变色，从而确定产品在哪个环节受到超标的外力作用。如果到最后环节才看标签是否变色，振动标签就完全失去意义了，所以振动标签的使用就是一个运输过程中的工艺管理问题。

与运输可靠性相关的标准、规范有《抗震测试规范》《全球装卸运输工艺技术规范》《单板配送作业指导书》《进口跨境运输工具安全检查管理总则》《国际危险品运输作业指导书》《电源线运输、存储、施工特殊要求》《抗震标签使用规范》等。

8.2.4　维修可靠性管理

维修性是可维修性产品在规定的条件下和规定的时间内，按规定的程序和方法（工艺文件）进行维修，保持或恢复到规定功能或性能的能力。可维修性是设计出来的，维修分为如下两类：

1）预防性维修：为减少故障次数的维修，也可以叫作维护或保养。

2）纠正性维修：把产品修复到正常工作状态的维修。

维修是为了保养或修复设备，自然是要保证设备的可靠性不受损失，所以维修是以可靠性为核心的。例如，单板从机房返回公司返修中心时，需要先按照单板返还包装工艺把单板包装好，再发回公司。如果包装不合适，在运输的路上，单板会遭受二次损伤，或许比故障本身更难维修。

设备维修也是一种生产过程，也需要严格按照工艺文件操作完成。与维修相关的标准、规范有《单板器件拆卸作业指导书》《单板返工管理规范》《海外本地维修管理指导书》，以及单板维修工艺等。这些文件既是保证维修工作顺利完成的操作文件，也是保证设备维修可靠性的指导文件。

8.2.5　使用可靠性管理

设备使用可靠性与设备可靠性设计、可操作性设计及使用管理相关联。产品可靠性高，使用故障发生率就低，这很容易理解。产品可操作性设计得好，使用方便、安全，不容易导致设备故障，是使用可靠性高的表现。例如，单板的防误插设计和导向设计就是保证单板可以顺利插拔，而且不会损坏单板插针。再如，功能模块插拔、更换不影响设备正常运行，而且操作简便，不易出错，这些都是产品使用可靠性高的表现。

可用性的定义是：在要求的外部资源得到保证的前提下，产品在规定的条件下和规定的时刻或时间区间内处于可执行规定功能状态的能力。这就说明，要想产品使用可靠性高，必须满足产品需要的各种外部条件，否则产品使用可靠性难以保证，所以规范使用是保证设备可靠性的必要条件。可通过"设备安装说明""设备调测说明""网管操作手册""告警处理办法"等规范文件来规范使用，以保证设备使用可靠性。

8.3 通信设备常见工艺可靠性问题

8.3.1 工作温度 65℃设备长期可靠性情况分析

目前有一些标书要求设备长期工作温度大于 65℃，有设备标称长期工作温度 65℃，这个说法是不够严谨的，原因如下：

1）设备在 65℃环境下工作时，设备的风扇过风温度一般是 65~73℃，风扇寿命为 3~3.5 年。这时候主要考验的是风扇轴承的寿命，实际上温度高的时候，风扇扇叶的寿命也会降低，只是业界风扇厂家没有给出这个数据。风扇厂家给的寿命数据是在 40℃条件下给出的。所以从设备风扇的角度来说，设备不可能长期工作于 65℃环境下。

2）设备在 65℃环境下工作时，光模块需要选择工业级光模块。光模块厂家给出的工作温度是小于或等于 85℃，但没有说明这时候光模块的寿命是多少年，根据寿命计算方式来看，光模块壳温 85℃时，寿命不可能达到 10 年，所以光模块壳温 85℃只能是一个短期行为。

3）设备在 65℃环境下工作时，电源模块的情况同光模块一样。电源模块厂家只给了一个最高工作温度，也没有寿命数据，而设备在 65℃环境下工作时，电源模块基本接近最高工作温度，因此不能说明电源模块可以在 65℃环境下长期工作。

从以上几个方面来看，设备只能在 65℃环境下短期正常工作。短期的定义是连续工作不超过 72h，一年累计不超过 15d。

8.3.2 室外设备防雷"三米线"原则

设备用于室外时，数据接口、电源接口都需要做防雷处理，避免设备被雷击。要么设备设计的时候做防雷处理，要么在室外机柜内使用防雷单元，外接电源线或数据线经过防雷单元再与设备对接。其实还有两种情况，既不需要设备做防雷，也不需要增加防雷单元：

1）甲设备和乙设备装在同一个室外机柜里，若甲设备做了防雷处理，则与甲设备相连的乙设备就不需要做防雷处理了。

2）甲设备和乙设备分别处于不同室外机柜里，当甲设备做了防雷处理，乙设备与甲设备连接线短于 3m 时，乙设备可以不做防雷处理，而且不会被雷击，这是业界公认的"三米线"原则，防雷单元通常是比较贵的，现网做配置的时候，要对整个项目方案做防雷分析，满足"三米线"原则，就可以省下这笔成本，避免浪费。

8.3.3　设备防尘网与设备可靠性的关系

1. 通信设备是否需要防尘网

中国最早的通信设备是没有防尘网的，因为国际标准里有防尘要求，所以大约从 1998 年开始，各种设备才陆续设计了防尘网。刚开始的那几年，因为维护人员不知防尘网是需要清理的，所以出现了各种因防尘网堵塞导致的设备过热问题，于是设备厂家多方位大力给客户宣传防尘网的作用和使用方法。

一段时间后，核心机房和汇聚机房里设备的防尘网基本可以定期维护了，但是随着接入机房的大量使用，接入设备因防尘网不能及时清理灰尘而导致的设备过热问题时有发生。现实情况是很难对接入机房设备防尘网进行及时清理，因为接入机房位置一般比较偏远，而且数量大，维护人员无法做到及时清理。

那时候，很少发生通信设备腐蚀问题，认为灰尘对设备的影响是灰尘里的电荷会导致设备短路等故障。业界有个公认的说法是：1%的灰尘会落在防尘网上或设备里，99%的灰尘"穿肠过"了，也就是说 99%的灰尘穿过防尘网和设备又回到空气中了。所以当时理解的防尘就是要防住絮状物，因为絮状物会携带电荷。这其实是有理论依据的：防尘网拦截的灰尘粒子大小为 $1\sim150\mu m$，而直径小于 $1\mu m$ 的灰尘占 99%，这是从数量维度来说的，如果是从质量或体积维度来说，则直径小于 $1\mu m$ 的灰尘占比不到 30%。

权衡利弊之后，ZTE 从 2005 年开始取消了低端设备的防尘网（设计了外挂防尘网，实际上并没有批量使用过，同样是因为不能保证及时维护防尘网），设计了机柜防尘。实际上，这么多年来，低端设备使用带防尘网的机柜不算多，因为低端设备一般会装在客户自己的网络机柜里，客户的机柜不带防尘网。从2014年开始，大容量设备逐步实施了机柜防尘，一方面是因为核心机房环境好，灰尘很少，絮状物基本没有；另一方面是因为大容量设备使用插箱级防尘会导致设备散热恶化。目前只有中等容量的设备带有插箱防尘网。大容量设备使用机柜防尘这些年，没有出现过灰尘导致的设备故障问题。低端设备近几年出现了室外应用的腐蚀问题。中等容量设备地铁项目出现了腐蚀问题。因为灰尘是导致腐蚀的元凶之一，所以这些地方需要防尘。室外机柜主要是机柜防尘出了问题，理论上，所有室外机柜都应该是可以防尘的，而实际上，多种原因都会导致机柜无法防尘，这时候，更不能做设备防尘，同样是因为没有人会及时去清理防尘网，会导致大量的散热故障。地铁项目的防尘更为复杂，后面章节会详细说明。总之，根据理论和实践经验总结，防尘网的设计可以有如下几条结论：

1）理论上，室内用通信设备是按照 IP20 设计的，是需要设计防尘网（机柜防尘或插箱防尘）的，而防尘网是需要定期维护的，如果无法保证能按时清理防尘网，则设备不能使用防尘网，否则会导致更为严重的过热问题。

2）防尘网设计原则。在条件允许的情况下，尽量设计插箱级防尘。插箱级防尘不依赖机柜，适用性好。

3）防尘网密度选择。按照 NEBS 标准，设备高度大于 2U 时，防尘率要≥80%；设备高度小于或等于 2U 时，防尘率要≥65%，防尘网太厚，会导致设备散热困难，一般做到 25～50ppi 比较适中。对聚氨酯海绵来说，25ppi、5mm 厚度，过滤效率（计重法）是 32.4%；40ppi、5mm 厚度，过滤效率（计重法）是58.8%；50ppi、7mm 厚度，过滤效率（计重法）是 70.7%。

4）室外机柜至少要做到 IP45。理论上直通风机柜要做到 IP45，如果能做到IP55，则可以解决直通风机柜腐蚀问题，这是未来需要努力的方向。

5）防尘网固定方式。经过测试得知，对于 40ppi 的防尘网，竖网条效果优于魔术贴，粘贴强度强 1.3～2.6 倍；对于 25ppi 的防尘网，竖网条效果优于魔术贴，粘贴强度强 3～10 倍；竖网条对 40ppi 和 25ppi 的针贴强度相差不大；魔术贴对 40ppi 的针贴强度是 25ppi 的 2.5 倍左右。

6）不同规格防尘网断裂强度。不同厂家的防尘网断裂强度有所差异，但防尘网密度越大，断裂强度越高的趋势是一致的，如图 8-1 所示。

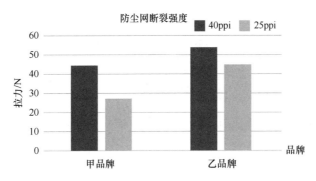

图 8-1 防尘网密度与断裂强度之间的关系

7）防尘网坏洞尺寸和数量会影响防尘效果及防尘网的强度。考察发现，低密度防尘网坏洞数量多于高密度防尘网坏洞数量，3mm≤低密度防尘网坏洞尺寸≤4mm 的坏洞数可以忽略不计。

8）根据仿真及测试数据可以得出结论：在散热较为困难的产品中，推荐去掉出口防尘网。

2．插箱防尘网清理方式推荐

（1）吸尘器清灰

工具：

1）吸尘器：功率 > 1300W。

2）毛刷头：如图 8-2 所示。

清理步骤：

1）将防尘网固定在地面。

2）吸尘器毛刷头从上往下拖动，必要时用手固定住防尘网，如图 8-3 所示。清理后的效果如图 8-4 所示。

图 8-2 毛刷头

3）将清理后脱离竖网条的防尘网重新粘贴到竖网条上。

注意事项：

1）禁止悬空清理防尘网，否则会导致防尘网变形。

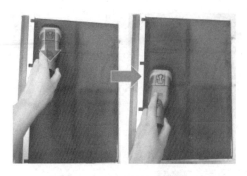

图 8-3　吸尘器清理防尘网　　　　　图 8-4　清理效果（图中方框）

2）禁止吸尘器不安毛刷头，用塑料管或者钢管直接抽吸防尘网，否则会导致防尘网变形。

3）推荐吸尘器拉动的方向与毛刷头之间成锐角，即倾斜拉动。具体视毛刷头形态而定。

（2）水洗防尘网

清理步骤：

1）将防尘网拆卸下来。

2）在水龙头下冲洗，采用的清洗方式为挤压方式，挤压次数推荐大于 5 次，具体次数视灰尘量而定。挤压方式如图 8-5 所示。

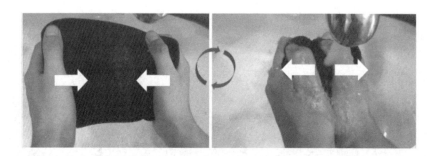

图 8-5　水洗防尘网的挤压方式

3）清理后将防尘网晾干。

4）将晾干后的防尘网重新安装到防尘网卡槽中。

注意事项：

1）水洗时避免用高速水流冲刷，否则会导致防尘网变形。

2）水洗时严禁搓洗，否则会导致防尘网变形甚至撕裂，错误方式如图 8-6 所示。

3）水洗时禁止拉扯，否则会导致防尘网变形甚至撕裂。

（3）高压气流吹灰

清理步骤：

1）用手托住防尘插箱。

2）采用气枪从上往下吹防尘网，如图 8-7 所示。按照相同方式将防尘插箱外框上的灰尘清理干净。

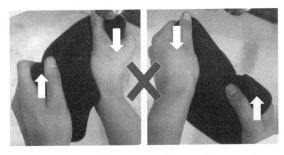 

图 8-6　严禁搓洗　　　　　　图 8-7　高压气枪清理防尘网

注意事项：

1）采用气枪清理防尘插箱时，必须离开设备所在机房。

2）禁止将防尘网悬空清理，否则会导致防尘网变形。

3）拉动气枪时，不能距离按压防尘网位置太远，保持在 20～30cm。

（4）磕灰方式

清理步骤：

1）将防尘网轻拿至室外。

2）将防尘网轻轻地在地上或墙面磕碰，磕碰次数视灰尘多少而定。

3）将清理完灰尘的防尘网插回插箱。

注意事项：

1）不可在室内磕灰，避免灰尘四出飞扬。

2）磕灰时不要碰触到网面，让防尘网框架碰撞地面或墙面。

3）这种方式不太正规，不能将灰尘完全清理干净，适合手边没有除尘工具时使用。

3．机柜防尘网的清理方法

清理步骤：

1）在机柜门内侧，用手把防尘网压住。

2）用吸尘器毛刷头自上往下拖动，每次拖动距离以 20～30cm 为宜。推荐拖动次数大于 5 次。

3）该区域清理完毕后，手移动到下一区域，毛刷头在手固定的区域继续清理，如图 8-8 所示。

注意事项：

必须用手或者其他工具固定防尘网，否则防尘网容易出现变形或者撕裂。

图 8-8　机柜防尘网清理

8.3.4　空气开关的选择

空气开关（简称空开），也叫空气断路器，属于断路器的一种，是一种只要电路中电流超过额定电流就会自动断开的开关。空气开关集控制和多种保护功能于一身，除能完成接触和分断电路外，还能对电路或电气设备发生的短路、严重过载及欠电压等进行保护，保证设备不受损害。

很多通信设备会使用到空气开关。空气开关规格的选择关系到设备可靠性，如果选小了，设备会跳闸，导致设备运行中断，如果选择过大，出现问题时，断电时间会延长。小电流的空气开关在设备出现短路、着火等问题时，一般不会出现不跳闸的情况。ZTE 曾经做过验证，在出现短路时，63A 的空气开关比 16A 空气开关晚 4s 断开。

在通信设备里，一般空气开关按照单路电流的 1.25 倍设计。产品设计时有个最大电流，空气开关是按照最大电流的 1.25 倍来选取的。在产品 PDU 通用化设计时，100A 可以兼容 63A，63A 可以兼容 32A，32A 可以兼容 16A 或 8A，兼容不能跨越太大，一般是往下兼容一个规格。

8.3.5　力学分析

1．力学分析常用方法

力学分析是结构设计、包装设计、单板设计、单板生产等过程中非常重要的手段，目前力学分析常用的方法如下：

（1）有限元分析

有限元分析是一种以变分原理为基础的重要的数值分析方法，它将研究对象离散成有限多个单元体，通过分析得到一组代数求解方法，进而求得近似解。有限元分析过程总体上可以分为三个部分，即前处理、分析计算以及后处理。

（2）模态分析

振动模态是机械结构固有振动特性，每一阶模态具有特定的固有频率、阻尼比和模态振型，通过计算或试验分析获得结构的这些模态参数的过程叫作模态分析。这个分析过程如果是由有限元计算的方法获得，则称为计算模态分析，计算模态分析无法得到阻尼比；通过试验将采集的系统输入与输出信号经过参数识别获得模态参数，称为试验模态分析。模态分析是研究结构动力特性的一种方法。

（3）冲击分析

冲击分析一般针对的是裸机，通过施加规定波形的冲击载荷来考察设备的抗冲击能力。包装件有时候也有冲击试验要求。

（4）包装跌落分析

包装跌落分析指对包装件按照指定标准规定的高度以及跌落形式进行跌落冲击计算，以考察包装设计的合理性、设备结构的抗冲击性等。目前包装跌落分析参考的标准主要为《ICT 设备环境试验要求–地面固定使用设备》。

（5）扫频分析

扫频分析一般针对的是裸机，用于确定线性结构在承受随时间按正弦（简谐）规律变化的载荷时的稳态响应，分析过程中只计算结构的稳态受迫振动，不考虑激振开始时的瞬态振动。谐响应分析的目的在于描绘出结构在几种频率下的响应值（通常是位移）与频率的关系曲线，从而预测结构的持续性动力特性，验证设计是否能消除由共振、疲劳以及其他受迫振动引起的有害效果。

（6）多体动力学分析

多体动力学系统是一个由刚体或柔体组成的系统，通过接头相互连接在一起，限制其相对运动，主要分析机械系统在作用力影响下的移动方式，也称为正向动力学。

（7）热应力分析

热应力分析指分析由于相互接触的不同结构体或同一结构体的不同部分之间的热膨胀系数不匹配，在加热或冷却时彼此的膨胀或者收缩程度不一致导致的热应力问题。

（8）疲劳分析

疲劳分析指分析零件或构件由于交变载荷的反复作用，在它所承受的交变应力还未达到静强度设计的许用应力情况下，零件或构件的局部位置产生疲劳裂纹并扩展，最后突然断裂的问题。

2.单板力学仿真

单板是设备的核心部件。单板的可靠性关系到设备的基本安全，单板力学仿真是保证单板可靠性的方法之一。在单板生产、运输、安装、使用等过程中，PCB 通常会受到不同程度的应力作用，这些应力作用在单板的 PCB 和元器件上，可能会引起 PCB 断裂、元器件脱焊、连接器变形等各种故障。为了减少单板在生产时的损坏，包括压接连接器，安装子卡、螺钉等环节，以及单板在包装运输出现跌落、碰撞等情况时的货损率，在开发阶段，通常会进行单板力学仿真及应变测试，评估是否存在应变过大的风险，并以此评估单板的力学可靠性。

例如，对于散热器的安装来说，通过力学仿真分析，可以得知：①散热器装配是否存在变形导致散热不良的风险，以及装配力矩过大损坏焊点的风险。②是否有结构硬接触导致元器件应力失效的风险（结构凸台与单板直接硬接触）。③关键元器件位于不规则板边存在应力失效的风险。④单板起撬点附近是否有关键元器件应力失效的风险。⑤导热衬垫支座反力过大导致元器件应力失效的风险。

再如，单板应力分析对单板包装的作用。影响单板包装应力的因素很多，例如单板的尺寸、质量、结构形式，PCB 厚度，芯片类型、排布方式、连接方式，包装用材料的密度、厚度、拉网开孔率，跌落方式等。汇总应变测试数据，分析总结出最有效的包装方案：①拉网结构 EPE 枕垫及海绵能非常有效地减小应变。②1.5kg 以下单板，以 20～30mm 拉网 + 单层海绵（20mm），可有效减小应力。③1.5～5kg 单板，以 40～50mm 拉网 + 单层海绵（20mm），可有效减小应力。④5kg 以上单板，以 60～80mm 拉网 + 单层海绵（20mm），可有效减小应力。⑤单板包装顶面跌落测试，应变相对较小，特殊情况下，顶面防护可稍低于底面。⑥单板装在设备中或自身是托盘加盖板的盒体结构，应力相对较小；单位面积质量小的单板，应力相对较小。⑦包装方案需经力学评估，根据评估建议，枕垫及海绵厚度以 10mm 或 20mm 整数倍调整。

因此，单板应力分析对单板设计、单板生产、单板包装和运输有重要的作用，是单板工艺设计的基础和保障。单板仿真可做的工作还有相当多的内容，例如，与布局设计相关的单板布局力学分析；与生产装配相关的芯片承压分析、光模块插拔分析、单板手持分析等；与生产周转相关的应力模态分析、单板周转工装跌落分析等；与工程安装相关的单板连接器导向壁强度分析、单板插拔工况分析等；与工程应用相关的芯片温循分析、单板振动分析等。单板力学分析需要建立单板应力数据库，用数字化的方式提高单板力学分析的精度，可以极大地减少分析的工作量。

单板力学仿真的基本原则：①仿真模型总重和重心与实际产品基本一致。②仿真配置与产品实际需求以及结构测试配置保持一致。③仿真材料模型选用需考虑材料实际加工成形工艺。④部件装配关系需尽量模拟实际装配工艺。

8.3.6 机柜外接直流电源线可靠性设计

1. 机柜外接电源线线径选择

通信设备用电缆首先必须满足过流要求，其次是电缆所带来的压降必须满足系统电压损耗分配要求。

由《信息技术设备安全 第 1 部分：通用要求》（GB 4943.1—2011）得知电缆额定电流，见表 8-1。

1）截面积 16mm^2 单股电缆所能承受的最大电流为 80A。

2）截面积 25mm^2 单股电缆所能承受的最大电流为 100A。

3）截面积 35mm^2 单股电缆所能承受的最大电流为 125A。

表 8-1 电缆额定电流

设备的额定电流/A	最小导线尺寸		
	标称截面积/mm^2	AWG 或 kcmil 截面积/mm^2	
≤6	0.75^①	18	[0.8]
>6～≤10	(0.75)^② 1.00	16	[1.3]
>10～≤13	(1.0)^③ 1.25	16	[1.3]
>13～≤16	(1.0)^③ 1.5	14	[2]
>16～≤25	2.5	12	[3]
>25～≤32	4	10	[5]
>32～≤40	6	8	[8]
>40～≤63	10	6	[13]
>63～≤80	16	4	[21]
>80～≤100	25	2	[33]
>100～≤125	35	1	[42]
>125～≤160	50	0	[53]
>160～≤190	70	000	[85]
>190～≤230	95	0000	[107]
>230～≤260	120	250kcmil	[126]
>260～≤300	150	300kcmil	[152]
>300～≤340	185	400kcmil	[202]
>340～≤400	240	500kcmil	[253]
>400～≤460	300	600kcmil	[304]

注：1. GB 17465 规定了器具耦合器和软线的可接受的组合，包括以上脚注①、②、③所规定的组合。但是，有些国家已经指出，对表中列出的所有的值，特别是以上脚注①、②、③所包括的内容，他们不接受。

　　2. 所提供的 AWG 和 kcmil 尺寸仅供参考，相关的截面积在方括号中给出经四舍五入的有效值。AWG 是美国线规。术语"cmil"是指圆密耳，1cmil 是直径为 1mil（千分之一英寸）的圆面积单位，这些术语通常在北美用以说明导线的尺寸。

① 对额定电流小于 3A，如果软线的长度不超过 2m，允许标称截面积为 0.5mm^2。

② 如果软线的长度不超过 2m，则括号中的数值适用于装有符号 GB 17465（C13、C15、C15A 和 C17 型）规定的额定值为 10A 的连接器的可拆卸电源软线。

③ 如果软线的长度不超过 2m，则括号中的数值适用于装有符号 GB 17465（C19、C21 和 C23 型）规定的额定值为 16A 的连接器的可拆卸电源软线。

电源电缆载流量还与电源电路护套材料特性、线缆所处环境的温度有关，见表 8-2。可见不同绝缘材料的载流量是有差异的。同种材料；不同温度下载流量也不同。

表 8-2 各种绝缘材料单芯电缆连续工作制的载流量 单位：A

标称截面积/mm²	普通 PVC	耐热 PVC	丁基橡胶	EPR 和 XLPE	硅橡胶
	60℃	75℃	80℃	85℃	95℃
1	8	13	15	16	20
1.5	12	17	19	20	24
2.5	17	24	26	28	32
4	22	32	35	38	42
6	29	41	45	48	55
10	40	57	63	67	75
16	54	76	84	90	100
25	71	100	110	120	135
35	87	125	140	145	165
50	105	150	165	180	200
70	135	190	215	225	255
95	165	230	260	275	310
120	190	270	300	320	360
150	220	310	340	365	410
185	250	350	390	415	470
240	290	415	460	490	—
300	335	475	530	560	—

在通信机房里，要考虑电缆所处环境的温度和电缆的散热。温度越高，电子无规则热运动越强，电缆的通流能力越低，所以通信行业使用-48V 电源的设备，实际选择电源电缆时，按照 2～3A/mm² 计算线缆直径。

2. 电缆压降计算方法

设电缆长度为 L，压降为 ΔU，功率为 P，电流为 I，每米电阻为 R，长度为 L 的电缆的电阻为 r，设备工作电压为 U，则 $I = P/U$，$r = \Delta U/I$，$L = r/R$。压降 $\Delta U = IRL = PRL/U$。

说明：①L 为-48V 和-48V GND 两条电缆长度之和，即传输距离的两倍。

②功率应考虑扩容，单板功率使用常温下功率，风扇插箱应使用全速下功率。③电压按照 48V 计算。④截面积 $16mm^2$ 单股电缆每米电阻值 R 为 0.00115Ω。⑤截面积 $25mm^2$ 单股电缆每米电阻值 R 为 0.00070Ω。⑥截面积 $35mm^2$ 单股电缆每米电阻值 R 为 0.00052Ω。例如，功率为 1000W，电缆长度为 20m，使用 $16mm^2$ 电缆，则压降 $\Delta U = (1000 \times 0.00115 \times 20)/48V = 0.479V$。

3. 电源支路数量和断路器选配要求

通信设备使用的断路器型号多为空气直流断路器，电压按照 48V 计算，避免多重降额，断路器按照 0.8 的电流降额系数使用。

1）如果客户提供的断路器最大为 32A，则 N 个子架总电流合为单路电流之后应小于或等于 26A。

2）如果客户提供的断路器最大为 63A，则 N 个子架总电流合为单路电流之后应小于或等于 50A。单路电流超过 50A 时，应增加支路数量。

3）如果客户提供的断路器最大为 120A，则 N 个子架总电流合为单路电流之后应小于或等于 96A。单路电流超过 96A 时，应增加支路数量。

总之，设备提供的电源支路数量需要和客户提供的断路器容量以及支路数量相匹配。

4. 机房电源压降分配模型

不同工程有不同电源分配模型，主要有两种方式：一种为直流电源集中供电方式；另外一种为直流电源独立供电方式。这两种方式分别对应于以下两种模型。

（1）直流电源集中供电模型

图 8-9 为直流电源集中供电模型。压降由 ΔU_1、ΔU_2、ΔU_3、ΔU_4、ΔU_5 组成。其中，ΔU_1 为电源与直流屏之间的压降，ΔU_2 为电源屏压降，ΔU_3 为直流屏与电源分配柜之间的线路压降，ΔU_4 为电源分配柜压降，ΔU_5 为通信设备与电源分配柜之间的线路压降。依据《通信电源设备安装工程设计规范》（GB 51194—2016）的要求，最低输入电压为 40V 的设备从电源系统到通信设备之间全程压降为 3.2V，即 $\Delta U_1 + \Delta U_2 + \Delta U_3 + \Delta U_4 + \Delta U_5 = 3.2V$。一般取值：$\Delta U_1$ 取 0.1V，ΔU_2 和 ΔU_4 取 0.2V，ΔU_3 取 1V，通常 ΔU_5 至少为 1.7V。

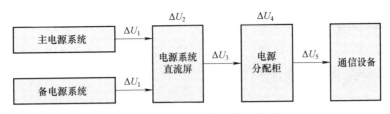

图 8-9 直流电源集中供电模型

（2）直流电源独立供电模型

图 8-10 为直流电源独立供电模型，相对于直流电源集中供电模型，电源经过分配柜后直接给通信设备供电，减少了中间环节。

压降由 ΔU_1、ΔU_2、ΔU_3 组成。其中 ΔU_1 为电源与电源分配柜之间的压降，ΔU_2 为电源分配柜的压降，ΔU_3 为电源分配柜与通信设备之间的线路压降。依据《通信电源设备安装工程设计规范》（GB 51194—2016）的要求，最低输入电压为 40V 的设备从电源系统到通信设备之间全程压降为 3.2V，即 $\Delta U_1 + \Delta U_2 + \Delta U_3 = 3.2V$。一般取值：$\Delta U_1$ 取 0.1V，ΔU_2 取 0.2，ΔU_3 至少为 2.9V。

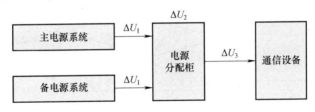

图 8-10 直流电源独立供电模型

（3）压降

工程中蓄电池放电截止电压为 43.2V，通常设备工作下限电压为 40V，因此要求电缆全程压降为 3.2V。承载网设备工作电压最低为 38V，因此在电缆上可以分配较高压降。

如果产品使用 1+1 供电方式，实际电缆中承受的电流要小于计算电流，因此电缆产生的压降比计算值低。

对于使用于核心机房或汇聚机房的设备来说，使用蓄电池长期供电的概率低。因此在计算时可以给电缆分配较高压降，使用截面积较小的电缆，降低工程成本。很多工程中没有明确给出压降值，客户也没有提出特殊要求，电缆压降控制在 3.9V 以内是合理的。

5. 电缆选配流程

确定功率和电源支路数量之后，再根据压降计算的结果重新调整电缆和支路数量。详细流程如图 8-11 所示。

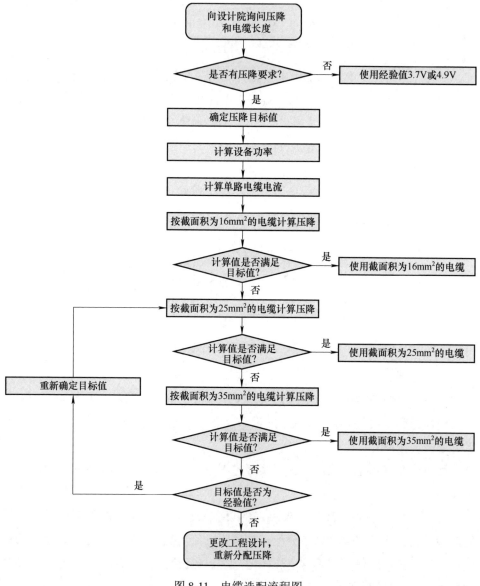

图 8-11　电缆选配流程图

1）向设计院咨询电缆长度和压降要求，如果没有具体压降要求，那么压降根据模型分类采用经验值 3.7V 或者 4.9V。

2）根据功率和长度，依据截面积为 16mm^2 的电缆参数计算压降，如果压降值满足要求，则选用截面积为 16mm^2 的电缆。

3）如果截面积为 16mm^2 的电缆无法满足要求，则选择截面积为 25mm^2 的电缆。

4）若选择截面积为 25mm^2 的电缆仍然无法满足要求，则选择截面积为 35mm^2 的电缆。

5）若选择截面积为 35mm^2 的电缆仍然无法满足要求，就需要增加支路。增加支路后首先评估截面积为 25mm^2 的电缆适用度，再评估截面积为 35mm^2 的电缆适用度。

6）若支路数量不能增加，截面积为 35mm^2 的电缆也不能满足要求，则在这种情况首先看压降是按照经验值计算的，还是依据设计院要求的压降值计算的。如果依据的是经验值则需要跟设计院再次确认压降值，如果设计院已经明确了压降值，配线仍然不能满足要求，则需要更改工程设计，增大压降分配值。

7）当无法获得工程信息，客户无要求，压降 2.9V 无法满足工程需求时，还可以放宽到 3.9V。

6. 常用压降速查表

若已知电流、电缆规格、传输距离，则可以按照表 8-3 快速查询压降值。

表 8-3　常用压降速查表

序号	功率/W	电流/A	传输距离/m	截面积为 16mm^2 的电缆压降值/V	截面积为 25mm^2 的电缆压降值/V	截面积为 35mm^2 的电缆压降值/V
1	500.00	10.42	10.00	0.24	0.15	0.11
2	500.00	10.42	20.00	0.48	0.29	0.22
3	500.00	10.42	30.00	0.72	0.44	0.33
4	500.00	10.42	40.00	0.96	0.58	0.43
5	1000.00	20.83	10.00	0.48	0.29	0.22
6	1000.00	20.83	20.00	0.96	0.58	0.43
7	1000.00	20.83	30.00	1.44	0.88	0.65
8	1000.00	20.83	40.00	1.92	1.17	0.87

（续）

序号	功率/W	电流/A	传输距离/m	截面积为 16mm² 的电缆压降值/V	截面积为 25mm² 的电缆压降值/V	截面积为 35mm² 的电缆压降值/V
9	1500.00	31.25	10.00	0.72	0.44	0.33
10	1500.00	31.25	20.00	1.44	0.88	0.65
11	1500.00	31.25	30.00	2.16	1.31	0.98
12	1500.00	31.25	40.00	2.88	1.75	1.30
13	1600.00	33.33	10.00	0.77	0.47	0.35
14	1600.00	33.33	20.00	1.53	0.93	0.69
15	1600.00	33.33	30.00	2.30	1.40	1.04
16	1600.00	33.33	40.00	3.07	1.87	1.39
17	2000.00	41.67	10.00	0.96	0.58	0.43
18	2000.00	41.67	20.00	1.92	1.17	0.87
19	2000.00	41.67	30.00	2.88	1.75	1.30
20	2000.00	41.67	40.00	3.83	2.33	1.73
21	3000.00	62.50	10.00	1.44	0.88	0.65
22	3000.00	62.50	20.00	2.88	1.75	1.30
23	3000.00	62.50	30.00	4.31	2.63	1.95
24	3000.00	62.50	40.00	—	3.50	2.60
25	3600.00	66.67	10.00	1.53	0.93	0.69
26	3600.00	66.67	20.00	3.07	1.87	1.39
27	3600.00	66.67	30.00	4.60	2.80	2.08
28	3600.00	66.67	40.00	—	3.73	2.77
29	4000.00	83.33	10.00	—	1.17	0.87
30	4000.00	83.33	20.00	—	2.33	1.73
31	4000.00	83.33	30.00	—	3.50	2.60
32	4000.00	83.33	40.00	—	4.67	3.47
33	4600.00	95.83	10	—	1.34	1.00
34	4600.00	95.83	20	—	2.68	1.99
35	4600.00	95.83	30	—	4.03	2.99
36	4600.00	95.83	40	—	5.37	3.99
37	5000.00	104.2	10	—	1.46	1.08
38	5000.00	104.2	20	—	2.92	2.17
39	5000.00	104.2	30	—	4.38	3.25
40	5000.00	104.2	40	—	5.83	4.33

注：1. 传输距离为通信设备与电源分配柜之间的距离。

2. 电压按照-48V 计算。

7. 电源线常用简易选配方法

批量销售的产品可以按照使用的场景，提前计算好电源线长度，简化工作流程。如某型号 3 个产品的电源线长度可以按如下方式选择。

1）对于甲设备，若电源线使用长度≤35m，则选用截面积为 25mm^2 的线；若 35m＜使用长度＜50m，则选用截面积为 35mm^2 的线；不推荐电源线使用长度在 50m 以上。当客户要求双路电源短接为一路电源时，若电源线使用长度＜25m，则选用截面积为 35mm^2 的电源线；若 25m≤使用长度＜35m，则选用截面积为 50mm^2 的电源线；不推荐电源线使用长度在 35m 以上。

2）对于乙设备，电源线若使用长度≤20m，则选用截面积为 25mm^2 的线；若 20m＜使用长度≤30m，则选用截面积为 35mm^2 的线；不推荐电源线使用长度在 30m 以上。机柜保护地线采用截面积为 35mm^2 的黄绿色线。

3）对于丙设备，若电源线使用长度≤20m，则选用截面积为 25mm^2 的线；若 20m＜使用长度≤30m，则选用截面积为 35mm^2 的线；不推荐电源线使用长度在 30m 以上。机柜保护地线采用截面积为 35mm^2 的黄绿色线。

8.3.7 设备取电可靠性问题

正常情况下，通信设备在机柜内都会有一个 PDU，PDU 从机房列头柜或配电箱取电，设备插箱从 PDU 取电，产品设计的时候都是按照这个逻辑来做的。近些年，一些低端设备没有使用设备商标配的机柜，而客户的机柜内没有 PDU，设备插箱直接从列头柜或配电箱取电，这是很危险的做法，原因如下：

1）理论上插箱电源线在机柜内 PDU 接线，插箱电源线设计的时候按照 5A/mm^2 设计，而机柜电源线是按照 2～3A/mm^2 设计的。机柜内温度高，线缆集成度高，实际上有的载流量低于 5A/mm^2。所以插箱电源线比机柜电源线细很多，如果拉几十米到列头柜或配电箱取电，会因为线太细，导致压降超标，设备可能出现复位或不上电等故障。

2）设备插箱电源线直接与列头柜或配电箱连接时，列头柜或配电箱基本不可能提供那么多接线柱，必然会出现几个线缆端子固定在配电箱一个接线柱上。按照相关规范，电源线连接时，一个接线端子只能固定在一个接线柱上，只有接地线允许两个接线端子压接在一个接线柱上。当多个接线端子叠装在一个接线柱上时，可能会因为接触电阻增大，导致设备打火。笔者就曾经在客户机房遇到过因接线端子没压紧（多端子压接容易出现压接不紧的情况），设备不断复位的情况。

8.3.8 设备接地可靠性问题

众所周知，通信设备及装设备的机柜等需要接地，通信设备的以下部分都应接地：

1）直流电源、通信设备机架、机壳、入站通信电缆的金属护套或屏蔽层。

2）交流配电屏、整流器屏等供电设备的外露导电部分。

3）直流配电屏的外露导电部分。

4）交直流两用通信设备的机柜、插箱、插箱内与机柜或插箱不绝缘的供电整流盘的外露导电部分。

5）电缆、架空线路及有关需要接地的部分。

6）金属走线架以及电池架等外露导电部分。

目前有些通信机房接地存在以下两种不好的情况：

1）装载设备的机柜不接地，设备插箱接地线直接连接机房接地排。

这种情况因为机柜没接地，相当于处于悬浮状态，在雷击的时候，设备和机柜之间有可能会打火，而且插箱接地线比机柜接地线细很多，这种接地可靠性不高。

正常情况应该是机柜接地线连接在机房地排上，设备插箱直接与机柜地连接，或者插箱接地线就近接在机柜接地柱或接地排上。接地线线径要比设备电源线粗，再结合相关规范的要求，可以确定接地线的线径。

2）有客户企业标准里要求机柜内必须有接地排。通信设备接地是否合格，有如下三个常用的检测方法：

① 网元保护接地点与室内机柜总接地点搭接。当设备额定工作电流小于或等于 25A 时，两者间连接电阻应小于 0.1Ω；当设备额定工作电流大于 25A 时，两者间电压降不超过 2.5V。

② 网元保护接地点与室内机柜总接地点之间搭接截面积应能承载设备额定工作电流。

③ 网元保护接地点与室内机柜总接地点间应能承受冲击电流 10kA，8/20 雷击波形正负 5 次冲击，室内机柜内部不应出现打火放电现象，结构件不应出现焦黑和变形，测试完成后网元设备工作正常。

设备插箱或机柜接地属于可靠性要求，接地方式是多种的，强制要求机柜内设计接地排不是那么合理，只要能满足可靠性需求，设计越简单越好。简单的东西不仅不容易出现故障，还低碳环保，是设计人员毕生追求的目标之一。例如机柜立柱导电设计、插箱固定用侧耳导电设计，插箱固定在立柱上时，由多个螺钉固定，通常通信设备插箱最少由 4 个螺钉固定，按照 ZTE 设备的接触面积来算，有 100mm^2 的接触面积，能承受 200A 的负载电流；按上述①、②检测方法进行检测，全部顺利通过，说明这种接地方式是很牢靠的，而且简单方便，也节省机柜空间，节省设备安装时间。

再说插箱和机柜接地排用导线连接的方式，目前通信设备基本都是用机柜立柱做接地排用（因为机柜内空间非常紧张，而且使用立柱做接地排，接地线安装方式通用化），这种方式接触点只有一个，经过计算和测试，也满足本小节提到的 3 种检测方法要求。

一般来说，当插箱侧耳和机柜立柱表面都能导电时，采用插箱和机柜立柱安装接触的方式接地最简单。装第三方机柜时，因为难以保证机柜立柱表面的导电性，因此采用接地线连接方式接地更安全。

8.3.9　倡议业界统一使用短护套光纤

早年业界通用的光纤是长护套光纤，如图 8-12 所示。

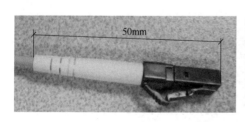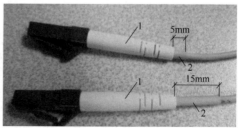

图 8-12　长护套光纤
1—护套　2—黄色热缩套管

图 8-12 中的 1 和 2 统称为光纤保护套，简称护套。我们说的长护套和短护套都是指 1 部分和 2 部分总长度的长短。目前业界有长护套和短护套两种规格。

1）市面上的长护套光纤护套长度：不包含 2 部分长度为 50mm；包含 2 部分长度为 55mm 和 65mm。这种光纤是业界常用光纤。

2）ZTE 短护套光纤是指从插芯顶端到护套尾端的长度不能大于 40mm，如图 8-13 所示，不可以用任何形式增加护套长度。

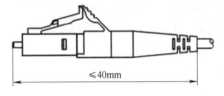 

图 8-13　ZTE 短护套光纤

3）LC 长护套铠装 3mm 光纤如图 8-14 所示。

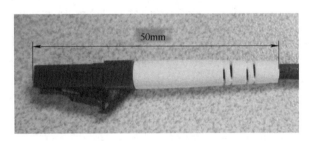

图 8-14　LC 长护套铠装光纤

4）ZTE 短护套铠装 3mm 光纤如图 8-15 所示。

图 8-15　ZTE 短护套铠装光纤

5）LC 光衰如图 8-16 所示。

6）几种规格光纤布线经验数据，如图 8-17～图 8-21 所示。

图 8-16　LC 光衰

图 8-17　24 光口满配短护套（直径 2mm）

光纤需 70mm

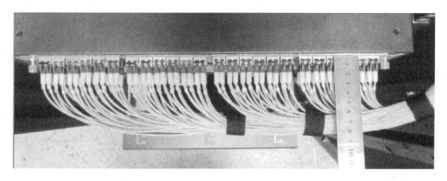

图 8-18　48 光口满配短护套（直径 2mm）光纤需 80mm

图 8-19　24 光口满配铠装长护套光纤需 90mm

图 8-20 48 光口满配铠装长护套光纤需 110mm

长护套光纤因为护套长且硬，导致光纤布线时弯曲半径大，很容易影响机柜门开关。这些年通信设备的光纤数量在急剧增长，机柜门挤压长护套光纤导致的光纤衰减增大或断纤故障时有发生。

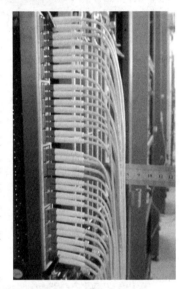

图 8-21 32 根长护套光纤
（尾部黄色热缩套管 15mm）

大约 20 年前，ZTE 联合光纤供应商开发了短护套光纤，公司各产品一直使用至今，从未发生过因护套短导致的可靠性问题。实践是检验真理的唯一标准，这说明 ZTE 的短护套光纤是安全可靠的。近些年，中国通信设备厂商都开发并使用了短护套光纤，各家产品的设计虽然也会考虑长护套光纤的情况，但是在增加光衰或者使用铠装光纤时，还是会出现光纤衰减增大或断纤的情况。使用短护套光纤基本可以消除光纤被门挤压的风险。

经过各种通信设备使用验证，短护套光纤是安全可靠的，并且是使用性好的产品，因此建议光纤厂家统一生产短护套光纤，运营商在光纤规范里限定使用短护套光纤，从而杜绝光纤顶门问题的发生。

8.3.10　主动更换风扇

近些年，风冷设备完全依赖风扇进行正常工作，虽然设计有单风扇失效设备可以保障风冷设备短期工作正常，但是在接近风扇寿命的时候，应该主动更换风扇，降低设备风险。ZTE 2002 年销售的一款产品，在市场上使用接近 10 年的时候，出现大量风扇故障，好在当年的设备对风扇依赖小，风扇只是提高设备可靠性的手段，基本没有引起设备故障。这件事对风扇的设计和使用启迪作用非常深刻。另外，后面章节会说到，现网室外站设备故障大多数是室外机柜风扇失效所致，有的是因为客户使用的室外机柜没严格做过热设计，即风扇没有备份设计；有的是因为一个风扇失效的时候没有及时维护；还有的是因为有些室外机柜所有风扇都失效了。

由给定可靠度求出的与其相对应的工作时间，称为可靠寿命。风扇寿命指标如 70000h@40℃，是说在 40℃条件下，风扇可以正常工作 70000h，也就是接近 8 年。当然寿命 8 年，不是说使用 8 年风扇就不能用了，而是指风扇失效率超过规定数据了，一般将 10%的故障率时的时长定义为寿命。风扇寿命没有设备寿命长，设备寿命是 10 年。

现在设备温度普遍比较高。对于抽风方式的设备，风扇工作温度很可能高于40℃；接入机房环境温度高于 30℃的不少，加上设备热级联和局部热点（这些情况很常见），风扇会工作在高于 40℃的环境下；室外机柜里温度高于 40℃的情况也是很常见的。这些情况说明，风扇寿命会远低于 8 年。前面也说过，根据计算，当设备进风温度高于 65℃时，风扇寿命为 3～3.5 年。

这些年，各类通信设备普遍下沉，一些大型产品运行环境从核心机房变为汇聚机房，甚至是接入机房。风扇运行环境越来越恶劣，灰尘量大使风扇内部容易进灰导致轴承快速磨损，风扇寿命缩短。根据一个代码的外场失效模式统计数据，由于灰尘导致的失效占比达到了 8%。腐蚀性环境更会使风扇腐蚀而出现故障，特别是室外站，风扇腐蚀故障占比更高（使用涂敷的风扇控制板，风扇腐蚀故障虽会显著下降，但无法消除，因为涂敷只能缓解腐蚀进程，不能杜绝腐蚀的发生）。

这些年使用的高速风扇的寿命是风扇生产厂家理论计算得来的，还没有实际使用的统计数据。扇叶强度也是影响风扇寿命的一个重要因素，高速风扇在高温情况下，扇叶强度会降低。此部分内容太多，这里不详细说明了，只给出图 8-22和图 8-23 说明扇叶应力和形变的分布情况。

根据理论模型推导以及业界实际应用情况综合得出：风扇在不同环境下的寿命不同，在有温湿度控制的机房环境下，风扇平均寿命为 6.5 年；在没有温湿度控制的机房和室外环境下（高腐蚀性地区除外），风扇平均寿命为 5 年。需要注意的是，这两组数据不是实际的寿命值，不同环境，影响因素不同，风扇寿命不同。同时，这两个数据不代表到达该年限风扇会立即失效，而是作为参考值提醒用户及时更换新的风扇部件。

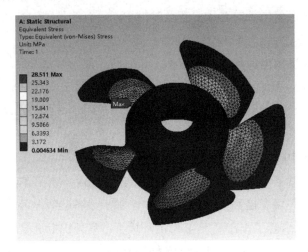

图 8-22　应力分布

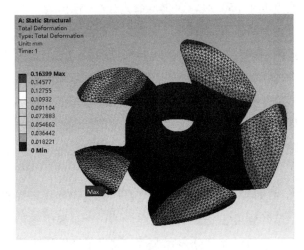

图 8-23　形变分布

建议给每个产品定义一个更换风扇的时间值，因为针对这个产品来说，风扇是在入风口还是出风口是确定的，应用的环境也是确定的，方便给出合理的寿命参数，可以将室内和室外分开给出参数。

8.3.11　设备短期工作温度问题

建议对外不要写设备短期工作温度数据。设备短期工作温度是指在这个温度下，设备连续工作不超过 96h，一年内累积不超过 15d。笔者认为这是一个科学数据，或者说是一个研发阶段的数据，不能给使用者参考，因为使用者是否明白短期的定义是未知的，而且对现场使用的设备来说，很难判断连续工作时间是否会超过96h，一年内累积是否超过 15d，所以工程控制以控制长期工作温度为准比较合适。

8.3.12　HALT 试验的应用

1. HALT 试验定义和作用

HALT（Highly Accelerated Life Test，高加速寿命试验）是一种可靠性试验方法，采用的环境应力比高温老化等加速试验更加严酷，主要应用于电子产品开发阶段。它能在较短的时间内促使产品的设计和生产工艺缺陷暴露出来，从而为我们进行设计和生产改进、提升产品可靠性提供依据。

HALT 试验是由美国 Hobbs 工程公司总裁 Gregg. K. Hobbs 博士首先提出来的，从 20 世纪 90 年代开始，HALT 试验获得推广应用。HALT 试验的最大特点是可以在短短几天时间内模拟一个产品在整个寿命期间可能遇到的情况，并找出产品设计及生产工艺的缺陷或薄弱点。HALT 试验的另外一个特点是能暴露出产品的短板。在开发阶段发现和解决硬件问题，要比发货后发现问题再去解决，付出的成本代价小太多。有质量统计数据显示，在开发阶段用 1 元钱能解决的问题，若留在售后阶段需要付出 1000 元的代价。因此在产品研发阶段，研发人员发现和解决问题是为了未来产品上市的良好质量表现，需要用严谨的态度去面对发现的问题。

传统的可靠性试验一般是模拟实际使用环境进行的试验，而 HALT 试验的目的是激发故障，即把产品潜在的缺陷激发成可观测的故障，从而改进设计或工艺。因此，HALT 试验是人为施加逐步递进的应力，在远大于产品技术条件规定的极限应力（产品正常的运输、贮藏、使用时的应力）下快速进行试验，找出产品的各种工作极限与破坏极限。总的来说，HALT 试验对产品设计和生产及维护具有如下优点：

1）通过高环境应力，把产品设计缺陷提早激发出来，进而优化产品设计，从而消除设计缺陷，确保产品能获得早期高可靠性，改善后可延长产品早夭期（浴盆曲线后段延伸），大大提高了产品的外场可靠性，提高了产品的竞争力。

2）提早暴露并优化设计缺陷，加速产品设计的进程，缩短了产品的设计周期，保证了产品尽早面市。

3）提早暴露生产工艺缺陷，从而改善生产工艺，减少不良产品的生产返修，缩短生产时间，降低生产费用。

4）因为交付的产品具有更高的可靠性，减少了维修费用，降低了产品成本，提升了客户满意度。

5）了解产品的失效模式及研发设计能力，同时还可收集设计能力、产品可靠性的基础数据作为日后研发的重要依据，便于企业提高研发能力。

6）HALT 试验能找出产品的工作极限和破坏极限，为制定高加速应力筛选试验方案、确定高速应力筛选的应力指标提供依据。

2．HALT 试验需要关注的问题

1）由于 HALT 试验是在产品开发阶段实施的，产品相对稳定度还不够，因此出问题的概率还是比较高的。

2）HALT 试验不是按照产品规格进行测试的，会一直测到被测产品的极限，直到找到产品的薄弱点，并且分析出原因，给出整改意见，达到现有设计的极限能力。

3）HALT 试验发现的问题往往难以复现，难以挖掘，需要做好打持久战的准备。

4）HALT 试验以连续的测试、分析、验证及改正构成了整个程序，关键在于分析所有故障的根本原因，这是整个试验的关键点，也是难点。

5）做 HALT 试验的产品必须是经生产线常规工艺生产出来的，为的是找出在常规生产工艺中产品可能出现的问题。

8.4　工艺可靠性管理中的设计与管理问题

工艺可靠性管理是工艺管理的一部分，也是覆盖产品全生命周期的活动，也就是说，工艺可靠性设计必须配合工艺可靠性管理，才能保证产品工艺可靠性。

本章节前面阐述的是产品设计阶段的工艺可靠性设计，其实就是通过各种标准、规范、设计模板及研发设计流程共同完成产品工艺可靠性设计，是工艺设计中的一部分内容。

产品工艺可靠性设计是为了保证产品可靠性，但产品设计不能无限追求可靠性，要权衡性价比，区分关键指标和次要指标。关键指标是必须实现的，次要指标可以适当放宽或者通过管理来实现。当然关键指标也可以通过管理来辅助实现，例如，通信设备防腐蚀问题，防腐蚀是关键指标，但一味从设计方面来做防腐蚀不仅成本大幅度增加，还无法杜绝腐蚀发生，必须从环境防护入手，给设备一个可以正常工作的环境条件，从而保证设备可靠性。

8.5　现网可靠性数据应用

中国国产化的通信设备已经在网运行约 30 年了，网络覆盖从全国到国外很多个国家，也就是说已经有了大量的应用数据，这对于设备的可靠性分析和设计改进是非常宝贵的数据库资源。例如，业界没有给出光模块寿命指标，但现网有大量的应用数据，通过调研能得到一个寿命范围，同时还可以得到光模块寿命与光模块壳温的关系。这样的数据不仅可以完善寿命分析模型和计算公式，还可以给设计提出明确的技术指导。

返修中心可以说是一个宝藏部门，从这里可以看出产品设计缺陷、各种产品乃至元器件等材料的可靠性问题、市场应用的各种情况、环境变化情况等，总之，各种信息这里应有尽有。笔者一直习惯阅读公司每一期返修报告，并对感兴趣的内容做一些深挖研究，常常是收获满满。

可靠性的数字化管理不仅仅是研发部分，如果能收集现网可靠性数据并反馈回来，设备质量必然会稳步提升，环境适应性设计必然会有各种创新。例如，国家要监测环境污染问题，如果能把传感器加在通信设备上，并由通信设备传回数据，这样得出的环境污染地图一定是最完整的，而且还能进行时时监测。

第 9 章

产品中试及智能装备开发中的
工艺管理

9.1 中试概述

9.1.1 中试的定义和范围

中试是中间性试验的简称，也就是研发样机测试通过后，产品正式投产前的试验，是产品在大规模量产前的较小规模试验性投产。产品中试过程也是新产品生产的导入过程。具体讲指项目处于以生产为目的，利用研发阶段得到的原型机（样品、样机）、工艺、技术等成果进行产品的定型设计、获取生产所需的技术参数等一系列技术开发工作。这一阶段包括产品试制与设计改进、工业性试验以及部分小批量试生产，即在将技术成果转化为现实生产力之前，需要经过一系列的试验开发、应用转化过程的试验过程。中试是科技成果向生产力转化的必要环节，研发成果产业化的成败与中试的成败有极大的关系。

对于并行设计程度不高的企业来说，中试的范围是指经初步技术鉴定或实验室阶段研制成功的科技成果，为验证、补充相关数据，确定、完善相关技术规范（如产品工艺规程）或验证工业化、商品化规模生产关键技术而进行的试验或试生产阶段的产品，其范围包括如下产品：

1）经初步技术鉴定或实验室阶段研制成功的产品样机（或样品），为了稳定、完善、提高性能而进行的试验或试生产阶段的产品。

2）经初步技术鉴定或实验室阶段研制成功的新工艺、新材料、新测试设备等科技成果为了用于工业化生产而进行的试验或试生产阶段的产品。

3）为了消化、吸收、推广国外先进技术而进行的试验或试生产阶段的产品。

4）对原系统的性能有较大改进的项目，经初步技术鉴定后所进行的试验或试生产阶段的产品。

对于并行设计程度高的企业来说，中试是为批量生产做准备工作的，和研发设计工作并行展开，在产品样机测试完成，通过成果鉴定后，对产品的批量生产做验证工作，同时培训生产技术人员。

9.1.2　中试与研发和生产的关系

中试是衔接研发和生产、计划和采购的桥梁，起着承上启下的作用。中试是对研发产品的进一步剖析和细化，在生产环境下的试生产工作，就是为验证产品的功能、性能、可靠性、生产工艺性、操作性和可维护性，验证技术文件，验证物料采购环节的通畅性等。

对研发来说，中试就是使得设计问题在生产线环境下尽早暴露出来，尽早发现研发产品存在的缺陷和不足，避免把问题带到工程现场，同时协助研发项目组满足客户的要求；协助研发定位问题，并帮助寻找解决办法，完善产品设计；培养技术人员，完成技术由开发部门向生产部门的转移，使有经验的开发人员能够从生产乃至今后的售后维护工作中摆脱出来，到更具挑战性的新的开发项目中去。

中试是生产的"上级"，在试生产的过程中，中试要验证工艺文件、工装，以及生产设备和测试设备的可使用性、先进性，优化工艺规程或工艺方法，避免影响批量生产的效率和质量。使生产工艺趋向成熟，实现拷贝生产，因此中试过程既是工艺不断完善的过程，也是实现技术由开发部门向生产部门转移的过程。这期间，根据需要还可以培养出一批新的技术人员，包括生产与市场方面的技术支持人员、系统调试人员等。中试在生产前面帮助生产排除了技术障碍、工艺障碍、工装障碍、生产设备和测试设备障碍、生产技术人员障碍、采购及计划障碍等，所以说，中试对产品顺利地大批量生产极为重要。中试完成后，继续承担生产部门的技术培训、工艺改进、工艺管理优化和后续批量生产过程中的技术保障工作。

9.1.3　中试对不同企业的作用

有资料表明，科技成果经过中试，产业化成功率可达 80%；而未经过中试，产业化成功率只有 30%。要实现科技成果转化与产业化，需要建立旨在进行中试的专业试验基地，通过必要的资金、装备条件与技术支持，对科技成果进行成熟化处理和工业化测验。中试基地起到的就是这样的作用。

新产品经过研发开发出样机，测试通过后，完成了成果鉴定，这并不意味着技术成熟，可以批量生产了。因为在开发阶段，样机是在实验室环境下，由高技能的开发人员装配调试成功的，而到批量生产阶段，在生产线环境下，产品是由相对低技能的生产人员完成生产的。特别是系统产品，总装调试是比较复杂的，如果技术知识不足、工艺不成熟，总装调试就非常困难，仍然需要高技能的人员才能完成，否则产品的一次通过率与成品率将很低。这都会使得产品的制造成本很高或产品质量无法保证，甚至是产品无法批量生产。所以中试阶段是产品产业化过程中必不可少的重要环节。

为了实现产品的可生产性，统计资料表明，实验室阶段、中试阶段、产业化试验及生产阶段的资金投入比为 1∶10∶100。也就是说，假如要解决一项可生产性问题，在设计阶段投入 1 块钱即可解决问题，而在生产阶段就需要投入 100 块来解决问题。

对于并行设计及技术积累推行得不太好的企业来说，中试就是企业产品生产极其重要的环节，其重要性且不亚于产品研发过程。因为若没有中试、生产及售后人员的并行设计，也没用足够的可生产性和可维护性的技术积累，则研发出来的产品必然缺失可生产性和可维护性，乃至可操作性等，设备到中试环节时，一定是各种问题层出不穷，中试必须投入大量的人力和物力来处理这些问题，不能让这些问题留到生产或工程现场。当然到中试阶段或许还有无法彻底解决的问题会伴随产品终身，这是中试也无能力为的，除非产品重新设计，但会错过市场机会。

反之，对于并行设计和技术积累推行得非常成熟的企业，中试的验证过程会很顺利，因为并行设计考虑周全了可生产性、可操作性和可维护性。但中试的另一些职责及对产品的重要性会彰显：并行设计中给研发提出可生产性、可操作性、可维护性需求，并行设计生产工艺规程，并行进行智能装备开发等。这些工作可以提高研发质量和效率，提升试生产直通率和批量生产效率，提高产品质量、降低产品成本。

中试环节也是为测试新产品的市场反应。产品小批量面市，探明市场需求后，再开始大批量生产，避免不必要的库存积压，降低市场变化带来的财务风险。

9.1.4　ZTE 中试的工作内容

从上面的阐述我们可以看出，中试的工作内容如下：

1）协同生产给研发提供可操作性、可生产性、可维护性需求。

2）并行制定产品生产工艺规程和检验标准。

3）协助生产并行制定工艺文件。

4）并行开发智能装备。

5）验证产品功能、性能、可操作性、可生产性、可维护性、可靠性及包装设计等是否符合研制规范、生产工艺和工程操作及安装维护要求，并协同研发解决相关设计问题。

6）验证设计成本是否完成当初的成本规划，并协同研发解决相关成本设计或成本管理问题。

7）验证商务配置、产品计划、采购流程是否顺畅，并协同商务、研发、计划和采购解决相关物流问题。

8）验证并优化工艺规程和工艺文件，保证可生产性，提高成品率和质量稳定性，降低生产成本。

9）验证并优化智能装备，力求提高生产质量和生产效率。

10）对生产部、计划部、采购部、质量部进行必要的技术培训，使研发设计在生产中得以有效地实现。培训包括新产品导入时期和日常的技术及工艺培训。

11）日常工艺改进、工艺管理优化和批量生产过程中的技术保障工作。

12）生产和外场质量问题回溯。

9.2　中试工作中的工艺管理

中试是研发与生产、计划和采购之间的桥梁，工作内容都是工艺范畴内的，中试工作管理就是工艺管理的内容。

9.2.1　中试并行设计工作管理

产品开发时，中试作为并行设计的一个专业组，参加项目的并行开发，这个阶段的具体工作内容如下：

1）有针对性地提出可生产性、可操作性、可维护性需求。研发一般是从可生产性和可维护性需求库里提取需求。为了产品特殊性的特殊需求或为了特别强化某些需求，可以特别提出。

2）制定生产策略和生产计划。包括生产安排，如根据工艺结构传递的需求，确定部件和整机是外协还是自制；制定新产品质量目标；识别产品需要的新工艺、仪表种类和数量、测试设备种类和数量；批量生产时制定人力计划需求等。

3）并行开发智能装备。根据产品需求、产品设计方案及生产策略和计划，与产品研发同步开发智能装备。

4）制定生产工艺规程、检验规程和生产工艺文件。根据产品具体情况，制定生产工艺规程，例如是否需要高温老化工艺、老化温度和老化时间以及老化方式；再如，是否需要 HASS 测试、测试范围、测试频度和测试应力指标等。与研发项目并行制定部分生产工艺原文件，文件归档。中试主要负责整机和部件装配测试文件，单板生产文件和部件"三化"文件由生产工艺部制定。同时，还需要完成生产料单和料单制造视图树。

5）制定试生产规划。每个产品都需要制定试生产规划，试生产活动均按照试生产规划执行。可以套用试生产规划模板。

6）制定试生产测试方案和测试规程。试生产需要按照研制规范，对产品功能、性能、可测试性、可维修性、可靠性、成本目标、包装、商务配置以及计划采购的便利性等进行验收，需要制定验收测试方案和测试规程，各类别产品都有相应的模板可以使用。

7）参加技术评审。作为研发项目组成员，参与项目各节点评审，对产品功能、性能、可测试性、可维修性、可靠性、成本目标、包装、商务配置等结果把关。

8）准备试生产物料。试生产物料由中试负责准备，这个过程是为验证物料生产采购计划、采购便利性，对存在的问题需要及时进行修正优化。这个阶段还需要申请准备实验室资源用于可靠性测试。

9）进行试生产验证活动。按照测试方案和测试规程验收新产品，协助研发发现存在的问题，并协助解决问题；验证工艺文件，测试设备的准确性、便捷性及可靠性；通过试生产情况，验证、推导出批量生产能力。

10）完成产品设计定型。试生产结束，管理系统里记录的试生产发现的问题都收敛、解决后，输出各类验证总结报告，按规定召开设计定型评审，评审通过后，设计定型完成，产品进入批量生产阶段。

11）提供技术支持。承担试生产阶段工程现场产品质量问题处理及技术支持等工作，对生产、计划、商务、采购提供技术支持。

12）培训。负责在试生产阶段，对生产工艺部、产线生产人员进行生产工艺培训；对计划部生产配置人员进行生产配置培训；如果需要的话，也可对商务、售后、售前、采购人员进行配置培训。

9.2.2　中试日常工作管理

1. 提升单板和整机直通率

直通率 ＝（顺利通过生产的物品数量/本次生产的全部物品数量）× 100%。直通率高，说明产品可靠性高，可生产性好，产品整体质量好。单板和整机直通率是中试监测的重点指标，也是中试工作绩效考核的指标之一。设备开发可生产性、可操作性、可维护性设计得好，可靠性高，产品生产规程简单，工艺复杂性和作业难度低，试生产验证全面、问题拦截彻底，单板和整机的直通率肯定是高的，当然批量过程中，来料控制异常，会导致直通率低。中试需要针对低于直通率指标的产品或批次产品做分析，找到影响生产直通率的原因，并协助研发或生产优化改进，从根本上解决问题，从而提升直通率。

从单板和整机直通率数据可以看出研发设计能力水平和中试转产能力水平，当然这两者也与生产能力和来料质量直接相关。持续监测直通率数据，分析问题的根本原因，优化设计、转产和生产的技术、方法或思想，逐步提升企业的设计、转产、生产、供应链等能力水平。

2. 外场质量数据分析

中试需要定期对系统里记录的外场质量数据做分析，例如早期质量返还、限定年限的质量返还等。首先要做的就是质量问题分类，然后分析每类问题产生的原因，原因要分析到每个具体的环节，再将这些分析结果通知到各个相关环节的部门，由各环节部门自查分析解决办法和预防措施。中试做这项工作的主要目的是回溯产品设计和生产质量，找出未拦截项或未识别项，丰富可生产性需求库和可靠性需求库，制定好预案，杜绝问题的再次发生，提升研发设计能力、中试转产能力、生产体系生产能力、供应链和工程工艺管理及质量管理能力。

3．生产质量数据分析

生产质量数据最能反馈产品研发能力、转产能力、来料质量控制能力和生产管理能力。这些数据和故障分析结果能给出企业能力提升途径最直接的提示，是企业管理中非常重要的参数。

中试每月都需要分析生产质量数据，同样是先做质量问题分类，然后分析每类问题产生的原因，原因要分析到每个具体的环节，再将这些分析结果通知到各个相关环节的部门，由各环节部门自查分析解决办法和预防措施。例如，结构件来料公差超标导致装配困难，这个问题在发生的当天已经通过系统反馈给来料检验部、结构设计部，结构设计部自查图纸公差规定的正确性，有则改之无则加勉。来料检验部反馈给供应商并要求供应商返工，同时自查问题产生的原因和后续预防措施。再如，生产过程中的撞件问题（碰坏单板或插箱等物料）增加时，说明转运工装需要维护或优化，操作人员需要再次培训。

中试月度质量数据分析是看问题发生的种类和数量、问题的解决结果、预防措施的有效性，以及从这个问题我们能得到什么启示，例如，结构图纸对关键参数的公差提出检验或全检要求等。每一次质量数据分析都是一个产品质量、采购供应能力和生产能力提升的脚印。

4．转产数据分析

中试需要定期分析所有产品转产的各项数据。从这些数据里，不仅能看出产品并行设计的质量、产品设计的薄弱点，还能看出中试转产拦截过程是否存在缺失项，以及生产工艺需要做哪些优化措施。最后要把分析结果通过系统分享给相关部门，进而改进、提升这些薄弱项。

正常情况下，不同产品的各项转产数据会基本接近，而且随着时间的推移，数据有向好发展的趋势。出现异常的情况要分析出根本原因并解决问题。

5．产品生产效率提升

产品生产效率提升是中试日常工作内容，也是中试重点追求的目标。提升生产效率，不仅可以节省成本，还能因为缩短发货时间，而提升客户满意度。从中试的角度来说，提升生产效率可以从如下几个方面入手：

1）强化并行设计，提高产品设计质量。该项措施使产品不仅功能、性能达标，可靠性提高，还使其具备优秀的可生产性（包括可测试性和可维修性）、可操作性和可维护性，促使产品顺利生产。

2）进行自动化装备设计。自动化的工装设计不仅可以提高产品质量，提高生产速度，还可以降低场地占用率，减少操作人员，所以是提升生产效率的利器。当然自动化生产需要产量达到一定数量级，否则性价比太低，不合适。半自动或非自动化的高可靠、方便操作的工装夹具也是提高生产效率的必要手段。

3）制定高水平的工艺规程。这里说的工艺规程是指工艺过程（或称工艺路线）文件。工艺规程规定了每个产品或部件在制造过程中的工艺路线、工序名称、所使用的设备和工艺装备等，是指导产品生产的规划性文件。显然工艺规程不仅关系到产品质量，也关系到产品生产时间，多一道工序或少一道工序对生产时间的影响是最直接的。虽然生产工序不能随意减少，但根据产品稳定性、来料稳定性、生产设备和工艺稳定性、人员稳定性、产品质量报告数据稳定性等，可以适当减少检验工序，例如高温老化和HASS测试，可以根据具体情况抽测，当然上述条件需要持续监控，当条件发生变化时，检验频次也要做相应的改变。还有一些防护性工艺，比如单板"三防"涂敷，因为腐蚀常发生在设备进风口，所以只涂敷单板进风口的部分，总体性价比比较高。制定高水平的工艺规程和工艺规程管理对提高生产效率至关重要。

4）加强培训，提高员工技术水平和生产技能。培训是老生常谈的话题，其意义也是众所周知的。培训是任何时候都无法或缺的，特别是现在生产人员流动性比较大。有个情况需要注意，不是说自动化生产程度高了，就可以弱化员工培训的作用。实际上，自动化设备也需要人操作、控制、维护，对操作人员的技能要求有增无减，只是需要培训的人员数量减少了。还有一个需要特别注意的问题，就是培训的效果，培训人员要想办法提高学员的求知欲，也就是提高学员学习的主观能动性，除了行政助攻外，讲课技巧和生动性也能提高听课效率；投入激情的沉浸式讲课方式会与学员产生共鸣，从而增强培训效果；深入浅出的讲课方式会提高学员的兴趣；讲课时不要一味满堂灌知识，适当讲一点与知识相关的小故事，会令学员更放松，这些也都能增强培训效果。以上都是笔者多年讲课的切身体会。培训方式有多种，不仅仅是面授，但是针对生产工作人员来说，面授效果最好。

6．产品工装利用率提升

对于产品种类多的企业来说，工装利用率是个很重要的问题。工装种类很多对生产来说是一种灾难，不仅生产效率低下，库房安排、工装领用、退库、保养等管理都非常麻烦，设计及生产工装总成本高，性价比低。要想提高工装利用率，一般来说，有如下几种办法：

1）产品通用化设计做得好，共用的零部件多，工装的通用性就好，工装利用率高。

2）给产品设计提工装夹具设计需求，从设计开始保证工装夹具的利用率。

3）工装夹具设计的时候，采用灵活性设计理念，一物多用，提高工装夹具的利用效率。

9.2.3 产品可生产性需求

从前面的叙述可以看出，产品的可生产性对产品具有如下作用：

1）保证产品质量。产品可生产性好，产品加工、测试、检验乃至返修等过程顺利，自然产品质量就有保障。

2）保证产品生产效率。产品可生产性好，产品加工过程顺利、便捷，工装夹具、测试设备、检验设备设计简单，且使用方便，生产效率有保障。

3）产品制造成本低。产品可生产性好，保证了产品质量，提高了生产效率，降低了产品制造成本。当然这是相对而言的，毕竟制造成本还与其他很多因素有关，比如制造各种生产设备成本、场地成本、人工成本等。

产品可生产性好，说明产品可生产性需求开发得好，产品可生产性设计做得好。产品可生产性需求库开发的主力军是中试部、生产体系、工艺结构平台体系和研发测试部。因为结构件的生产是外协厂完成，所以结构可生产性开发的主力部队还有材料技术部。产品可生产性开发从如下几个方面来考虑：

1）与生产能力匹配的需求。一个产品能生产出来是最基本的需求。每个生产部门都有自己的生产能力，超过生产能力的产品不能顺利生产出来，有些甚至是完全无法生产的。当然生产部门提升生产能力可以解决一部分生产问题，这个议题不在本小节讨论了。例如，PCB 的生产，如果 PCB 的层数、厚度、长宽尺寸超过一定标准，则即使是全球的印制电路板厂家也无法生产。再如，单板的加工，对贴片元器件间距和元器件管脚间距是有要求的，这是回流焊设备能力所决定的。这部分需求开发难度不大，按照设备能力范围制定就好。

2）可测试性需求。可测试性用来描述系统检测和隔离故障的能力，可测试性设计是产品设计中一个重要的环节，它与诊断方案的制定及实施有关。产品具备可测试能力，才能通过生产测试，检测出不良品和设计、生产缺陷，从而保证产品质量。可测试性需求与测试设备能力、测试设备通用性、设备诊断方案以及具体的软硬件设计有关。可测试性需求主要由研发测试部、中试部和生产部（包括工艺部）提出。

3）可维修性需求。可维修性是指可维修的产品在规定条件和规定时间内，按照规定的程序和方法进行维修时，保持或恢复到规定状态的能力。产品如果不能维修，废品率增加，使用时出了故障就报废，则不良质量成本会很高；如果维修困难，不仅产品质量没有保证，而且维修效率低下。这些都会导致产品成本增加，企业盈利下降。可维修性与产品本身设计、生产工艺、生产能力和操作人员能力相关。例如，单板"三防"涂敷后，可维修性变差，这与单板元器件、涂敷材料和维修设备有关。可维修性通常由中试部、生产部和售后部提出。

4）工装夹具使用需求。为了提高生产效率，需要使用一些工装夹具辅助生产。这些工装夹具对产品的要求就是工装夹具的使用需求，例如，打高机就是把插箱装到机柜里的一个电动机器，对机柜里设备之间的间隙有要求，否则打高机无法使用。这类需求由中试部、生产部和工艺结构部提出。

5）产品自动化生产需求。产品自动化生产可以保证产品质量，提高生产效率，降低生产成本，但是产品自动化生产对产品生产数量有要求，对产品可生产性要求也很高。生产数量由产品规划和产品销售预测可以知道，这个需求可以由产品规划传递。自动化可生产性需求由产品可生产性需求库产出。例如，光模块壳体自动化生产要求壳体需要具备一定的厚度，否则在自动化生产过程中容易变形，导致成品率降低。再如单板生产，如果单板上没有插件的元器件，则直接通过再流焊工艺可以自动化完成单板贴片。再流焊工艺的诞生就是为了实现单板的自动化生产。自动化生产需求主要由中试部和生产体系提出。

9.2.4 智能装备开发

智能装备对企业意义非凡。智能制造装备（简称智能装备）是指具有感知、分析、推理、决策、控制功能的制造装备。它是先进制造技术、信息技术和智能技术的集成和深度融合，实现工厂和企业的技术能力、生产效率、成本的实时管理，目的是推进自动化成套生产线，智能控制系统，精密和智能仪器仪表与试验设备，关键基础零部件、元器件及通用部件的智能专用装备的发展，实现生产过程自动化、智能化、精密化、绿色化，带动工业整体技术水平的提升。

1．智能装备对企业的意义

近些年，信息和智能科技水平的提高对制造产业产生了很大的影响。企业要想在激烈的市场竞争中发展得更好，必须大力发展智能制造，而智能装备是智能制造的重中之重。因为智能化高科技装备的点滴突破，就能带来产品质量的提升、生产效率的提高、传统瓶颈的破解，甚至是思维模式的颠覆。智能装备对企业的重要意义主要体现在以下几点：

1）智能装备是智能制造的基础，也是智能制造过程中最重要的环节。

2）使用智能装备可以提升现有的制造水平，包括缩短产品开发及上市周期、降低成本、提升效率等。采用数字化的虚拟制造技术，可以在产品设计阶段就模拟出该产品的整个生命周期，从而更有效、更经济、更灵活地组织生产，实现产品开发周期最短、产品成本最低、产品质量最优、产品生产效率最高。

3）智能装备将会推动企业的制造业发展出全新的制造模式。例如柔性制造，柔性制造追求的是定制化，这种与以消费者为导向、以需定产的方式对立的是传统大规模量产的生产模式。柔性制造考验的是生产线和供应链的反应速度。通信深入政企行业后，定制化需求正在逐步增加。

4）发展智能装备可以应用更节能环保的先进装备和智能优化技术，有助于从根本上解决我国生产制造过程的节能减排问题。

2．智能装备开发及应用相关问题

智能装备融合了信息技术、先进制造技术、自动化技术和人工智能技术，对通信设备来说，一个智能装备开发的复杂度不亚于一个产品的开发，智能装备的开发与产品设计、生产管理和服务等相关，因此开发智能装备需要关注以下几个方面：

1）开发与智能装备相关的可生产性需求。产品需要与智能装备相匹配，所以产品开发之前要考虑与智能装备相关的可生产性需求，保证设计出来的产品具备使用智能装备的条件。

2）智能装备具有可生产性、可操作性、可维护性。智能装备也是一个产品，也需要具备可生产性、可操作性、可维护性和可靠性。其中可靠性需要特别注意，因为一般的通信设备在外场使用无故障维修或扩容等操作时，基本不会动设备，但智能装备是需要不断地重复使用的，定期维护保养必须要做好，到寿命的部件要及时更换，保证生产顺利和产品可靠性。

3）建立智能产线，构建智能车间，打造智能工厂。有了智能装备，还只是具备了基础条件，还需要自底向上建立智能产线，构建智能车间，打造智能工厂，形成智能制造，发挥出智能装备的先进性。

4）开展智能管理，形成智能物流和供应链体系，最终实现智能决策。在智能制造的初级阶段，智能装备具有数据采集、数据处理、数据分析的能力，能够准确执行指令，实现闭环反馈。目前，企业如果实现智能物流和智能供应链，并能做到智能决策，基本是智能制造的最高境界了，这时候智能装备的优势可以得到最大化发挥。这是我们中国人集体奋斗的方向。

9.3　通信产品常用的与可靠性相关的检测性工艺规程

9.3.1　高温老化

1. 产品高温老化定义及作用

高温老化试验（简称高温老化）是指针对高性能电子产品仿真出一种高温、恶劣环境测试的设备，通过这种测试设备对产品进行加速温度应力测试，目的是筛选出早期失效的不良产品，消除加工应力和残留的溶剂。高温老化是提高产品稳定性、可靠性的重要试验方法，是各生产企业提高产品质量和竞争性的重要生产工艺规程。

图 9-1 所示是电子产品的典型失效变化曲线——浴盆特性曲线。最初的失效率比较高，这就是早期失效的表现。早期失效一般是由生产过程或来料问题引起的缺陷所致，如焊接不良所致的虚焊，组装不良时接地电阻过大，元器件有生产

不良缺陷等。通过高温老化，使这些缺陷提早暴露，同时高温老化过程还可以消除加工产生的应力和残余的溶剂等物质，使产品尽快通过失效浴盆特性曲线的初级阶段，进入高可靠度的稳定期。

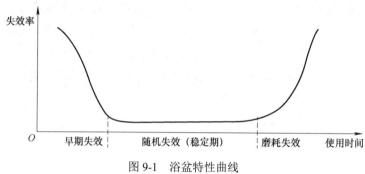

图 9-1 浴盆特性曲线

2．正确使用高温老化工艺

（1）高温老化方式

常用的高温老化方式有高温老化箱和高温老化房两种。早期很多企业使用高温老化房，设备整机在高温房做老化，因为高温老化房占地面积大、维持老化温度耗费的电能太多、温度变化响应慢等，所以目前大多数企业采用高温老化箱的方式做老化。高温老化箱有如下两种形式：

1）带加热功能的老化箱。这种老化箱一般用于不发热或发热量很小的产品。老化箱温度控制简单，箱内温度均匀，温度调整便捷且响应快。这种带加热功能的老化箱在市面上应用最广泛。ZTE 多年前采用这种高温老化方式。

2）自高温老化箱。这种高温老化箱自身不带加热功能，是通过收集、控制设备上电后自身散发的热量，实现电子产品高温老化的设备。这种老化方式因为设备上电运行，可以加快激发早期故障暴露，而且废物利用降低了能耗，性价比高，所以应用越来越广泛。自高温老化箱设计时，温度均匀性控制是难点，合理运用温度传感器和可自动控制转速的风扇组件可以解决这个问题。ZTE 使用自高温老化箱后，单台设备可以节能 20%以上（相对于传统的高温老化箱），节能减排效果很明显。

还有一种纯粹的自高温老化方式，就是不需要高温老化箱，直接用设备本身做自高温。其老化工作原理是：应用风扇调速理论，在产品设计的时候，设计一条调速曲线，使元器件温度接近长期最高工作温度值，在设备进风口增加一个小型加热装置，使设备进风温度达到设备长期最高工作温度值，在设备上电测试的同时完成高温老化工艺。这种方式省去了高温老化箱的研发和高温老化生产工序，产品高温老化时间可以忽略不计，缩短了产品生产周期，生产成本降低。各个槽位的温度稍有差异，多余的槽位都装风阻板。

风扇插箱在出风口的，可以随设备做老化，在进风口的，既可以随设备做老化，也可以用带加热功能的老化箱单独做老化。记录故障和出现故障的时间点，经过一段时间需要总结出风扇插箱是否需要做老化，老化时间是否可以缩短。

背板如果没有焊点可以不做老化，有焊点的可以参考以往的测试数据看是否需要做老化，需要做的，可以用带加热功能的老化箱做。同时分析改进焊接工艺，经过一段时间需要总结出是否需要继续做老化，老化时间是否可以缩短。

对单板高温老化来说，也需要记录故障和出现故障的时间点。经过一段时间需要总结老化时间是否可以缩短，根据故障点查找故障原因，进行相应的改进。

（2）高温老化温度

高温老化温度一般是设备最高短期工作温度值，温度太低的话，达到早期故障爆发点的时间太长，生产效率低下。如果温度超过设备最高短期工作温度，则单板会受到损伤，因为设计的时候，虽然在最高短期工作温度时，设备还有一些余量，但余量已经不多了，很容易超过芯片的结温或光模块壳温要求，超过后，芯片或光模块就会有失效的风险，即使没有失效，也会造成热损伤，寿命会缩短。

（3）高温老化频次

新产品刚转产时，所有产品都需要做高温老化。随着生产工艺成熟、来料质量稳定、检测数据稳定，可以改为每批抽检，或者定期抽检，时间间隔的长短，以检测数据和《产品高温老化标准》规定的早期失效不良比例为准。当来料质量发生波动，或者生产设备出现异常，以及较大数量生产人员变动时，需要增加抽检次数，以保证产品质量稳定。

（4）高温老化数据的使用

高温老化的测试数据需要时时记录、监测。这个数据不仅是产品质量的保证，也是改进生产工艺的基础数据。对于有早期故障暴露的产品要做故障分析，找到故障原因，做针对性改进，经过一段时间后，生产工艺会日趋稳定。来料间题要通过供应链反馈给供应商，要求供应商分析失效原因并改进工艺，提高产品质量。同时供应链需要加强来料检验，保证来料质量，从而保证产品质量。

经过多次测试数据分析、工艺改进、来料质量提升后，产品生产日趋稳定，产品早期失效数据低于规定值后，可以逐步减少抽检频次。总之，高温老化是个动态监控、动态改变的过程，切不可确定老化方案后，不管不顾地一条路走到黑。按照高温老化规则减少老化抽检次数，可以提高生产效率，降低成本，产品质量是有保障的。

9.3.2　HASS 试验

1. HASS 试验定义及作用

HASS（High Accelerated Stress Screen，高加速应力筛选）试验是由美国军方延伸出的设计质量验证与制造质量验证的试验方法，现已成为美国电子业界的标准产品验证方法。产品通过 HALT 试验得出操作或破坏极限值后，在生产线上做 HASS 试验，其目的是为了使得生产的产品不存在任何隐含的缺陷，或者至少在产品还没有出厂前找到并消除这些缺陷。

简言之，HASS 试验就是通过加速应力方式，以期在短时间内找到有缺陷的产品，缩短改进周期，并找到具有同样问题产品的方法。HASS 试验能够确保不会由于生产工艺和元器件的改动而引入新的缺陷。

HASS 试验一般应用于产品的试生产阶段，要求 100%的产品参加筛选，以确保所有在 HALT 试验中采用的改进措施已经得以实施。

2. HASS 试验需要关注的问题

（1）为什么要做 HASS 试验

高温老化试验的筛选度相对较低，如果需要提高筛选度，就需要提高筛选温度，但筛选温度受到产品工作温度范围限制而无法提高，因此诞生了 HALT 和 HASS 试验。在产品研发阶段经过 HALT 试验，并对产品或工艺做了优化改进后，在试生产或小批量生产阶段，再通过 HASS 试验，验证产品经过 HALT 试验改进的效果。

（2）HASS 试验的内容

1）进行预筛选，剔除可能发展为明显缺陷的隐性缺陷。

2）进行探测性筛选，找出明显缺陷。

3）进行故障原因分析，找出根本原因。

4）制定改进措施，并回归测试验证。

（3）HASS 试验参数的确定

HASS 试验方案设计需要参考前面研发阶段 HALT 试验所得到的结果。一般是将温度及振动合并应力中的高、低温度的可操作界限缩小 20%，而振动条件则以破坏界限 G 值的 50%作为 HASS 试验方案的初始条件。然后再依据此条件开始执行温度及振动合并应力测试，并观察被测物是否有故障出现。如有故障出现，须先判断是因过大的环境应力造成的，还是由被测物本身的质量引起的。若为前者，则应再放宽温度及振动应力 10%进行测试；若为后者，则表示目前测试条件有效。如无故障情况发生，则须再加严测试环境应力 10%进行测试。

（4）HASS 试验注意事项

1）HASS 试验可以在试生产阶段或者小批量生产阶段实施，这样性价比最高。

2）HASS 试验必须以 HALT 试验结果为基础设计方案。

3）参与 HASS 试验的产品必须是处于正式批量生产工艺流程中的产品。

4）HASS 试验须能检测出可能造成产品故障的隐患。

5）HASS 试验不致造成产品损坏或内伤，设计的应力需在设备短期工作范围内。

6）当设计变更时，需要相应修改测试条件。

7）优化设计后需做回归测试验证结果。

9.4　中试工艺人员素质要求

中试部作为产品线承上启下的主体责任部门，中试工艺人员需要验证产品的功能和性能满足度，验证产品的可生产性设计、可操作性设计、可维护性设计、可靠性设计和成本设计的正确性，开发可生产性、可操作性、可维护性需求以及智能装备等，所以中试工艺人员需要具备较为全面的技术水平和工艺技能。中试工艺人员素质要求如下：

1）了解所负责通信产品的基本工作原理和功能、使用场景，以及产品硬件和工艺结构件配置情况。

2）具备工艺和结构研发设计相关的知识和技能，例如，具备通信设备防腐蚀相关知识，熟悉线缆组件的设计方法等。

3）熟悉本企业生产能力和各种生产工艺，能熟练制定产品工艺规程和整机工艺文件。

4）熟悉通信机房或室外站相关情况，如了解机房常规制冷方式、常用室外机柜的种类及使用条件等。

5）熟悉所负责产品工程安装环境要求及设备安装、布线工艺，例如，熟悉"机房环境检查单"里各项内容含义，熟知防尘网的清理方法等。

6）擅长生产工装、夹具设计结构部分。

7）熟悉产品计划、采购模式和流程。

8）熟练使用常用设计软件和工作软件。

9）擅长持续学习先进的电子产品设计思想和设计方法，学习先进的制造模式和工艺，为开发出高质量的产品奠定良好的基础。

10）擅长团队协作和人际沟通。

第 10 章

产品采购计划中的工艺管理

10.1　采购计划概述

采购计划是指企业计划人员在了解市场供求情况，掌握企业生产经营活动过程和物料消耗规律的基础上，对计划期内物料采购管理活动所做的预见性的安排和部署。采购计划包括物料名称、代码、版本、需求单位、需求数量、下单日期、交货日期、单价、总金额等关键信息。

10.1.1　采购计划分类

采购计划通常有如下几种分类方式：

1）按照采购计划周期的长短，可以把采购计划分为年度物料采购计划、季度物料采购计划、月度物料采购计划、临时物料采购计划等。

2）按照物料的使用方向，可以把采购计划分为生产产品用物料采购计划、设备维修用物料采购计划、基本建设用物料采购计划、技术改造措施用物料采购计划、研发用物料采购计划、企业日常管理用物料采购计划等。

3）按照物料的自然属性分类，可以把采购计划分为元器件物料采购计划、PCB 物料采购计划、风扇类物料采购计划、结构件物料采购计划、线缆和光纤物料采购计划等。结构件物料采购计划又可以分为机柜物料采购计划、插箱物料采购计划、散热器物料采购计划、面板物料采购计划等。

10.1.2　采购计划对企业的重要意义

物料采购在企业运营支出成本中占有相当大的比重，需要占用大量的周转资金，这就涉及资金的有效使用问题。科学的采购计划可以帮助企业合理使用采购资金，避免浪费，提高企业的经济效益。通过优秀的采购计划获得的收益是企业纯利润。采购计划对企业的重要意义如下：

1）保证了企业销售、生产活动的顺利进行。

2）可以帮助企业有效地规避风险，减少损失。

3）为企业组织采购提供了依据，避免盲目采购。

4）调整企业库存，减少异常库存，降低成本。

5）有利于各产品线之间资源的合理配置，以取得最佳的经济效益。

6）采购计划管理能够有效实现对采购行为的时时监督，促进阳光采购。

10.1.3　采购计划相关的工作内容

采购计划部门最核心的任务是物料采购计划方案制定、采购计划下达以及库存管理，具体工作内容如下：

1）负责采购计划制定及下达。

2）根据供货目标制定材料级的需求计划，评估供货风险，制定应对策略。

3）分析物料齐套情况，识别单板或整机缺料风险，及时告警并跟进物料齐套。

4）协调解决单板生产过程中来料的异常问题。

5）负责制定库存策略，对库存整体绩效负责；推动低周转物料的消耗。

6）负责制定产品关键元器件中长期储备策略。

7）负责制定新品计划策略；审核新品和退市产品、版本切换计划等。

8）负责产品中长期计划备料策略的建立和优化。

9）根据产品全年规划及供应能力，识别风险，提出产品决策建议。

10）支撑产品经营团队的收入业绩预测及实现。

10.2　采购计划相关工作中的工艺管理内容

大家一般不容易理解采购计划和工艺或工艺管理的关系，其实大家都知道采购计划与生产息息相关，生产与工艺及工艺管理息息相关，这就不难理解采购计划与工艺及工艺管理也有千丝万缕的关系了。采购计划不仅与本企业工艺和工管理有关，与供应商的工艺和工艺管理也有着同样密切的关系。我们从如下几个例子可以看到这种相互的关系。

10.2.1　制定并利用采购周期

1. 采购计划与供应商生产能力的关系

采购周期是指从供应商接到订单到产品交付给采购企业指定库房的时间周期。采购周期表面看起来是一个商务活动的参数，实际上它是一个工艺及工艺管理的能力参数。而采购周期与供应商的生产能力密切相关。

生产能力是指生产部门在保证产品质量的前提下，在一定的时间内，能够提供的产品的数量。企业的生产能力与其设备能力、生产技术能力、管理能力和人员职业能力相关，对外表现就是产品供货周期、产品产出数量、产品质量以及服务能力。

采购计划与采购周期关系非常密切，物料的采购周期短，计划就容易做，不容易产生呆滞库存，也不容易缺料。反之，如果采购周期长，计划会比较困难，也容易出现问题。

2. 制定采购周期数据库

为了采购计划的顺利执行，实现本企业生产和销售平衡，需要根据供应商的生产能力，给每一类产品制定一个采购周期，例如，机柜采购周期 40d，插箱采购周期 30d 等。基本每一类物料都有两个以上的供应商，而各个供应商的生产能力是不一样的，采购周期的具体数据以中等偏上的水平为准，这样既能满足本企业的需求，也有助于生产能力偏低的供应商提升能力水平。对企业来说，采购周期就是采购该类物料的最长时间。

采购周期数据库一般由采购部门制定。刚开始建库时，初始数据可以是以往采购数据中出现概率最大的那个数值，也可以是业界经验数值，还可以调研供应商而得知。

3. 采购周期数据的使用

采购周期是计划部门制定采购策略和采购计划的重要基础数据，根据这项数据可以知道物料齐套的周期，采购计划策略和采购计划就可以做到有的放矢了。

采购周期也是采购部门需要的基础数据。采购部门可以根据这个数据制定采购规划和采购合同，保证供应商在合适的时间范围内交货。研发和生产也需要采购周期数据，他们需要在这个参数的基础上制定研发计划和生产计划。

采购周期参数不是固定不变的，随着物料生产工艺的成熟、生产技术及工艺的变革，以及供应商管理能力的提升，采购周期也会逐步缩短，所以需要根据业界相关情况的变化，定期或者不定期优化采购周期参数，保障数据库的合理性和先进性。

新品在早期就需要快速收敛采购周期，基本在一年左右初步稳定。采购周期数据一般由采购部门负责维护。采购周期数据库要同步给相关售前人员和研发人员，这样便于售前人员理解供货安排，也便于研发人员研发材料的采购，这种数据共享会减少不同部门之间的误解，带来正能量。

10.2.2 制定最小采购量数据库

1. 采购计划与企业采购能力的关系

采购计划的制定与本企业采购能力有很大的关系。企业采购能力强大，不仅物料成本、质量和及时供货有保障，临时采购需求也能顺利得到满足，这对计划来说是极大的利好，会极大地降低采购计划的难度。

影响采购能力的因素很多，如企业业务量、企业付款及时性、企业与供应商是否为战略伙伴关系、企业采购策略、采购物料的通用性高低、结构件等物料设计稳定性等。物料的最小采购量与企业的采购能力有关，也与供应商的供货能力有关。

2. 制定最小采购量数据库

最小采购量是指供应商可以接单的最小采购数量。例如某个塑胶件，该物料本身价值就低，比如说 0.1 元/件，如果一次采购 100 件，供应商肯定不接单，因为总价 10 块钱，快递费都不够，更别说开机费了，至少 2000 件起，这个 2000 就是该物料的最小采购量。对于批量大的物料可以不用这个参数，因为基本用不上，主要针对批量不大的模具件、定制件和二级采购物料（指供应商需要从外面购买的组件），当然还包含采购量不大的元器件等物料以及采购量不大的低价值物料。最小采购量数据库由采购部门建立和维护，一般来说，最小采购量短期内变化不大，除非有了新技术或新工艺变革。

最小采购量数据库对采购计划策略和采购计划有着重要的作用，对产品线产品销售策略和营销销售项目也有重大意义。这个数据库会被研发计划和生产计划使用。

最小采购量也需要同步给相关售前人员和研发人员，这样便于售前人员特殊订单的签订，也便于研发人员研发材料的采购安排。

10.2.3　在采购计划与产品研发之间建立良好的无障碍关系

产品设计水平和设计质量直接决定了采购计划的难易程度，比如说，产品采用的元器件、结构件、线缆等材料通用性很高，这对采购计划来说是福音，因为计划不用多考虑是否会产生呆滞问题，权衡好销售和生产之间的平衡就可以得到好的收益，这时候，材料的库存周转效率高，周转期自然短，原材料占用资金时间短，说明采购计划很成功。如果产品设计不稳定，时不时改变单板材料，结构件设计变更频繁等，这种情况下，采购计划就很难做了，极端情况是，采购的物料还在路上，这边设计变更了，不仅要重新采购新物料，还得消耗或报废不用的物料。所以优秀的设计能使采购计划发挥出更大的经济效益。

1．建立通用件库

优秀的通用化设计对企业的经济效益有着至关重要的作用，通用性包括材料的通用性和设计的通用性，这里主要说的是材料的通用性问题。元器件等物料的通用件库由研发专家和采购专家共同建立及维护，最初是从常用物料里产生，新物料进入通用件库需要专家严格评审，从多个维度做评估。通用件库定期也会清理过时的物料。通用件库里物料数量越少越好。当然也不能一味追求通用性，从而影响到产品科技进步的步伐，通用件的科学评估、权衡利弊是关键。

线缆和结构件的通用件库由结构平台自己建立和维护，产品工艺结构需求说明书里有通用性指标，在样机评审时考核通用性指标是否达成。

2．计划采购要参与产品并行设计

所有的设计部门、生产部门、售前售后部门都需要参与产品研发的并行设计，其实，计划和采购人员也需要参与并行设计过程，及时了解研发动态，同步

制定及优化采购计划和采购策略，为企业创造更好的资金使用计划。

（1）采购计划参与新产品设计

在新产品的设计过程中，了解清楚新品的关键元器件、采购有困难的元器件、新设计的结构件和线缆组件等情况，联合产品线、研发和采购做好新产品的采购计划方案，协助硬件研发人员和工艺结构研发人员做好样品采购计划方案、批量采购计划方案。做好这些工作，可以使研发物料采购和批量物料采购顺利开展，同时在样品采购阶段就为后续批量采购做好准备，例如，模具结构件的采购方案和采购计划要写清楚物料开模具的时间和地点、模具归属问题以及费用分配等。

（2）采购计划参与产品设计改进

对于批量生产的产品，设计改进对采购计划的影响不小。当研发有牵扯到物料变更的设计改进计划时，信息要时时与采购计划共享，因为这时候采购计划需要做调整了，如果等新的料单生成，采购需求到采购计划部时，库存和在途的物料已经有很多了，如果消耗掉这些物料再启用新物料，则设计改进的优势无法尽快在产品上体现，造成设计改进的浪费，拖企业前进的后腿。如果报废旧物料，启用新物料，浪费是显而易见的，总之都不是好的现象。

采购计划得知物料即将变更的计划，会做周密安排，提前控制旧物料的使用，同时规划好新材料的采购计划方案，保证新物料代码上料单即可下计划采购、使用，充分发挥研发设计改进的增效优势。

物料切换时，采购计划是关键监控岗位，在监测到库存即将消耗完时（可以提前设置预警通知），通知产品线启用新料单。

10.2.4 采购计划需与本企业生产进度协同一致

采购计划不仅要考虑市场需求和物料的供货周期，还必须与生产进度协调一致，否则会出现缺料或原材料库存积压问题。缺料即使没造成停线（可以换为生产其他部件等），也会延误发货时间，影响交付周期；库存积压轻则影响企业资金周转效率，重则造成呆滞报废。所以本企业生产线的产能数据对采购计划很重要。产能最重要的参数是各车间的出品日产量。通信设备的生产一般分为单板生产、部件生产和整机生产，采购计划需要根据这些生产的日产量数据来规划好进货时间，保证采购计划和生产计划协调一致，在避免缺料的情况下，最大限度地降低无效库存。

10.2.5 库房管理

库房管理涉及物资环境安全，物资存取自动化和智能化，大容量的科学性、业务性问题，随着时代的发展，其涉及的管理内容越来越多。库内存放的物品不科学、不合理，存放无序、检索困难、查找烦琐、清理费时费劲，不仅会影响保管和使用，还会耗费大量的人力，造成生产效率低下，甚至直接造成经济上的损失。因此，加强库房的智能化管理早已成为必然趋势。

原材料库由采购计划部管理，单板库、部件库和整机库等由各业务部门管理，但采购计划部要统筹监控。物料库存周转天数是考核采购计划的重要指标，也是企业管理能力的体现，库存周转天数的减少，是企业管理能力进步的体现。

随着信息技术的发展，大数据、人工智能等技术为企业库存管理创造了良好的条件，企业在库存管理的过程中，利用大数据等技术能够更加及时准确地了解库存情况，全面提升企业内部运营的效率。通信企业既是研发型企业，也是制造型企业。这样的企业由于库存量比较大，企业整体的库存管理难度也比较大，因此企业更需要充分利用大数据等技术，持续优化库存管理的具体流程，从而提升库存管理综合水平，用良好的库存管理水平促进企业稳步发展。

1. 库存预警机制的建立

库存预警机制应该是各企业常用的方法，在物料库存接近低位警戒线或接近高位警戒线时，系统会自动报警，提醒计划员及时做计划调整。不同物料的高、低预警参数不同，这个参数由市场需求量、物料的使用量、生产消耗速度量、供货周期等决定。预警线参数也需要定期或不定期维护。当市场需求和供货情况及本企业生产稳定时，参数可以不做变动，否则，需要及时调整参数设置，保证库存处于安全、健康状态。

2. 呆滞库存处理

呆滞库存是指暂时不用或者永远没有机会使用的具有风险的库存。物料呆滞与市场预测、产品通用化设计、设计或工艺变更、采购计划参与并行设计的深度、采购计划方案及具体的采购计划等有关。在这些方面做改进，可以有效控制呆滞物料产生。

对于判断物料是否为呆滞物料，不同企业判断方法不同，例如，有企业认为从最后一次领料开始，往后 180d，就认为该物料呆滞了。一般来说，判断物料呆滞要从如下几个方面考虑（如果这几个条件同时满足，则可以判断该物料已经成为呆滞物料了；如果部分满足，要再看该物料的存储保质期，如果接近存储保质期，就说明该物料呆滞了）：

1）该物料是否存量过多。

2）该物料近期消耗是否非常少或没有消耗。

3）该物料库存周转率低。

4）使用该物料的产品市场需求极少。

本着减少浪费、节能环保的原则，要及时识别呆滞物料，严格监控物料的存储保质期，对保质期范围内的物料进行消耗处理（超过存储保质期的物料报废处理或实验室相关基础实验用）。各个企业都有自己呆滞物料消耗的处理流程，一般来说，有如下几个处理思路：

1）采购计划人员通过系统统计使用该物料的产品，请相关产品经理安排售前人员判断近期是否会有市场需求。

2）采购计划人员通过系统统计使用该物料的产品，请相关产品经理安排研发评估是否可以兼容替代消耗该物料。

3）采购计划人员通过系统统计使用该物料的产品，如果是结构件或线缆组件，请工艺总监评估是否可以兼容替代消耗。

3. 智能化仓储

智能化仓储是一种现代化的仓储管理理念或模式，是用计算机通过信息化、物联网和人工智能，对物流进行的智能化管理，目的是降低仓储成本，提高物料周转效率，提升企业运行效率和利润。智能化仓储通常包括 4 个子系统，即库内环境调控子系统、安全防范子系统、货架管理子系统和智能化货物小车子系统。

（1）库内环境调控子系统

该子系统能对库房里的空调、环境温度、环境湿度、环境洁净度等进行监控。不同物料对温、湿度和洁净度要求不同，可以按照物料规格要求分类管理。

没有这类要求的库房可以不配置这类监控系统。

（2）安全防范子系统

该子系统包括消防及报警系统、防盗及报警、防鼠设置、电视监控、智能库锁、分区管制等设施。有些库房还有防光需求。

（3）货架管理子系统

该子系统货架上安装有单片机及微处理器，并且用 LED 显示器指示槽位及数量信息，每个货架的现场单片机与管理主机进行联网。在 PC 主机上配有管理模块、通信模块、编辑模块和查询模块等。

（4）智能化货物小车子系统

智能化货物小车通过无线网与库房管理计算机联网。小车上装有控制、引导计算机系统，能进行货物查询和检索，显示货物存放的位置和数量以及货架位置平面图，给出最佳存取行程路线。具备人工智能作用的小车可以取送货。

10.2.6 自制和外协损耗计划量管理

生产过程中会出现一些物料的损耗，例如螺钉可能因为滑丝导致报废，所以每种物料都需要有一个损耗参数，在发料的时候，按照损耗参数将损耗物料配送给领料单位。无论是自制件还是外协件，都需要制定损耗参数。这个参数通常是由采购计划部召集生产工艺部、中试部和结构平台共同确定的，不同物料的损耗量是不同的，可以按照物料类别做损耗数据库。这个数据库需要定期或不定期进行维护，因为有些产品随着工艺成熟或生产工艺优化改进，损耗会降低。这个数据库的作用是很大的。损耗参数不准确要么造成生产缺料，产品不能齐套，影响生产发货速度；要么造成物料浪费，采购计划也会很困难。

10.2.7 采购计划人员需具备的工艺技能

采购计划是衔接市场和生产需求量的桥梁，采购计划人员需要时时了解产品市场需求、物料市场行情、供应商及本企业的生产工艺及生产能力。通信产品的采购计划人员通常需要具备如下工艺技能：

1. 熟悉产品研发流程

采购计划人员需要参与产品并行设计，虽然会有流程推送相关信息，但是采购计划人员还是需要熟悉研发流程，了解每个阶段研发的具体工作，从而方便从每个阶段获取相关内容，学习并了解新产品功能、产品具体形态、使用配置等信息，提前做好新产品的采购计划方案。

2．了解产品单板组成及配置

采购计划人员需要了解自己所负责产品的单板基本组成和配置情况，以及这些单板的基本生产工艺规程，以便在做采购计划方案和采购计划时心中有数，游刃有余。在遇到特殊供货需求、突发缺料或来料质量问题时，有能力协助相关单位处理好突发事件。

3．熟悉产品工艺结构配置说明

采购计划人员切不可只认识代码，不认识实物，不了解物料之间的配置数量关系，这样是不可能做出优秀的采购计划方案和性价比很高的采购计划的。不仅仅是针对工艺、结构件采购，芯片等物料的采购也需要了解产品的配置，掌握的产品情况越多，眼界会越宽，做采购计划方案和采购计划时会有更好的思路。

采购计划人员在参与自己负责产品的并行设计过程中，已经了解了产品工艺方案和结构方案，对产品有了认识和理解，也做了大致的工艺结构件的采购计划方案，熟悉产品工艺结构配置说明后，可以进一步理解产品设计和配置，把实物和代码对应起来，并丰富完善采购计划方案，为后续的产品工艺结构件的采购做好充分的准备。

4．了解供应商和本企业的生产工艺及产能

"知彼知己，百战不殆"这句话对各行各业都是普适的真理。做采购计划时需要熟知供应商的产能代表参数——供货周期，此外，还需要清楚地知道本企业生产线的日产量数据。这些数据是做产品采购计划方案和采购计划的基础。如果能大致了解供应商和本企业的生产工艺情况，如工艺流程、各工序的大致工时等，对理解产能和处理异常情况会有很大帮助。

5．熟悉线缆组件和结构件的存储条件和保质期

熟悉线缆组件和结构件的存储条件和保质期，一方面是为线缆组件和结构件提供合适的存储条件（有相应规范对物料的存储条件做了明确规定），另一方面是防止线缆组件和结构件成为呆滞物料。虽然会有系统监控，但人的主观能动性也不能忽略。元器件是重点保护对象，结构件的保护条件也不可忽视。

10.2.8　采购计划相关工作中应用大数据技术的好处

简单说，企业创造出来的大量的各种数据称为大数据，大数据的应用技术称为大数据技术。有一定历史的企业必然会有庞大的数据库存在。数据是企业的财富，这些财富需要合理利用才能为企业增效。大数据无法通过常规的软件或人工进行处理，这就必须要用到大数据技术。大数据技术最关键的必然是技术，这种技术才能体现大数据的价值，同时也是大数据应用的基石。大数据技术流程包括建模、搭建模型框架、开发构建、对信息进行处理、存储有用信息、得到想要的结果。对于大数据而言，它的最终价值体现必然是实践。采购计划工作应用大数据技术有如下好处：

1）降低数据管理成本，提升数据的价值，例如充分利用库存数据、历年采购计划数据、历年顺利完成或延误的计划资料数据、采购周期数据等的价值去创造新的价值。

2）为产品经营提供各类数据支撑，降低企业运营风险。

3）通过数据的驱动，提升采购计划的准确性和及时性。

4）规避各类数据的孤岛现象，推动企业内部乃至供应商协同一致，从而提升效率，降低管理成本，促进和供应商的战略伙伴关系良好发展。

5）快速推进供应链乃至整个企业数字化工作。

第 11 章

产品采购中的工艺管理

11.1 产品采购概述

11.1.1 产品采购的定义和性质

采购是指企业为实现销售目标，在充分了解市场需求的情况下，根据企业的经营能力，运用适当的采购策略和方法，通过等价交换获得所需物料或服务的经济活动过程。

采购的基本功能就是将资源从资源市场的供应者手中转移到企业手中的过程。所以采购既是一个商流过程，也是一个物流过程。商流过程主要通过等价交换来实现商品所有权的转移；物流过程主要通过生产、包装、储存、运输、装卸等手段来实现商品空间位置和时间位置的完整结合。二者缺一不可。只有这两个过程都完全实现了，采购过程才算完成。因此采购过程实际上是商流过程与物流过程的统一。

采购是一个经济活动。在整个采购活动过程中，一方面，企业通过采购获取了资源，保证了企业正常生产的顺利进行，这是采购的收获；另一方面，在采购过程中，会发生各种采购费用，这就是物料的采购成本。企业要想追求采购经济效益的最大化，就要不断地降低采购成本，以最少的成本去获取最大的收益。而要做到这一点，关键就是要进行科学采购。

11.1.2 产品采购的形式

通信产品的采购形式一般可以分为外购和外协，物料也分为外购件和外协件。

（1）外购

物料外购是指企业为进行产品生产而从供应商处购进的为产品服务的物料或服务，物料由供应商设计、生产、销售。例如风扇、电阻、电容、线缆等物料就是外购件。

（2）外协

物料外协是指企业为进行产品生产而从供应商处购进的为产品服务的物料或服务，物料有两种情况：一种是由采购企业所设计，由供应商生产和销售；另一种是物料由采购企业提供，由供应商加工销售。这两种情况都叫作外协。例如机柜、插箱、线缆组件、PCB 等物料就是外协件。

11.1.3 产品采购在企业经营活动中的意义

采购是企业经营活动必不可少的一个步骤，是企业经济活动能够有效进行的重要保证。其具有如下意义：

1）采购活动关系到企业研发、生产、销售工作是否能顺利进行。

2）企业采购物料的资金在企业运营资金中占比很大，采购资金使用效率和收益直接影响着企业的利润和运营。

3）采购部门制定的与各项采购相关的数据库是企业各部门协同合作的基础，例如物料采购周期和最小采购量等参数数据库。

4）采购部门在做市场资源研究时，可以给企业引入更高性价比的兼容替代物料，从而降低物料成本，或者提升产品质量，提升产品的总体竞争力。

5）采购部门在与供应商接洽的过程中，会了解到供应商技术的发展变化，可以及时把新材料、新技术、新工艺传递给产品研发部门，促进产品良性演进。

6）采购部门协助开发外协件的可生产性需求，收集整理供应商技术能力指标，协助研发人员进行物料的可生产性设计，提高物料的性价比，保证采购工作顺利开展。

7）采购部门常年对市场资源情况进行分析研究，可以得出资源行情及变化发展趋势，这些信息是企业规划产品乃至经营决策的重要依据。

11.2 产品采购中的工艺管理内容

经验告诉我们：盲购是效率的杀手，缺乏科学思想和方法的采购会付出成本的代价。系统性的科学采购是实现企业经济利益最大化的源泉。全面工艺管理在采购方面的运用就是科学采购的内容。采购活动和采购计划活动一样，与研发及生产有着密不可分的关系。采购活动中工艺管理开展得好，可以提高研发选用或设计物料的性价比，降低物料的采购成本，提高采购物料的质量，从而可以极大地提高采购工作的效率和收益，促进企业良性发展。

11.2.1 产品采购中如何开展工艺管理

对采购活动进行工艺管理是采购活动顺利进行的基石。我们从下面这些活动的描述中，可以看出采购活动与工艺管理的关系，以及我们在采购领域如何开展工艺管理。

1. 采购参与并行设计

采购人员需要参与产品的并行设计，主要工作如下：

（1）了解产品设计方案和进展

采购人员不可以盲购，就是不能对物料特性一无所知，只是习惯性地下单给供应商，让供应商评估价格和供货周期，图纸到厂家才发现问题，导致无法按期交货。采购人员需要在了解物料自身情况、企业总体使用情况、市场资源情况的基础上，根据企业内部的采购策略进行各种形式的招标采购。所以，采购人员需要提前了解产品设计方案和研发进度，在了解产品物料的情况下，调研市场资源行情，结合本企业的通用性情况，为新产品采购做准备。例如，了解到新产品采用了新的元器件，在了解元器件功能和性能参数、配置情况以及产品未来预期销售量的基础上，调研市场资源行情。再如，结构件和线缆组件属于外协件，采购人员需要了解结构和工艺的设计方案，乃至详细设计情况，对以往没采购过的物料做采购可行性评估，调研市场情况，并引导研发做出高性价比的设计。这些工作都是为后续采购做的准备。

（2）协助开发外协件的可生产性需求

对通信产品来说，自研芯片、PCB、结构件、线缆组件等物料是外协件，即这些物料是通信企业自己设计的，但生产是在外协厂完成的，因此产品设计需要与外协厂的生产能力相匹配，也就是说，我们设计出来的产品在外协厂需要具备良好的可生产性。自研芯片基本都是采用先进工艺的高端芯片，芯片可生产性设计很复杂，目前主要由芯片设计团队自己开发可生产性需求，采购团队相关人员负责协助工作。PCB 的生产工艺相对成熟，这部分可生产性需求由工艺研究部负责开发、维护，并转化成设计规范供研发使用。线缆组件生产相对简单，基本是标准工艺，这部分可生产性需求已经有相对成熟的设计规范了，新技术和新工艺方面的可生产性需求由线缆团队和采购团队共同开发。结构件的可生产性需求一般由结构平台和采购体系的技术部门负责开发。例如结构件的最佳制造生产工艺、结构件自动化制造生产需求等。

（3）建立结构件供应商生产设备技术参数库

每家结构件生产供应商都有不同的生产设备，且型号、规格不同。规格不同，代表加工能力不同，例如一般机械加工厂都有的数控自动化机床 CNC（也叫自动化数控中心），有的 CNC 可以加工模具，有的可以加工规格比较大的金属工件，有的可以加工一些小型五金零件及产品，不同的 CNC 加工精度也不同。再如，同一个零件，有些部分需要用 CNC 加工，有些部分使用火花机加工。现在也有 CNC 火花机了。结构件研发设计的时候，需要了解这些信息，否则设计出来的产品不好找供应商。采购人员应统计各个供应商的设备名称、数量、加工精度，做成供应商设备能力库，并不定时维护相关信息。供应商设备能力库也是一种可生产性需求。

（4）协助产品材料选型、外协件生产工艺技术选择

采购体系新品导入部门的人员需要协助新研发产品或技术改进的产品做材料选型，即使是通用件库里的材料，也是有优先级要求的，研发人员在没有确切把握的时候，可以寻求新品导入部门的帮助。使用新材料时，需要新品导入部门相关专家和产品线专家共同评审批准。

结构件设计过程中，有新材料或新工艺需求时，也需要新品导入部门协助及评审。新品导入部门会根据市场新材料供应情况或者市场上新工艺的普及情况，

如材料质量、价格、采购的难易程度，新工艺稳定性、成品率、加工成本、普及率等，最终给研发提出指导意见，使研发工作和采购工作顺利衔接，为后续材料采购降低成本和提高采购效率打下基础。

（5）协助研发寻找需要的供应商

新技术、新材料、新工艺一直在不断地推陈出新，产品创新也需要新技术、新材料、新工艺的助力，所以采购体系新品导入部门自然需要承担研发需要的新供应商的开发工作，找到合适的供应商，需要对供应商做认证。而且供应商认证要在产品确定方案后就开始做，不能到产品快批量生产了才开始找供应商，这样有些不能及时开模具的零部件，只能机械加工，成本会高很多，不利于产品抢占市场。极端情况，会因为找不到高品质的供应商而延误产品上市。

寻找供应商的途径有：网上搜索查询、公开征求合作、相关人员推荐或介绍、咨询行业协会或采购专业顾问公司、参加产品展示会等。

一般来说，合格供应商的标准有：良好的业绩、足够的投资资金、优秀的企业领导人、高素质的管理团队、稳定的员工团队、良好的生产和检验设备、良好的技术能力、良好的管理制度。ZTE 在供应商认证方面有成熟的流程和考核内容，笔者想分享一下自己的一点认证心得，希望可以帮助快速推进认证流程：

1）考察供应商必定会参观供应商生产线。生产的管理水平实际上是企业管理水平最真实的体现，因为车间设备、生产流程、生产工艺、工艺文件、产品产量和质量、空间利用率、员工着装、员工操作水平、环境卫生、环境安全等，这些都是一目了然的，综合情况就是企业生产技术水平和管理水平的体现，因此考察供应商生产线时，切勿走马观花，要多方仔细观察，这些实际情况比答辩文件更有说服力。

2）质量文件审查时，重点看不良品处理记录。如果记录显示处理办法完全没有章法，都是东一下、西一下的试探性做法，这显然是没有经验，说明供应商在尝试制造这种物料。如果解决办法经常是一样的，说明技术人员或管理者没有尽职，重复出问题，必须得找到根本原因，从根本上解决问题，而不是重复同样的解决办法表面上解决问题。

3）有些材料供应商认证时，厂家的一些参数能很清晰地显示厂家的能力，例如，光模块壳体生产供应商认证时，可以从开模周期、供货周期、供货合格率三个参数来看厂家的能力。开模周期除了制模周期外，要重点关注从模具制成开始，到能批量供货这个周期参数，因为这个时间长，说明模具修改时间久，制模能力差。常规情况下，供货周期反映厂家设备能力和人员技术能力，以及生产工艺的成熟度和综合管理能力。如果设备够多、人员技能好、生产工艺成熟、产品合格率高，再加上生产调度安排科学，出货自然快。

（6）制定新品材料采购方案

采购相关人员参与新产品研发并行设计的目的之一，就是为了制定新产品的材料采购方案，保证新产品顺利上市，以及研发用料和后续批量采购的高效性和高性价比。首先是协助研发人员和采购计划人员，制定研发材料的采购计划和采购方案。在这个采购计划和采购方案基础上，制定小批量采购方案以及批量采购方案初稿。在产品成果鉴定节点，根据样机采购的经验总结和结构工艺出的文档"××结构件及线缆打样信息说明"，制定最终的采购方案。采购方案中最需要注意的是二级物料的采购策略、模具件（需要开模具生产的材料）的采购策略，以及不易采购的材料的采购策略和部分新材料兼容替代供应商认证的计划。

这里需要说明一下研发物料采购计划和采购方案的问题。这个计划及方案由研发主导，和总的采购计划、采购方案一起制定，目的是保证研发用料的及时性以及降低研发材料的成本。例如，对结构件来说，如果没有详细的计划，很可能会到即将使用时才提单采购，成本至少是批量成本的三倍。现在为了保证产品质量，测试做得很仔细，需要的样机数量不少，因此每年的研发打样费用也是很可观的。如果样机和小批量计划做得好，项目执行到位，节省三分之一到一半费用是有可能的，这相当于是纯利润。

（7）完成研发材料的采购

完成研发材料的采购看似是一个简单的事情，实际上这不仅仅是一个买东西的活动，还是一个验证研发采购计划的过程，更是一个为批量采购探路的过程。这个活动开展得顺利，不仅能节省研发经费、满足研发项目进度的高效需求，还能为后续小批量采购和大批量采购提供宝贵的经验。

（8）从采购源头开始创建绿色低碳的产业生态链

绿色低碳是时代的需求，是企业的社会责任，ZTE 把节能减排作为企业的战略任务来实施。通信行业的节能减排需要从整个产业链来共同推动，ZTE 和上游原材料的供应商携手，从源头开启节能减排之路，后端携手客户，构建一个绿色低碳的通信生态链。我们把绿色低碳要求纳入供应商引入和供应商管理流程，对合作供应商提出了双碳治理的 smart 方法论。经过这些年的运作，低碳的收益在持续攀升中。

2. 工艺结构设计提供设计成本价

元器件等材料的采购价格在市场上基本是透明的。对采购的企业来说，除了采购量、采购需求时间以及付款方式外，其他是市场行情所决定的（独家采购材料除外）。PCB 的价格基本是和层数、厚度、尺寸、选材相关的，价格也基本是透明的，自然也和采购量息息相关。线缆组件的加工价格与生产工时、生产难易程度及采购量有很大关系，价格基本透明。当然所有材料的采购价格都与采购策略有关系。

结构件因为组成复杂，一个代码可能由几个、十几个，甚至几十个零件组成，价格各异，而采购人员难以做到熟悉每一个代码的具体设计情况，采购招标的时候容易出现盲购。所以结构设计需要提供设计成本价，这个价格是包含材料费用、制造费用在内的市场通用价格，采购商务拿到这个价格就能做到心中有数了，方便与供应商进行商务谈判，也能判断招标结果是正常还是异常。当然，最终的采购价格还与结构件的采购数量、招标策略等有关系。需要注意的是，市场材料价格是波动的，有时波动还比较大，而研发难以时时维护设计成本价，所以采购人员在后期使用这个参数时需要注意该问题，这时候可以参考往年的采购价格和市场原材料的变化数据。

3. 新产品结构件及线缆打样信息说明

工艺和结构研发人员制定新产品结构件及线缆打样信息说明，是打样过程的总结。该文档是采购计划人员和采购人员做新产品采购计划方案和采购方案的依据。通过这个文档，可以看到整个产品所有结构件和线缆组件的采购情况及模具情况。这个文档还可以为后续新产品研发制定采购计划提供经验参考。产品结构件及线缆打样信息说明模板如下：

（1）适用范围

说明此产品系统配置的适用条件、使用范围。例如，产品整机（包含机柜、插箱、侧柜、底座、光纤和线缆等）配置材料的采购信息，用于采购计划人员和采购人员做新产品采购计划方案和采购方案。

（2）产品配置说明

1）按照表 11-1 的形式对结构件基本数量进行说明，目的是使采购计划人员和采购人员知道本产品有哪些材料及其配置数量。

表 11-1　产品结构件基本数量说明

序号	名　称	代　码	适用机型	单位	基本数量	备　注
1	××-S5100 机柜	62410036××××	××产品	台	1	机柜
2	××-S5100 侧柜	62420036××××	××产品	套	1	每台机柜配置 1 套
3	××-S5100EE 插箱	62430036××××	××产品	台	3	每台机柜配置 3 台
4	灯镜	05525400××××	××产品	个	4	每台机柜安装 4 个
5	散热器	62730828××××	××产品	个	8	每台机柜配置 8 个
6	外部标贴	62440928××××	××产品	套	1	每台机柜配置 1 套
7	××-S5100AA 单板面板	62450036××××	××产品	块	1～10	每台机柜配置 1～10 块
6	××-S5100BB 单板面板	62450036××××	××产品	块	1～5	每台机柜配置 1～5 块

注：AA、BB、EE 代表产品的不同型号。

2）图 11-1 所示为两种机柜产品的配置情况，可以用产品工艺配置参数说明里面的空间的大致分配，例如：

① 整机外形尺寸（高×宽×深）：2200mm×600mm×600mm。

② EE 插箱外形尺寸（高×宽×深）：438mm×530mm×210mm。

③ AA 单板外形尺寸（高×宽×深）：237mm×210mm×30mm。

（3）结构件打样信息说明

1）结构件核算价格清单见表 11-2，所提供的本项目新设计的代码的设计核算成本价格，旧代码不需要提供，供采购商务部门参考。

图 11-1　两种机柜图

表 11-2　结构件核算价格清单

序号	名　称	代　码	单位	基本数量	设计成本核算价/元	原材料名称	原材料净重/kg	备　　注
1	××-S5100机柜	62410036××××	台	1	×××	铝合金	11.53	通过成本核算软件核算
2	灯镜	05525400××××	个	1	×	透明PC	0.003	通过成本核算软件核算。需开模,不算开模费及模具分摊费
3	散热器	62730828××××	个	1	××	铝合金	0.15	通过成本核算软件核算。需开型材模,不算开模及模具分摊费

　　2）打样厂家及二级物料情况说明见表 11-3。这里对材料打样厂家,以及是否包含外购件、是否有外发物料的结构代码进行说明,仅针对本项目新打样的代码。

表 11-3　打样厂家及二级物料情况说明

序号	名　称	代　码	是否包含特殊外购件	打　样　厂　家	是否有外发物料	影　响　说　明
1	××-S5100机柜	62410036××××	是	1）包含特殊防水接头（05328700××××,所有物料需说明物料代码编号） 2）该代码打样安排在XX和YY供应商进行	是	1）电感（02536100××××）需发厂家装配测试防水性能 2）灯镜（05525400××××）需发厂家装配测试防水性能

（续）

序号	名　称	代　码	是否包含特殊外购件	打样厂家	是否有外发物料	影响说明
2	灯镜	05525400×××	否	该代码打样安排在 AB 和 CD 供应商进行	否	无
3	××-S5100××插箱	62430036×××	是	该代码打样安排在 DD 和 RR 供应商进行，插箱导轨条是外购物料，由 NN 厂家提供	否	导轨条有最小采购量 2000 条的限制
4	散热器	62730828×××	否	该代码打样安排在 HJ 和 QW 供应商进行	否	无
5	外部标贴	62440928×××	否	该代码打样安排在 SH 和 XY 供应商进行	否	无

注：XX、YY、AB、CD、DD、RR、NN、HJ、QW、SH 和 XY 代表不同的供应商或厂家。

3）结构件打样开模信息说明见表 11-4。这里对打样过程中新设计的需开模生产的钣金件、塑胶件、型材等的开模信息进行说明，不需要开模生产的零部件不需要说明。

表 11-4　结构件打样开模信息说明

序号	名称	代码	物料类型	开模情况	初期备料数量	半年需求量预测	模具费用情况
1	××-S5100机柜	62410036×××	钣金件	打样供应商中，XX 供应商已开全部模具，YY 供应商未开模具	×××个（模具申请单中的备料数量）	×××××个（与产品经理确认）	模具费用由供应商承担
3	××-S5100××插箱	62430036×××	是	打样供应商 DD 和 RR，供应商都已全部开模具，插箱导轨条是外购物料，由 NN 厂家提供，已开模具	×××个插箱，导轨条××××××根（模具申请单中的备料数量）	×××个机柜，导轨条××××××××根（与产品经理确认）	插箱模具费用由厂家承担，导轨条模具费用由我司一次性付清
3	灯镜	05525400×××	塑胶件	打样供应商中，AB 供应商已开模具，CD 供应商未开模具	×××个（模具申请单中的备料数量）	×××个（与产品经理确认）	模具费用由我司一次性付清
4	散热器	62730828×××	型材散热器	打样供应商中，HJ 供应商已开全部模具，QW 供应商完成部分模具	×××个（模具申请单中的备料数量）	×××××××个（与产品经理确认）	模具费用由我司一次性付清

（续）

序号	名称	代码	物料类型	开模情况	初期备料数量	半年需求量预测	模具费用情况
5	上壳体	62440928××××	压铸件	打样供应商中，SH供应商已开全部模具，XY供应商未开模具	×××个（模具申请单中的备料数量）	×××××个（与产品经理确认）	模具费用由我司一次性付清

（4）装配布线等外协情况说明

这里说明本项目需要在外协厂组装的部件（如风扇插箱）以及需要外协厂布线的情况等。需提供相应工艺文件编号，例如，本项目代码中，××-S5100 机柜、62410036××××需在供应商布线，布线工艺文件为 5000××××××，由产品线项目管理提供。

1）需要外协装配材料清单见表 11-5。

表 11-5　需要外协装配材料清单

序号	物料名称	代码	内装材料名称	内装材料代码	装配数量	装配材料来源
1	××-S5100 机柜	62410036××××	风扇插箱	12450036××××	1	厂家自己生产
			灯镜	05525400××××	1	我司原材料库
2	风扇插箱	12450056××××	风扇控制板	12350072××××	1	我司 PCB 成品库
			风扇	05738900××××	8	我司原材料库
			线缆组件	12850013××××	3	我司缆成品库

2）外协布线机柜内部线缆配置清单见表 11-6，线缆组件均从我司线缆组件成本库领取。

表 11-6　外协布线机柜内部线缆配置清单

序号	代码	物料名称	单位	长度/m	配置基本数量	备注
1	线缆组件甲	12850013××××	套	1.2	2	
2	线缆组件乙	12850013××××	根	1.6	1	
3						
4						

备注：低烟无卤线缆容易刮白外护套，布线需要重点关注。

（5）打包招标说明

这里说明可以打包一起招标的代码情况。一般来说，零件通用率大于一定数

值的物料可以放在一起招标，例如通用率大于 40%的 8 个插箱可以一起招标。这
里需要给几点说明：

1）打包招标的物料供应商拆分要一致，所以需要从设计开始规划，即规划
通用率、打样厂家以及一起打包招标的代码。

2）零部件通用率，即这些代码通用率是多少。

3）给出可以打包招标的代码组，例如，本项目代码中，××-S5100 机柜的
62410036××××代码与 62410037××××、62410038××××、62410039×
×××、62410040××××代码共用框架，代码拆分情况一致，各代码共用框
架，通用率超过 50%，可以打包招标。

4）在数字化系统成熟时，这里主要说明打包要求和原则，具体代码组由系
统按规则导出。

11.2.2　通过对采购进行工艺管理以降低成本

前面阐述了对采购进行工艺管理不仅可以保证采购顺利进行，还能提高采购
效率。这一节想说明的是，对采购进行工艺管理可以降低采购成本，提高产品竞
争力。可以通过以下工艺管理降低成本。

1．采用通用件库降低成本

材料通用件库的首要功能就是降低材料成本，因为采购量够大，供应商都很
愿意合作（薄利多销），多家竞争的结果就是采购成本大幅度降低。通用件的另
一个特点就是生产工艺性好，生产顺利、高效，则产品生产成本低。通用件质量
好，返修率低，产品售后质量成本低。

2．采购人员反馈新材料、新技术或新工艺促使设计降成本

通常来说，设计降成本可以直接导致材料采购成本的降低，是降成本的重要
手段。对结构设计来说，在设计方案、选材、制造的工艺方法、零部件组装工艺
等方面不同的选择都可能实现设计降成本。采购人员与市场人员和供应商接触
多，能够时时了解到新材料、新技术或新工艺，将这些信息及时推送给研发人
员，研发人员选择性运用，从而实现设计降成本。

3. 采购人员提出的兼容替代降成本

采购体系的新品导入部门还有一个职责就是兼容替代。对通信设备来说，兼容替代就是用一种材料替代设备中原来使用的材料，设备功能和性能不变或者提升。这是产品设计过程中常见的一种方法。这种方法在材料工业高速发展的今天，具有更强大的活力。通常新品导入部门找到新材料，对供应商提供的材料功能和性能参数做评估，再对材料成本和采购难易程度等做评估，综合评估可行后，交给相关研发项目，做产品使用新材料后的性能、功能、可靠性以及生产测试，有些材料还需要做工程试装测试。测试指标达到研制规范要求，才可以做新材料的兼容替代。兼容替代一般有以下几种情况：

1）找到功能或性能更好的材料。新品导入部门找到功能或性能更好的材料，在产品成本能满足成本设计需求时，可以对原来使用的材料做兼容替代，目的是提高产品质量，或者提高可生产性、可操作性或可维护性，降低设备的不良质量成本，提高产品竞争力。

2）找到性价比更高的材料。性价比更高的材料是指新材料功能或性能与在用材料相当，但成本更低；或者新材料功能或性能比在用材料更好，成本相当。这类兼容替代可以直接降低产品材料成本，或者降低产品不良质量成本。

3）消灭独家供货。独家供货是指某材料只有一家供应商。独家供货不仅材料价格没有优势，最大问题是有可能断供，导致产品停产，或现网设备无法维护，所以产品设计时要尽可能地避免独家供货。对于独家供货的产品，要想方设法找到可以兼容替代的材料。一般情况下，消灭独家供货后，供应商有了竞争，材料成本会大幅度降低。

11.2.3 采购工艺管理的几个具体案例

完善的采购内部控制制度是企业经营活动必不可少的一个内容，是保证企业经济活动能够有效进行的重要保障。确保一个合理完善的采购内部控制制度的有效执行，已成为企业降低成本、保证企业利益最大化最为重要的前提条件。ZTE制定的采购工艺管理方面的规范、标准是采购内部控制制度的一部分。

1. 建立模具数据库

对于结构件和连接器等需要开模具的材料，需要建立模具库，一方面是对企业资产做管理，另一方面是模具库对结构和工艺设计、采购计划及采购都有重要的参考利用价值。如果没有做这类资产管理，有可能会造成资产流失。例如换连接器生产厂家，如果没有登记模具，并将模具转入新的供应商，新供应商开模的费用还需要企业支付，不仅造成经费损失，增加了材料成本，还会因为开模具耽误时间，影响产品生产发货。知道模具所有信息，对研发打样、采购计划及采购方案的制定都很有帮助。模具库由采购人员负责建立和维护。这里说的模具是指企业自己付费给厂家开的模具，模具所有权归付费企业所有。供应商自己出资开的模具不在这个库里做登记。模具数据库模板见表 11-7。

表 11-7　模具数据库模板

序号	模具名称	模具代码	模具产出的材料代码	模具产出的材料名称	模具类别	开模厂家名称	模具价格	开模时间	模具数量	件数/单模
1										
2										

2．模具件的采购规范

制定材料采购规范的目的是保证材料的顺利采购，同时按照规则制定采购计划和采购方案，科学地降低采购成本。

（1）制定材料采购规范对企业的意义

1）指导设计人员合理使用模具、制定样机采购方案和计划。

2）指导中试人员制定试生产物料准备方案和计划。

3）指导采购计划方案和采购计划的制定。

4）指导采购策略、采购方案和采购合同的制定。

5）指导产品线人员、售前销售人员制定销售策略和销售方案。

6）统一行动方针，加深不同部门之间相互理解，便于企业内部合作有序，提高采购效率，降低材料成本。

（2）模具件采购规范的内容

1）对各类模具年采购量的要求。不同类型的模具年采购量要求不同，例如，塑胶件年需求量参数比较大，因为供应商需要有一定量才能开机，而且塑胶件成本低，采购量太小，供应商没有利润。压铸件年采购量相对会小一点。采购量对选材和设计方案意义重大，比如塑胶壳就必须有量，否则不能做塑胶壳。

2）不同类型模具件的单次最小采购量。这个参数可直接借用该材料最小采购量数据库，是制定各种采购方案、采购计划、销售合同的依据之一。

3）不同类别模具件、不同采购量的梯度价格表。同一个模具件采购数量不同，价格不同，这个是大家都知道的，但是具体多少量、成本多少，多数人是不知道的，这个表格是制定各种销售策略、销售合同和采购方案的基础数据之一。

4）各类模具的开模流程。各类模具的开模流程基本相同，但也会有一些差异。给出开模流程，方便新员工使用。

5）各类模具开模时间点和开模最低数量建议。不同类型的模具、不同产品的模具开模时间点不同，比如塑胶件，图纸稳定就要立刻开模，否则物料采购很成问题。有些能提前确认有足够量的材料，图纸稳定就要尽早开模，毕竟机械加工件成本高很多。有些材料要使用一段时间才能确定是否需要开模。而且大多数材料，只有材料需求达到一定数量才有开模的价值，所以规范里会根据不同材料类型，给出开模的时间点建议以及最小需求数量建议，供产品线和结构设计参考。

3．材料技术规格书管理

在一般的认知里，材料技术规格书是对这个材料的功能、性能以及基本原理进行说明的。实际上，材料技术规格书里还应该有可靠性和工艺性参数和说明。例如，对元器件来说，应该有焊接工艺要求说明，如焊接温度、焊接时间、焊锡量等，还应该有静电敏感性要求、存储和使用环境等要求以及返修工艺的说明等。对连接器来说，插拔力和插拔次数的说明都是要有的，还应该有连接器压接力的说明以及镀层材料和镀层厚度的说明。镀层方面的参数是为了查看连接器耐腐蚀性。

有些材料还有颜色要求，例如风扇线缆颜色，这是拟制工艺文件以及生产和维修需要。

材料的包装也需要有说明。对于一些采购量大的材料，最好买卖双方沟通好，使用可回收再利用的包装，不仅可以降低成本，还能为社会节能环保做一份贡献。

总之，材料技术规格书应该是一份产品说明书，这份资料对研发、生产、库存、运输、使用、维修等都有着非常重要的作用，有了这样一份信息广泛的资料，可以减少和供应商技术人员的大量沟通工作，双方工作量都会极大减少。所以按类别制作材料技术规格书模板也是一项非常有意义的工作。

顺便说明一下，材料的各类技术参数、工艺要求、可靠性指标都可以要求供应商提供，整理这些资料的过程，也是供应商能力提升的过程。但是材料的各类技术规格，尽量用业界通用的标准或规格，尽量不要定制规格，哪怕是包装要求，除非供应商可以做到通用。

4. 简易代码的使用

这里说的简易代码是指不需要经过两家打样验证，直接参照原有的类似成熟物料的代码申请的、可以批量采购的代码。设置这类代码是为了简化研发设计流程，减少工作量，降低采购成本。

常规代码发放流程需要两家打样，是为了杜绝独家采购的问题。对于一个有一定经验的企业来说，通用件或类似物料是比较多的，这些物料的选材、设计方案、生产工艺都很成熟了，完全可以一次性设计、生产好，没必要再走打样验证流程。而且因为生产门槛很低，如果原有供应商出问题，其他供应商能很快接单供货，这类物料就可以走简易代码发放流程，拿到代码即可招标采购。采用简易代码是提升工作效率、降低采购成本的好方法。简易代码数量比例增加，说明设计质量稳定性好。

5. 线缆组件、包装材料及结构件打样管理

打样就是字面意思：做样品，目的是验证设计和生产工艺的正确性。一般外协件存在打样的情况。研发制作样机时，线缆组件和结构件通常是通过打样方式获得的。打样的优点是采购速度快，缺点是成本高、供应商接单意愿不是很高，毕竟打样数量少、总价值不高。

前面介绍了简易代码的使用，什么时候打样？什么时候使用简易代码？这个问题通过打样规范来界定，打样规范是制定样机采购方案和计划的指导性文件。不同产品线，因产品差异较大，打样要求不一定相同，一般各个产品线会有自己的打样规范。

线缆组件工艺相对简单，制作工艺基本是标准化的工艺，而且线缆组件的通用率非常高，大多数与线材和连接器一致，且脚号定义一致，只有线材长度不同的区别，所以线缆组件不需要打样，直接申请正式代码，走批量采购流程。

包装材料如果使用的是常规材料和常规包装工艺，则不需要打样，申请正式代码，走批量采购流程，因为有历史经验数据和力学仿真保驾护航。新材料或新工艺类别的包装材料，可以走打样流程。包装材料打样价格性价比很不好，要尽量控制打样。

某产品线的结构件打样规范如下：

1）已经走过批量采购流程的物料均不可以再走打样流程，不仅仅是价格问题，还因为库房不同，领料操作会比较困难。

2）后续有采购量的面板、衬板、标签、光纤保护罩等材料，走简易代码发放流程，直接招标（或议标），走批量采购流程。这么做并非不再验证设计和工艺的正确性，而是这些物料的材料选型和生产工艺都已经很成熟了，出错概率很小，但依然是要走样机验证程序。设计人员跟踪验证结果，必要时升级图纸，并通过采购平台同厂家沟通更换设计图纸。面板如果可以用已经有的代码（如面板甲的代码）加新设计面贴的方式处理，则可以打样面贴，再去原材料库领用面板甲（批量物料有长期在途的滚动计划，少量领用不影响采购计划），这样采购成本可以降低（相对面板打样来说）。

3）批量代码稍做更改生成新插箱、包材、散热器等物料申请简易代码，直接招标或议标，走批量采购流程，刚开始可以少量采购做验证，结构设计人员跟踪验证结果，并通过采购平台同厂家沟通更改设计图纸。

4）尽量集中采购，例如，测试样机和参展设备等可以规划在一起采购，不能随时采购或打样。因为材料采购量小的时候价格贵，可能现在买 5 个和之前买 10 个付出的成本是一样的，所以在设计风险可控的情况下，尽量统筹计划短期内的需求数量，比如研发测试、集采、转产这些需求是已确定的。

5）配置机柜一律不能打样，下单去库房领近似的物料，工艺和结构设计人员改造成需要的配置机柜做验证。没有单独采购代码的托架等可以申请代码走打样采购流程。新设计机柜走打样流程，采购样机验证。结构设计跟踪验证情况，一切顺利后再启动第二家打样验证。

6）未来没有量的结构件走打样流程。

7）申请打样时，需要填写所有内容，便于后期采集各类数据，特别是要写明具体使用的产品型号，不能只写研发版本号。

8）打样申请单中的价格写设计成本价，这个价格由该物料的设计人员提供。这个数据便于采购人员控制价格。对于模具件，如果尚未开模，采用机械加工的方式生产，需要写机械加工件的设计成本价，不需要提供开模后的设计成本价。

9）需要开模的结构件要尽早验证，尽早固化设计，早开模，节省费用。但是对于模具费用很高的结构件，当未来需求不是很清晰时，小批量上市后，根据市场需求情况再决定是否开模。

数字化和数字化孪生技术应用成熟后，打样工作会越来越少，不仅设计问题可以通过仿真验证，生产工艺也可以通过仿真验证。

6. 打包招标

通用化设计是设计人员的必修课。产品通用化设计得好，还需要好的采购策略相助，才能体现出通用化的优势。打包招标就是一个能充分体现通用化优势的招标策略。

举个简单的例子来说明一下这种情况。有 15 个插箱，A1/A2/A3 的通用率是50%，B1/B2/B3 的通用率是 60%，C1/C2/C3 的通用率是 55%，D1/D2/D3 的通用率是 50%，E1/E2/E3 的通用率是 55%，5 家供应商参与竞标，按照招标的结果，A1/D2/E2、A2/E3/C2、A3/B1/D3、B3/E1/C1、B2/C3/D1 插箱分别由 5 家供应商供货（为了说明问题，例子有点极端），于是这 5 家供应商各开三套模具，按计划量生产。这时候，50%、55%、60% 的通用率都没体现任何作用，采购企业和供应商都没有从这 55% 左右的通用率里得到任何好处。如果我们把这A(A1/A2/A3)、B(B1/B2/B3)、C(C1/C2/C3)、D(D1/D2/D3)、E(E1/E2/E3) 分别做成 A、B、C、D、E 5 个标书，5 家供应商分别中标一个包，每家都不需要开三套模具了，毕竟这每组插箱都有大约 55% 的零件是一样的，通用部分开一套模具即可，当然不通用的零件还是需要再分别开模具的。生产的时候，可以一次性把三个插箱通用的零件做好，生产效率高了很多。而且供应商采购物料的种类也大大减少，材料成本也会降低，总体来说，所有插箱的采购价格都会降低。

ZTE 曾经将 6 个通用率大约为 50%的插箱打包在一起招标，总成本降低近千万。这种方式受到供应商的热烈欢迎。这就是产品通用化设计在采购上体现的优势。对供应商来说，这种通用化设计在生产和生产管理上好处多多，能有效降低生产费用，供应商降低成本后，企业采购成本降低，是一条良性的降本增效之路。打包招标规范如下：

（1）打包招标目的

制定本规范的目的是将相似结构的物料集中打包招标。打包招标可以使相似物料的零部件、相同特征模具在同一家供应商集中上量，体现出数量的优势，从而降低采购成本。打包招标还可以使供应商在零件的备料上更加灵活，缩短紧急代码的交期，有利于供应商集中力量优化工艺，提升零件加工质量。

（2）打包招标的范围

本规范包含的物料范围为插箱类、面板类、盒体类、包装材料类、线缆及线缆组件类物料。

（3）术语和定义

1）相同零部件：具有同一个十进制编号的零件或者部件。

2）相同特征：在零件上可以使用同一个模具加工出来的特征，主要指非常用钣金模具，如压包模、压筋模、抽桥模等。

3）打包招标：将包含相同零部件或者相同特征的不同物料集中在一起进行招标。

（4）职责及操作

打包招标需要结构设计人员（或者工艺设计人员、包装设计人员）、采购计划人员、商务招标业务员一起协作完成，各方职责如下：

1）结构设计人员职责。为了使结构物料满足打包招标的要求，结构设计人员需要在设计之初按照产品工艺结构需求说明书里对通用性的要求，以及结构件通用性要求进行设计，具体按照结构中心通用化设计要求进行，不再赘述。

对于可以打包招标的代码，在代码拆分时，如果无特殊要求尽量拆分到相同的分类下，以便分类打包招标时可以在相同厂家招标。

代码申请过程中，相似代码一栏填写类似代码，以便后续商务（或者代码管理系统）提取相似代码数据。除了设计之外，系统无法自动收集相似代码之前，需要结构设计人员将打包招标的代码汇总，提交给相应的商务招标人员。参考格式见表 11-8，IT 加入打包招标内容后，系统可以自动导出相似代码包，方便采购人员使用。

表 11-8 相似代码

名　称	相　似　代　码	备　注

2）采购计划人员职责。汇总打包招标范围内各物料的采购数量和回料时间。

3）商务招标业务员职责。在公司年度或者半年度招标之前，商务招标业务员通知收集相应的打包招标信息，将结构设计人员汇总的可以打包招标代码进行分类招标。

招标过程中，供应商对打包招标的结构件有疑问时，商务招标业务员应及时组织供应商与结构设计人员进行沟通或者洽谈，即标前洽谈要做好。

11.3 与供应商的战略伙伴关系

战略伙伴关系是一种基于高度信任，伙伴成员间共享竞争优势和利益的长期性、战略性的协同发展关系，它能对外界产生重大的影响，并为合作双方带来深远的意义。在这种密切的关系中，合作双方会用足够的投资来提高双方的收益率，以实际行动而非空话获得彼此的高度信任，通常会携手探索新的产品或发展新的市场，彼此合作比其他公司更具战略优势。

市场经济发展到今天这个阶段，特别是在信息科技飞速发展及数字化广泛应用的大背景下，与供应商讨价还价的战术已经不适应时代发展了，买方和卖方（常说的客户和供应商）也不再是甲方和乙方的关系，而是同一条产业链的上下游关系。企业如果依然有甲方和乙方想法，注定走不远，难以稳态持续发展。当代竞争是产业链之间的竞争，产业链能够持续发展是产业链上各企业发展的重要前提，买方和卖方结成战略伙伴关系是产业链上各企业持续快速发展的基础。

11.3.1　与供应商结盟成为战略伙伴的意义

与供应商结盟成为战略伙伴的意义很明显，可以总结为如下几条：

1）长期供货有保障，且供货周期短。

2）供货质量有保障且稳定。

3）供需双方沟通顺畅，需求信息高度准确，可以减少双方库存，提高双方资金周转效率。

4）供需双方可以共享相关技术与创新成果，加快新产品开发、生产、上市速度，缩短产品开发周期，或提高产品质量，或降低成本。

5）供需双方相关管理经验共享，推动双方企业整体管理水平的提高。

6）因为长期合作，方便供需双方实现科学的客户或供应商管理及评价，提高工作效率和经济效率。

11.3.2　双方如何成为战略伙伴

战略伙伴是利益共同体，成为战略伙伴需要供需双方持之以恒地共同努力，而且在合作中需要有"成就你，就是成就我自己"的思想高度，一般来说，可以在如下几个方面多做努力：

1）双方互相选择优质的合作方。对供应商的选择，ZTE 有成熟的供应商认证流程。

2）招标方式和招标过程透明，保证双方利益的同时，做到招标全程保证公平公正，良性竞争。

3）招标价格和付款方式符合市场规律是保证双方合作的基础。

4）双方加强相互沟通管理，提高预测准确性，共同做好备料计划，既能保证顺利供货，又能保证不造成库存呆滞，促使双方资金周转高效。

5）需求方通过内部推行模块化、通用化建设，减少采购代码，提高采购集中性，采用科学的采购策略（如打包招标）和科学的计划方案等，降低供应商生产成本，提高生产效率，提高产品质量一致性和稳定性。供应商降低物料生产成本是降低需求方采购成本的优质源泉。

6）需求方通过合适的管理方式，与供应商建立密切的产品研发合作关系，让供应商更多地参与研发，通过设计改善，提高新产品可生产性和上市速度，扩大产品销售，做到供需双赢。

7）供应商需要主动与需求方建立畅通的信息反馈渠道，及时反馈可生产性需求、产品改进建议等，协助需求方产品设计趋向完美。其实需求方的产品也可以说是供应商的产品，产品性能优秀、成本低、市场占有率高，供需双方都有好的收益。

8）需要的时候，需求方可以与供应商共同开发高性价比的材料，这对加强双方战略合作更为有利。

9）在产品发展需求超过材料发展进度时，需求方可以辅助供应商提高产品设计能力、生产技术或工艺、材料质量和质量管理能力，从而提高供应商的生命力，保证长期稳定的高品质供货。显然，这时候帮助别人就是帮助自己。

对于正式开展合作的供应商，ZTE 注重与供应商的共建能力，在 2018 年建立了质量管控前移体系，通过在供应商新品质量策划、研发流程规范性、四化建设、关键工序管控、检验协同、测试协同、质量管理系统、生产性批准程序、管理经理机制等九个方面建立标准、流程、机制和 IT 系统，帮助供应商识别和改善研发、工艺规程、检测、数据分析、质量管理五大能力上的短板，从而使其具备符合 ZTE 要求的质量能力。

对一些新引入的、正处于成长期的供应商，ZTE 会成立团队开展专项辅导，为供应商安排专题培训、关键工序驻厂，协助供应商完善技术标准、管理规范，对于供应商提供的新材料从引入阶段到批量阶段开展全流程辅导，并建立对应的目标设定、定期沟通、结果复盘机制，从而快速提升供应商的高品质生产能力，使其具备向 ZTE 批量、稳定供货主流产品的能力。

对于供应商在合作过程中的实际表现，ZTE 也有明确的绩效、质量积分机制，会从当前的供货、份额，以及后续的招标等方面对结果进行评估。对于表现优异的供应商，ZTE 会在每年举办的"全球合作伙伴大会"中予以专项表彰。同时 ZTE 供应链会定期举办"合作伙伴优秀质量改善及合理化建议研讨会"，在

ZTE 与供应商之间、供应商与供应商之间进行质量改善案例分享，向供应商收集合理化建议，通过充分的讨论和交流，将先进经验和建议纳入各自的业务中进行改进。

坚持生态引领，开放共赢进化。围绕"数字化网络部署引领者"的战略定位，联合产业链上下游合作伙伴，积极进行交流、创新和合作，共建开放、共享、共赢、进化的 ZTE 服务生态圈。

ZTE 不仅注重培养自己的员工，而且还提升上游供应商的安全能力。公司通过一年一度的全球合作伙伴大会、供应商集训营，把产品安全、信息安全、企业社会责任等方面的要求传递给供应商。同时公司通过参加客户举办的安全论坛，积极分享安全文化培育实践。

11.4 采购人员工艺素质要求

采购人员需要具备的工艺素质如下：

1）熟悉研发流程，善于在参与并行设计的过程中获取与采购相关的信息。

2）了解自己负责材料的常规生产工艺。

3）熟练使用最小采购量、采购周期、模具库等数据库。

4）熟悉各种采购规范。

5）熟悉各产品工艺结构配置说明。

6）对市场变化（如材料供货情况及材料价格浮动情况）具有敏锐的观察、分析能力，及时捕捉新材料、新技术、新工艺的最新发展情况，并将分析结果分享给企业内部相关岗位成员。

7）能够做好本企业产品研发和供应商技术人员沟通的桥梁，帮助产品研发人员优化设计，帮助供应商提高设计或生产能力。

8）熟悉工艺结构件的设计成本价，了解元器件等其他材料的市场价格。

9）擅长使用打包招标等能够集中采购的采购策略。

10）具有采购策略创新意识，紧跟市场变化，研究适合新形式的采购策略。

11）擅长随时学习各类知识，提高自身综合素质，复合型人才工作时容易做到游刃有余。

11.5　数字化的智能供应协同平台

在数字化世界里，采购计划、采购、研发、生产和市场销售等工作同宗同源。采购计划和采购日常数据量大，历史数据也非常大，最需要也最有条件做数字化转型先锋。在数字化浪潮中，ZTE 将自身定位为"数字经济的筑路者"，将5G、芯片、数字化列为公司的三大战略，在夯实核心竞争力的同时，深化数字化转型，持续拓展企业的业务能力和交易边界。从 2018 年起，ZTE 的数字化转型之路分为从线下到线上、从线上到在线、从在线到智能在线三个阶段，最终实现数字化战略愿景：对外做数字经济的筑路者，对内打造极致的云公司。

在供应链领域，ZTE 提出了 SPIRE（Safe—安全的、Precise—精准的、Intelligent—智能的、Reliable—可靠的、Efficient—高效的）供应链战略，同时每年都会在供应链领域布局十多个数字化项目，其中包括于 2018 年启动的智能供应协同平台。根据公司数字化愿景和供应链战略，新平台定位为：以微服务总体技术分层架构为核心，以风险仿真智能决策和构建供应链数字孪生为目标，通过业务和技术的高度抽象整合，使采购行为数据化、业务管控自动化、数据挖掘简单化、指标应用指引化。配合 360°高效即时云互联，与供应链合作伙伴高效协同，让更多的交易价值更简单地可见、可获得、可感知。

智能供应协同平台上线价值：智能供应协同平台基于云计算技术，采用前、中、后台应用架构，基于微服务化业务能力，通过 EDI（电子数据交换）等技术连接合作伙伴，引入了多目标智能优化算法，在 BIP（商业创新平台）企业创新平台的技术底座上，构建全球领先的可开放、可扩展的交易协同平台，实现如下多个核心功能：

（1）采购需求

新平台将过去多系统的分散管理优化整合为线上统一管理，打造了一体化需求中心，实现了 20 种场景下的从客户需求到采购需求的自动转换、自动识别，智能分发，秒级生成采购订单或寻源需求，能与合作伙伴协同共享中长期预测、短期计划。

（2）采购寻源

从生产类采购寻源到合同生效，实现全流程线上管理，自动评标和定标。实现与合作伙伴沟通交流 100%线上协同，支持报价方式单一到丰富、定价场景简单到多元、定价模式标准化到差异化。

（3）采购执行

实现采购模式简洁标准，通过标签化、参数化的设置实现支撑多种交付细分场景；运用大数据最优算法，实时动态匹配供应份额，自动下达订单、优化分配进料指令、变更处理在线协同；供应商条码前移到生产下线，实现理货和送货分离，支持送货凭证自动化生成。

（4）采购运营

将合规、内控、采购策略作为采购神经元嵌入采购智能大脑，辅助决策，支撑采购核心执行流快速反应，实现采购风险和异常管控。

（5）供应商协同

打造从需求到付款的供应商协同平台，通过 PC 端＋移动端＋EDI 等多种方式实现协同，构建与合作伙伴的高效连接。

智能供应协同平台优化了业务模式，打造了极致的供应网络，实现了高效协同的全连接，构建了精准的数字化供应资源平台，上线后的初步价值体现如下：

（1）全新的材料供应网络路径

1）境外多网络自动适配。

2）境内网络多基地直发，多基地配送。

3）各大型仓库与多中心中转，灵活配送。

（2）优化全球成品交付网络

实现多点生产、多地集货、自动化操作、快速齐套。推进产品标准化，依托基地建立供应中心将标模前移，实现标准产品七天供货。

（3）多工厂资源共享

通过海量数据运算将多工厂材料需求与资源进行匹配运算，实现多工厂原材料资源最优化配置，减少呆滞，提高运转效率。

数字化平台保障上下游企业之间能力共享、平台共用，共同创新价值、分享收益。企业成为共生共赢的生态伙伴。ZTE 智能供应协同平台建设的案例内容已被北京大学管理案例研究中心入选。

第 12 章

客户订单交付中的工艺管理

12.1 客户订单交付概述

12.1.1 客户订单交付工作的概念和范围

客户订单交付是制造型企业中比较通行的叫法,指的是从售前接受客户订单开始,到把订单中的产品交付到客户库房的全过程。其中不包括产品(设备)安装调试过程,产品(设备)到货(到客户手里),订单交付阶段就结束了。

客户订单交付是制造型企业核心的业务流程和能力之一,是企业能否高效运营和能否让客户满意的关键环节,同时是企业生产过程中牵一发而动全身的环节。它是企业产能的体现,也是实现效益和塑造口碑的重要流程。在数字化时代,高效率、高品质的客户订单交付已成为企业重要的核心竞争力之一。

当订单交付出现问题时,一般企业会采用下述方法解决:

1)增加产能提高存货量以应对因缺料而延长订单交付时间。但是这个方法难以解决本质问题。因为随着企业规模增大,品种增加,客户数量增加,管理复杂程度超出一定范畴,而且盲目增加产能将增加产品成本,有浪费人力、生产设备的风险。

2)增加产品库存。增加库存直接导致资金积压,增加运营成本和产品成本,会影响企业的接单能力,进而影响企业盈利效果。

以上两种方法都不是企业良性运作的好方法。面对订单交付难题,企业采用全面工艺管理的方式能精准地找出瓶颈,对症下药。

客户订单交付的关键词是:准时、准确、质量保证,从速度、质量、成本、效率等方面体现了制造型企业的市场竞争力,解决订单交付问题时应注意保持各项指标的平衡。缩短订单交付周期的管理思路，均围绕以下三方面的工作展开：

1）注意减少等待时间。抽样（或者通过大数据）获得实际交付周期的等待时间，通过减少交付过程中无效的等待时间，缩短订单交付周期。

2）注意并行作业。应该并行作业而没有并行作业的情况会降低效率，应通过作业网络图，找出可以并行作业的工序，与实际作业对比，讨论流程是否可以并行。

3）注意生产批量大小。理论上在制品天数应该小于订单理论产出天数，当在制品周转天数大于理论产出天数时，一方面可能是因为生产等待时间太长，造成在制品积压；另一方面可能是因为生产批量太大，导致在制品太多。

12.1.2　管理好客户订单交付对企业的作用

客户订单无法准时交付，会严重影响企业的信誉和效益，可能会使企业陷入危机。客户订单交付准时、准确、质量有保证，除了能提升客户满意度外，给企业带来的经济效益是不言而喻的。总体来说，管理好客户订单交付对企业有如下重要作用：

1）建立各产品交付时间数据库，支撑售前要货预测、要货计划制定及决策，以便科学地制定合同，保障项目顺利交付。

2）客户订单准时交付能助力企业提高运营效率，创造经济效益。订单准时交付是客户按时回款的前提，直接影响企业的运营与获利，对企业的存续与发展有着关键性的影响。

3）帮助企业树立良好的品牌形象。准时、准确、保质保量地交付订单，是企业优良的集体效能的表现，可以在客户心里树立良好的品牌形象。

4）通过精益化的订单交付管理，减少交付过程中的无效等待时间，提升周转效率，提高产品质量，提高工作效率，从而提高企业经济效益。

5）通过合同配置审查，进一步确保配置的正确性、合理性、经济性，减少补发货，减少辅料浪费，保证利润。

6）采用合理的货运方式和运输工艺，降低运输成本，降低货损，保证产品质量。

7）开发产品全球运输需求，提高产品设计质量，从设计上保证产品运输安全并降低运输费用。

8）通过科学的逆向物流管理，提高资产利用率。测试业务多的时候，逆向物料不少，及时合理地使用这些回来的物料，能提高资产利用率，降低成本。

9）根据订单履行业务的规划及业务变革优化。通过对订单履行相关业务流程、数据和 IT 系统的设计和优化，对全球订单履行业务运作过程的规范性进行指导和管理。

12.1.3　客户订单交付与工艺的关系

客户订单交付部门是衔接售前、研发、采购计划、采购、生产及售后的枢纽，主要目的是保证准时、准确、保证质量地完成订单交付任务。ZTE 客户订单交付体系主要职责是：订单管理、全球物流管理、逆向物流管理，这些工作内容与工艺配置、包装设计、运输工艺、生产工艺等有着密切的联系。

12.2　订单管理中的工艺管理

12.2.1　合同配置

售前项目做配置时，需要经过客户订单交付体系里负责合同配置的人员审核。项目的销售配置审核要在订单签订之前完成，工勘物料的审核应在订单签订后、设备发货排产之前完成。售前配置在售前流程里有审核环节，订单交付体系需要再次审核，主要是从合同配置的可生产性及工程辅料应用方面进行把控，提高订单交付的质量和效率，同时完成生产配置转换，保证按合同顺利开展生产。

配置的审核及排产需要相应工艺文件的指导。从配置的下发到订单的交付，都与工艺息息相关。需要对交付部门开展工艺培训，对配置工程师培训之后进行考试及资质认证等。尤其是新品的工艺以及升级的产品，工艺培训要及时，保持能力的持续提升。产品工艺结构售前配置说明和产品各种工勘物料配置指导说明书是配置审核人员工艺结构方面的必修内容。单板配置更是配置审核中的重中之重。

1．配置审核的目的

（1）保证销售项目配置的完整性

根据客户项目需求，配置首先要做到的是配置的完整性。简单地说，配置完整是指项目所需要的物料一件不能少，避免少配、漏配导致的补发货，避免影响项目按期交付。

（2）保证配置性价比最优

在通信设备的配置中，不仅仅功能单板配置要考虑性价比，其他配置也要考虑完成同样功能时，性价比的不同。工勘物料的配置很复杂，也是最容易造成浪费的地方，可以用精细化管理的方式做出性价比最优的配置。

（3）保证配置物料能正常发货

有些材料采购周期比较长，会导致交付周期延长，审核的时候要和前方多方面沟通，确认需求，尽量避免配置采购周期过长的材料，例如定制机柜。

（4）保证各部门及时配合，避免发货延误

审核过程也是了解项目的过程，提早了解项目配置情况，协调各方面做好准时、准确、保质保量地完成交付任务的准备工作。

2．工勘物料的管理

工勘物料的配置比普通物料更为复杂，也是更容易造成浪费的环节，这是因为设备使用环境千差万别，需要的物料种类和数量各不相同。例如光纤这种物料，同一个设备上不同槽位使用的光纤长度可能不同，若光纤配置长度不够，则导致业务无法实现，如果光纤过长，不仅造成浪费，多余的光纤也没地方盘放，机房空间压力大。要想做到高性价比的配置，需要有科学的技术方法和管理方法。

（1）针对每种产品的每项工勘物料制定配置指导文件

不同产品相同物料的配置指导文件有可能是一样的，也可能不同，相同的情况时可直接借用。例如机柜底座的配置：

1）首先说明该底座用于哪种场景，一般是架空地板的机房。机柜需要使用底座，一方面是用于固定机柜，另一方面是为了保证机柜底部刚好与地板共面。

2）然后说明该底座适配的机柜类型，例如适合 300mm 深机柜用的底座，同样适合 600mm 深机柜的侧柜，或者是经过结构固定件位置调整，适合 600～1200mm 深的机柜等。

3）再说明该底座适配的地板高度范围，通常来说，底座在深度方向的可调整范围适配绝大部分地板高度要求。地板高度不在底座可调范围内的机房需要定制底座，写明定制周期。

4）给出底座安装打孔图（这个图用于判断底座是否适合客户自购机柜的安装）。机柜和底座固定孔是匹配设计的。如果机柜是客户外购的，应考虑使用 ZTE 的机柜底座是否可行，看机柜打孔图，根据孔的位置和尺寸就可以判断了。

5）最后举例说明获取所需信息的方法。信息获取的方式是多种多样的，在此按优先级顺序介绍常规的操作方法：从客户或企业自建的网络地图中查询、咨询设计院、咨询熟悉机房的客户、实地测量等。

不同的物料工勘信息的获取方式大致相同，有的稍有差异。例如，电源线的长度参数，首先是根据计算，了解不同线径电源线可以拉到的最大距离，再看具体机房实际长度需求，即看设备机柜到列头柜或配电箱的走线长度，通常通过找设计院要布局图纸、咨询熟悉机房的客户、实地测量、查询网络地图等方式获得信息。如果因为特殊情况，这些办法都不行，可以咨询老同事，看以往这个客户的这类机房的电源线一般多长，估算一个阶梯数列，比如说，5m 的 20 套，10m 的 50 套，15m 的 20 套，20m 的 10 套、25m 的 5 套，实际使用时先用短的线缆。

工勘物料的配置指导文件由中试工艺人员输出，分别附加在工勘模板的每一个物料的说明栏目里，方便工勘配置人员使用。工勘物料配置说明文件不是永远适用的，经过一段时间后，需要重新修订。例如波纹管、缠绕管、绝缘胶带等物料，目前都已经不再使用了，这部分物料代码和说明文件需要下架；而防振固定架现在越来越受重视，机房也都具备固定条件了，所以防振固定架要从工勘模板里剔除，加到必配清单里，其配置说明内容也基本只保留数量了。

（2）推动执行

开发物料配置说明资料是一件简单的事情，推动执行是关键，除了在配置模板里附加文档外，适当的培训也是必需的。必要的时候，可以在工程总结时抽检，以核验文档的适用性和配置的正确性。

（3）合同配置审核最后把关

虽说事后把关性价比不是最好的，但总比到货后发现配置异常要好得多。其实，审核过程也是一个观察情况变化的窗口，发现配置与配置指导要求的不一致情况有所增加时，需要研究是新人增多需要培训，还是配置文档与实际情况有差距了。配置与实际不匹配时，要仔细分析是配置文档过时，还是通信设备白菜化（白菜化是指因为通信设备价格大幅降低，使用者不再把设备当作重要资产，超条件、超环境使用）所致。审核人员把相关情况反馈给文档拟制人员，由拟制人员做相关调查研究，给出解决办法。

3．建立各产品订单交付周期核算子系统

没有特殊情况时，各产品生产周期基本是固定的。按照各产品的工艺规程，分别确定各产品、各工序的生产工时，包括领料时间和周转时间。在滚动备料的情况下，结合各物流的供货周期和常规的运输时间，可以得出各个产品的交付周期，把这些交付周期做成数据库。根据交付周期，结合合同设备数量与生产工时的关系，核算系统即可自动计算出该订单的交付时间，前线根据这个参数，确定合同交付时间。

交付周期与运输方式有很大关系，所以各产品需要列出不同货运方式的交付参数。合同签订时，要考虑客户要货的紧急程度，选择相应的货运方式。不同货运方式成本不同，这也是合同签订时需要考虑的因素。

交付周期核算系统的数据库需要不定期做维护，例如，生产工艺改进导致工时缩短；设计优化，致使生产工时减少；产品成熟可以改变生产工艺规程，也可以降低生产工时等，这些时候，生产工时降低，交付周期也就降低了。总之，供货周期、生产工时、运输方式和运输路线的变化，都可能导致交付周期的变化，这些情况需要随时跟踪。交付周期数据库由订单交付体系制定和维护。

12.2.2　订单合同跟踪

跟踪订单进程，就是从订单生成开始监控订单直到交付给客户全过程的时时进展。这个过程的关键是监控订单排产、来料情况、生产情况、运输情况和到货情况。在这个过程中，发现订单异常并及时处理异常最为关键。一般来说，订单跟踪需要做如下事情：

1．建立订单进度追踪机制

企业需要建立订单进度追踪机制，从接到订单开始，对订单的配置审核、计划排产、来料情况、生产过程、半成品库和成品库的情况、发货情况、运输过程情况、到货后客户签收情况进行全面追踪，通过管理系统数据流的色彩管理标识异常，及时发现异常并采取措施进行改善。

2．建立异常情况提前预警机制

建立异常情况提前预警机制，根据历史经验数据设定参考临界值，以便预警通知自动化，让异常能够在过程中及时被发现，尽早采取预防措施，保障订单交付的准时性。

3．建立交付异常情况应变处理机制

当订单交付过程中出现了异常情况，按照常规简单处理办法，在订单确实无法如期交付，而且客户交期无法延期的情况下，需要制定应急措施，如紧急采购、非紧急订单借货给紧急订单、改变产品运输方式或运输线路等，较大限度地调动资源以保证订单保质保量地按期交付。

要想做好异常情况的处理，除了熟悉相关流程外，还需要具备相关产品的配置能力，熟悉相关产品的生产规程和工艺、相关生产工艺的工时、运输流程及各种运输方式与成本和时间的关系等。与配置和工艺相关的知识由中试工艺人员或生产工艺人员来传授。

12.2.3　合同审核及合同跟踪人员需要掌握的工艺知识

1）熟悉产品工艺结构售前配置说明。

2）熟悉产品工勘物料配置说明。

3）熟悉产品的交付周期。

4）熟悉产品的生产规程和各工艺过程工时。

5）熟悉生产异常情况处理流程。

12.3　全球物流管理中的工艺管理

订单交付体系中的全球物流部门作为全球物流能力建设和提升的责任主体，负责全球物流业务，具体包括产品全球货运、进出口关务、仓储、逆向物流等全球物流业务运作建设、规范管理和优化提升，同时研究并实施货运费用降低及保证货物安全机制。

全球物流与产品设计、产品辅料配置、包装设计和包装工艺等关系密切。全球物流部门是产品运输需求开发的主要责任部门。产品设计方案要在保证产品运输质量的基础上，力求运输费用最低。

12.3.1　建立全球主要城市运输方案子系统

产品从企业运到客户库房的路线和运输方法可以有多种。每一种方式都可以称为一种方案，不同方案需要的时间和成本是不同的。在计算交付周期时，每个产品的生产周期可以认为是固定的，运输时间是一个变数比较大的参数，确定这个参数需要先确定运输路线、运输方法、所需成本，所以需要一个全球主要城市运输资料系统，输入产品运出地址、到货地址，系统便可以输出一个包含不同运输路线、运输方式、所需成本、到货时间内容的表格，项目组根据客户到货要求紧迫程度、项目利润情况，选择一种运输方案，再结合交付周期核算子系统，即可以得到具体项目的交付周期的准确数据。

运输方案系统数据库也需要不定期维护，例如遇到战争、疫情、地震、洪灾、塌方等灾害时，数据库参数需要修订。运输方案系统由订单交付体系建立和维护。数字化转型后交付周期核算子系统和运输方案子系统可以合二为一，这时在系统里输入产品运出地址、到货地址、预期运输成本和运输时间，即可获得最佳运输方案和交付周期。

其实，货运成本也是售前项目价格策划时需要考虑的一个因素，特别是离我国比较远的国家的项目，在产品订货量大的时候，运输成本也很关键。例如，某项目有 3000 台设备，机柜体积大，质量也大，运输费用不低，这时候需要核算两笔账：①在当地购买机柜多少钱、②机柜成本+机柜包装费用（材料费和工时费）+ 运输费用多少钱。如果①远小于②，毫无疑问，当地采购机柜更合适。如果①与②差不多，或者稍便宜一点，那就没必要外购了，毕竟外购工作也要消耗人力成本。从这个例子可以看出，运输方案子系统对售前做项目策划是非常有帮助的，不仅可以核算交货周期、获取最佳运输方案和运输成本，也是提供项目整体策划所必需的重要参数。

12.3.2　开发产品运输需求

1. 产品运输成本与产品设计和包装设计的相关性

产品运输成本除了与运输路线、运输方式有关外，还与产品设计和包装设计有关系。产品设计和包装设计在保证产品功能和性能以及运输安全的前提下，应尽量减轻设备的质量和体积，这是因为目前货运收费规则主是以下前两种，其他一些收费方法也都是在这两种规则的基础上衍生出来的。

1）按照货物质量收费：这种方法是按照发货货物的毛重来计算运输费用的，前提是货物的体积在规定范围内。

2）按照货物体积收费：这种方法是按照发货货物的体积计算货物的费用，要求货物的质量在规定范围内。

3）选择收费：对于货物的质量和体积都难以计算的不规则物品，从以上两种方法中选择一种合适的计价方式。

4）按照体积或质量权重大的收费：综合质量和体积计费，分别按照货物的毛重和体积计算运输费用，选择其中运费最高的，也就是质量或体积取大权重的计算运费。

5）按照发货网点议定收费：按照托运人和承运人事先约定的价格来计算运费，诸如运送大型机器等。

举一个例子来说明产品设计和包装设计与货运的关系。产品设计的时候，插箱是装机柜内发货还是单独包装发货，成本是不同的。如果有 3 个插箱装机柜内发货，节省了插箱的包装费用和运输空间占用的费用，但是这个机柜因为受力问题，只能立式发货，不能卧式发货（卧式运输时，立柱会有上下振动的力，导致立柱变形，可能导致货损），所以这款设备不能空运（立式导致的高度限制），海运或陆运时，集装箱上部空间很小，不能很好利用，浪费了集装箱空间。从这里可以看出，产品设计和包装设计与运费是有很大关系的。

货物报关、通关实际上与产品设计也有关系，比如产品名称、料单名称与铭牌之间也有一些限定要求，不满足通关要求的，产品无法发出或返回。因此负责全球海关关务研究分析的人员，需要将各海关的要求反馈给研发人员，协同其完成产品符合相关海关要求的设计工作。

2. 产品设计和包装设计的运输需求

根据运输需求，要确定相应的产品设计及包装设计的要求，例如，设备质量和体积之间有什么比例关系，或者有什么限制参数要求；线缆按照什么样的规则设计成卷、设计包装箱等。应先了解运输需求，制定运输说明文件，在这个文件里需要说明以下要求：

1）空运的要求：例如，空运的计费方法（一般是以质量核算运费），对包裹长、宽、高有什么样的要求等。

2）陆运的要求：对设备的振动要求、货物的尺寸要求、装箱要求；货车车厢规格、载重量等。

3）海运的要求：例如，ZTE 海运以集装箱数量的形式核算成本（对通信设备来说，除了电池按照质量核算成本，其他物料因为体积权重大于质量权重，所以按照体积核算价格），需要说明本企业采用哪几种规格的集装箱以及集装箱相应的内部尺寸。

研发人员根据各种运输方式的具体要求，结合新产品的特性要求，归纳出运输方面的产品设计和包装设计要求，逐步固化各类产品的运输需求和设计方案。

这里列举一个实际的案例，来说明按照运输需求，进行包装优化降低运费的情况。某国际项目，需发送大量线缆类外协件，其中包含 4 种具有 ZTE 专利接头的线缆组件，因为线缆组件量大、质量和体积较大，物流成本偏高，且由于专利原因无法进行本地采购，所以需要从国内发货，包装由线缆组件加工厂家提供。通过分析，发现线缆组件厂家现有包装有优化空间，通过优化纸箱尺寸及装箱方式，可以提升单个包装箱的装载率，此外，调整托盘打包方式，可以提升货柜装载率，按发货量来计算，预计年节约集装箱 50 个以上。优化前和优化后的装箱、装柜方式如图 12-1～图 12-4 所示。

图 12-1　优化前的线缆装箱方式　　　图 12-2　优化前的线缆装柜方式

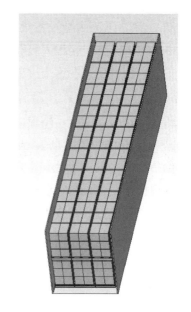

图 12-3　优化后的线缆装箱方式　　　　图 12-4　优化后的线缆装柜方式

再如某年的包装设计改进案例。通过包装材料优化、包装结构优化、推行整机包装等方式，对产品包装进行减重降低运输成本。在包装外尺寸满足要求的情况下，减少包装材料质量，可以直接降低运费，特别是陆运的时候。某产品选用更高效的新型缓冲材料，减少包装箱宽度 10cm，装箱率提升了 33%，当年就节省了 357 个货柜。

12.3.3　建立运输过程中的工艺管理

1. 目前通信产品运输中的货损情况

货损问题是运输过程中的老大难问题。有些货物从设计方面做优化，甚至进行过包装设计，能降低货损，但是有些货物无论如何做产品设计和包装设计方面的改进，哪怕是严重过包装设计，也都无法解决货损的问题。很多年前，ZTE 某产品使用了振动标签，就是当振动产生的冲击力超过一定数值时，标签颜色会发生改变，通过颜色是否发生变化，可以识别出运输过程中是否发生了超过限定的振动。但是当货到客户手上的时候，无法说清楚振动是在哪个环节发生的，振动标签没有起到作用，白白增加了设计成本。这也说明，单靠包装设计本身是无法杜绝货损的。

ZTE 调查了某大型设备货损的情况，货损基本都是从客户库房到客户机房过程中出现的。外包工程人员在客户库房就拆除了机柜的所有包装，裸机侧卧在面包车上运到机房，在这个过程中，装有插箱的机柜立柱会受到上下振动作用力（正常要求设备平躺放置），于是立柱发生变形，导致后续插箱无法装进去，同时裸机在被拖拉的过程中，蹭掉了机柜表面的油漆，后续有生锈的可能（虽然可以再补漆，但效果会差一些）。机柜裸机上站是完全不允许的。针对这种情况，ZTE 给货损较多的办事处和客户推送了货损说明文件，阐述了问题发生的原因，以及正规操作要求。当年该产品货损减少了 50%。

近些年，低端产品货损有所增加，经过调研发现，在卸货的过程中，较轻的货物会被扔抛，从而导致货物的损坏。再就是"最后一公里"问题，也就是从客户库房或者站外拆了包装，把设备裸机带去站点，这个过程设备摔坏的概率比较大。这些都是运输工艺管理问题。

单板货损基本上有以下三种情况：

1）外包维护人员携带单板上站时，去掉了单板外包装箱和包装盒，携带裸板上站，蹭掉了单板元器件，导致单板损坏。

2）返修回来的单板没有使用规范的包装材料和包装工艺，导致单板在运输过程中发生元器件损坏或脱落，进一步导致单板故障。

3）裸板掉在地上，或碰到了插座等，致使单板损坏。

从这些情况来看，单纯从产品设计或包装设计上，已经无法保证设备安全到站了，需要加强设备从出厂到安装之前这段运输过程的工艺管理。

2. 制定各环节操作工艺文件

货物从工厂装箱开始，每一个操作环节都要做一份工艺文件，规范操作行为，以避免出现货物损坏。例如，机柜运输到站时的卸货工艺，要求所有货物必须带外包装运输，直到机房楼下或塔下，方可按照规定动作拆开外包装。以下为部分操作环节的工艺要求：

（1）移动大型木箱或纸箱

1）将电动叉车的货叉调节到木箱栈板空隙处的中间位置，将货叉从木箱或纸箱侧面缓慢向前插入，避免擦伤木箱，如图 12-5 所示。

2）将木箱或纸箱置于货叉上搬运到指定位置，如图 12-6 所示。

图 12-5　插入货叉

图 12-6　搬运货物

3）放置在指定位置上的木箱，若空间不足，可使用电动叉车进行木箱或纸箱堆放，如图 12-7 所示。木箱或纸箱堆叠层数不可超过包装箱上印刷的堆码层数。

4）使用电动叉车或手动叉车在平地上将木箱或纸箱搬运至适合拆卸外包装的规定位置，如图 12-8 所示。

图 12-7　堆放木箱

图 12-8　平地搬运木箱

（2）拆箱准备说明

1）在机房未装修好或户外安装条件不具备时，禁止拆除设备（例如机柜、插箱和单板等）包装箱，防止机房装修灰尘或户外灰尘等异物污染设备。

2）设备包装箱必须在设备安装位置附近才能按规范拆除。

3）拆箱过程中，货物有任何异常现象都要拍照记录，并及时反馈。

4）准备防静电手套和一字螺钉旋具。

5）按《开箱验货指导手册》清点货物总件数，确认设备外包装完整。

（3）佩戴防护手套

一定要先戴好防护手套，再进行拆箱操作。

（4）将木箱搬运至适合拆除外包装的规范位置

木箱四周需预留 120cm 的操作空间以便打开木箱，如图 12-9 所示。

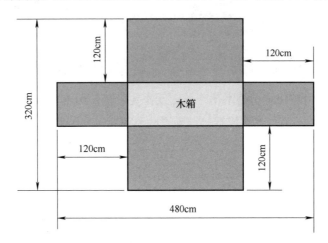

图 12-9　预留空间示意图

（5）撬开舌片

使用一字螺钉旋具撬开固定木箱顶板、侧板和底板的所有舌片。

（6）拆卸箱盖和侧板，完成拆箱

掀去木箱上箱盖，并拆卸木箱四周的侧板，如图 12-10 所示。完成拆箱操作后，及时去除包装设备的防静电袋。

图 12-10　拆卸木箱

为了避免单板货损问题，携带单板上站时，要求必须使用原包装箱或单板包装盒，禁止裸板上站；对于返修单板，设计出单板通用包装物料和相应的包装工艺，各办事处按照要求储备包装材料，客户有返修需求时，指导包装运输。

这些工艺要求和工艺文件最终形成运输工艺管理规范，通过一系列的措施，推动规范被执行。

3．推动运输各环节按照规范操作

同其他所有规范一样，运输工艺管理规范必须推动落实才能体现出规范的价值，才能解决实际的问题。货运规范的执行一般应采取如下措施：

1）请合作单位按照规范操作。合同签订时，把相关规范提供给运输公司、外包公司和客户（现在越来越多的外包公司归客户管理），要求按照运输工艺管理规范操作。合同里也要含有货损的赔偿条款。

2）结合振动标签划分责任方。每一个振动标签都附带一张警示标签，该警示标签和振动标签一起贴在物品外包装上。警示标签上有醒目的标语。在货物的物流作业环节中，由于涉及的环节和操作人员众多，在每一个环节的交接过程中，双方可以通过振动标签进行状态确认，并在正常或异常状态栏进行标记和描述，同时将结果拍照反馈在系统里，从而划分责任。

3）单板使用责任人制。维护人员领用或寄回单板时应做好记录，如果发生单板损坏，则领用或寄回人员作为责任方，按规定处理。当发生车祸、火灾等意外事故时，对责任人可以酌情免责处理。

4）定期复盘返修中心数据。从每月的返修数据中可以得到企业所有产品货损的情况，针对货损相对较多的区域，要求相关责任单位整改，例如，全球物料部门加强运输单位质量管理、办事处加强外包管理或与客户沟通解决办法等。

5）货损数据影响相关部门的质量考核绩效。有考核就有动力，会促进运输段的工艺管理和质量管理，从而保证货物的安全。

12.3.4 负责全球物流工作的人员需具备的工艺知识和技能

1）了解常规的包装设计理论，熟悉常规的包装工艺。

2）具备开发产品运输需求的能力。

3）熟练使用运输方案子系统。

4）熟悉本企业货物运输工艺管理规范的内容。

5）熟悉本企业货物仓储的各类条件和要求。

6）熟知各国口岸对产品设计方面的通关要求。

12.4　逆向物流管理中的工艺管理

逆向物流也被称作反向物流，这是相对正向物流而言的。目前全球对逆向物流还没有统一的定义，美国物流管理委员会给的定义是：对原材料、在制品、成品及其信息，从消费地到起始地的高效率、低成本的流动而进行规划、实施和控制的过程。简单而言，逆向物流就是物料从供应链下游往上游回流到所发地的物流活动。

逆向物流与正向物流有很多一致的地方，比如，都有包装、装卸、运输、仓储等环节，但逆向物流有其特性，如分散性、多主性、多变性、混杂性、缓慢性。逆向物流一般分为退货逆向物流和回收逆向物流两种情况。对通信设备来说，退货逆向物流主要是指客户技术方案变更导致的退货、货损退换货、测试设备返回公司这三种情况；回收逆向物流主要是指客户设备升级更新、设备到寿命时间换新这两种情况。

笔者认为，逆向物流不仅仅是物料高效回流，还应该包括逆向物料回收利用，这样才能做到价值最大化。

12.4.1　逆向物流对企业的作用

1）逆向物流可以增加客户价值，提高客户满意度，增强企业整体战略优势。

2）逆向物流可以保证企业资源充分利用，降低企业运营成本。

3）逆向物流有利于绿色环保，提升企业责任和企业形象。

4）逆向物流可以净化物料流通渠道，合法合理处置物料，避免触犯相关法律法规。

逆向物流全过程中绝大部分工作属于工艺管理范畴。逆向物流回流过程和正向物流基本一致，差别在于出发点和经手人众多，最需要关注的就是回收物流的包装设计、包装工艺及工艺管理，可以参考货物运输工艺管理规范以及各产品的包装工艺，在包装材料未能保存重复使用时，需要根据现场能找到的材料，定制临时工艺文件，指导包装，避免货损发生。

12.4.2　建立逆向物流信息子系统

对于逆向物流的回流及利用，信息共享非常重要，需要及时知道哪里有什么物料要退回，以便安排物料回流以及回收利用，因此需要建立一个逆向物流信息子系统，所有相关的操作在这个子系统上进行。前线在系统上发起逆向物流需求，逆向物流部门启动回流相关工作，企业里各需求部门在这个系统上寻找自己需要的物料，提出用料申请，匹配成功后，领料使用。

有了逆向物流信息子系统，回流的物料就有了及时、高效、低成本收回的可能。有了具体、准确的物料信息，物料才能被利用。数字化转型后，系统可以对回流物料信息和需求做自动匹配，并自动及时给相应业务部门接口人推送回流物料信息，从而加快回流物料的再利用，减少逆向物流库存，降低企业运营成本。

12.4.3　逆向物流需要完成的工作

1）制定各类产品回收利用及报废规范。

2）当市场方面有货物需要退回企业内部的需求时，在系统中提出回流申请，写清楚物流相关信息，如物流所在国家、客户名称、项目名称、产品名称、物料出厂日期或条码、物料是否拆包、现场包装材料情况、希望运回的时间、物料清单等。

3）专业工程师对市场提出的回流需求进行评审，对有价值的物料，及时制定合适的方案运回。对于没有利旧价值需要报废的物料，要么按照当地法律法规要求，在当地找回收企业，对物料做报废处理，要么就近找其他国家或地区的回收企业处理。

4）对于前线未拆包的物料，运回企业完成各项功能和性能测试之后，转交计划，走正向物流渠道发货使用。

5）对于测试等使用过的物料，根据使用情况评估利旧方案，经过测试及评估后，通常是用于实验室做测试或试验使用，也可以作为生产测试工装使用。

6）对于直接使用价值不高，但未到报废指标的物料，可以拆解，部分利旧。还可以根据具体情况，用于制作生产测试工装，进行可靠性试验等。例如，用于研究防腐蚀材料涂敷工艺，研究灰尘对单板功能和性能的影响，研究焊点可靠性问题等。

7）对于符合使用逆向物料条件的场合，要优先使用逆向物料。

12.4.4　逆向物流专业人员需要具备的工艺技能

1）掌握全球物流人员所具备的工艺知识。

2）熟悉全球各地对电子设备环保、回收方面的法律法规。

3）熟悉各类产品回收利用及报废规范。

第 13 章

产品生产过程中的工艺管理

13.1 生产概述

13.1.1 生产及生产要素的概念

对企业来说，生产是企业创造社会财富的过程，是指将投入的生产要素转换成有效用的产品或服务的活动。生产的目的是高效、低耗、灵活、清洁、准时地生产合格产品和提供满意的服务。

生产要素是经济学中的一个基本概念，指进行社会生产经营活动时所需要的各种社会资源，是维系国民经济运行及市场主体生产经营过程中所必须具备的基本因素。生产要素包括人的要素、物的要素及其结合要素，如劳动力、土地、资本、技术、信息和管理等，这些内容随着时代的发展在不断变化。比如说，随着科技的发展和知识产权制度的建立，技术作为相对独立的要素投入生产，而且在生产要素中的权重越来越大；未来数字化能力会成为生产要素中不可或缺的要素，毕竟以后能够长期存活的企业基本上是数字化的企业。

13.1.2 生产对企业的意义

1）生产是企业的动脉。对承担企业产品产生收益职责的部门来说，没有产品生产一切都是零！生产对制造型企业来说，其意义可想而知。

2）高效的生产有利于快速完成客户订单，从而提高客户满意度，为企业创建良好口碑打下基础。

3）高效、低耗的生产可以降低产品生产成本，提高产品竞争力。

4）高质量的生产对保证产品可靠性、降低产品售后质量成本有着重要的作用。

5）并行设计的生产可以快速实现产品批量生产，缩短产品上市时间，助力企业抢占市场先机。

6）生产部门提出的产品可生产性需求（包括可维修性需求）能够提高产品质量、降低产品生产成本、提高企业经济效益。

13.1.3 当代企业生产管理中的几个重要特征

传统生产与当代生产的区别见表 13-1。

表 13-1 传统生产与当代生产的区别

项 目	传统生产方式	当代生产方式
生产方式	粗放式生产	精益化生产
生产品种	品种数量少	品种数量多
管理制度	非制度化、非程序化和非标准化，或人工手动管理的制度化、程序化和标准化	计算机系统管理的制度化、程序化和标准化，或现代信息技术下的制度化、程序化和标准化
工艺技术	人工操作，或散发式使用设备	5G＋人工智能，或数字化技术应用下的系统性使用生产设备
与新产品设计的关系	串行，或以提出可生产性需求方式参与并行设计	使用数字化及数字孪生技术参与新品并行设计，真正的并行设计
工艺纪律管理	人工管理	数字化技术管理方式
培训	人工培训方式	使用培训工具的培训方式

由此可见，当代企业高水平的生产管理具备如下几个特征：

1）精益生产管理。

2）高度同行的新产品并行设计。

3）先进的生产工艺技术。

4）先进的、高质量的工艺纪律管理。

5）行之有效的培训。

13.2 生产管理与精益生产管理

13.2.1 生产管理

生产管理是计划、组织、协调、控制生产活动的综合管理活动。高水平的生产管理是通过合理组织生产过程，有效利用生产资源，经济合理地进行生产活动，以达到预期的低耗、高效、高质量的生产目标。生产管理工作的主要内容如下：

1）生产组织建设。按照企业目标的要求，设置技术上可行、经济上合算、物质技术条件和环境条件允许的生产系统，实现生产组织建设，包括厂址选择、厂房的布局规划、组建生产线、建设实行劳动定额、工艺纪律管理、员工士气管理、生产环境管理、建设生产管理系统等。

2）新产品并行设计及生产导入。组织参加新产品的并行设计，同时做好新产品生产的各项准备工作，包括可生产性需求的提出，新产品可生产性需求的把关，新产品难点工艺的研究，新产品的生产工艺、设备、人力、场地等的准备。

3）生产计划安排。通过生产计划的制定，得到生产系统优化运行的方案，包括制定生产计划和生产技术准备计划，例如各种产品的数量、场地、人员、使用的设备和生产工艺规程等。

4）生产控制及协调，保证产品按期交付。通过生产控制工作，及时有效地调节企业生产过程内外的各种关系，使生产系统的运行符合既定生产计划的要求，实现预期生产的品种、质量、产量、生产期限和生产成本的目标，即控制及协调生产进度、生产成品库存，保障按期交付合格产品。

5）先进的生产技术和生产工艺导入。研究先进的生产技术和生产工艺是生产工艺部门的重点任务之一，通过新技术和新工艺进一步提高生产效率和产品质量。

6）生产成本管理。生产成本管理是生产管理的重要任务之一。生产成本一部分是设计出来的，一部分是通过先进的生产管理，实现少投入资金、多产出合格产品得出的。产品的生产成本是产品设计能力、生产综合能力的体现，也是企业整体竞争力的体现。

7）生产质量管理。质量是企业的生命线。质量管理是覆盖产品全生命周期的活动。生产质量管理部门负责产品生产过程中的质量控制，通过 ISO9000 质量管理体系以及现代数字化的智能技术实现生产阶段的质量管理。

8）生产设备管理。生产设备是生产要素中重要的因素。设备引入、使用、日常保养、报废都需要有严格的管理制度，保证设备的正常使用和寿命，从而保证产品质量。

9）培训工作。对生产人员进行培训是必不可少的工作。针对不同生产人员，制定有针对性的培训计划，并采取有效的激励措施，激发生产人员学习的积极性，以获得良好的培训效果。

13.2.2　精益生产管理

精益生产管理是一种以客户需求拉动，以消灭浪费和不断改善为核心，使企业以最少的投入实现成本和运作效益显著改善的一种全新的生产管理模式。精益化生产是通过组织架构、人员组织、运行方式和市场供求等方面的优化，保证生产系统能很快适应用户不断变化的需求，并能使生产过程中一切无用、多余的东西被精简掉。

经过市场上很多企业的长时间验证，精益生产是多品种、小批量条件下的最优生产方式，实施精益生产会给企业带来巨大的收益。ZTE 几乎拥有通信行业所有类别的产品，实际的生产面对的就是产品种类多、批次多、批量不算很大的情况，适合采用精益生产管理。

13.2.3　ZTE 的精益生产管理

精益生产带来的收益，ZTE 体会很深刻。ZTE 有很多案例表明，通过精益运作后，生产场地和产品不良率大幅度降低，生产供货周期持续呈下降趋势。

ZTE 从 2010 年开始推行精益生产管理，发展历程如图 13-1 所示。

图 13-1　ZTE 精益生产管理发展历程

ZTE 从 2010 年开始导入丰田生产方式（简称 TPS），结合 ZTE 行业特色，建立了 ZTE 自己的生产方式（简称 ZPS）。这些年来，通过持续的推进，在制造方面已经取得了不少的经验和成果，ZTE 有不少这样的案例：通过精益改进，使用场地占用减少 70% 多，不良率降低 50% 多。

对 ZTE 来说，这一路走来，精益流动化一直是驱动精益推进的隐形力量，它在 ZPS 的发展中起着重要的作用。这些年来，ZTE 在推行流动化上取得了巨大成功，流动化思想在五大基地深入人心，其广泛而灵活的运用随处可见，大家都在为流动化所带来的成果和进步而津津乐道。无论是主产品，还是分支产品，就连最难推进流动化的关键产品，也已成功实现了全流程流动化。堀切俊雄老师听到 ZTE 的改善情况后这样评价："能取得这么大规模自主改善成果，据我了解，在中国，中兴是唯一的一家，有些改善成果已经达到了世界领先水平。"这些可喜的局面已经打开，形成了 ZTE 极具竞争力的组织、文化财富。ZTE 的生产质量必将很快达到行业领先水平，离生产成本大幅降低、生产周期减少 90% 的目标也已经不远了。有理由相信，流动化将为 ZTE 供应链的竞争超越和长远发展奠定坚实的基础！

随着 JIT 流动化质量自工序完结等理念逐步深入人心，ZTE 全员参与、持续改善的氛围成果喜人，仅 2022 年，就完成了 132 个攻坚课题，改善幅度超过 30%，共收到 9647 份提案。提案是生产精益活动的源泉，源源不断涌出的提案是财富。

ZTE 的精益流动化理念与公司核心文化高度契合：互相尊重，增加凝聚力，推动公司竞争和发展，与客户和供应商更好地实现双赢。这里举个例子来说明 ZTE 精益流动性给企业带来的收益。

某产品通过拉动式生产模式，实现部件-整机流动化均衡生产，生产周期减少 50%，人力投入减少 19.8 人，年收益约 200 万元，价值比提升了 44.9%。

该产品生产积极运用精益思想，针对生产模式进行变革，改善重点围绕流动化、线平衡两个中心点，从计划下达到包装发货全流程以"软连接"+"硬连接"形式实现一个流生产，交付能力提升显著。结合产品特点，提炼出该产品拉式生产模型。

该产品生产坚持以客户需求为目标，当前 80% 产品已实现装配-调试-包装流动化生产，精益改善快速横推的同时，也在引入如自动螺钉机、自动测试环测线、机器视觉检测等自动化设备，深度融合 SDP、IDA、RPA 等数字化工具，保障产品高质量交付，不断朝精益智造方向迈进！

该产品在生产模式变革的同时，也在场地释放、人力节约、质量提升等方面实现了可观收益，以整机生产阶段为例：

1）场地释放。整机通过两个流硬连接：高温前测试一个流（装配＋安规测试＋高温前测试）、高温后测试一个流（高温后测试＋气密＋QC 检验＋包装），减少过程中 6 次周转和等待，释放场地超过 $200m^2$。

2）人力节约。单板直送整机，减少物料人力 1 人；工序间连接流动化，减少中间人力搬运，释放人力 2 人。整机累计节约人力 3 人。

3）质量提升。统计近 3 个月整机 PAD 电源质量问题，漏打螺钉、漏装物料、漏测试等异常问题大大减少，相比同期，交检合格率提升约 16%。

此外，在无形收益方面，一个流减少搬运，方便员工操作和降低劳动强度，员工满意度提高；生产周期缩短，质量提高，客户满意度提升；合理布局，场地更宽敞，有效提升 7S 现场管理等。

13.3 高度同行的新产品并行设计

通常来说，生产参与新产品的并行设计有以下三个目的：

1）在新产品上落实可生产性需求，保证新产品生产在质量有保证的前提下高效、低耗。

2）提早研究难点工艺，保证新产品生产顺利、产品质量优。

3）尽早准备好生产所需的工艺文件、设备，以及工装、夹具、人员和场地等。

13.3.1 对新产品的可生产性需求把关

生产体系是产品可生产性需求开发的重要责任主体之一。可生产性需求开发是一项长期的工作，是日常工作中点滴积累下来的，在产品开发阶段起到再次把关的作用，针对具体产品，从生产者的角度，帮产品项目组把关可生产性需求，避免需求冗余或遗漏。生产体系并行设计阶段的可生产性需求开发工作如下：

1）用产品可生产性需求检查单对新产品可生产性需求把关。

2）根据《超大尺寸 BGA 工艺要求》《元器件认定工艺要求》文件，对新选型元器件的可生产性把关。

3）通过对新产品料单的评审，预判单板生产直通率范围。

4）根据"PCB 外形图评审检查单"对单板外形图做评审。

5）根据《印制电路板设计规范-工艺性要求》和检查单，结合 DFM 软件重点对可生产性（DFM）和可靠性（DFR）进行评审，协助选择高性价比的单板加工方案（等同于确定了单板生产的设计方案）。

6）根据《印制电路板-加工技术要求与检验规范》，与印制板厂就 PCB 制程问题（与工艺相关）进行沟通确认，选择合适的 PCB 加工方案。

7）分析单板加工过程潜在的失效模式及影响，制定改进措施并跟踪改善效果。

8）参加各阶段的技术评审，对可生产性把关，例如，根据产品样机评审检查单，对产品的可生产性、可装配性等进行评估。

13.3.2　产品可生产性需求开发及应用

1. 可生产性需求开发的重要性

生产部门是产品可生产性需求开发的主力军之一。可生产性需求的开发关系到企业的可持续发展，对企业发展有着如下重要作用：

1）有利于提高产品质量。产品可生产性好，产品质量风险低，一次性直通率高。

2）减少开发成本。可生产性需求开发成功，可以避免产品重复返工修改，节省了开发成本。

3）降低生产成本。产品可生产性好，能降低生产工时，节省生产工装及设备费用，降低生产难度，减少返修费用。

4）缩短上市周期。产品可生产性好，能减少开发和试生产时间，缩短新产品上市时间。

2. 如何开发可生产性需求

可生产性需求开发是一项长期的工作，既是日常生产工作中经验的总结，也是现代化生产的需求规划，一般来说，有如下几个步骤：

1）理解生产问题和需求。开发生产性需求简单说就是要求产品具备何种生产特性，便于生产顺利进行，所以首要问题就是明确我们想要什么。

2）广泛收集需求。产品可生产性需求覆盖生产全领域，所以要广泛收集生产各环节的需求，这部分需求基本上是生产经验的总结和对产品未来的期望。

3）规划需求。还有一部分需求是规划出来的，例如，智能生产对产品的需求，这部分内容可以根据生产技术规划定义。产品和智能生产技术及设备是相辅相成的，不可以脱离产品创造出一种智能生产技术及设备，所以这部分规划也是有历史产品缩影沉淀其中的。

4）分析需求。不是所有可生产性要求都能成为可生产性需求，因此要对收集的所有需求做需求分析，把真实的需求固化下来作为可生产性需求。

5）选择最佳解决方案。每一项可生产性需求都可能有多种实现方案。对于生产来说，实现方案越多，可生产性就越差，所以要多方评估，确定一种或少量几种方案作为可生产性需求。

6）总结成可视、易理解、可实现的需求库资料。可生产性需求是产品需求开发中的一种，同样具备需求的特性，纳入需求库中的，必须是可视、易理解、可实现、可测试等的需求。

可生产性需求开发完成后，一部分内容会成为企业标准或规范，一部分内容会形成可生产性需求库。具有通用性或代表性的内容会成为标准或规范。标准或规范的内容对企业来说是强制执行项，当然对于一些条款写的是"建议""推荐""最好"，这些需求就不是强制需求，是供选择使用的。例如《印制电路板设计规范-工艺性要求》《超大尺寸 BGA 工艺要求》《元器件认定工艺要求》，这些规范就是单板及元器件可生产性需求的典型表现形式。

可生产性需求开发难度完全不亚于产品开发，若需求错误，则会导致产品错误，或需要付出高的成本代价，而且可生产性需求在保证可生产性的同时，还要兼顾产品成本、外形尺寸需求等。下面以单板设计规范为例，介绍一下单板可生产性需求的开发，这里假设单板在企业自己的生产线生产，否则需要了解外界常规单板生产能力，因为单板的可生产性需求与单板生产能力要相互呼应。先说明几个术语：

1）再流焊：通过融化预先分配到 PCB 焊盘上的膏状软钎焊料，实现表面组装元器件引脚与 PCB 焊盘之间机械和电器连接的一种软钎焊工艺。

2）通孔再流焊：一种单面插件元器件和表面贴装元器件一起再流焊接的工艺。通常通过钢网印刷焊锡膏填充插件元器件管脚焊接孔，插件组装后随表面贴装元器件一起再流焊接。正常情况下，插件元器件只能放在单板正面。

3）阻焊：指在 PCB 的表面不需要焊接的线路和基材上涂上一层阻焊剂（俗称绿油），目的是防止焊接时桥连，绝缘，防止氧化，美化外观，此外还具有一定的"三防"功能等。

单板的 PCB 设计以及元器件组装可生产性需求开发内容很多。ZTE 的这份规范内容近 200 页，这里举几个例子说明可生产性需求开发的内容：

1）首先规定单板生产规程，如双面再流焊、单面再流焊、通孔再流焊，这三种是市面上最常用的生产规程，其他方式的可生产性不好，基本已经淘汰了。

2）根据企业产品情况，确定 PCB 基材选型，例如普通环氧玻璃纤维基材、高速基材、高频基材、柔性基材等。按照通用化要求，每种类型的基材尽可能少地确定几种规格供各产品选用。

3）根据企业产品情况，推荐几种 PCB 基材厚度，例如 0.65mm、1.0mm、1.6mm、5.5mm 等，以及确定基材厚度的选择原则。

4）根据合作厂家生产能力和本企业生产线设备能力，给出 PCB 长和宽最大尺寸，以及拼板尺寸要求和推荐的拼板设计方式。

5）根据合作的 PCB 生产厂家的能力，给出最小的线宽和线距参数，并说明常规参数值和当前最先进的参数值，以及参数值与 PCB 价格的关系。一般先进参数对应着比较高的价格。不同厚度的铜箔对应不同的线宽和线距参数。

6）根据合作的 PCB 生产厂家的能力，给出孔盘（指各类金属化和非金属化孔盘）设计能力参数，以及建议的孔盘参数。

7）根据合作的 PCB 生产厂家的能力和本企业组装经验，给出相关阻焊设计要求，例如，图形阻焊能力、阻焊塞孔能力、导线阻焊、各种孔类阻焊、焊盘阻焊等。

8）根据企业再流焊设备能力和企业生产经验，给出单板元器件布局要求及元器件的间距要求，包括光学定位点和定位孔设计要求。

9）PCB 成本与板材类型、板材利用率、层数、厚度、钻孔数、合压次数和表面处理工艺等有关，根据合作厂家或业界价格明细表（相对价格），给出设计成本表，供研发人员成本规划时使用。

《印制电路板设计规范–工艺性要求》由智能装联技术开发部门负责开发及维护。在 PCB 厂家生产能力有提升，或者本企业生产设备有升级及生产经验有新的积累时，需要更新这份规范。一般来说，这些变革带来的是 PCB 设计成本的降低或性能的提升。

3. 产品可生产性需求和产品其他需求冲突时的处理原则

可生产性需求和产品可靠性及硬件成本之间，很多时候是有矛盾的，在可生产性需求和产品其他需求有冲突时，ZTE 的处理原则如下：

1）能兼顾多种需求是产品设计的首选方案。

2）当产品可生产性与产品功能和性能有不可调和的冲突时，应保证产品功能和性能，但不能是不可生产或可生产性极差，即可生产性必须是可接受的状态，否则产品不能立项。

3）当产品可生产性与产品可靠性有不可调和的冲突时，保证产品可靠性，但可生产性也必须是可接受的状态，否则产品不能立项。

4）当产品可生产性与产品硬件成本有冲突时，需要仔细分析具体情况，如果使用工装可以解决生产问题，自然是首选方案；如果生产完全不能实现，则忽略成本问题，保证生产；如果产品批量小，生产只是困难一点，则可以忽略可生产性；如果批量很大，则必须保证可生产性需求，当然因为批量大，硬件成本也是非常敏感的，要尽可能开发工装，同时满足可生产性和硬件成本需求。

5）当产品可生产性与产品可维护性有冲突时，如果完全不能维护或非常困难，自然是不行的；如果只是维护比较困难，首先保证可生产性，尽量改善可维护性，毕竟维护作业是小概率事件。

6）当产品可生产性与产品可操作性有冲突时。生产非常困难或者操作很困难，自然都是不能接受的；通常情况下，相比较而言，可操作性级别高于可生产性，毕竟要把方便留给客户。

在考虑可生产性需求的时候，要特别注意灵活使用工装。对可生产性来说，常规要求必须要实现的，就一定要实现。很多时候，各种需求都是可以兼容实现的，毕竟办法比问题要多得多，新材料、新工艺、新技术都是好帮手。这里举个例子来说明一下，风冷设备自然都是要有风扇的，风扇通常固定在风扇插箱里，这个固定问题看似简单，实际上很需要技巧。目前来看，使用螺钉、螺母固定风扇是比较安全的方式，因为现在的风扇转速都很高，卡装等方式会导致风扇振动，不仅会使风扇因为不平衡而降低寿命，还会产生额外的振动噪声。螺钉、螺母固定虽然稳定，但工时长、生产效率低，占地面积大，而且固定的时候螺钉容易转动，不好操作。此外，风扇插箱的数量又非常大。这就是一个没有多少技术含量，但费时、费事的简单型工作。这时候，可以使用工装，让螺钉在固定的时候不会转动，再使用固定力矩的机器人来做这项工作，如图 13-2 所示，效率极大地提高，质量更是有保障，生产成本极大地降低。

4．建立可生产性故障案例库

把产品生产过程中出现的可生产性问题做成案例库，以供新产品设计时参

图 13-2　系统智能调度的自动化生产机器人

考，避免同样问题的产生。案例库里不同类别的材料故障记录模板不同，下面以芯片为例介绍一下故障模板的内容：

1）元器件代码和名称。明确元器件，便于后续根据元器件线索查找案例，并推送给使用该元器件的产品。

2）应用该元器件的设备、单板名称、代码和版本号。明确故障设备的单板，便于有需要时深度回溯，例如考察封装、周围元器件布局等。

3）故障现象。说明具体的故障现象，如出现桥连、虚焊、漏焊、立碑、拉尖、转移性锡珠等焊接问题，需要附加图片。

4）故障原因。分析出故障根本原因，比如封装有待改进、布局不合理等。再如高且热容量大的分离元器件密集布局时，元器件下的焊点温度偏低，会导致焊接不良。案例尽量附加图片。

5）改进方案。是否有解决办法很关键，对于无解且故障率高的元器件要清理出通用件库，当然这种概率是很小的，毕竟很多时候，通过 PCB 设计、钢网设计、工艺参数调整等，能够避免不良或极大限度地降低不良率。例如，对于电源模块、共模电感、变压器等共面性不好的元器件，尽可能在焊盘图形外围对称的一个方向或两个方向，留 1mm 的禁止布线空间，扩大钢网开窗，弥补共面不足的缺陷，以提高焊接质量。改进案例也需要尽量附加图片。

案例库在产品设计的时候，可根据选择的元器件或工艺，推送相关的成功或失败的案例，提供借鉴，避免重复走弯路。

13.3.3　生产工艺要提前研究新产品涉及的难点工艺

并行设计的另一个目的就是要提前甄别出新产品会涉及的难点工艺，并在并行设计阶段攻克技术或管理难题，保证新产品生产能顺利完成。

生产工艺研究是工艺研究部门日常的工作，通常是根据企业产品情况、业界发展情况，结合新技术、新工艺和新材料，及时研究本企业产品可能用到的先进工艺或技术，而新产品方案通常都会选择企业成熟的工艺，所以当有新产品开发任务时，需要当期解决的难点问题不会太多，一般会有如下工作需要做：

（1）研究并解决新材料的可生产性问题

虽然新产品开发项目组在选材的时候已经考虑并评估了其可生产性，但有时候会受限于可选择的范围很窄，以及先进技术的使用。当必须选择一些新的材料时，需要工艺研究部门研究这些新材料的生产工艺，例如新材料是某芯片时，需要研究该芯片的焊接工艺与本企业生产设备的适配问题，确定最佳工艺参数，比如进行焊点成分分析、可焊性分析、炉温曲线测试、钢网开口设计、焊盘布局建议等。

（2）实现新工艺的落地

当新产品为了功能或性能需求，必须使用新工艺时，工艺研究部门需要研究新工艺的最佳实现方法，以及需要的设备、场地和技术人员等，最终输出完整的生产工艺，以及设备、场地和人员需求报告。例如，单板需要做"三防"涂敷时，需要研究涂敷材料选型、涂敷工艺、设备选型、场地及人员需求、环保要求等。

（3）解决以往产品曾经发生过的问题

工艺研究部门根据"可生产性故障案例库"推送的情况，参考案例的解决办法，再结合具体产品设计情况，给出对应的解决办法，避免问题再次发生。

13.3.4　在并行设计时间段里做好生产准备

生产部门需要在并行设计时间段里准备好新产品生产所需资源，目的是缩短新产品上市时间。这里需要先介绍一下工装库、工艺库和工时库，这些是并行设计必须要用到的资源，然后介绍新产品导入准备工作。

1．工装库

生产部门会有大量各种形式的工装，需要建立工装库，一方面是盘活资产，方便后续新产品借用；另一方面是资产统筹管理，提高利用效率，降低生产成本。工装库模板一般包括如下一些内容：

1）工装代码和名称。每个工装都有一个确定代码和名称。代码按照企业代码及工装代码命名规范编制，名称按照工装命名规范给出。这些数据化的资料是数字化管理的基层数据。

2）工装类别。给出具体的工装类别，目的是便于手动搜索，例如单板 SMT（表面组装技术）工装、风扇插箱测试工装、插箱取电工装等。

3）使用工装的具体产品、部件名称及代码。给出具体使用工装的物料信息是为了定位工装的使用主体，也是为了方便使用、维护等。

4）工装投入使用时间、寿命。工装是有寿命的，不同类别的工装寿命不同，比如带背板的可插拔形式的测试工装，因为插座可插拔次数为 200 次，所以该工装的使用寿命是 200 次。可根据使用量，评估出工装的寿命值，再根据投入使用的时间，及时做好新工装储备和更换的准备。当然工装到寿命期不是说马上就不能用了，只是到那时开始工装故障率会增加，要重点关注工装的监测数据，到预估故障率时要更换新的工装。

5）工装数量和利用率。这两个数据是为了满足该工装的借用需求，是判断是否需要增加工装数量的依据之一。

2．工艺库

对于一个企业来说，常规工艺基本是确定的，即便是新产品，增加的新工艺也非常有限。把常规工艺做成工艺库，按照模块的形式建立和存储，有新产品时，按照需求调用相应的工艺即可。工艺库包括工艺规程、工艺文件和工艺模板，人员、场地和设备情况也都在工艺规程和工艺文件中体现了。通用的工艺规程和工艺以具体文件形式存储，有差异的工艺以模板形式存储，在模板里把共用部分固化下来，到具体产品时增加差异性内容即可。

工艺规程、工艺文件和工艺模板都是公司的资产，建立工艺库也是为了对这部分资产进行管理，如同档案管理。

3．工时库

标准工时是指在标准工作环境下，进行一道加工工序所需的人工（或设备）生产时间，简称工时。相对来说，工时是产品设计水平、企业生产技术能力、生产管理能力的体现。企业需要建立各个工艺的工时数据库，得到每天的时时数据，以便时时观察数据变化，从数据变化看出异常或进步。对工时表现异常的环节要及时处理。

工时的制定方法有多种，通常使用的方法是：标准工时＝标准作业时间＋辅助时间。标准作业时间及辅助时间基本上是由工艺过程决定的，主要为直接增加产品价值的人工或机器时间消耗。减少标准作业时间及辅助时间，可以通过优化产品设计、使用高水平的工艺技术和应用先进的生产管理方法等来实现。

所有制造型企业都需要有工时数据库，即各产品各工序的工时数据库。工时是下列工作不可或缺的基础数据之一：确定产能、人员规划、场地规划、生产计划排产、是否需要增加设备、人员和设备匹配性计算、各工序之间匹配性计算、生产工艺改进、生产管理优化、人力成本和生产成本核算（包括新产品生产成本核算及规划）、生产人员绩效考核等。

工时数据也需要不定时维护，例如，当生产工艺发生变化、产品设计有变化时，工时需要重新测定。

4．生产部门在并行设计阶段需要完成的新产品导入准备工作

（1）完成钢网设计

钢网是一种 SMT 专用模具，其主要功能是帮助锡膏沉积，目的是将准确数量的锡膏转移到空 PCB 上的准确位置，保证元器件焊接可靠。钢网在单板生产中起着至关重要的作用，直接关系到单板焊接质量。钢网设计参考的设计规范是《系统板钢网制造技术规范》和《终端板钢网制造技术规范》。

（2）确定炉温

炉温是指 PCB 再流焊的几个重要温度，也叫 SMT 工艺参数，包括预热区温度、恒温区温度、融锡区温度和冷却区温度这 4 个参数，对于不同产品来说这4 个参数有所不同，确定炉温参考的规范文件是《回流焊炉温设置通用工艺规范》。

（3）准备好工艺文件

串行设计的时候，是有了实物样机才做生产工艺文件。并行设计是在产品并行开发阶段完成工艺文件，整机各项工艺文件由中试部完成，单板和部件工艺文件由生产工艺部负责。早期的并行设计是通过工艺人员提前介入产品研发来完成工艺文件的开发的。数字化时代为并行设计提供了更为便捷的条件，通过同宗同源的数字化模型，结合数字孪生技术，可以模拟数字化的试生产，从而确定生产工艺。再通过工艺库的资源，就可以得到新产品完整的生产工艺文件。

（4）准备好工装

新产品测试设备由中试部研制，工装夹具由生产部门负责设计，按照预测单次及全年发货量，准备好需要的工装。通信产品一般初期发货数量都不会很大，可以先准备初期发货需要数量的工装，因为在使用过程中有优化的可能，所以工装数量可以逐步扩大到预定的数量。这个数量不会是单批次最大值，因为要考虑工装的利用率。工装利用率不高的时候，不仅造成投资浪费，库存也是资源浪费，所以一般会根据产品批量情况和生产能力制定一个高性价比的最大工装数量。对于直接借用的工装，核算出需要新增的数量即可。

（5）准备好所需生产设备

对通信产品来说，生产设备主要是 SMT 设备、测试设备以及一些自动化生产设备，例如导热胶的点胶机、涂敷设备和自动化包装设备等。设备的通用性比较高，大多数设备是各产品共用的，所以理论上生产部门需要根据整个企业的产品日需求量、月需求量，乃至年需求量来做整体核算。其实设备的产能数据一直是有的，在增加新的生产量需求时，看新产品的组成结构和产需数量，核算新产品生产节拍，计算生产设备产能是否够用，不够时需要增加多少。数字化管理后，系统可以自动算出需要增加的设备数量。对于非通用性设备，除了要考虑产品的需求量外，还需要考虑该设备是否会成为通用性设备，对于不能成为通用性需求的设备，要控制好数量，避免投资浪费。设备一般投资比较大，当产需和产能差异比较大，而且产需不稳定时，可以考虑外协生产方式，降低投资成本。

（6）做好人员培训

生产人员的产品培训和生产工艺培训是永恒的话题，人工密集型生产严重依赖于生产人员的作业熟练程度，生产人员培训是必然的。人工智能自动化生产只是生产人员数量减少（相对而言），但对生产人员技能要求更高，更需要培训。所以任何新产品试生产之前，都需要做好相关人员的培训工作，不仅要分岗位培训相应的工艺文件，对整机调测人员还需要培训产品工作原理和功能及性能方面的内容，总之所有人员培训合格后方可上岗。

（7）规划好生产场地

在生产要素里，生产场地是很重要的。在寸土寸金的今天，场地规划不是一个简单的事情，特别是在场地没有余量又需要增加场地的时候，需要特别谨慎。不是持续稳定地大量增产，不要扩大场地资源，这时候，经过对新产品工艺规程、具体工艺及工时、日产和月产需求的详细核算，计算出生产场地需求，再通过精益生产的精细化生产安排，挤出场地供新产品使用。如果场地紧张，可以把个别技术含量低、场地需求大的工序外协，例如风扇插箱的装配、PDU 的装配等。当然企业产品总销售量持续增加时，可以适当增加生产场地。

13.4　应用先进的生产工艺技术

随着时代的发展，生产工艺技术在生产要素里的作用越来越重要了，未来生产工艺技术的先进性，更是决定着企业的生存和发展。ZTE 自成立以来，一直注重大力发展生产工艺技术，应用业界最先进的生产工艺技术武装自己，致力于提升企业的生产能力，给客户提供高品质的产品和服务。

近几年，ZTE 重点发展的生产技术是"5G 生产 5G"、数字化及数字孪生技术等。机器视觉相当于我们的眼睛、机械臂相当于我们的双手、AGV 小车就像是我们的双腿、智能运营中心就像是我们的大脑，在 5G 产品的生产中发挥了巨大的作用，充分体现了数字化的活力和魅力。

13.4.1　5G + 智能制造

ZTE 利用企业自身设计和生产 5G 通信产品的优势，率先把 5G 通信技术与智能制造融合在一起，打造了 "5G + 智能制造工厂"，获得如下成效：

1）成功将人均产出提升了 113%，交货周期缩短 42%，产品上市周期缩短 17%。

2）完成云端数字孪生 3D 模型，实现设计、工艺、生产数据同源同步。

3）远程巡检、远程调试、远程维修。总之，专家远程支持，提高故障消除速度。

4）部署 5G 云化机器视觉，进行高效 AI 视觉检测，进一步提升生产效率。

5）全程自动化生产线，人力减少 49%。

6）部分产线实现黑灯生产，力求将生产的节能降耗做到极致。

7）全自动化生产线，系统智能调度，根据产品型号自动切换生产。

8）智能物流系统，ZTE 的全球 5G 成品智能分拣中心，从成品包装、入库、存储到出库，全流程智能化、自动化作业，每年可以减少 10 万 t 以上的碳排放。

9）全球成品出入库实现无纸化管理，高效而环保的电子单据，每年可以节省 A4 纸张 224 万张，可以铺满 20 个足球场，进一步推行低碳生产。

图 13-3～图 13-5 所示是 5G + AI 的智能生产场景。

图 13-3　自动巡检设备

图 13-4　黑灯生产线的整机智能机器人
（为了拍照开了部分灯）

图 13-5　全自动化生产线上的运输机器人（为了拍照开了灯）

ZTE 创建了智能灯光控制系统，有晨光、日光和黑灯等形式，按需自动调节灯光。例如黑灯工厂的灯，在机器人工作的时候，不开灯，有人进入的时候，自动开灯。

全自动化生产线都是黑灯工厂，自动找人、找货的自动搬运车减少了劳动力需求，提高了生产效率和产品质量。下面具体介绍几种与 5G＋智能制造相关的技术。

13.4.2　SMT 智能生产工艺技术

结合 SMT 印锡、贴片和焊接三个关键工序实施开发的 SMT 智能生产系统，以智能检测拦截技术为基础，建立一套 SMT 全工序质量控制系统，实现各工序质量闭环及预警和告警，如图 13-6 所示。

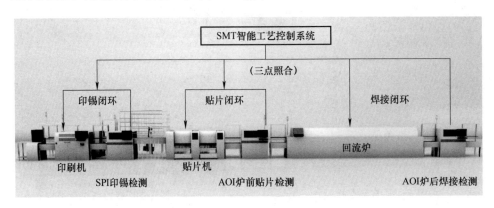

图 13-6　SMT 智能工艺控制系统

这项技术可以得到如下两方面的成果：

1）对产品质量形成过程的各个环节实施监测和控制，覆盖 SMT 全生产流程。打通 SMT 设备数据接口，解析生产数据，链接业务规则，既能实现质量信息共享和集成化管理，又能实现设备结构和质量管理集成，还能实现质量信息的上传下达，使质量活动在产品形成过程中有序进行。

2）基于数据可视化数据应用。通过数据图形化的转换，将数据多维度、多角度地展示在管理层的面前。中控室座席专业人员主要监控各个工艺模块的质量状况，推动异常情况迅速处理，同时支持故障远程支援、远程处理。生产线员工可以通过 App 上报现场不良情况。几乎无时滞的处理流程取代了原先手工方式的质量单据，防止有质量问题的产品流入下道工序。图 13-7 所示是 SMT 智能工艺控制室，工作人员在控制室内，通过联网的电脑，时时监控生产过程，直接与现场进行信息交互。

图 13-7　SMT 智能工艺控制室

影响焊点寿命的主要是应力，比如说，元器件和单板热膨胀系数不同导致的应力、单板安装在结构件上导致的应力。影响焊接质量最关键的是温度和锡量，SMT 通过将实际用锡量与理论需要的锡量做时时监控对比，从而时时监控用锡量的异常。SMT 还可根据后端故障焊点的用锡量，进一步核验、矫正理想用锡量。

针对印锡作业的工艺可视化，印锡界面过程控制 CPK 算法实时监控印锡体积和偏移，体积推移图和偏移靶图直观展示每一块单板的印锡质量，告警和预警栏实时展示线体告警和预警信息，车间合格率、线体合格率每小时监控更新。

再如过程预警，实时显示过程 CPK 监控算法、AI 换料预警算法等是结合设备能力和工艺能力建立在统计过程控制上的质量预警算法，一旦生产过程或设备状态发生偏移，立即触发预警，相关人员可解决质量隐患。

SMT 智能生产工艺技术的使用，不仅可以提高产品质量，还可以极大地释放劳动力，实现全自动化生产。图 13-8 所示为某产品的 SMT 全自动化生产线上的上料机器人。

图 13-8　SMT 全自动化生产线上的上料机器人（为了拍照开了灯）

ZTE 还创建了 SMT 自动待机技术，因为焊接工序是 SMT 生产环节中的耗电大户，是节能减排的重点工序，所以需要在回流炉的使用上想办法。使用 SMT 自动待机技术时，回流炉自动识别休息时段，自动切换到休眠待机状态，在需要开始生产之前，回流炉自动升温，恢复焊接所需温度，从而减少无谓的能量消耗。

13.4.3　仿真技术

早年很多研发或生产需要的参数是通过实物试验测试获得的。测试需要各种测试设备，需要模拟测试环境，还需要比较长的测试时间，最关键的是需要已经设计、生产出来的实物，这些基本是事后方法。现在仿真技术在产品研发和生产中已经被广泛使用，售前、售后也有一些应用，未来在产品生命周期的很多环节都会用上这一技术。

仿真是指使用项目模型将特定于某一具体层次的不确定性转化为它们对目标的

影响，该影响是在项目仿真、项目整体的层次上表示的。项目仿真是利用计算机模型对项目某一具体层次做风险估计，它是一种试验技术，具体仿真过程包括建立仿真模型和进行仿真试验两个主要步骤。显然，仿真是一种事前技术，在产品设计方案确定之前或者在生产之前等阶段完成，目的就是提前模拟、验证，规避风险。

ZTE 已经广泛将仿真技术应用在生产上，例如，制程机械应力风险、生产工艺仿真、返修可靠性、失效分析、焊点寿命评估等。再如单板焊点温度循环寿命仿真，因为 PCB 与元器件的热膨胀系数（CTE）不同，长期高低温过程中产生的交变载荷会导致焊点产生裂纹并扩展，最终导致焊点失效。元器件尺寸越大，剪切方向的位移越大，焊点受到的剪切力越大，相同条件下元器件的寿命越低。基于此，设计的仿真过程为：

1）材料本构：获取焊点等材料的本构关系。

2）前处理：建立网格模型并输入相关参数。

3）求解及后处理：用仿真软件求解并进行数据处理。

4）后处理：代入选定并修正的 C-M 方程或 Darveaux 方程，获得温循疲劳寿命预测。

5）实际应用评估。

13.4.4　数字孪生技术

对于现代通信设备使用的高速压接连接器，随着连接器引脚数量不断增多、间距日益减小、引脚越来越短、材质不断变软，压接工艺难度越来越大，常出现压接不到位、跪针等问题，视觉检查和 FT（功能检查）不能有效拦截不良。

ZTE 使用数字孪生技术来解决这类问题。用压接过程曲线来对异常进行识别。先依据某个参数拟合一个标准的压接曲线，作为判据，用实际的压接曲线做对比，并设定一定的阈值，超过这个阈值就判断为不合格。

例如，针对某型号压接连接器压接过程中的特性曲线进行分析，得出压接质量管控阈值，嵌入生产扫描系统，可以弥补传统的 AOI（自动光学检查）、FT 等检测手段不能有效拦截连接器漏压和连接器压接不到位的管控缺陷，提高了产品可靠性，减少了生产工时，降低了维护费用。ICT 测试和曲线管控拦截效率对比如图 13-9 所示。

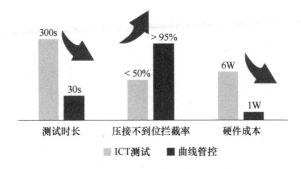

图 13-9　ICT 测试和曲线管控拦截效率对比

13.4.5　生产中的节能减排

对于制造型企业来说，生产部门是耗电、耗材大户，生产体系的节能减排是企业的重要任务，不仅仅是为了降低生产费用或产品成本，更是国家，乃至全球的社会责任。生产体系的环保责任也是企业义不容辞的社会担当。ZTE 一直致力于生产体系的节能减排和环保方面的优化改进，前面说过的黑灯工厂和无纸化发货等都是节能减排的案例，其实这类案例还有很多，例如：

1）为了减少生产过程中包装材料的使用量，ZTE 积极推进绿色包装试点项目。2020 年，通过降低纸箱克重、更换包装材料、集合化包装、回收再利用来料周转包装等方式，试点项目包装材料用量约减少 61.82t。在试点项目上推行集合化包装代替独立包装，年节约发货体积 8071m³，在试点产品上推行一体化包装，年节约发货体积 46184m³。

2）生产体系持续在各生产基地铺展 e-SOP 电子文件系统，国内各生产基地的关键工序已实现 100%电子工艺文件覆盖，每年节约打印纸张 10 万张以上。

3）2020 年深圳基地 SMT 生产线冷却系统改造，利用中央空调冷却水循环替代生产线专配的冷却系统，减少设备功率损耗和热量散发，一年可节约用电 28 万 kW·h。

4）公司通过采用更环保的材料，更新生产工艺，深圳区域挥发性有机物（VOCs）年排放总量降低到原来的 9.78%。

5）公司加强对重点耗水设备的巡检和监控，针对空调冷热水膨胀水箱、冷却塔和水表等设备开展重点巡查，通过及时维保维修减少水资源的流失，并逐步更换手动水龙头为感应式红外线自动开关水龙头，实现节水 20%。

6）对于产品中有害物质管理，ZTE 从产品设计、采购、配送、生产到出货等环节进行全流程的有害物质管理。ZTE 分析全球 17 个国家和地区的 28 个有害物质法律法规要求，发布全球环保法规分布地图。此外，ZTE 与多家合作伙伴以及专业机构开展交流和相关环保技术研究。

13.5　工艺纪律管理和生产纪律管理

工艺纪律是企业在生产产品的过程中，为维护工艺的严肃性，保证工艺贯彻执行，确保产品质量和安全文明生产而制定的某些有约束性的规定，工艺纪律是确保公司有序地进行生产活动的重要约束之一，例如工艺文件的拟制、修改、使用、废弃等规定；工装、夹具、设备的制造、使用、保养、维修规定。ZTE 在这方面有完整的程序文件和管理办法，如《单板移动规范》《防静电规范》，以及《机器人使用规范》《工装使用规范》《设备维护规范》等。本小节主要讲述生产纪律管理。

生产纪律管理是生产管理中一个很重要的环节。若科学而严明的生产纪律被认真执行，则可以提高产品质量、生产效率，降低生产成本，从而提高企业效益。7S 管理便是一种高效的现场管理方法，这里做一下简单的介绍。

13.5.1　什么是 7S 管理

7S 管理是一种生产现场管理方法，简称 7S。7S 活动于 1955 年起源于日本，并在日本企业中广泛推行，最初是 2S，后发展到 5S。5S 从 1990 年开始被中国企业引用，并新加入 2S（安全和节约），形成 7S。7S 具体是指整理（seiri）、整顿（seiton）、清扫（seiso）、清洁（seiketsu）、素养（shitsuke）、安全（safety）、节约（saving）。开展以整理、整顿、清扫、清洁、素养、安全和节约为内容的活动，称为 7S 活动。7S 活动的对象是现场的环境，7S 可以被看作是对生产要素进行有效管理的一种方法。7S 活动的核心和精髓是素养，如果没有员工队伍素养的相应提高，7S 活动就难以开展和坚持下去。

13.5.2　7S 的作用

（1）改善和提高企业的形象

一般客户到企业参观或厂验，都会参观生产线，所以生产线是企业的门面，而且业界公认生产线的管理水平就是企业管理水平的体现。运用 7S 可以得到一个整洁的生产环境，增加客户对企业的信心。

（2）提高企业生产效率

经过整理的各类物品摆放有序，标识清晰，界限分明，使得生产操作便捷，不易出现错误。同时，员工可以集中精力认真工作，工作热情高，生产效率能显著提高。

（3）提高产品质量

通过经常性的整理、整顿、清扫等活动，能得到整洁有序的生产环境，再加上设备、工装等按期保养，能有效降低故障率，提高产品的质量。

（4）提高零部件、半成品及成品的周转效率

针对零部件、半成品及成品进行合理有效的布局和保管，并持续进行整理，即进行最彻底的最低库存量管理，方便物料或成品的领用。各工序之间物流通畅、便捷，能够有效减少不必要的寻找或滞留等工时，从而有效提高库存周转率。

（5）保证企业安全生产

安全生产是企业的首要任务。通过 7S 管理，库房、各种设备、工装及工具等整洁有序，工作场所整洁且明亮，各类通道畅通无阻，工作人员按规定有条不紊地进行各项操作，意外的发生会减少，安全生产有保障。

（6）改善员工精神面貌

整洁有序的工作环境会增加员工的自豪感和自信心，并且能激发出更高的工作热情，形成良好的工作素养，例如，对自己的工作更加尽心尽力，更加积极热情地参与到生产改善活动中，提升生产组织的活力。

（7）缩短生产周期，提高供货速度

显而易见，生产效率提高了，生产周期就缩短了，供货速度自然就加快了，从而能提升客户满意度。

（8）降低生产成本

生产效率提高、产品质量提升、组织活力增加、安全生产，以及人员、场

地、设备、工时等减少，都会降低生产成本，提高企业竞争力。

13.5.3　7S 活动中的要点及小技巧

1. 整理

整理就是区分必需品与非必需品。对于非必需品要清除掉或进行合理处理，目的是腾出空间，使空间能得以充分利用；防止变质和积压资金；防止误用无关的物品；创造整洁的工作环境。进行整理时需要重点关注以下问题：

1）制订必需品与非必需品的判别基准及处理办法。

2）马上要用的、暂时不用的、长期不用的要区分对待。

3）即便是必需品也要适量，将必需品的数量降到最低限度。

4）对于没有作用的物品，无论有多昂贵，都应坚决地处理掉，放置越久，残值越低。

5）根据物品使用频率，决定其处理办法。

2. 整顿

整顿指将整理好的物品定位放置并做好标识，目的是节约寻找物品的时间；工作场所一目了然；创造整齐的工作环境，这是提高生产效率的基础。整顿的关键点如下：

1）彻底地进行整理。在工作岗位只摆放最低限度的必需品。

2）确定放置场所。物品放在岗位的一个比较方便拿取的位置；将经常使用的物品放在离工作岗位最近处；特殊物品、危险品（如酒精、助焊剂、清洗剂、油漆、天那水等）设置专门场所进行保管；无法按规定位置放置的物品，应挂"暂放"标识牌，注明原因、放置时间、责任人、预计放至何时等。

3）规定放置方法。尽量立体放置，充分利用空间；便于拿取和先进先出而"平行、直线、直角、在规定区域"放置；限制堆放高度（不超过 1.5m）；按产品种类区分放置；做好防潮、防尘、防锈措施；容易损坏的物品要分隔或加防护垫保管，防止碰撞。

4）画线定位。用醒目颜色的斑马胶画线定位，按消防安全要求合理划分车间主通道以及各通道的间距。主通道一般为 1.5m，人行道一般为 1m 以上，单向车道为最大车宽 + 0.8m，双向车道为最大车宽 × 2 + 1m。

5）进行标识。在摆放场所标明所摆放物品；一对一地标识现场所摆放的物品；在摆放物品上进行标识；选用恒久和容易维护的材料做标识；选用不同颜色，相同大小、字体、样式、用词的标识。

总结来说，整顿应遵守"三定"原则，即定点、定容、定量。

3．清扫

清扫是指清除工作场所内的脏污，并防止污染的发生，目的是清除脏污，创造清洁的环境，保证品质。需要特别注意的是，清扫不只是扫除，还包括检查，检查出每一点存在的问题，只打扫灰尘那只是扫除。

（1）清扫的要点

1）人人参与，责任到人。

2）将清扫与点检、保养工作充分结合。

3）杜绝污染源，建立清扫基准。

（2）清扫的步骤

1）落实整顿工作。

2）从工作岗位扫除一切垃圾、灰尘；员工自己动手清除长年堆积的灰尘、污垢，不留死角；将地板、墙壁、天花板、工作台等打扫干净。

3）清扫、点检机器设备，保持设备及其附属、辅助设备的干净；留心注意清扫油管、气管等不易发现的内部结构；把设备的清扫与点检、保养、润滑结合起来。

4）整修在清扫中发现有问题的地方，整补不平的地面、脱落的墙面；补上不见了的螺钉、螺母等配件；及时加油保养需防锈、润滑的部位；更换老化的水管、气管、油管；清理阻塞的管道等。

5）查明污垢的发生源及原因（跑、滴、冒、漏），从根本上解决问题。

6）将废弃物分为普通废弃物（如纸箱、泡沫等）和危险废弃物（如含铅废弃物、被化学品污染的废弃物等）进行管理。

7）实施区域责任制。应该进行区域划分，实行区域责任制，责任到人，不可存在没人负责的死角。

8）制定相关清扫基准，明确清扫对象、方法、重点、周期、使用工具、清扫责任人，保证清扫质量，促进清扫工作的标准化；上级定期检查。

4．清洁

清洁是指维持以上 3S 成果，使其规范化、标准化，目的是通过制度化来维持成果。整理、整顿、清扫是动作，清洁是结果，即在工作现场进行整理、整顿、清扫过后呈现的状态是清洁。清洁包含三个要素：干净、高效、安全，称为缺一不可的清洁的状态。清洁的具体内容如下：

1）整理并区分工作区的必需品和非必需品。先将工作区的物品整理一遍，调查它们的使用周期，将这些物品记录下来，再区分必需品和非必需品。

2）撤走各岗位的非必需品。将非必需品从岗位上撤走，而且要迅速地撤走。

3）整顿并规定必需品的摆放位置。对于工作区的必需品我们必须根据实际条件、作业者的作业习惯、作业要求，合理地规定摆放必需品的位置。

4）规定摆放方法。摆放位置规定了，就必须确定一下摆放的高度、宽度以及数量，以便于管理。

5）进行标识。标示规定的位置、高度、宽度和数量，方便员工识别。

6）清扫并在地板上画出区域线，明确各责任区和责任人。工厂范围大，所以必须划分责任区和明确责任人。

5．素养

素养是指人人依规定行事，养成好习惯，本质就是自律，目的是提升素质，养成工作规范认真的习惯，塑造团队精神。素养是 7S 的核心部分，素养代表的不仅仅是个人形象，也是企业的形象。

（1）素养的内容

1）持续推动上述 4S 直至习惯化。

2）相关的规章制度。

3）教育培训。

（2）素养的具体表现

1）严格遵守规章制度，认真按照标准作业。

2）时间观念强，遵守出勤和会议时间规定。

3）衣着得体、规范，正确佩戴工卡。

4）待人接物诚恳、有礼貌。

5）遵守社会公德。

6）富有责任感，关心他人。

6. 安全

安全是指消除隐患，排除险情，预防事故发生，目的是创造高效率、无意外事故发生的工作环境。

（1）推行安全的要点

1）从产品设计、工艺制程、工装夹具和生产设备的设计上做安全防护设计。

2）管理上制定正确作业流程，配置适当的工作人员或设备进行监督检查。

3）对不符合安全规定的因素及时举报消除。

4）加强作业人员安全意识教育。

5）签订安全责任书。

（2）发生事故的四大原因

1）设备的不安全状态。

2）人的不安全行为。

3）工作环境的不良。

4）劳动组织管理的缺陷。

7. 节约

节约是指对时间、空间、能源、人力资源、设备、物料等方面进行合理利用，发挥最大效能，目的是减少浪费，创造高效率、物尽其用的工作场所。实施节约时应坚持以下三个观念：

1）能用的东西尽可能利用。

2）以自己就是主人的心态对待企业的资源。

3）切勿随意丢弃物品，丢弃前要考虑其剩余的使用价值。

13.6 生产人员培训

培训是所有企业、所有岗位都绕不开的话题，进入信息化、智能化、数字化阶段后，培训更需要强化，因为对生产人员的素质和技能要求更高了，为了达到更好的培训效果，需要使用培训工具。

ZTE 非常注重培训工作，开发了培训云平台，针对每个岗位创建相应的培训课程。例如对于生产体系的员工，有针对新员工的全套培训课程，包括公司规章制度、与岗位相关的基础技术知识、岗位操作技能、信息安全、合规、生产安全等内容，即岗位工作指引里面的内容。这项培训有云上课程，员工可以自行安排时间学习，一般每个小节后都有考试题目，可以重复答题，也有题解，全部答对后才可以进行下一部分的学习；当然也有线下课程，由有证书的各专业兼职讲师授课及答疑。所有培训结束后有考试，合格者方可上岗。

生产线日常培训有系统培训和不定期培训，一般是各岗位具体生产工艺培训、相关产品技术培训、精益生产理论或案例培训、7S 相关内容培训、安全生产相关内容培训、信息安全和合规相关内容培训等。日常培训也分为云上培训和线下培训两种形式，学习结束后有考试，考试成绩是否合格关系到员工收益，以资鞭策鼓励员工学习。

第 14 章

产品售后工作中的工艺管理

14.1 产品售后概述

传统意义上的售后是指企业在产品出售以后给客户提供的各种服务活动。当代售后需要参与产品研发和售前技术支持等工作，所以售后虽然仍使用"销售后"命名，但是实际工作内容已经延伸到产品生命周期的多个阶段了。笔者认为，当代售后的定义应该为：企业在产品出售以后给客户提供的各种服务活动，以及完成企业内部与售后内容相关的各项工作。

ZTE 的售后工作范围主要包括售前投标技术支持，与售前进行销售项目信息交接，环境工勘，为客户安装并调试、开通产品，工程复盘，定期巡检，设备维护、制定销售地图，组织在网设备故障处理及复盘，完成客户维保需求，负责老旧设备优化方案策划，参与新产品并行设计、可服需求开发等。

14.2 产品售后对企业的意义

产品售后是产品生命周期中一个很重要的环节，既是企业发展的核心竞争力，又是企业未来持续高速发展的基础条件。产品售后活动融入产品生命周期的多个领域里，对企业的发展尤为重要。对通信企业来说，产品售后对企业的意义如下：

1）只有经过售后才能完成产品销售。产品安装、调试、开通是通信产品售后的基本功能，也是实现产品交付给客户的必经之路。

2）提升产品的知名度。良好的售后服务会增加客户对产品的信任，提升产品的知名度。

3）有助于企业获得新的订单。从营销工作角度来看，售后服务本身就是一种促销手段，良好的售后服务，特别是更能增加客户价值的创新式售后服务可以帮助产品获得好的后评估（指客户对产品及服务的评价），高分值的后评估有利于获得新的订单。

4）增强企业竞争力。高质量的售后服务能保证产品展示出高可靠性，以及提高客户满意度，从而提高企业信誉，增强企业竞争力。售后人员需要直接接触客户，和售前人员一样，是企业的门面。售后人员大方得体的仪容仪表和言谈举止、认真严谨的工作态度等都会给客户留下美好的印象，增加客户对企业的信任，有利于成为企业长期客户。所以售后服务是企业可持续发展的必然需求。

5）开发产品可操作性和可维护性需求。产品可操作性和可维护性需求对产品的重要性是不言而喻的，售后人员是开发产品可操作性和可维护性需求的主力军，这类需求开发是售后人员的日常工作内容。

6）参与新产品并行设计，提升产品质量。售后参与并行设计时，是产品可操作性和可维护性质量责任主体之一，对产品质量提升有着重要的贡献。

7）参与产品销售活动，担任可服销售，为企业创造业绩价值。实际上，营销是由售前和售后组成的，在产品销售阶段，售后需要给售前提供技术支持，例如提前工勘确定工程方案、核算工程成本、提供恰当的维保时间等，保证项目具有高性价比的方案，以及确保项目报价时工程成本的准确性，从而保证项目利润；在售后阶段，项目即将过维保期时，售后和客户沟通洽谈新的维保合同，一方面保证设备能够安全正常保养，另一方面获得维保费用，增加企业收益；售后还负责老旧设备优化方案策划，这有利于开发出新的产品销售项目。所以售后也是企业营收的直接创造者。

8）反馈产品的质量信息，有利于产品及企业管理质量的不断改进。售后与企业未来发展战略存在紧密的联系，售后负责的工程复盘、定期巡检、设备维护、组织在网设备故障处理及复盘等工作，会给产品以及企业各项管理提出改进建议，这些都是有利于产品和企业持续正向发展的源泉。

14.3　售后工作中的工艺管理内容

售后大多数工作都是工艺管理范畴的内容，设备选型、安装、调试、使用、维护中一系列的工艺规范要通过售后落地，总的来说，主要体现在如下几个方面：

（1）给售前投标提供工艺技术支持

售前在投标阶段离不开售后的技术支持，售后在这个阶段提供的与工艺相关的技术支持中，项目风险识别和工程工时核算是两项很重要的内容。售后有丰富的项目执行经验，能够有效识别出项目风险，避免项目到执行阶段出问题。另外，虽然企业系统会给出通用售后工艺的工时，但不同客户、不同网络、不同方案、不同站点的工程工时差异比较大，而且这部分工作内容与售后成本核算关系很大，只有在充分理解项目方案、了解项目站点的情况下，才能做出合理的工程工时。

（2）按照工艺要求完成设备安装、开通及维护

售后工作，特别是站点选址、设备使用环境条件勘察、设备装配布线、设备维护、老旧网络设备改造利旧、回收等，与工艺管理息息相关。

（3）给客户传递运维中的工艺技能

售后人员在售后服务过程中，需要向客户的施工人员、维护人员等传授相应的工艺要求和工艺知识，以及相应的工艺技能，从而保证设备安全可靠运行，降低故障率，提升设备使用寿命，增强客户投资回报，为客户创造更大价值。

（4）开发可服需求

售后人员是产品可服需求开发的主力军。可服需求是产品设计最重要的需求之一。

14.4 环境工勘

众所周知，任何一个物品都需要有一个适配的环境才能正常使用或者保证预期寿命。通信设备是精密设备，对环境自然也是有要求的，例如环境温度、湿度，安装空间及安装方式，机柜标准，供电方式，外接线缆长度及对接方式等。不同设备对环境需求有所不同，而客户的站点情况千差万别，所以通信设备在安装之前需要做工勘，根据工勘清单确定各项参数或具体情况，确保配置正确，避免补发货导致工程延误，也避免无谓的浪费。同时，核实环境是否适配所配置的设备。

14.4.1　大容量设备安装环境检查单

散热是否正常是通信设备最为重要的问题之一。如果设备产生的热量不能顺利离开设备，则会导致设备进风温度升高、产生噪声、单板及风扇故障率增加等，严重的会导致设备业务中断。机房里不同位置散热能力不同，即风量和风压不同，而且差别还比较大，所以在现有的条件下，需要把大容量设备配置在散热能力最强的位置。

目前业界通信机房按照制冷方式来分，有地板下送风、精密空调送风、风管上送风、冷风通道封闭、热风通道封闭、家用空调送风这几种形式。精密空调送风有精密空调下送风和精密空调上送风两种形式，冷风通道封闭或热风通道封闭本质是列间空调送风或地板下送风。

在售前阶段，售前人员和设计院沟通技术方案的时候，需要按照"大容量设备对机房环境要求"文档所述，给大容量设备分配一个合适的位置。到售后阶段，售后人员需要确认分配的位置是否合适。散热不仅仅与位置有关，还与一些情况有关，这些内容都在"大容量设备安装环境检查单"里。这里以承载大容量设备安装环境检查单为例，说明大容量设备环境检查的内容。

"大容量设备安装环境检查单"见表 14-1，用于承载大容量设备安装之前对安装环境进行工程勘察，以确保承载设备具有良好的工作环境。检查结果可为"是""否"或"不涉及"。当结果为"否"时，需要在"是否通过或情况说明"栏中注明理由，如果理由不充分，则需要按照通过准则进行整改。

依据环境检查单检查时，如果发现环境有问题，督导需要联系项目经理。自查完成后可将自查单拍照并上传到 ZTE 的 EPMS 系统。

表 14-1　大容量设备安装环境检查单

检 查 项	通 过 准 则	是否通过或情况说明
环境温度	机房环境空气温度（设备进风口）实测值需小于 25℃	
设备机柜顶部安装空间	设备机柜顶部 200mm 高度内无明显的障碍物（例如走线架、天花板等）	
设备机柜前后安装空间	设备前后维护通道的宽度不应小于 800mm	

（续）

检 查 项	通 过 准 则	是否通过或情况说明
设备机柜左右安装空间	同列大容量设备（整机热耗大于 6000W）之间需留 2 个低热耗机柜的间隔，不可紧贴放置	
制冷量要求	机房空调总制冷量（查看空调参数表）不小于机房内设备总热耗（在配电柜查看设备输入功耗）的 1.5 倍，ZTE 大容量设备区域的局部制冷量不小于该局部区域设备热耗的 1.2 倍	
设备机柜位置	大容量设备机柜门进风对应位置不得有其他高热耗设备的出风口	
	针对风管上送风机房，大容量设备安装在距离空调 3～7m 处；设备前后通道需有风管开口，风管开孔不可正对设备顶部	
	针对精密空调送风机房，要求精密空调的送风百叶朝向设备进风口；空调送风口必须面对安装设备的前后维护通道，并且要求大容量设备安装在距离空调 2～5m 处	
	针对地板下送风机房，大容量设备安装在距离空调 3～9m 处，机柜正下方的地板应去除，开放通风，设备机柜前后一块地板位置应装格栅地板	
	针对列间空调送风的机房，大容量设备距离列间空调不超过 3 个机柜位，在列间空调左右最为合适	
	针对使用家用空调送风的民居机房，大容量设备距离空调送风口不可大于 3m，空调的送风百叶窗要正对设备的进风口方向。大容量设备旁边不可再有其他大容量设备	

14.4.2 低端设备安装环境检查单

低端设备环境非常复杂多样，这些年环境条件更是日趋劣化，由环境原因导致的故障率在攀升。低端设备的站点一般都比较偏远，特别是室外站，维护不便，维护成本很高，理论上更应该保证设备对环境的需求。所以低端设备的工勘要更加仔细、认真。低端设备难以做到对每个站点都工勘，一般是按照站型抽查，或者根据设计院提供的图纸做书面工勘，因此实地勘察基本是在设备安装之前完成的，条件都满足便可以完成安装，否则需要督导联系项目经理，同客户协商解决。低端产品因为特性化比较强，各个产品的工勘内容差别比较大，本小节以 ZTE 承载低端设备的环境检查单作为案例来说明工勘的内容，检查单内容见表 14-2。

表 14-2　低端设备安装环境检查单

检 查 项	通 过 准 则	是否通过或情况说明
机房要求	室内机房必须密封、防尘	
	机房内不得有碎纸屑、包装盒、塑料袋、灰尘等异物	
	机房空调应都正常工作	
	空调出风需平行往前	
	空调出风口不得有遮蔽物	
特殊场景	承载网低端设备适用于冷风通道封闭或热风通道封闭机房，在冷（热）风通道封闭机房中需增加导风组件	
机柜要求	19in 设备适配 19in 和 21in 机柜，装 21in 机柜时，需要特定的侧耳和托架	
	21in 设备适配 21in 机柜	
	前安装机柜使用前安装插箱，后安装机柜使用后安装插箱（只是侧耳不同），多数插箱侧耳可以兼容前后安装	
	安装 2U 及其以上高插箱时，必须配置安装托架	
	直通风室外机柜有腐蚀风险，配置时必须与产品线沟通	
空间要求	设备在机柜中应有足够的安装空间	
	室内、室外的设备应有足够的通风空间	
	室内横插箱需配置导风插箱	
走线要求	机柜内有足够的走线空间，特别要关注面板上的走线高度要求	
	走线尽可能远离设备进出风口，避免影响设备进出风	
散热要求	室内机柜门开孔率应不小于 60%	
	室外机柜内设备的总热耗应小于机柜的散热能力	
环境要求	设备进风口温度要求高于设备最低工作温度，低于设备最高工作温度	
	室外机柜尽可能配置遮阳棚，成本低且作用大	
	潮湿地区、化工厂等污染源 3km 以内，以及离海边 7km 以内的设备需要使用铝制热交换器室外机柜或空调室外机柜	
防雷要求	承载网低端设备应用于室外机柜中时，数据接口和电接口需要做防雷处理，非共柜情况下，当连接线短于 3m 且上游或下游设备已经做了防雷处理时，承载设备可以不做防雷处理	
安装要求	承载网低端设备最好位于室外机柜内循环进风口	
	在同一个机柜内，尽可能安装风道一致的设备。严禁将进出风口相反的横插箱设备安装在同一机柜内，避免设备出现散热问题	
	承载网低端设备禁止背靠背安装，避免设备之间严重热级联	
配置要求	单板槽位限配时，按限配要求配置单板	
	所有空槽位必须配假面板	

14.4.3　站点网络地图

从前面的叙述可以看出，工勘工作量非常大，特别是接入端的站点情况，数量庞大，站点形式复杂。一个项目多的时候几千个站点，甚至上万个站点，做不到每个站点都工勘，只能按照站型工勘，这时候准确率肯定不是 100%。如果客户制定了站点网络地图，就可以免去现场工勘了，不仅工作量会极大地降低，准确性也会大幅度增加，降低工程成本的同时也降低了补发货量，减少了浪费（为了避免补发货延误设备开通周期，一些工勘辅料会留有一定的余量）。

站点网络地图就是客户把自己企业每个站点的情况完整地记录在案，并绘制成地图的形式。展示出来是各个站点连接形成的网络图，点开每个站点，展示的是这个站点的具体情况，每台设备点开展示的是具体配置图。针对工艺管理需求来说，这些信息主要是物理形式的内容（理论上还应该有组网方面的内容）。网络地图可以有如下内容：

1. 室内站点

1）站点名称和地址：说明站点名称、站点具体地址、站址的经纬度。

2）机房制冷方式：如地板下送风、精密空调下送风或上送风、风管上送风、冷风或热风通道、民居机房里的家用空调送风。

3）单机位制冷量：说明机房里每个机柜位平均制冷量，如 5000W/600mm × 600mm 机柜位。

4）给设备提供的供电方式：说明用哪种方式给设备供电，如高压直流、−48V、交流等。

5）光纤对接方式：说明光纤对接是在机柜内 ODF 连接，还是机房有专门的 ODF 柜，用哪种形式的光纤连接器。

6）站点布局平面图：在坐标体系里呈现每个物料的位置信息，从这个图里能看到每个设备与其他设备之间的具体位置关系，例如每台设备机柜距离空调的距离、设备距离 ODF 等配线架的距离、设备距离列头柜（或者配电柜）的距离、机柜与接地排的距离、风管上送风机柜风口与设备的距离、网管与设备的距离等。

7）机房内所有设备和设施的具体情况：展示每一个设备或者设施的具体情

况（这个功能可以给设备厂家部分权限，例如设备厂家自己设备情况和需要用到的某个列头柜的情况），例如每个机柜内所有设备的布局图片、供电细节图片（能看清空气开关规格以及供电、电源线标签等情况）、设备配置具体细节图片、机柜内设备接地图片、机柜门通风率数据或图片、每台设备功耗、进风温度等。这些信息若能以三维动态的形式展示就更好了。

2. 室外站

1）站点名称和地址：说明站点名称、站点具体地址、站址的经纬度。

2）站点全局照片：上传照片或三维全景图形，目的是能看到各个室外机柜之间的关系、室外机柜与周边的关系、走线情况及周边环境情况等。

3）各设备及设施的位置图：把站点所有设备及设施都放入坐标中，可以清晰地看到各设备或设施之间的距离。

4）站点与污染源之间的距离：说明站点与海边、河边、化工厂、水库、食堂等的距离。

5）站点所装设备室外机柜类别：如直通风机柜、空调机柜、热交换机柜、方舱（方舱内部按照室内机房看待）。

6）各室外机柜的解热能力参数：例如空调室外机柜的制冷参数等。

7）站点供电方式：说明站点的供电方式，例如交流供电、直流电源机柜供电、室外机柜内电源单体转换直流供电。还需要说明备用电的供电方式，例如风力发电、油机发电。这些信息有利于产品正确配置。

8）各室外机柜内的设备布局图：这个图是为了了解机柜内剩余空间情况，判断新项目设备是否还能装进去。

9）各设备的进风口温度：以此判断室外机柜内设备进风温度是否满足设备需求，也可以看出室外机柜制冷量是否有余量。

10）室外机柜的进风温度：了解环境温度，再根据前面的设备进风口温度，可以判断室外机柜是否处于正常工作状态。

11）室外机柜内设备配置：给出室外机柜内所有设备的配置情况，包括单板配置和功耗配置，以便判断后续项目是否可以扩容。

12）各种线缆的配线方式：准确知道线缆的配线方式，如走线是架空还是地埋，线缆是室外机柜内 ODF 或 DDF 对接，还是专用配线柜内 ODF 或 DDF 对接等，这便于新项目配置准确，保障项目顺利执行，避免项目延误或产生浪费。

客户可以要求各个设备商协助制定站点地图，搭好框架后，每一次项目执行完成后，更新站点信息。设备商也可以建立自己设备的网络地图，只是效果会差一些，毕竟站点是动态发展的，其他设备商扩容设备后，条件就发生了变化，信息会不够准确。

ZTE 的 iEPMS 数智化平台，助力项目高效交付。客户的网络地图与 ZTE 的 iEPMS 数智化平台对接后，设备方案、工勘、施工、维护便水到渠成、顺风顺水了。这是未来努力的方向。

14.5　为客户安装、调试产品

为客户安装、调试产品是售后团队最基础的任务之一。售后人员需要有过硬的产品安装、调试基本功，熟知常用工具及使用规范，熟知安装、调试工艺和工艺要求。

14.5.1　常用安装工具

随着设备智能化发展，设备调试越来越简单，调试工具基本只剩下电脑了，但设备安装因环境的多样性及复杂性，需要的安装工具还比较多，常用工具见表 14-3。

表 14-3　设备安装常用工具

 卷尺：用于测量尺寸	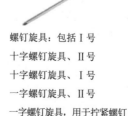 螺钉旋具：包括Ⅰ号十字螺钉旋具、Ⅱ号十字螺钉旋具、Ⅰ号一字螺钉旋具、Ⅱ号一字螺钉旋具，用于拧紧螺钉	 橡胶锤：用于敲击膨胀螺栓，并防止其表面因敲击而损坏	 梅花内六角扳手：用于安装并柜件自攻螺钉（随工程辅料一起发货）

（续）

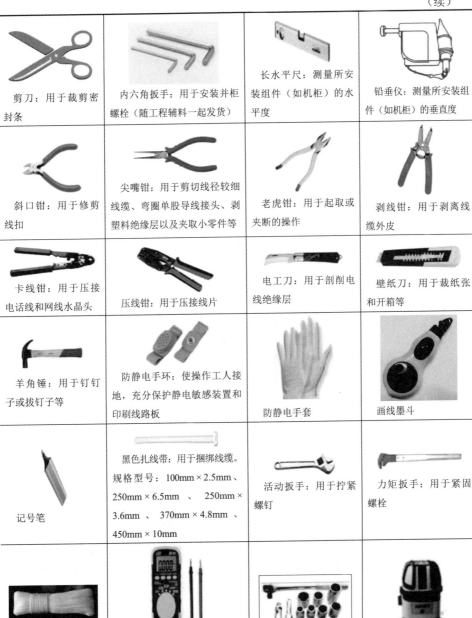

剪刀：用于裁剪密封条	内六角扳手：用于安装并柜螺栓（随工程辅料一起发货）	长水平尺：测量所安装组件（如机柜）的水平度	铅垂仪：测量所安装组件（如机柜）的垂直度
斜口钳：用于修剪线扣	尖嘴钳：用于剪切线径较细线缆、弯圈单股导线接头、剥塑料绝缘层以及夹取小零件等	老虎钳：用于起取或夹断的操作	剥线钳：用于剥离线缆外皮
卡线钳：用于压接电话线和网线水晶头	压线钳：用于压接线片	电工刀：用于剖削电线绝缘层	壁纸刀：用于裁纸张和开箱等
羊角锤：用于钉钉子或拔钉子等	防静电手环：使操作工人接地，充分保护静电敏感装置和印刷线路板	防静电手套	画线墨斗
记号笔	黑色扎线带：用于捆绑线缆。规格型号：100mm×2.5mm、250mm×6.5mm、250mm×3.6mm、370mm×4.8mm、450mm×10mm	活动扳手：用于拧紧螺钉	力矩扳手：用于紧固螺栓
尼龙线绳	数字万用表：用于测量电流、电压、电阻值	套筒扳手	红外水平仪

（续）

冲子	地板吸盘	修补油漆和油漆刷	粘贴型扎线座

14.5.2 常规安装工艺

通信设备通常安装在机柜内，称为机柜式安装。低端设备还有壁挂式、抱杆式和台式安装。

1. 机柜式安装

（1）室内机柜式安装注意事项

1）多台设备安装在同一机柜内时，风道需能相互匹配。当 ZTE 的设备风道形式为前进风、后出风（简称前后通风）或右进风、左出风（简称左右通风）时，该设备禁止与左进风、右出风（简称右左通风）的设备紧挨着安装在同一机柜内。

2）前后通风或左右通风的设备不能在 600mm 深及以上机柜里背靠背安装，因为背靠背安装会造成前后两个插箱的进出风口在同一侧，导致一面插箱的热风被另一面插箱吸入，形成热级联循环圈，影响设备散热。

3）机柜安装时要确保走线架与机柜顶部至少有 200mm 的距离。

4）机柜前后门需要至少保留 800mm 空间，保证设备有操作和维护空间。极端情况，至少有 600mm 的空间，保证机柜门能正常打开。

5）横插箱之间应安装导风单元，避免插箱热级联，根据机柜内设备热耗大小和环境温度情况，可以选择 1U、2U 或 3U 导风插箱（效果依次增加）。

6）机柜门开孔率需在 60%以上，施工杂物、线缆、垃圾等不能堵塞设备进出风口。

7）机房门、窗必须密闭，防止室外灰尘、潮气等进入机房。

（2）机柜式安装步骤

1）确认安装空间和机柜标准满足设备安装要求；评估散热满足设备长期工

作温度要求；评估机柜走线槽满足设备走线容量要求；评估设备面板与机柜门之间的距离满足设备走线高度要求。

2）安装设备插箱。

① 将插箱放置于机柜内指定的安装托架上，完全推入机柜，使松不脱螺钉插入浮动螺母。

② 顺时针拧紧安装在侧耳上的松不脱螺钉，将插箱固定在机柜内。

③ 确认空闲槽位装上了带插座保护罩的假面板。

④ 确认空闲端口装上了自带的橡胶塞。

2．壁挂式安装

（1）壁挂式安装注意事项

1）确认墙壁承重足够，将壁挂支架安装在墙壁上，其与机房房顶应留有足够的空间。如果机房布线采用上走线方式，则上走线架与壁挂支架顶部之间的距离不应小于 200mm。

2）壁挂支架的安装应端正、牢固且水平。

3）支架承重能力需大于设备满配时的重量。

（2）壁挂式安装步骤

1）确认墙壁和壁挂架承重及安装空间满足要求后，根据图 14-1 所示，按照打孔模板确定安装孔位置。

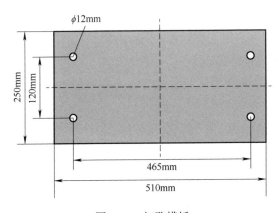

图 14-1　打孔模板

2）打孔，安装膨胀螺栓、壁挂架、插箱，如图 14-2 所示。

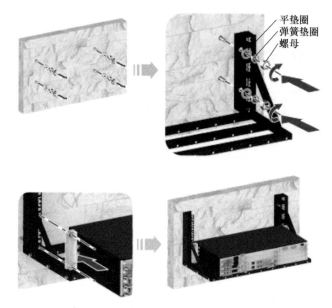

图 14-2　安装膨胀螺栓、壁挂架和插箱

3．抱杆式安装

（1）抱杆式安装注意事项

1）抱杆式安装要满足设备安装尺寸要求，包括安装空间、操作空间和散热空间。

2）设备上下至少预留 200mm 自然通风空间，侧面必须保证维护窗能正常打开。

3）自然散热设备禁止倒装或水平安装，接口必须朝下安装。

（2）抱杆式安装步骤

1）确认杆强度、设备安装空间满足要求：设备正面，预留操作空间最小 600mm；设备下面，预留走线空间最小 300mm；设备顶部，预留操作空间最小 500mm，如图 14-3 所示。

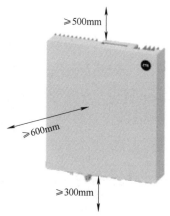

图 14-3　设备安装空间要求

2）安装固定架、插箱，如图 14-4 所示。

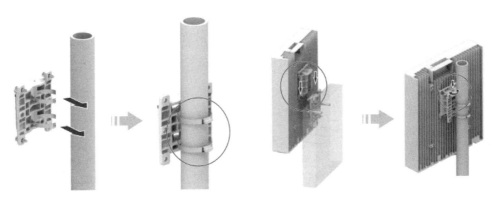

图 14-4 安装固定架及插箱

4．台式安装

台式安装很简单。安装台面承载力和水平度满足要求，设备四周空间需求足够，设备地脚（4 个地脚）完整，置于安全可靠的台面上即可。

14.6 常规布线工艺要求

顾名思义，布线就是布置线缆、固定线缆。对通信设备来说，布线就是连接好设备所需要的各种线缆，并按照布线工艺规范将线缆规整、绑扎后布置在插箱、机柜、站点走线架里。布线既有电器性能要求，也有可靠性要求。每个产品针对产品和使用线缆的特点，在安装手册里做了详细的安装、布线工艺，施工人员按照要求一步步实施即可。业界布线方面的资料不多，特别是室外站的布线资料就更为少见了，以下为 ZTE 多年总结制定的布线规范。

14.6.1 所有线缆安装需要满足的基本要求

1）线缆连接及固定的可靠性高。

2）系统间干扰和耦合最小。

3）线缆布放、检查和维修的可操作性好。

4）无导致线缆及连接器有损伤的隐患。

14.6.2　现场线缆制作及布线注意事项

1）线缆不能阻挡设备进出风口，线缆离进出风口的距离要大于 25mm。

2）裁剪线缆时不要损伤线缆的其他部分，绝缘层、屏蔽层以及护套切除应整齐。

3）裁剪线缆时应预留加工损耗余量。

4）裁剪线缆时，尤其在外接电源线和保护地线成端剪除线缆余长时，应使用承装工具承装碎线头，避免碎线头掉入设备内部，造成设备短路。

5）剥除线缆外皮时，不应划伤、卷曲导电芯或产生刻痕、断股，即导电线芯截面积不能减小。绝缘层不应被擦伤、压伤或产生裂痕，即不允许绝缘层厚度减小。

6）布放时，应注意保护网线的连接器，切勿拖拽、挤压。

7）线缆转弯应均匀圆滑。尾纤转弯的最小弯曲半径应大于尾纤束直径的40 倍；线缆转弯的最小弯曲半径应大于线缆直径的 5 倍。

8）所有线缆绑扎都应留有余量，以便其顺利连接到插座上，并保证转弯半径满足要求。

9）线缆布线要远离散热器、散热孔等热源，不能避免时线缆必须采取耐高温措施。

10）强弱电要分开。通信线缆属于线缆，电力线缆产生的电磁波会影响通信线缆的通信性能，导致数据混乱等现象，从而不能正常通信。

11）线缆穿越的金属结构件孔应该装护线套，或至少充分倒圆、去毛刺，用手触摸没有锋利感。

12）线缆布线要远离风扇扇叶等活动部件，绑扎后不能导致异响。

13）抽屉式滑动部件（如 LCD）的线缆要保留一定长度余量，在对部件进行插拔操作时避免挤压或拉扯线缆。

14）对于不使用的线头，其线芯应用绝缘胶布包扎起来或用热缩套管包覆，尽量隐蔽，不要将其露在线束表面。

15）过门线缆活动段两端必须固定，并留有弯曲的余量；过渡区内应弯成"U"形，采用防磨损材料保护，如包以缠绕管等；应能保证门打开到极限位置，线缆不被拉紧，如图 14-5 所示；导线根数超过 35 根时分两股捆扎，超过 70 根时分三股捆扎。

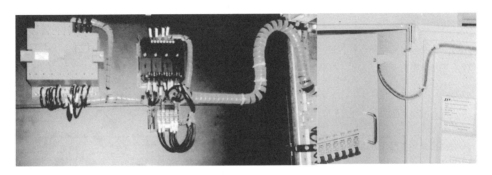

图 14-5　过门线缆布线要求示意图

14.6.3　线缆绑扎要求

线缆绑扎要求见表 14-4。

表 14-4　线缆绑扎要求

要　求	示　意　图
使用扎带进行导线、线束绑扎时，扎带的拉紧力应合适，防止单根导线在线束中移动，线缆不得有任何形式的压伤或变形，以避免绝缘材料塑性变形可能导致的短路	正确绑扎 绑扎过松 绝缘层变形 绑扎过紧

（续）

要　求	示　意　图
线缆绑扎后应保持顺直，水平线缆的扎带绑扎距离应相同	扎带
尽量避免使用多根扎带连接后并扎，以免绑扎后的强度降低。扎带扎好后应将多余部分齐根平滑剪齐，在接头处不得带有尖刺	平头　平头　尖头　尖头
线缆绑扎成束时，扎带间距应为线缆束直径的3～4倍	d　$3d\sim4d$
绑扎成束的线缆转弯时，扎带应绑在转角两侧，以避免因在线缆转弯处用力过大而造成断芯	$r\geqslant30\text{mm}$　扎带
机柜内线缆应由远及近顺次布放，即最远端的线缆应最先布放，使其位于走线区的底层。布放时尽量避免线缆交错	扎带　线缆　扎带　线缆　扎带　线缆

（续）

要　　求	示　意　图
光纤绑扎成束时，光纤扎带间距应为 20cm	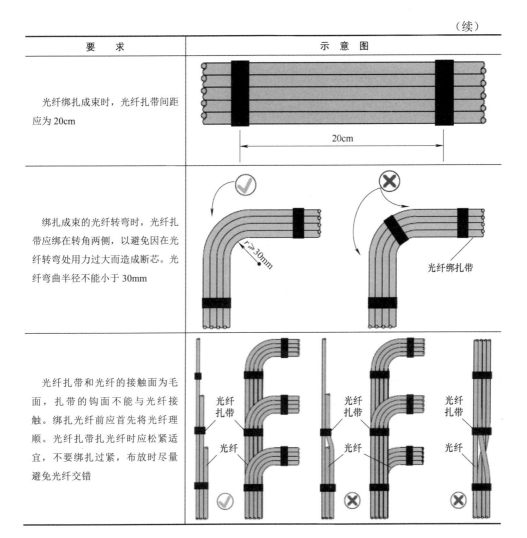
绑扎成束的光纤转弯时，光纤扎带应绑在转角两侧，以避免因在光纤转弯处用力过大而造成断芯。光纤弯曲半径不能小于 30mm	
光纤扎带和光纤的接触面为毛面，扎带的钩面不能与光纤接触。绑扎光纤前应首先将光纤理顺。光纤扎带扎光纤时应松紧适宜，不要绑扎过紧，布放时尽量避免光纤交错	

14.6.4　线缆弯曲半径要求

1. 电缆弯曲半径要求

1）单芯、多芯导线：一般情况下，单芯、多芯导线推荐的最小弯曲半径为 $5d$（d 为导线直径）。

2）双绞线电缆：一般情况下，双绞线电缆推荐的最小弯曲半径为 $8d$。

3）射频同轴电缆：一般情况下，柔性射频同轴电缆、半柔射频同轴电缆、微同轴电缆推荐的最小弯曲半径为 $5d$；对于半刚射频同轴（外导体为紫铜管）电缆，组件厂以成型组件提供，布线不需要再弯曲。

4）波纹管射频同轴电缆：布线中电缆需要多次弯曲成型才能达到理想的安装效果，建议按照表 14-5 中"最小弯曲半径（重复弯曲 15 次）"的弯曲半径走线。对于走线空间极小的设备或机房，需要按表 14-5 中的"最小弯曲半径（单次弯曲）"的弯曲半径走线，需做到一次弯曲成型。

表 14-5　波纹管射频同轴电缆弯曲半径

电缆名称	1/4"超柔	1/4"馈线	3/8"超柔	3/8"馈线	1/2"超柔	1/2"馈线
最小弯曲半径（单次弯曲）/mm	12	40	15	30	17	80
最小弯曲半径（重复弯曲 15 次）/mm	25	80	50	100	55	125
电缆名称	5/8"馈线	7/8"软馈线	7/8"馈线	7/8"低损馈线	5/4"馈线	13/8"馈线
最小弯曲半径（单次弯曲）/mm	100	90	140	150	200	280
最小弯曲半径（重复弯曲 15 次）/mm	200	130	250	275	380	500

2．光纤和光缆弯曲半径要求

1）单芯室内光纤固定布放时，最小弯曲半径不小于 10 倍光纤直径，且不小于 30mm。

2）单芯室内光纤动态布放时，最小弯曲半径不小于 20 倍光纤直径，且不小于 50mm。对于需要维护的光接口，插拔光连接器要轻插轻拔，避免突然用力，引起光纤瞬间超过最小弯曲半径的折弯。

3）由多根室内单芯光纤组成的线束称为光纤束。光纤束固定布放时，最小弯曲半径不小于 40 倍光纤束直径。

4）光缆结构比较复杂多样，多芯室外光缆最小弯曲半径参照厂家规格书要求。

14.6.5　走线槽的使用

在机柜或插箱里走光纤时，要尽量使光纤有所依托，要为光纤设计专门的走线槽，尽量避免光纤和电缆混合走线和绑扎，不能让其他电缆压在光纤上面。所以无论是横走线插箱还是竖走线插箱，都需要配置走线架用以走线，避免线缆悬空造成插头受力损坏，如图 14-6 和图 14-7 所示。对于 1-2U 设备，按照实际空间需求进行配置。走光纤结构件拐弯的地方要有圆弧过渡，光纤通常使用专用扎带进行绑扎。

图 14-6　竖插箱走线

图 14-7　横插箱走线

14.6.6　光纤盘纤

对于光纤数量很多的设备，通常需要设计光纤盘纤盘，用来固定机柜内互连光纤多余的长度部分。常规情况下，盘纤盘固定在插箱侧面或上下部位。光纤安放在光纤盘的槽道内应顺直，无明显扭绞，如图 14-8 所示。

图 14-8　盘纤盘盘纤

早年也会在机柜内设计盘纤盘，现在因为机柜侧面空间已经非常紧张了，所以不适合在机柜侧面设计盘纤盘了。配线架机柜内有大量的盘纤盘，用于盘绕多余的光纤。工勘时要尽量控制光纤余量，避免增加配线架的盘纤压力。

14.6.7 端子压接要求

1）绞合导体单支线损伤根数要求。绞合导体单支线损伤最大允许根数见表 14-6。

表 14-6　绞合导体单支线损伤最大允许根数

绞合导体单支线根数	压接加工中最大允许单支线损伤根数	焊接加工中最大允许单支线损伤根数
小于 7	0	0
7～15	0	1
16～25	0	2
26～40	3	3
41～60	4	4
61～120	5	5
大于 120	8	8

2）圆形端子压接要求。线缆压接圆形裸端子或圆形预绝缘端子截面积与螺纹直径对应表见表 14-7。

表 14-7　截面积与螺纹直径对应表

序　　号	截面积/mm²	螺纹直径/mm
1	0.5～1.5	M4
2	2.5～16	M6
3	25～35	M8

3）管状端子压接要求。端子压接成型后截面为矩形，压痕面位于长边侧，短边方向定义为高度测量处，与压痕面相对的面定义为接触面，正确压接如图 14-9～图 14-11 所示，管状预绝缘端子压接要求见表 14-8。

  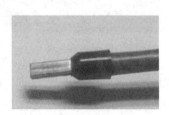

　　图 14-9　压痕面图示　　　　图 14-10　侧面图示　　　　图 14-11　接触面图示

表 14-8　管状预绝缘端子压接要求

压 接 要 求	示 意 图
压痕凸起面高于两条长边，能够使得压痕与接触面充分接触；若压痕的竖边凸起高度超过压痕高度，则导致装配锁紧后导体不够牢固	 长边凸起
端子压接后的厚度均匀一致；高度不一致会导致装配时压痕无法与连接器充分接触起到防滑作用	 低　高

4）热缩套管加工要求。热缩套管热缩后，其外表应整洁，且末端应修齐切整，应与套管覆盖面的轮廓相符，凡收缩不够、收缩过度、套管绝缘变形变色都是不允许的。热缩套管加工要求见表 14-9。

表 14-9　热缩套管加工要求

要　　　求	示　意　图
套装在电缆芯线上的热缩套管长度应该为芯线直径的 2～4 倍	
热缩套管应使用热风枪吹缩并完全缩紧。错误示例中，热缩套管可转动，未完全缩紧	
热缩套管外表应整洁，且末端应修齐切整，套管不应有破损	
套管吹缩前后的径向收缩率应该不小于50%，轴向收缩率应该小于 5%	

　　5）耐拉力要求。电缆与端子压接耐拉力值见表 14-10。在拉力值达到规定的最小值之前，端子接头不得破坏，所连接的导线不得在压接处拉断或从压线筒内拉脱。

表 14-10　电缆与端子压接耐拉力值

第　一　组			第　二　组			第　三　组		
导线规格 AWG	导线截面积/mm²	最小拉拔力要求/N	导线规格 AWG	导线截面积/mm²	最小拉拔力要求/N	导线规格 AWG	导线截面积/mm²	最小拉拔力要求/N
32	0.031	4.4	18	0.82	89	4	21.73	622.8
30	0.049	6.7	16	1.3	133.5	2	34.65	800.7
28	0.08	8.9	14	2	222.5	1	43.42	889.7
26	0.13	13.4	12	3.3	311.5	0	55.1	1112.1

（续）

第 一 组			第 二 组			第 三 组		
导线规格 AWG	导线截 面积/mm²	最小拉拔 力要求/N	导线规格 AWG	导线截 面积/mm²	最小拉拔 力要求/N	导线规格 AWG	导线截 面积/mm²	最小拉拔力 要求/N
24	0.2	22.3	10	5.26	356	00	69.46	1334.5
22	0.33	35.6	8	8	400.3	000	83.23	1556.9
20	0.5	57.9	6	13.6	444.8	0000	107.3	2001.7

注：批量压接前均要做首件拉拔力检验。首件按生产情况取 1～10 根导线进行拉拔力测试，首件检验合格后方能进行批量压接。

14.6.8　接地要求

按照《通信局（站）防雷与接地工程设计规范》（GB 50689—2011）要求，室内机柜和室外机柜都需要接地。机柜内设备在机柜内接地，机柜地线接在机房或室外站接地排上，如图 14-12 所示。

图 14-12　接地示意图

一般情况下，在室内设备中固定在一个接地点上的接地导线不允许超过 2 根；在室外设备中固定在一个接地点上的接地导线不允许超过 1 根；对于要求 NEBS 认证的设备，需要选择双孔接地。

1）保护地线截面积选择见表 14-11。

2）螺钉紧固力矩要求。M6 及以下螺钉紧固扭矩，建议符合高紧密度连接（钢–钢）要求。

3）电源线和保护地线接线端子规格要求见表 14-12 的需求，按照实测判定。

表 14-11 保护地线截面积

相应地线的截面积 S/mm^2	相应保护地线的最小截面积 S_p/mm^2
$S \leqslant 16$	S
$16 < S \leqslant 35$	16
$35 < S \leqslant 400$	$S/2$
$400 < S \leqslant 800$	200
$800 < S$	$S/4$

表 14-12 电源线和保护地线接线端子规格要求

设备的额定电流/A	最小标称螺纹直径/mm	
	柱型或螺栓型	螺钉型[①]
$\leqslant 10$	3.0	3.5
$>10 \sim \leqslant 16$	3.5	4.0
$>16 \sim \leqslant 25$	4.0	5.0
$>25 \sim \leqslant 32$	4.0	5.0
$>32 \sim \leqslant 40$	5.0	5.0
$>40 \sim \leqslant 63$	6.0	6.0

① "螺钉型" 系指夹紧螺钉头下的导线的端子,有或没有垫圈。

4）当必须同时安装两个端子时,为保证所有电连接件间尽量大的接触面积,按实际需求采用图 14-13 所示三种安装方法之一,其他安装方法都是不允许的。应将较大的接线端子安装在下面,将较小的接线端子安装在上面。

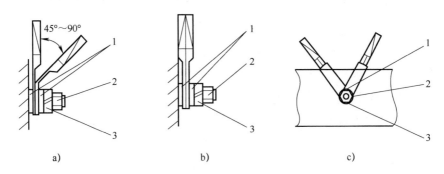

图 14-13 两个 OT 端子固定安装示意图

a）做 45°～90° 弯 b）背靠背式安装 c）交叉安装

1—平垫 2—螺母 3—弹垫

5）安装机柜门接地线时，不允许对接地线组件 OT 端子进行折弯连接，连接固定后要避免机柜门在开关过程中夹到接地线或开关到最大限度时损伤到电缆，建议采用图 14-14 所示接地方式，禁止采用图 14-15 所示接地方式。

图 14-14　正确的接地方式

图 14-15　错误的接地方式

14.6.9　室外机柜密封方式

1．防火胶泥

针对室外机柜来说，在完成布线后，必须立即使用密封材料（如防火胶泥，如图 14-16 所示），对机柜内所有的进线孔进行密封操作，以防止昆虫、水汽、灰尘等进入机柜，确保设备正常运行；防火胶泥应将穿线管的剩余空间完全填充密实，不得留有间隙。对于较大口径的穿线管，当穿入的线缆数量较少时，为了防止防火胶泥下坠，可先在穿线管内安放随机柜配发的胶泥托架，再填充防火胶泥，如图 14-17 所示。

图 14-16　防火胶泥　　　　　　　　图 14-17　进线孔防火胶泥密封

2. 过线模块的安装

现在常用过线模块来密封过线孔，按照走线规范，明确该穿线孔处所有需要穿入的外部线缆，预估外部线缆进入机柜内的走线路由长度并额外预留 20cm 的余量，如图 14-18 所示。

图 14-18　过线模块的安装步骤 1

按线缆直径选择合适的穿线孔，将线缆穿入防水胶塞的合适孔径，如图 14-19 所示。

　　将线缆连接机柜内部设备的一端安装好，并将线缆沿机柜内侧走线槽绑扎好。根据线缆在机柜的实际走线路由长短，微调进入机柜的线缆长度，如图 14-20 所示。

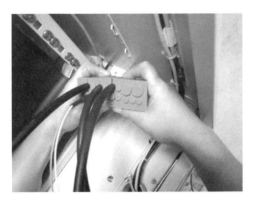 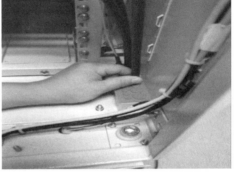

图 14-19　过线模块的安装步骤 2　　　　图 14-20　过线模块的安装步骤 3

　　最后将防水模块在穿线孔中卡紧，如图 14-21 所示。

图 14-21　过线模块的安装步骤 4

14.6.10　防水弯处理方式

　　所有从室外进入室内或室外机柜的线缆都需要设计防水弯。防水弯就是要求线缆进入室内或室外机柜前，绕几圈，让圈最低点比设备的进线孔低，这样水滴就会汇聚在线圈的最低点滴落，不会沿着线缆进入设备，如图 14-22 所示。

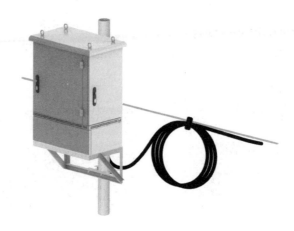

图 14-22　防水弯的处理

14.6.11　布线安装基本原则

1．电源线的布放

1）电源线必须采用整段线料，中间无接头。

2）活动地板下禁止设置电源接线板。

3）电源线和信号线应分井或分孔（指室外机柜的进线孔）引入。对于分井敷设确有困难的，电源线与信号线必须做适当隔离。

4）布线时，交、直流电源线缆必须分开布放；应避免不同电位的绝缘导线捆扎在一起；电源线缆和信号线缆应分离布放。

5）线束绑扎时应整理顺畅，尽量避免导线相互交叉；在导线转弯和分岔的地方应进行绑扎固定。

6）不同颜色的线缆绑扎在一起，应该层次分明，避免交叉；不同粗细线缆绑在一起时应该层次分明，避免交叉；当按粗细排放和颜色排放有冲突的时候，以粗细排放为准，如图 14-23 所示。

7）敷设电源线应平直并拢、整齐，不得有急剧弯曲和凹凸不平现象；在线缆走线架上敷设电源线时，绑扎间隔应符合设计规定，绑扎线扣整齐、松紧合适。绑扎电源线时不得损伤线缆外皮。

8）采用上走线方式时，交、直流电源线应尽量分架布放。在机房空间紧张且电源线较少时，交、直流电源线可在同一个走线架上分两边隔离走线。

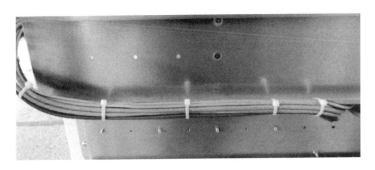

图 14-23　线缆绑扎

9）当必须采用地板下槽道走线时，槽道须架空，交、直流电源线之间应隔离。

10）对于长度有富余的线缆，应将长度富余部分绑扎在不影响设备散热和美观的地方，且不得影响操作或维护。

11）电源线与设备应可靠连接，连接时应符合下列要求：

① 截面在 $10mm^2$ 及以下的单芯电源线打接头圈连接时，线头弯曲方向应与紧固螺钉方向一致，并在导线与螺母间加装垫圈，所有接线螺钉均应拧紧。

② 截面在 $10mm^2$ 以上的多股电源线应加装铜鼻子，其尺寸应与导线线径相匹配。

③ 线缆接线后应不使电器端子受到额外的应力；当两根导线不得不接于同一母线或电器端子时，应尽可能接在端子的正反两个面上，如图 14-24 所示；接线端头应与电器接线端子或母线平直，不得折弯。

图 14-24　两根导线接于同一母排

④ OT、UT 类单个线缆端子与母线搭接时，应将端头的背面与母线搭接，以保证有尽量大的接触面积，如图 14-25 和图 14-26 所示。

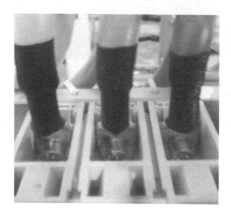

图 14-25　端子与塑壳开关连接

图 14-26　线缆 OT 端子与熔断器座连接

⑤ OT 端子应该采用和其规格相匹配的螺钉来紧固，例如裸压接端头–OT 型–25–6 应该用 M6 的螺钉进行紧固，以确保有尽量大的接触面积。

⑥ 管型冷压端子与电器端子插接：

a. 冷压端子装配到接线端子座上，要保证压紧长度 L 大于螺钉直径 D，装配时端子须充分插入端子座孔中，确保端子可靠连接，如图 14-27 所示。

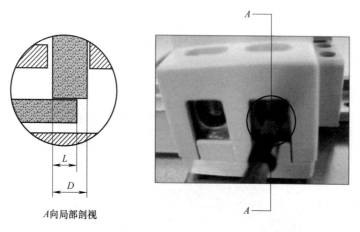

A向局部剖视

图 14-27　冷压端子压紧长度过短

b．不允许冷压端子的绝缘套被导电体压住，否则会导致连接不可靠，如图 14-28～图 14-31 所示。

图 14-28　线缆管型冷压端子与塑壳开关插接

图 14-29　线缆管型冷压端子与微断开关插接　　图 14-30　线缆管型冷压端子与接线端子插接

端子压到
预绝缘部分

管型冷压端子
未插接到位，
露出金属部分

图 14-31　线缆管型冷压端子插接不良图示

c．与端子座压块相接触的面应该是冷压端子面积较大的侧面（一般凸凹面），如图 14-32 所示。

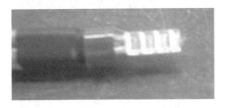

图 14-32　冷压端子面积较大侧面

d. 管型冷压端子未插接到位、露出金属部分、端子压到预绝缘部分都是不合格的。端子座的一个插孔只能安装一个冷压端子，不能安装两个或两个以上端子，如图 14-33 所示。

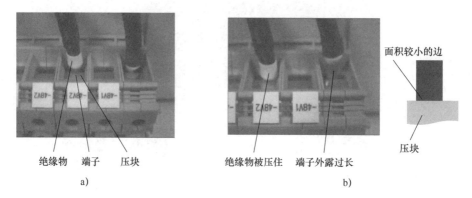

面积较小的边

压块

绝缘物　端子　压块

a)

绝缘物被压住　端子外露过长

b)

图 14-33　管型冷压端子安装

a）合格的安装　b）不合格的安装

12）相邻的同类线缆要使走线形状、高度保持良好的一致性，如输入、输出空气开关两端及汇流排的线缆，如图 14-34～图 14-40 所示。

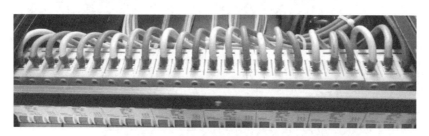

图 14-34　微断开关上端导线走线形状、高度一致（无走线架）

图 14-35　塑壳开关上端走线形状、高度一致

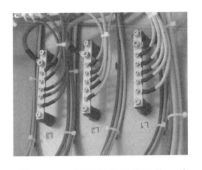

图 14-36　汇流母排接线形状一致

图 14-37　微断开关上端走线形状、高度一致
（有走线架）

图 14-38　防雷开关和防雷器线高度一致

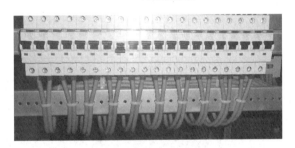

图 14-39　微断开关下端走线形状、高度一致

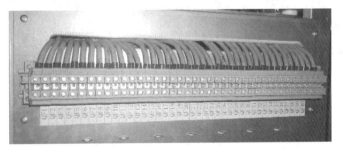

图 14-40　接线端子走线形状、高度一致

13）应尽量采用电器产品配备的接线端头和紧固件，接线后应有持久的接触力和防松措施。

14）三相绝缘导线穿过金属隔板时应从同一开孔中穿过，金属隔板孔应嵌有光滑的绝缘套。

15）线缆尽量避免沿着金属结构件表面敷设。遇有尖角的金属边缘时应采用防护包扎（金属边缘加护线齿或线缆增加防护套管等），如图 14-41 所示。

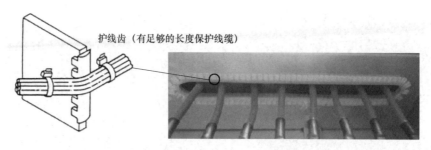

护线齿（有足够的长度保护线缆）

图 14-41　金属边缘加护线齿防护

16）尽量避免线缆束在安装板上的螺钉头投影区内走线，防止螺钉的尾部尖端和线缆接触，损坏导线的绝缘层，如图 14-42 所示。

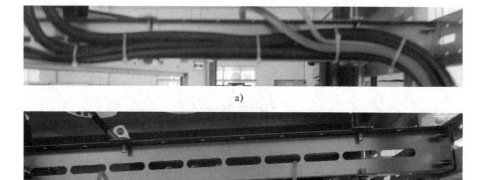

a)

b)

图 14-42　线缆避开螺钉头尾部的尖端走线

a）错误的走线　b）正确的走线

17）两个电器连接端子间连线尽可能短，力求整齐美观，保证维修查找和更换接线方便。

18）除线缆端头外，线缆和线束不应贴近带电裸露部件和带尖角边缘的物体，且同发热件间有 20mm 以上的距离，如不是耐热型导线，应做防护处理。

19）对于有同一走线路径的交流线束，应尽可能使中性线线缆靠近金属机壳、相线线缆远离机壳的方式进行绑扎。有同一走线路径的直流线束，对于负系统产品应尽可能以正极线缆靠近金属机壳、负极线缆远离金属机壳的方式进行绑扎；对于正系统产品应尽可能以负极线缆靠近金属机壳、正极线缆远离金属机壳的方式进行绑扎。

20）机柜外部电源线安装，需要现场做线，在机架内外不允许有裸露部分，如有未安装的线头或端子，需用热缩套管热缩保护并绑扎在不影响设备安装维护的地方。

21）现场做线：

① OT 端子压接：线头剥开适当长度，铜鼻子与线头用液压钳压接紧密，如图 14-43 所示；按照线缆的极性套上相应颜色的绝缘热缩套管，并用热风机缩紧，如图 14-44 所示，或者缠上相应颜色的绝缘胶带，如图 14-45 所示。

图 14-43　用液压钳压接铜鼻子　　图 14-44　用热风机缩紧不同颜色的绝缘热缩套管　　图 14-45　缠相应颜色的绝缘胶带

② 管型端子压接：将电源输入线缆某端绝缘外皮剥去插入的长度，如图 14-46 所示，使用压线钳对应的槽位进行压接，压接完端部平齐剪除多余的导线，压接完成后的端子截面呈梯形，底面具有横向凹槽，如图 14-47 所示。

 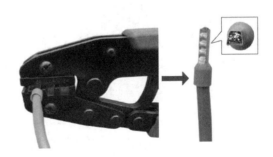

图 14-46　管型端子剥皮　　　图 14-47　管型端子压接

22）机柜内部电源线安装：

① 机柜内部电源线，若为上 PDU 配置，一般在未安装设备前、生产线安装完毕后，预留插头。插头绑扎在机柜内侧立柱位置，如图 14-48 所示。

② 机柜内放置的未安装线缆组件应捆扎在适当的位置，不可随意放置，如图 14-49 和图 14-50 所示。

③ 线缆组件未安装的连接器应用相应的塑料袋包装起来，如图 14-51 和图 14-52 所示。

图 14-48　电源线预装　　图 14-49　未安装线缆（有捆扎）图 14-50　未安装线缆（无捆扎）

图 14-51　未安装的连接器（有塑料袋包装）　　图 14-52　未安装的连接器（无塑料袋包装）

23）机柜外部电源线有成品线发货和散料发货两种形式，其中散料发货需要现场做线，在机架内外不允许有裸露部分，如有未安装的线头或端子，需用热缩套管热缩保护并绑扎在不影响设备安装维护的地方。从电源分配柜或分线盒到机架之间的任一段线中间禁止有接头。

① 电源线制作：线头剥开适当长度，铜鼻子与线头用液压钳压接紧密。按

照线缆的极性套上相应的绝缘热缩套管，并用热风机缩紧。

②　电源线布放：布放时应逆着线圈卷起来的方向退开线圈，不得强行直接拖线，确保线缆顺直和绝缘层完好；线缆布放整齐有序，分层叠加，不得交叉、起伏，在走线槽内确保与信号线的距离保持在 5cm 以上，如图 14-53 和图 14-54所示。

24）工程接线两端去向标签需要标示清楚，如图 14-55 所示。

图 14-53　电源线、信号线　　　图 14-54　弯曲弧度适中　　　图 14-55　去向标签
　　　　　分开布放

2．数据线的安装

（1）数据线布放原则

1）布放数据线的规格、路由和位置应符合施工图的规定，数据线排列必须整齐，外皮无损伤。

2）布放在走线架上的数据线必须绑扎。绑扎后的数据线应互相紧密靠拢，外观平直、整齐，线扣间距均匀，松紧适度。使用麻线绑扎时麻线必须浸蜡。

3）布放在槽道内的数据线可不绑扎，但槽道内数据线应顺直，不宜交叉。在数据线转弯处应绑扎固定。

4）数据线在机柜内布放时不能绷紧，应留有适当余量，绑扎力度适宜，布放顺直、整齐，不应交叉缠绕。

5）在具备条件的情况下，信号线和电源线应分井引入。对于分井敷设确有困难的，电源线与信号线必须做适当隔离。

6）上走线的机房走线架上数据线较少时可将交、直流电源线和信号线在同架上隔离布放；数据线较多时，要求将交、直流电源线和信号线分架走线。

（2）机柜内部数据线安装

1）机柜内部数据线主要包括 E1 线、网线（包含监控等）、时钟线等各类线缆，不同模块的数据线分类、分开布放，留有一定的间隔，以减少其相互间干扰，同时也是对各模块单元的划分，便于后续扩容和维护。一般 E1 线靠近机柜内侧布放，网线于机柜中间布放，光纤走机柜最外层，如图 14-56 所示。

2）数据线利用走线架或走线槽走线，走线应横平竖直、层次分明、无交叉、整齐美观，插头部分的数据线不宜拉得过紧，需要预留余量便于插拔，如图 14-57 所示。

图 14-56　机柜内的数据线分类、分开布放

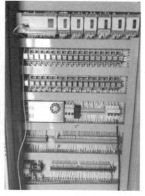

图 14-57　数据线走线效果

3）走线槽与成束捆扎混合行线工艺如图 14-58 所示。根据数据线数量选择走线槽，走线槽应敷设在屏柜或底板的两侧，当组件布置行列明显或数据线较多时，其中间也可敷设，单面出线时，应装于电器引出线的下面，走线槽的安装应横平竖直。

4）标号套管文字方向遵循从左到右、从上到下的规则。一个机柜中所有套管文字方向应保持一致，即所有水平、垂直套管上文字的方向一

图 14-58　混合行线工艺

致，这样一是方便查线，二是看起来比较规整，如图 14-59 所示。

图 14-59　标号套管文字方向

5）对于室外机柜 DDF 架上的数据线，使用专用打线刀连接内线模条和外线模条之间的跳线，跳线沿走线架走线，理顺、整齐，如图 14-60 和图 14-61 所示。

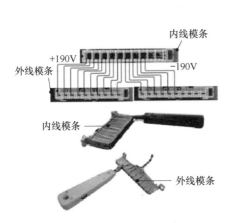

图 14-60　内线和外线的连接　　　　图 14-61　内线和外线的连接效果

（3）机柜外部数据线安装

1）机柜内部数据线布放完毕后，每框的数据线通过侧面走线，并沿机架两侧上走线至走线架，如图 14-62 所示。

2）采用上走线时应在设备的上方铺设走线架，数据线布放于走线架上，如图 14-63 所示。

3）布放时应逆着线圈卷起来的方向退开线圈，不得强行直接拖线，确保数据线顺直和绝缘层完好。

4）在走线槽内数据线走线应平直、整齐，按层叠加，无交叉，不同类别的数据线分道走线，不得超出走线槽。

5）数据线的外皮应无损伤。数据线在布放过程中出现长度不够时，不能采用焊接方法延长数据线；如数据线有多余，则将多余部分裁掉。

图 14-62　E1 线上走线

图 14-63　数据线走线架走线

（4）室外用户线连接

1）室外用户线进入机柜后，在线缆外皮剥开的地方必须用绝缘胶带缠绕密封，防止线缆内部的填充物从剥开的地方溢出，如图 14-64 所示。

2）室外用户线缆剥开后，必须把所有线对上的填充物清理干净，清理后的线对上不能有残留物，如图 14-65 所示。

绝缘胶带

图 14-64　绝缘胶带缠绕密封

图 14-65　清理填充物

3）将室外用户线通过进线孔引入机柜中，将线束中的接地线连接到机柜接地排上，其余线束引入机柜设备舱，在门轴过渡区需用绝缘胶带缠绕保护，避免开关门过程中线缆芯线被挤压折断，同时对过线孔进行密封处理，如图 14-66 所示。

图 14-66　接入柜门线缆的要求

（5）数据线布放的其他要求

1）分路到两侧同类元器件的线束，一律水平居中向两侧分开的方向行走，到接线端的每根线应成圆弧状，同屏内各种元器件接线和弧度应力求一致，如图 14-67 所示。

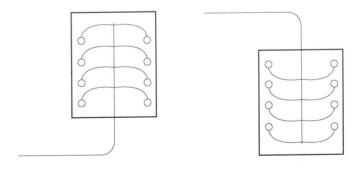

图 14-67　分路到两侧同类元器件的线束布置方式

2）分路部分到双排同类元器件的线束，可采用中间分线的布置方式，如图 14-68 所示。

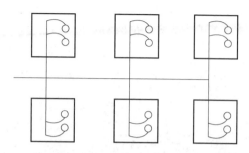

图 14-68　分路部分到双排同类元器件的线束布置方式

3）分路部分到单排同类元器件的线束布置方式如图 14-69 所示。

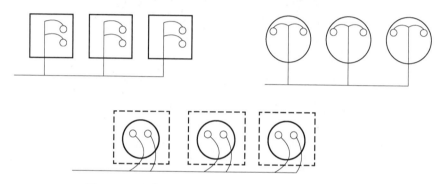

图 14-69　分路部分到单排同类元器件的线束布置方式

4）分路到按钮、信号灯、熔断器、控制开关等组件的线束，原则上按横向对称布置方式，如图 14-70～图 14-72 所示，但当受到位置上的限制时，允许直向对称布置，如图 14-73 所示。

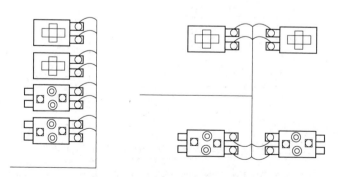

图 14-70　分路到按钮的线束布置方式

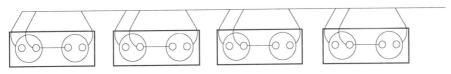

图 14-71   分路到信号灯的线束布置方式

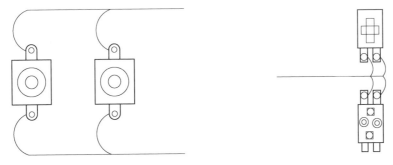

图 14-72   分路到熔断器的线束布置方式   图 14-73   分路到控制开关的线束布置方式
                                                          （直向对称布置）

3. 光纤的安装

（1）布放光纤前的准备

1）布放前需检查光纤的外观是否完好，出厂记录、品质证明等是否齐全，核对光纤的规格、长度和连接器类型是否满足设计要求及合同要求。

2）网络光纤连接图已根据设备组网情况确定，图中标明每个光连接的始/终端网元光线路板槽位号及光接口编号。

3）根据要连接的光接口位置对光纤的走线路径进行规划，一并考虑可能的扩容情况。

4）布放光纤前，应将光纤的标签制作好并粘贴牢固。

5）当电缆数量多，且光纤需要和电缆共用走线架时，或者客户要求使用波纹管包裹光纤时，光纤布放前应穿入保护软管，每根保护管内可以穿放多根光纤，但不宜超过 8 根，穿管前应将多根光纤用胶带进行绑缚，并注意保护光纤插头，保护软管的长度应根据施工图设计和现场情况确定；对于连接到不同设备的光纤应分别进行穿管；ZTE 建议不要再使用波纹管了，因为现在客户基本都有独立的光纤走线架，而且大量线缆都是光纤，不会被电缆挤压，套管还容易折损光纤，导致光纤损耗。

6）有侧门的机柜，布线之前先拆卸机柜门和侧门，放在不易碰到的地方暂存。

（2）光纤的布放要求

1）光纤进出设备机柜、处于走线架的拐弯处时，均应对结构件做保护，或进行光滑处理，光纤在走线架、槽道或架顶的裸露部分要加以集束并绑扎固定。

2）光纤布放时，应尽量减少转弯，光纤需要采用光纤绑扎带绑扎（俗称魔术扎带），绑扎时不可拉扯或绑得太紧。

3）光纤在走线架上布放时，应和其他线缆分开放。光纤在必须与其他线缆并行布放时，应放置在其他线缆上面或者隔离放置。

4）光纤在机柜内部布放时，建议按 48 根成一束，用光纤绑扎带定长绑扎；长度多余的光纤绕圈扎，编扎后的光纤应顺直，无明显扭绞。

5）插箱内光纤要走在光纤走线槽或走线齿内，避免与机柜门干涉，如图 14-74 所示。

6）机柜间连接时，多余的光纤盘绕在配线架里，如图 14-75 所示。

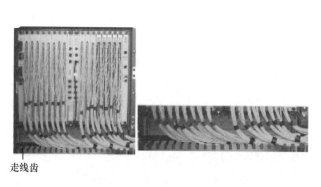

走线齿

图 14-74　插箱内光纤走线　　　　　　　图 14-75　光纤盘绕在配线架里

7）当光纤使用了波纹管时，波纹管深入机柜部分的长度以 10cm 最佳。

8）光纤连接应小心仔细，操作时要轻拿轻放，光纤的弯曲半径和受力情况应满足要求，禁止手直接触摸光纤端面（光纤连接器）或让光纤端面碰到物体等。

9）插入光纤前，应用酒精清洁光纤端面（光纤连接器）。不插尾纤的光接口需要盖上光口塞，没有光接口的尾纤需要套上防尘帽，如图 14-76 所示。

10）暂时不用的尾纤，头部应用护套保护，整齐盘绕成直径不小于 8cm 的圈后绑扎固定，绑扎松紧适度，尾纤严禁压折。

11）机柜内多余的尾纤应绕圈绑扎、整齐放置，如图 14-77 所示；多余的光纤也可放入盘纤盒（图 14-78）、可盘纤的元器件或方便操作的地方进行保护。

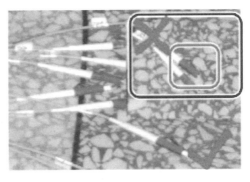

图 14-76　光纤防尘帽

图 14-77　多余尾纤的保护

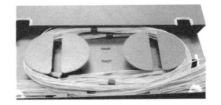

图 14-78　盘纤盒盘纤

12）在连接光纤时，应将光纤连接器垂直插入光接口，避免倾斜插入，如图 14-79 所示。应将整个光纤连接器插入到位。常用的 SC 和 LC 连接器听到"嗒"声表示连接到位。

图 14-79　避免倾斜插入

13）光纤跳线在使用过程中会磨损。光纤跳线插拔 500 次后，要进行检测。如果不合格，禁止继续使用。

14）严禁用力拉拔光纤（图 14-80），容易造成光纤和连接头的开裂。任何时候严禁对光纤施加超过 80N 拉力。

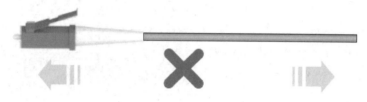

图 14-80　严禁用力拉拔光纤

15）严禁扭绞光纤（图 14-81），应顺着光纤自然松弛状态进行盘纤。

图 14-81　严禁扭绞光纤

16）禁止将工具、夹具、元器件等压放在光纤的上面，保证光纤操作桌面没有尖角、锋利锐器和高温源。

17）禁止使用粗糙的摩擦性材料或丙酮等有机溶剂擦光纤。

18）光缆芯线需在熔纤盘里熔纤，如图 14-82 所示。

图 14-82　光缆芯线在熔纤盘里熔纤

19）在室外机柜的应用中，外部光纤进入机柜后，需加以固定，必要时（线

缆多，光纤少）可以套保护软管（图 14-83）加以保护，同时光纤的金属线接地
处理，如图 14-84 所示。芯线在机柜内部的保护管部分用小线扣均匀地绑扎在机
柜走线区内的线缆固定板上，绑扎时应注意力度适中，以免损伤光纤。

加强芯
接地点
保护软管
喉箍
光缆

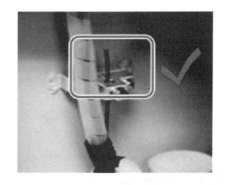

图 14-83　软管保护光纤　　　　　　图 14-84　接地处理

20）将密封材料（如硅胶、密封泥）涂到机柜底部的线缆进线孔中，堵住进
线孔和线缆之间的空隙，如图 14-85 所示。

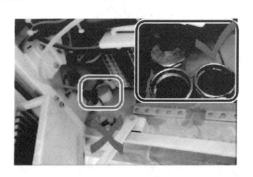

图 14-85　机柜线缆进线孔密封

14.7　单板移动、安装及拆卸操作规范

单板安装、拆卸指将单板安装在插箱上或从插箱上拆卸的过程，习惯称为插
拔。通信设备 5G 时代的单板插座密度高、插针强度低、插拔容差性差，因此对

单板插拔操作的要求更高，虽然单板都有设计定位和导向装置，但无法规避所有的错误操作导致的故障，而规范操作能规避故障风险。

1．单板移动规范

单板拆卸包装后，应按照正确移动操作对单板进行移动，在操作单板前，应佩戴防静电手环或手套，消除静电对单板的损伤。

（1）正确移动操作

双手托着单板左右托板移动单板，如图 14-86 所示。

（2）错误移动操作

1）用手抓住面板折弯边（即屏蔽簧片边）对单板进行移动，如图 14-87 所示。

2）抓住单侧扳手对单板进行移动，如图 14-88 所示。

图 14-86　正确移动操作　　　图 14-87　错误移动操作 1　　　图 14-88　错误移动操作 2

3）手穿过单板开孔对单板进行移动，如图 14-89 所示。

4）双手穿过单板开孔对单板进行移动，如图 14-90 所示。

图 14-89　错误移动操作 3　　　　　图 14-90　错误移动操作 4

2．单板安装规范

（1）安装前检查

检查背板插针和插槽，确认背板无倒针、无杂物、插槽无损坏。

1）正确背板插针：所有插针平齐，方向一致且垂直于背板，如图 14-91 所示；边缘平齐如图 14-92 所示。

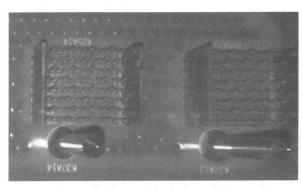 

图 14-91　插针方向一致且垂直于背板　　　　　图 14-92　边缘平齐

2）损坏的背板插针：个别插针翘起如图 14-93 所示；边缘翘起如图 14-94 所示。

图 14-93　个别插针翘起　　　　　图 14-94　边缘翘起

（2）检查单板连接器

确认连接器插孔无变形、无损伤和无杂物。

1）正常单板连接器插孔每个孔都大小一样，边缘平齐、平整，如图 14-95 所示。

图 14-95　正常单板连接器插孔

2）异常单板连接器插孔如图 14-96、图 14-97 所示。

图 14-96　个别孔被挤压变形且有缺失　　　图 14-97　边缘有切痕且损坏不完整

（3）安装单板

不同类型单板操作规范相似，以下以竖直安装双扳手（带 PUSH 按钮）固定单板为例，介绍单板安装规范。

1）一手扶着单板上部，一手托住单板下部，将单板通过导轨导向插入插箱，如图 14-98 所示。

2）对于扳手较短的单板，在推单板过程中，一手握住扳手，一手推单板面板中间，将单板推入插箱，如图 14-99 所示。

3）双手将单板推至面板刚接触导轨处，同时按单板两侧 PUSH 按钮打开扳手，使扳手打开最大角度，如图 14-100 所示。

4）禁止仅操作单侧扳手，不同时利用两侧扳手推动单板，如图 14-101 所示。

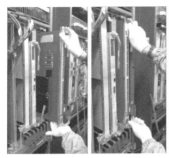

图 14-98　将单板通过导轨导向插入插箱　　　　图 14-99　将单板推入插箱

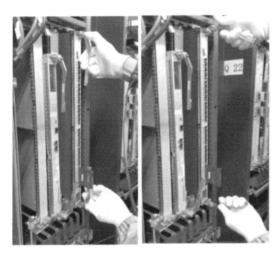

图 14-100　使扳手打开最大角度　　　　　图 14-101　禁止仅操作单侧扳手

5）禁止不按压两侧 PUSH 按钮，强行推扳手安装单板，如图 14-102 所示。

6）利用两侧扳手向背板方向推单板，直到推不动为止，合上扳手到位，如图 14-103 所示。

7）扳手到位时，可以看到 PUSH 按钮弹起且扳手不能向内推。对于有松不脱螺钉的单板，单板安装到位后，需要旋紧松不脱螺钉，如图 14-104 所示。

图 14-102　禁示不按压两侧 PUSH
按钮强行推扳手

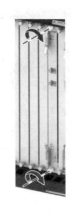

图 14-103　合上扳手到位　　　　　图 14-104　旋紧松不脱螺钉

3．单板拆卸规范

1）同时按压单板两侧 PUSH 按钮，并同时将扳手打开到最大角度（即扳手旋转约 60°，按钮面与导轨平齐），使得单板插座与背板分离，如图 14-105 所示。

2）握住两侧扳手，同时均匀用力向外拔单板，将面板和导轨分离，如图 14-106 所示。

图 14-105　单板插座与背板分离　　　　　图 14-106　面板和导轨分离

3）两手分别握住单板两侧，双手同时均匀用力将单板从插箱拆卸出来，如图 14-107 所示。

4）拆卸单板后，应参考正确移动操作对单板进行移动，如图 14-108 所示。

图 14-107 将单板从插箱拆卸出来

图 14-108 正确移动单板

14.8 设备安装检查单

工艺管理必须是闭环的，否则效果大打折扣。在环境和安装方面，售前确定位置后，售后做环境检查时确认位置的有效性，设备安装好后，还需要再检查，确保按照安装手册要求的内容执行，实际就是检查安装的工艺规范性，以保证设备的长期可靠性。

1. 大容量设备安装检查单（表 14-13）

以 PTN 大容量设备安装检查单为例，来说明设备安装后自查内容，保证设备安装、布线的正确性，避免设备上电后再做整改，延误项目交付。

表 14-13 大容量设备安装检查单

检查项分类	检 查 项	通 过 准 则	是否通过或说明
设备配置	单板面板图	单板槽位需按照槽位优先配置原则配置	
	侧柜配置	设备应配置侧柜，侧柜中挡风板或密封海绵等部件需安装到位	
	假面板配置	整机的无单板槽位全部配置假面板	
	机柜门开孔区域有无纸张	机柜门开孔区域不能粘贴任何纸张等杂物	
	插箱进风口网孔	检查进风口网孔上无杂物	
	接地线	机柜接地线安装齐全且正确	

（续）

检查项 分类	检 查 项	通 过 准 则	是否通过 或说明
设备配置	机柜加固件	机柜加固件（如并柜片、地脚螺栓）应正确安装，螺栓应紧固并安装齐全	
	防尘网检查	防尘网上不可吸附纸片、塑料袋等杂物	
环境检查	机柜安装位置	机柜安装位置正确，符合施工图纸要求	
	环境温度	机房环境温度（设备进风口）实测值需小于 25℃	
	空调情况	精密空调扇叶需平行；机房是地板下送风时，机柜前地需配置开孔率超过 30%的网栅地板	
	环境卫生	施工杂物需清理干净，机柜内外及地面不得有任何杂物和灰尘	
布线工艺	布线正确可靠	根据安装手册要求，所有布线正确可靠	
	布线位置	设备的布线不能堵住进风口和出风口	
		设备的布线不影响风扇模块、防尘网及单板的插拔	
		布线时，线缆需走到相应的走线槽或者绑扎梁，没有斜跨布线情况	
		线缆不会顶门	
	弯曲半径	电源线的弯曲半径不小于 5 倍电源线直径；数据线（网线、串口线等）的弯曲半径不小于 8 倍数据线直径 尾纤的弯曲半径不小于 30mm	
	标签使用	每条线缆粘贴有相应的标签，标签打印规范，粘贴整齐	
	尾纤绑扎	尾纤使用魔术扎带正确绑扎；必要时，尾纤出机柜可穿管、缠绕管保护	
	信号线、电源线分离	信号线与电源线有效分离	
施工管理	设备外观	拆下的机柜门等部件已经装回原位，设备各部件没有因变形而影响设备外观；机柜外观应完好，没有磕碰损伤、划伤、掉漆等现象	
其他	通电测试	设备通电 2～3h 后： 1. 设备安装区域对应的空调（设备所在列以及相邻列区域对应的精密空调）读取温度的升高值不应超过 2℃ 2. 设备前后门维护通道的环境温度不应超过以下限定值： ① 距离地面高度 100mm、前后门 100mm 处的空气温度不超过 25℃ ② 距离地面高度 1000mm、前后门 100mm 处的空气温度不超过 28℃	
	通电噪声检查	上电后，设备噪声不明显高于设备设计噪声值，否则联系办事处技术经理协调解决（这时候基本是出现局部热点问题）	

2. 低端设备安装检查单（表 14-14）

低端设备实地工勘难度较大，因为站点数量多，路程远，还偏僻，所以很难做到所有站点事先工勘，基本是按照站型做的工勘。在项目实际执行阶段，设备安装布线后自查清单内容会更多一些，这样才能做到工艺管理的前后无缝衔接，从而保证产品运行可靠。

表 14-14　低端设备安装检查单

检查项分类	检 查 项	通 过 准 则	是否通过或说明
站点配置	环境要求	室内站机房需密封，达到防尘、降噪效果	
		室外站的室外机柜除防尘网和出风口位置外，其余部分需密封防尘、无杂物	
		设备进风口温度要求高于设备最低工作温度，低于设备最高工作温度	
		潮湿地区以及离海边 7km 以内的设备需要使用铝制热交换器室外机柜或空调室外机柜	
		室外机柜尽可能配置遮阳棚，成本低，作用大	
	特殊场景（冷热通道封闭机房）	承载网低端设备适用于冷风通道封闭机房，在冷风通道封闭机房中需增加导风组件。承载网低端设备在冷风通道封闭机房中应采用前安装方式	
机柜配置	机柜要求	安装在 19in 机柜的设备需与机柜匹配	
		安装在 21in 机柜的设备需与机柜匹配	
		前安装机柜使用前安装插箱，后安装机柜使用后安装插箱	
		安装 2U 及其以上高度插箱时，必须配置安装托架	
		室外机柜有散热、腐蚀、防雷等风险，配置时必须与产品线沟通	
	空间要求	设备在机柜中应有足够的安装空间	
		室内横插箱需增加导风插箱	
		室内、室外的上下通风插箱应有足够的通风空间	
	走线要求	机柜内有足够的走线空间	
		走线尽可能远离设备进出风口，不影响设备进出风	
		设备所有连线正确可靠	
	散热要求	室内机柜门开孔率应不小于 60%	
		室外机柜内设备的总热耗应小于机柜的散热能力	

（续）

检查项分类	检 查 项	通 过 准 则	是否通过或说明
机柜配置	防护要求	承载网低端设备应用于室外机柜中时，数据接口和电接口需要做防雷处理	
	安装要求	承载网低端设备要求位于室外机柜内循环出风口	
		在同一个机柜内，尽可能安装风道一致的设备，严禁将进出风口相反的横插箱设备安装在同一机柜内，避免设备出现散热问题	
		承载网低端设备禁止背靠背安装，否则，设备热风会被另一面设备吸入，影响设备散热	
单板配置	配置要求	单板槽位限配时，按限配要求配置	
		单板槽位需按照槽位优先配置原则配置	
		所有空槽位必须配假面板	

14.9 设备加电

设备安装、布线完成，清理机柜内外的环境，按照安装检查单做安装布线自查后，再核查机房电源列头柜的电源输出端子是否能提供机柜所需的电流容量，机房电源输出端子的电流容量应大于配置和后续扩容情况的插箱最大需求电流容量。满足机柜所需的电流容量后，再测量机房供电设备的输出电压值，该电压值应在设备要求的范围内，见表 14-15。随后接通给插箱供电的电源开关，设备加电完成。机柜正常加电后，检查单板工作状态和风扇工作状态都应正常。

表 14-15 通信设备电源电压要求

电源属性	输入电压	电压允许波动范围	频率允许波动范围
直流电	−48V DC	−38.4～−57.6V DC	—
交流电	220V AC/ 110V AC	100～240V AC	45～65Hz
高压直流电	240V HVDC/336V HVDC	192～400V HVDC	—

再重点说明一下，设备加电前清理内外环境非常重要，也是工程队容易忽略的地方，如果机柜内部或机柜前面有塑料袋等杂物，在加电的瞬间，塑料袋等杂物立刻会飞到设备进风口网板或防尘网上，如果不及时去除，会堵塞设备的进风口，严重影响设备散热，导致噪声超标或业务故障。

14.10　设备业务开通

早年业务开通是一件很辛苦的事情，售后人员基本都是半夜去割接业务，需要提前到现场做业务配置，因为各个站点的网络情况千差万别，各个站点业务开通要逐个进行，耗时费力。现在通过"网管＋AI"的"一键开通"功能，便能实现不进机房，就能在网管端开通各站点业务。

设备全部加电后，售后人员（也有客户自己的工程人员）在网管上，通过简单操作，设备自动上线，自动识别邻居参数，免人工配置。这种无须进站调测、"一键开通"的方式，效率提升超过了 70%，极大地降低了设备开通成本，缩短了设备开通周期。

"网管＋AI"的"一键开通"功能，不仅仅提高了业务开通效率，还提高了业务开通的质量，同时还避免了因为开通业务导致的网络故障。应用这个功能，在真实业务加载前做网络仿真全流程，从而实现以下功能：

1）对在线数据进行网络镜像，提供拓扑、业务等多维度的仿真环境。

2）模拟网络节点故障、链路故障，重新计算路径信息，识别出带宽资源不足的风险链路。

3）分析网络健壮性、业务生存性能力，根据节点、链路故障判断中断、降级业务，做到提前主动预防。

4）实现了业务高效准确地自动激活，使业务开通模式从"人-机"转换成"机-机"，产品业务开通的工艺性得到极大的提升。

14.11　工程复盘

售后项目完成后，需要做项目的工程复盘，总结经验和教训，即将项目执行过程中出现的各种情况和解决办法一一汇总在案，并将问题反馈给相关部门做优化处理，将优秀的经验分享给相关人员。

众所周知，产品的功能、性能、质量、售后文档等在售后阶段会得到检验，企业的采购、运输等业务流程的利弊也会在售后阶段得到体现。通过各个项目不断地复盘总结把问题提出来，经过相关业务部门的不断优化完善，企业必定会日趋强健。工程复盘这项工作烦琐而费时，但意义深远。工程复盘总结模板见表 14-16。

表 14-16　工程复盘总结模板

项目名称	项目编号	客户名称	站点所在地区	项目经理	督　导

总　结　项	详　情　描　述	联系人及电话	问题所属业务部门
个别物料到货延误	××代码的外购物料到货时间延误，因天气原因发货不及时	张松，139×××　××××	供应链
机房空调故障，有局部热点问题	××接入站点机房有 2 台家用空调，其中一台故障停用，机房温度 43℃，机柜内设备进风温度 58℃，超温	李松，139×××　××××	办事处工勘科
设备有硫化问题导致的故障	机房门常年开启，机房门对面是卫生间，味道很大	王松，189×××　××××	办事处环境工勘科

14.12　设备维护服务

设备维护是售后重要的工作之一。对通信设备来说，故障影响面是非常大的，所以网络安全是所有需求中最重要的需求之一。

ZTE 拥有 30 多年的通信网络建设经验，建立了全球端到端的工程服务能力体系和遍布全球 160 多个国家和地区的服务网络和分支机构，为全球客户提供 7×24h 的网络服务。ZTE 拥有超过 10000 人的网络交付专业队伍，超过 2400 家合作伙伴遍布全球。截至 2022 年 6 月，ZTE 全球服务的足迹遍布 160 多个国家和地区，与全球超过 500 家运营商合作，在全球累计完成超过 20 万个项目的交付，部署了超过 530 万个站点，建设外线工程超过 14 万 km，累计交付光纤宽带用户 2000 万线，为全球超过 20 亿用户提供优质的产品和高效的服务。

ZTE 在全球设立了 1 个全球客户支持中心（GCSC）及其 3 个分中心（上海、南京、西安）、5 个区域客户支持中心（RCSC）及 41 个本地客户支持中心（LCSC），形成覆盖全球的三级客户支持服务云平台，使用多种语言为客户提供

$7 \times 24h$ 的技术支持服务。通过统筹调度全球服务云资源，快速响应及解决客户问题，有效保障客户网络安全稳定地运行。

ZTE 还设立了 1 个全球维修中心及 4 个维修子中心、15 个海外本地维修中心，年返修能力可达 60 万件。此外，还建立了 1 个中央备件库、7 个区域备件库，以及 450 多个本地备件库，为全球客户提供高效便捷的硬件支持服务。

客户的需求是网络没有故障、有故障要快速诊断定位并及时处理故障。ZTE 一直在往客户需求方向努力，持续提高产品可靠性，避免或减少故障。同时开发了"告警智能 RCA"功能，即"一键式定位根源告警"，在系统出现告警时，远程运用"一键式定位根源告警"功能，一键执行，自动化故障排查。快速发布，根据现场故障场景编排诊断过程，快速响应新的故障场景；执行高效，达到分钟级诊断。

故障处理中最重要的环节就是故障诊断定位，"一键式定位根源告警"功能的开发，极大地提高了设备的可维护性。

要保证网络安全，不能依赖系统告警、定位故障、处理故障的方式，ZTE 有巡检工具，可以定时或不定时对网络进行仿真，实现风险预先识别，早诊断、早修补，从而规避故障的发生、发展。

14.13　定期巡检

ZTE 虽然有巡检工具，可以远程进行网络仿真，提前识别风险，但是专家团队定期现场巡检还是要做的，这种亲临现场的巡检目的如下：

1）考察设备安装布线工艺规范性。虽然工程队在完成站点安装布线后，会上传照片，但局部的照片与真实情况还是稍有一些差异的，而且工程完工后也可能会发生一些变化，比如机柜门被贴上了有技术信息的纸张、光纤被其他厂家设备线缆挤压等。亲临现场可以看到全局情况、细节情况，能得到工程安装布线工艺规范真实的执行结果。

2）考察设备可靠性规范执行情况。设备可靠性规范很多时候是通过工艺规范来实现的，比如机柜和各插箱是否正确接地、机柜顶部是否与配线架之间做了防震加固固定、设备风扇噪声是否超标、设备进风温度是否超标、室外站设备电接口是否做了防雷处理、各类型室外机柜是否满足相应的规格要求等。

3）考察站点供电情况。电源是通信设备的心脏，通信设备的设计需要与客户供电方式完全匹配才行。考察站点供电情况一方面是为了保证设备供电安全可靠，另外一方面是为了观察业界通信设备供电方式的演进。

4）考察站点制冷情况。随着通信行业的高速发展，机房制冷或者室外机柜制冷问题日趋严峻，在巡检过程中会发现核心机房有局部热点问题，接入机房制冷量普遍低于常规需求，空调室外机柜的空调故障、直通风机柜的风扇故障问题比比皆是，需要及时了解情况，与客户一起想办法改善环境条件。同时站点制冷情况的变化趋势也是新产品设计的输入条件，毕竟追求环境适应性是产品设计毕生奋斗目标。

5）考察通信行业设备演进情况。既然进了机房，必然要顺便考察一下各家各类设备的演进情况。吸收别人的优势，完善自己的弱势，这样的产品自然会越来越完美。同时，各家各类产品演进趋势对自家产品规划和设计是有很大关系的，毕竟是同一个行业，需要同步协调发展。

ZTE 各产品都有自己的巡检检查单，每个站点的情况都会详细记录，做得好的或者做的不好的都会成为巡检案例，所有资料都要线上归档保存。巡检结束后，会对各个站点情况做总结，一般会得到以下结论：

1）工程执行不到位的情况，要求办事处限期整改。

2）站点环境太恶劣的情况，要求办事处找客户协商解决。

3）产品设计需要优化的地方，要求相应产品限期优化设计。

4）好的案例分享给相关部门。

5）站点环境条件及行业设备变化情况总结后保存备用。

对于参与巡检的个人来说，这种活动是一次难得的学习机会，能提升个人的眼界、增长见识，有利于成为一个见多识广的人。保守估计，笔者去过的站点超过 2000 个，笔者每一次进站都能有新的收获，哪怕是一点点收获，不定什么时候就能帮助解决某些问题。

随着数字化技术的深入应用，未来人工现场巡检的方式会被逐步弱化，可以用 AI 的方式远程巡检，大大提高工作效率。

14.14　参与新产品并行设计

如果售后一直在为企业的各种设计问题兜底，那是售后的悲哀，也是企业的悲哀。售后团队不仅需要完成项目的售后服务，在企业内部还需要完成产品可服需求的收集、参与新产品研发、反馈企业内外流程缺陷等。售后代表需要参与新产品研发的所有节点评审，对产品的可服性负责。在产品样机阶段售后会单独做一个样机试装验证，根据样机试装检查单逐项验证，在设备投产之前再做一次故障拦截，保证产品面世后的可服性良好。在并行设计中，售后团队最重要的任务是开发可服需求。

可服需求包括产品在售后阶段的可操作性和可维护性，以及与产品售后服务相关的管理需求。可操作性和可维护性是通过产品设计实现的，与产品本身相关的管理需求是通过设计和工艺规范来实现的，剩下的管理需求是通过企业相关标准和规范来实现的。

1. 可服需求开发的途径

1）从售后活动中得出的经验和教训总结而成。早期大多数可服需求是售后人员亲自实践后提出的，随着并行设计的开展，通过这种开发方式获得需求的机会越来越少了。这种途径绝版了，说明并行设计做得好。

2）客户提出的要求或意愿。这个渠道可以是客户正式提出的要求，也可以是日常接触中客户的意愿倾向。

3）在售后活动中观察到业界先进的设计及管理案例，触类旁通地总结出的可服需求。

4）根据售后近期或远期规划转换的可服需求。从规划中分析出产品需要实现的可服需求，这种方式是目前常用的一种方式，也是未来会持续发展的一种方式。

5）根据行业发展趋势预测的可服需求。当前通信行业处于高速发展中，需求也在不断地发展变化，这些需求需要提前预测出来，否则到后期产品落地时不满足当期需求，会影响产品使用。这种方式要求比较高，也是未来需求收集发展的方向之一。

售后提出的可服需求要经过研发等相关专家分析评审后，设计需求归入可服需求库里，在有新项目时进入产品需求包里，才能在产品研发中实现。管理需求直接通过流程、标准、规范优化来实现。

可操作性和可维护性要求提出很容易，但沉淀成可服需求就不容易了，毕竟产品设计是一个系统工程，需要平衡各方面需求。

2. 可服需求开发需要注意的问题

1）开发可服需求时，只需要提出需求即可，不需要提出解决方案，因为解决方案是相关设计人员的工作，各专业要各司其职。

2）避免过多干预研发产品规划和研发设计。如果强行牵制研发完全按照可服需求来执行，则会禁锢研发人员的思维，导致产品设计走向误区。

3）要区分清楚可服需求中的设计需求和管理需求，不能为了省事，把所有的管理需求拆分成设计需求，要求在产品硬件设计上实现，这样设计出来的产品性价比不好。

4）避免以人为本导致的产品质量降低和产品成本的增加。

14.15 数字化售后

一键开通、一键诊断、远程网络巡检等都是数字化技术在售后领域的体现。以前设备开通、故障分析定位、故障处理等都需要花费大量的人力和时间，现在运用数字化技术便可简单、快捷地解决问题，最大化地保证网络安全，可以说设备开通、运维的工艺性有了质的飞跃。

在数字化转型方面，ZTE 已经完成了企业整体数字化模型。对内，所有节点数据结构化后才能进入模型，逐步实现通过模型的"总结"功能指导研发、生产、采购、售前、售后等工作。对外，与客户数字化网络结合，提高产品可靠性，提高员工工作效率，从而提升客户体验感。例如 ZTE 数字化项目管理系统 iEPMS 与某客户的智慧工程管理系统对接，打破了双方工程交付系统间的数据孤岛，实现了项目建设过程中各方施工进度和施工质量的信息互通，有效提升了项目管理能力和工程建设质量，体现了项目管理数字化的优势。

通信行业产业链上各企业都还在数字化转型中，因此还有很多数字化方面的工作有待完成，产品数字化售后方面的需求还需要加大力度。

14.16　售后人员需具备的工艺技能

1）对设备使用环境有清醒的认知。

2）熟知设备安装布线基本原则和要领。

3）清楚设备的调试流程和方法。

4）了解设备的维护流程和操作。

5）熟知单板移动操作规范。

6）熟悉单板返修、包装运输规范。

7）擅长开发可服需求。

第 15 章

产品使用环境的工艺管理

15.1 当前通信设备所处环境的一些乱象

如图 15-1 所示，有些设备与垃圾共存：左图的室外机柜周围都是垃圾，顶部雨篷漏雨，用木板勉强遮挡，机柜门因设备过热而大开；右图的室外机柜没有门，光纤泡在污水里。

图 15-1　设备安装在垃圾堆旁边

一些室外机柜的情况惨不忍睹，脏、乱、严重腐蚀的问题时常可见，如图 15-2 所示。

直通风室外机柜防尘网常常不能及时清理，防尘网被灰尘严重堵塞，影响室外机柜内设备散热，如图 15-3 所示。

在低端设备的室内机房中，不时能看到各种脏、乱、差的景象，如图 15-4 所示。

图 15-2　严重腐蚀、脏乱的室外机柜

图 15-3　直通风室外机柜的防尘网被灰尘严重堵塞

图 15-4　低端设备脏、乱、差的室内机房

规范走线主要是为了保证设备连线的安全性和可维护性。随意走线不仅给设备安全埋下隐患，后续设备维护工作也非常困难，图 15-5 所示走线情况同样是惨不忍睹。

图 15-5　机房内走线乱象

通信设备价格持续降低后，设备不再被珍惜。图 15-6 所示的单板等部件布满了厚厚的灰尘。

图15-6　布满尘土的单板和风扇插箱

低端设备机房空调故障率很高，不少机房只有一台空调勉强工作着。由于设备的不断增加，以及混风的原因，导致机房如同高温房，在图 15-7 所示的机房中，远离设备的位置温度分别为 40.2℃和 41.3℃。

图15-7　机房内远离设备的地方温度超过 40℃

图 15-8 所示的方舱漏水，只能给机柜搭上雨布防水。

图 15-8　方舱内搭雨布的设备

以上说明环境情况的案例都不是个案，在接入站点占比相当大。众所周知，可靠性是指产品在规定的条件和规定的时间内，完成规定功能的能力，这说明任何设备提到可靠性，就必须指定相应的条件和时间。

万物都有其存在的条件。通信设备只有在满足设备使用的条件下才可以正常工作，否则会因为环境不达标而导致设备故障或业务中断，严重的时候会导致设备损毁。也就是说设备做得再好，如果环境不匹配，设备也无法正常工作。近些年，通信设备的使用环境在急剧恶化，环境问题所致故障占设备所有故障的 60% 以上，环境成了设备头号杀手。在设备尚未具有适应更恶劣环境的能力时，必须按照设备环境条件使用，以满足设备长期可靠性需求。

设备使用环境的管理是全面工艺管理中一个重要的环节，提前甄别环境是提高产品可靠性和寿命、降低售后维护成本的捷径。

15.2　通信设备使用机房环境常用标准

对通信设备有显著影响的环境因素有温度、湿度、气压、电磁、各类腐蚀性气体和空气洁净度等。从这些年的实践情况来看，对设备危害最大的是高温、高湿、腐蚀性气体和灰尘。

1. 机房温度要求

通信机房及数据中心温度要求见表 15-1。

表 15-1　通信机房及数据中心温度要求

标　　准	Telecommunications Infrastructure Standard for Data Centers（TIA942）	《数据中心设计规范》（GB 50174—2017）	Thermal Management In Telecommunications Central Offices（GR3028）
推荐环境温度	18～27℃	18～27℃	18～27℃
温度变化率	5℃/h	5℃/h	8℃/h

机房不仅有温度要求，对温度的变化率也有要求，如果温度变化率太高，会导致凝露，引发设备腐蚀。

通信设备散热用的风扇都是自动调速的，在一定范围内，设备单板温度基本恒定不变（芯片温度在很小的范围内变化），可以看作是恒温，超过一定温度后，例如，超过 50℃时，设备制冷风扇就全速了，环境温度再增加时，芯片温度同比增加。业界有经验数据显示，超过一定温度后，芯片温度每升高 10℃，可靠性降低 25%。

降低机房温度，设备噪声降低，可靠性提高。机房温度较低时，机房制冷能耗高；机房温度较高时，风扇功耗急剧增加，部分芯片温度也会增加。在哪个温度点设备可靠性与能耗之间达到性价比最优，这个问题还需要仿真或实测研究。

2．机房湿度要求

湿度同温度一样，不同标准要求有一定的差别。例如，《通信局（站）机房环境条件要求与检测方法》（YD/T 1821—2018）对湿度的要求见表 15-2 和表 15-3。

表 15-2　冷热通道隔离机房湿度要求

机 房 类 型	设备进风口温度范围	湿 度 范 围
A 类机房	18～26℃	30%～70%
B 类机房	15～27℃	30%～70%
C 类机房	10～28℃	20%～80%

表 15-3　无冷热通道隔离机房湿度要求

机 房 类 型	设备进风口温度范围	湿 度 范 围
A 类机房	18～26℃	30%～70%
B 类机房	15～27℃	30%～70%

（续）

机 房 类 型	设备进风口温度范围	湿 度 范 围
C 类机房	10～28℃	20%～80%
D 类机房	5～30℃	20%～80%
E 类机房	−5～40℃	—

注：1. A 类机房是指承载国际和省级等全网性业务的机房、集中为全省业务提供业务及支撑的机房、超大型和大型 IDC 机房。

　　2. B 类机房是指承载本地网业务的机房、集中为本地网提供业务及支撑的机房（原则上对应地市级枢纽机房）、中型 IDC 机房。

　　3. C 类机房是指承载本地网内区域性业务及支撑的机房（原则上对应县级、本地网区域级机房）、小型 IDC 机房和动力机房等。

　　4. D 类机房是指承载网络末梢接入业务的机房和基站机房等。

　　5. E 类机房是指无机房建筑的站点、户外机柜等。

机房湿度高对设备危害很大，当相对湿度超过 70%时，设备就有被腐蚀的风险，当湿度超过 85%时，设备被腐蚀风险加剧。笔者对比了《通信局（站）机房环境条件要求与检测方法》（YD/T 1821—2018）和《通信中心机房环境条件要求》（YD/T 1821—2008），针对室内机房，新标准提高了机房湿度要求，从之前的 85%提高到了 80%。

3. 机房洁净度和腐蚀性环境要求

在湿度比较高的机房里，灰尘和腐蚀性气体会导致设备短路、腐蚀，所以机房有洁净度要求。《通信局（站）机房环境条件要求与检测方法》（YD/T 1821—2018）规定：含有导电性、电磁性和腐蚀性物质的灰尘，其浓度应满足直径大于 0.5μm 的灰尘粒子浓度≤18000 粒/L。《数据中心设计规范》（GB 50174—2017）是针对数据中心机房的设计规范，对于环境要求描述包括腐蚀性气体和空气洁净度。对于灰尘，则规定为"主机房的空气含尘浓度，在静态或动态条件下测试，每立方米空气中粒径大于或等于 0.5μm 的悬浮粒子数应少于 17600000 粒"。

《移动通信基站工程节能技术标准》（GB/T 51216—2017）对腐蚀性气体和空气洁净度做了较为细致的规定，见表 15-4 和表 15-5。该标准的环境分类和指标规定与 ETSI EN 300019-1-3 V2.2.2 和《电工电子产品应用环境条件 第 3 部分：有气候防护场所固定使用》（GB/T 4798.3—2007）一致。

表 15-4　腐蚀性气体浓度要求范围

化学活性物质	单　位	范围（平均值）
二氧化硫（SO_2）	mg/m³	≤0.30
硫化氢（H_2S）	mg/m³	≤0.10
氨气（NH_3）	mg/m³	≤1.00
氯气（Cl_2）	mg/m³	≤0.10
氯化氢（HCl）	mg/m³	≤0.10
氟化氢（HF）	mg/m³	≤0.01
臭氧（O_3）	mg/m³	≤0.05
一氧化碳（NO）	mg/m³	≤0.5

注：平均值是指一周的平均数据

表 15-5　空气洁净度要求

环境参数	单　位	室内设备（允许值）	室外设备（允许值）
沙	mg/m³	—	≤300
尘（漂浮）	mg/m³	< 0.1	≤5.0
尘（沉积）	mg/(m³·d)	≤36	≤480

　　在选址合适的情况下，通过机房密封及卫生清洁，基本能避免这些有害物质对设备的侵害。需要注意的是机房内装修材料要安全，不能挥发出有害物质。

　　北方地区冬天停用空调，开窗通风散热，这时候沙尘的危害是非常大的，笔者曾处理过一个故障：从设备网管看风扇转速为全速，前线反馈说机房温度为23℃；从现场照片看布线正常，没有堵塞设备进风口，但单板有过热告警。现场更换风扇插箱后，故障马上消除。原来风扇里有很多灰尘，因为温度的快速变化，产生了冷凝水，灰尘凝聚成块状，导致风扇转不动，转速非常低，风扇上传的数据是全速，因为风扇的确全速在转，但是板结的灰尘阻碍了风扇的转动。后来客户关闭了窗户，启动少量的空调，解决了这个问题。这种情况下，采用过滤的空气自然散热是最节能环保的。

15.3　通信设备所处环境分类

　　按照通信设备所处环境防护情况不同，可以分为如下几类。

1．有气候防护完全温控场所

有气候防护是指设备不会受到风、雨、雪、冷凝水的影响，围护结构可能会受到太阳辐射或短暂的热辐射影响，沙尘的影响达到最小。完全温控场所是指设备工作场所有严格的温度控制。简单说，密封性好的机房或室外机柜适用于这类场所。

对通信设备来说，在这类工作场所中，设备散热基本有保障，最为关键的是设备没有腐蚀风险。这种机房要做的是解决好机房混风问题，利用冷风通道、液冷等技术，充分利用冷量资源，降低机房的 PUE，再根据"大容量设备对机房环境要求"指南给设备安排合适的位置，杜绝局部热点问题，降低噪声，提高运营的经济效益。

2. 有气候防护部分温控场所

有气候防护部分温控场所是指设备工作场所没有完善的温度和湿度控制设施，可以防止极端情况的温湿度的影响，可能会受到太阳辐射或短暂的热辐射影响，可能会受到冷凝水的影响（但不受雨、雪等的影响），有一定的沙尘影响。一些温控系统已经损坏或劣化的机房和室外机柜属于这类场所。

这类场所的设备有过热或噪声超标风险，也有腐蚀风险。目前这种场所常见于接入机房环境有时会出现机房空调故障，只有一台空调在工作，因为过热就开窗或开门通风的情况。这种场所中使用的设备是室内设备，没有任何耐候性能，开窗或开门会导致设备故障率高，网络风险高，应加以避免。

目前对室内设备来说，在这种场所中的故障率是最高的，主要表现为设备过热，根据实际考察，看到的情况如下：

1）机房部分空调故障，风量和风压都不足，机房温度高，设备过热故障。

2）机房设备增加太多，制冷量严重不足，风量和风压都不足，机房温度高，设备过热故障。

3）一个机柜内装多台横插箱设备，没做隔离（如导风插箱），设备热级联严重，导致设备进风温度超过设备温度标准，设备过热故障。

4）将风道相反的设备装在同一个机柜里，且没做隔离，产生热级联，导致设备高温故障。

5）机柜门开孔率过低，通风率不够，机柜内温度过高，导致设备过热故障。

6）走线不规范，线缆堵塞设备进风口，导致设备过热故障。

7）机房门或窗未关闭，机房湿度超过设备湿度标准，导致设备腐蚀故障。

8）机房门或窗未关闭，机房沙尘严重，单板或风扇被沙尘堵塞，设备散热困难，导致设备过热故障。

通信行业需要重点关注这种场所，售后要加强对这种场所的工勘，在设备安装前找客户协商解决好环境问题。整改也不复杂，维修空调、密封机房门窗，或者适当增加空调即可。

对室外机柜里的设备来说，这种场所的故障率也是最高的，主要表现在如下几个方面：

1）空调机柜空调故障，柜内温度骤升，设备过热故障。

2）直通风室外机柜风扇停转，机柜内温度高，导致设备高温故障。

3）室外机柜内所装设备热耗与室外机柜解热能力不匹配，简单说就是机柜内装的设备热耗超过室外机柜散热能力了，导致设备过热故障。

4）风道相反的设备装在一起，产生热级联，导致设备高温故障。

5）铁皮机柜无隔热措施，太阳辐射下导致柜内温度超高，设备过热故障。

6）楼顶站点无遮挡物，太阳直射时间长，机柜温度超高，导致设备温度过高故障。

7）杂物挡住室外机柜进风口，导致机柜内设备过热故障。

8）线缆走线不规范，堵塞设备进出风口，导致设备过热故障。

9）直通风室外机柜防尘网堵塞严重，导致设备过热故障。

10）热交换室外机柜的热交换器故障，机柜开门散热，导致设备腐蚀故障。

11）空调室外机柜的空调故障，机柜开门散热，导致设备腐蚀故障。

12）铁皮机柜完全没有隔离灰尘和水汽的能力，导致设备腐蚀故障。

13）直通风室外机柜门上的密封条破损或进线口未封堵，隔离灰尘和水汽的能力降低，导致设备腐蚀故障。

14）室外机柜内电池漏液，导致设备腐蚀故障。

15）室外机柜门损坏，导致柜内设备腐蚀故障。

16）方舱漏水，导致设备腐蚀故障。

17）方舱地面渗水、进线口未封堵或线缆未设置回水弯，导致设备腐蚀故障。

3．有气候防护无温控场所

有气候防护无温控场所是指设备工作场所完全没有温度和湿度控制设施，可能暴露在外界空间或仅有部分气候防护，一般只能防雨、雪，可能会受到冷凝水的危害（但不受雨、雪等的影响），有一定的沙尘影响，可能会受到太阳辐射或短暂的热辐射影响。温控系统完全失效的接入机房、地下室、车库、有庇护的楼顶等属于这类场所。

这类场所属于室外应用场景，需要提前甄别环境情况，选用合适的室外配置，这样风险才能比较低。这就需要客户在招标的时候给出明确的说明，售前人员也要提前甄别这类场所，做好相应的配置。早些年这类场所中的故障率比较高，后来客户和售前人员都认识到这个问题，提前做好了规划，避免了故障的发生，近些年这类场所的设备故障率很低，毕竟这类场所对室外设备来说，已经是很好的环境了。

4．无气候防护场所

无气候防护场所是指设备工作场所完全没有任何防护，直接暴露在大自然中，设备会受到太阳辐射、热辐射、沙尘、雨、雪、冷凝水等的影响。各种露天场所的纯自然散热的室外型设备处于这类场所。

近些年这类场所的设备故障率不高，只要选址规范，按照安装手册操作，基本不会出问题。设备选型一定要正确，要按照使用环境选择适配的自然散热型设备。

15.4 从机房分类看当前通信设备使用环境情况

业界最常用的机房分类方式是按照物理规模进行分类，具体分为 IDC 机房、核心机房、汇聚机房、接入机房、室外站这五种形式。

1．IDC 机房

数据中心机房简称为 IDC 机房。IDC 机房分为如下几类数据中心：

1）超大型数据中心：标准机柜数≥10000 个，或者主设备设计功率≥25000kW。

2）大型数据中心：3000 个≤标准机柜数<10000 个，或者 7500kW≤主设备设计功率<25000kW。

3）中型数据中心：1000 个≤标准机柜数<3000 个，或者 2500kW≤主设备设计功率<7500kW。

4）小型数据中心：100 个≤标准机柜数<1000 个，或者 250kW≤主设备设计功率<2500kW。

5）微型数据中心：标准机柜数<100 个，或者主设备设计功率<250kW。

对通信设备来说，IDC 机房环境是所有机房中最好的。IDC 机房一般使用列间空调或地板下送风方式制冷。IDC 机房要关注的是运营成本，特别是降低机房 PUE，有数据表明，目前国际先进 IDC 机房实际运行 PUE 一般在 1.3 左右或低于 1.3。例如，谷歌比利时 IDC 机房的 PUE 低于 1.16，雅虎纽约洛克港 IDC 机房的 PUE 低至 1.08。

我国老的 IDC 机房的 PUE 普遍高于 2，国家对于新建 IDC 机房的 PUE 要求低于 1.4，个别城市要求低于 1.2。现在新建的 IDC 机房基本都是冷风通道形式，很多机房也采取了蒸发冷却机组或者其他节能方式，机房 PUE 降低很快。例如，ZTE 采用产品预制化、模块化、智能化、绿色节能等技术，在全球已经成功交付超过 380 个 IDC 机房，超 200 万 m² 建筑，其中某项目包含六大园区、15 个子项目，覆盖包括成渝、贵州、京津冀、粤港澳和长江三角洲五大全国一体化算力国家枢纽节点，项目初期投资减少超过 30%，交付周期相比传统 IDC 机房缩短 40%以上，能源消耗减少 30%以上，整体 PUE 低于 1.25。

2. 核心机房

核心机房是指传统的省级枢纽机楼或地市级枢纽机楼。传统的核心机房引入的市电容量大多在 1000～5000kVA，制冷方式基本是精密空调分散风冷，送风方式也基本采用地板下送风、风管上送风和精密空调平行送风。单机位解热能力为 3000～4000W，最好的可以到 5000W 左右。核心机房有少量的冷风通道存在。在冷风通道里，单机位制冷量一般是 3000～10000W，常规在 5000W 左右。

核心机房一般总制冷量是够的，但因为混风问题以及不同机位制冷量不同的问题，会出现局部热点，导致噪声超标，特别是近些年，情况日趋严重。核心机房要继续增加设备、提升运营效率，就需要解决混风问题，目前最好的办法是使用液冷设备和进行机房冷风通道改造，当然热风通道也是可以的，只是热风通道改造成本更高，但笔者认为热风通道的节能减排效果优于冷风通道。

3．汇聚机房

传统意义上的汇聚机房是指区、县级别的通信机楼。汇聚机房引入的市电容量一般在 630kVA 以内。制冷方式有精密空调和舒适空调风冷两种情况，送风方式一般为精密空调或舒适空调平行送风，近些年新建机房也有少量采用地板下送风方式。汇聚机房单机位制冷量一般在 1000～3000W。

目前汇聚机房最大的问题是制冷量不足和混风问题。机房内设备持续在增加，或者说机房新增设备热耗持续在增加，但机房老旧，无法扩容供电或空调数量，再加上冷热风混合自耗。解决这个问题的办法是使用液冷设备和采用小型冷风通道。当然，设备降耗也是有帮助的。

随着 5G 和 IDC 业务的发展以及边缘计算需求的快速增长，汇聚机房还会持续增加，新建机房要在设计初始就解决掉混风问题，提高制冷效率，降低 PUE。

4．接入机房

接入机房即处理接入端业务的机房，是通信行业物理规模上最小的机房。接入机房市电容量一般在 30kVA 以内，送风方式基本是舒适空调平行送风，也有的机房是设备自然散热或者开窗通风散热。

随着通信业务的快速发展以及网络下沉，接入机房一直在增加设备，同时机房环境却在持续劣化而没有得到及时维护，从而导致机房制冷量严重不足。接入机房设备故障率是最高的，基本是因为环境问题所致。表面看不及时维护机房省了维护费用，但实际上因为设备故障导致的损失更大，得不偿失。

5．室外站

机房之外的站点统称为室外站，室外站的设备可以是纯自然散热形式的室外设备，也可以是装在室外机柜里使用的室内设备。国外在室外应用方面发展得很早。在我国，无线产品从诞生起就开始了室外应用，接下来是接入网设备，大约从 2005 年开始，传输设备开始用于室外站。

15.5　产品室外应用

近些年，承载设备的室外应用在飞速发展。室外应用的优点是可以便捷扩大网络覆盖面，运营商投资成本低；缺点是受环境影响大，设备故障率高，现场维护不方便。有数据显示，室外应用设备单板故障率是室内应用设备的 2 倍以上。这个不难理解，毕竟室外应用的设备基本上长期处于高温状态，再加上应用不当造成的设备腐蚀、过温问题，单板返修率高是必然结果。

如果能够全面认识室外应用的各种问题，正确制定室外应用方案，规范操作，再加上现在远程一键业务开通和一键故障定位功能的应用，可以避开室外应用的坑，充分发挥室外应用的优势，促进通信行业快速、健康地发展。

15.5.1 产品室外应用需要解决的问题

首先需要明确一下室外机柜的定义：直接处于气候影响环境中，由金属或非金属材料制成的、不允许操作者进入操作的机柜，其内部可安装通信系统设备、电源、电池、温控设备及其他配套设备，能为内部设备正常工作提供可靠的机械和环境保护。

1．产品室外应用需要解决的问题

一个产品要用于室外，需要解决的问题有：散热、防雷、防电磁辐射、防太阳辐射、防盐雾和霉菌、防沙尘、防水、防雨、防雪、防冰、防风、防紫外线、耐低温、监控、防盗等。

2．处理原则

1）散热：由设备和室外机柜共同解决。

2）防雷：可以由设备自身提供，也可以外加防雷单元，还可以运用"三米线"原则。

3）防电磁辐射：一般由设备自身解决，室外站选址也很重要。

4）防太阳辐射：严格意义上由设备和室外机柜共同解决，实际上，基本是由室外机柜采取隔热措施解决。

5）防盐雾和霉菌：通常由室外机柜解决。在设备的设计方面也有工作需要做，在设备风扇转速高的时候，最优的方法是制定合适的室外方案来预防腐蚀发生。

6）防沙尘：由室外机柜解决。

7）防水、雨、雪、冰：由室外机柜、线缆及线缆组件对接方式、密封方式解决。

8）防风：由室外机柜和线缆固定方式及固定件等辅料解决。

9）防紫外线：由室外机柜、线缆、标签等辅料解决。

10）耐低温：由室外机柜内的加热器、设备本身、设备的监控和线缆等辅料解决。

11）监控：由设备和监控单元解决。

12）防盗：由室外机柜解决。

对自然散热设备来说，散热、防雷、防电磁辐射、防太阳辐射、防盐雾和霉菌、防沙尘、监控、防盗由设备本身解决；防水、防雨、防雪、防冰、防风、防紫外线、耐低温由设备和线缆及辅料共同解决。

15.5.2　室外站选址

室外站选址成功可以起到事半功倍的作用。通常来说，室外站选址有如下要求：

1）选址要利于组网。

2）要便于设备安装及维护。

3）选择地势较高、不受洪水影响、地形平坦、土质稳定，能建室外机柜基座的地点。

4）选择便于通信光缆、电缆出入，以及市电接入的地点。

5）选择具有良好通风散热的环境条件，特别是不能人为设置围墙和顶棚等影响设备通风的障碍物。

6）选择在大地电阻率较低、便于地线安装的地方。

7）远离高压走廊和电磁干扰严重的地方，如 20m 范围内无交流变压器，50m 范围内无高压传输线，200m 范围内无业余无线电台，1000m 范围内无无线电广播发射机。

8）远离高温场所，腐蚀严重和易燃易爆的工厂、仓库，以及其他严重影响室外机柜安全的地方。

9）远离灰尘严重地区，安装地点空气的要求：砂≤1000mg/m^3、尘（沉降）≤1000mg/(m^2·d)、尘（飘浮）≤15mg/m^3。

10）避免选择影响市容市貌、影响行人交通的地点。

11）避免选择雷击多发地点，以及强雷击或有剧烈振动和冲击源的地方。

12）避免选择花圃、田地、绿化带等潮湿地点。

15.5.3 室外应用分类

目前通信行业室外应用主要有：空调型室外机柜、热交换器型室外机柜、直通风型室外机柜、自然散热型室外设备、方舱这五种方式。

1. 空调型室外机柜

空调型室外机柜是指采用空调进行温度控制的室外机柜，其壳体外部空气与机柜设备舱内部空气不进行对流。空调型室外机柜简称空调室外机柜，如图 15-9 所示，空调室外机柜的防护能力是 IP55。

（1）空调室外机柜的优缺点

相对来说，空调室外机柜的优点是柜内温度较低，设备可靠性高、耐腐蚀性好；缺点是空调备份、备电成本高。

（2）空调室外机柜的类型

相对风扇来说，空调故障率较高，而且空调

图 15-9 双空调的空调型室外机柜

一旦出现故障，室外机柜就变"焖烧锅"了，柜内设备很快会出现过热故障，为了避免这个问题发生，要么做空调备份的双空调室外机柜，要么做"空调+直通风"形式的空调室外机柜。前者好理解，后者是说在空调故障时，室外机柜启动风扇制冷，机柜变成直通风室外机柜，需要注意的是，这种直通风形式一定是短期的，避免设备出现腐蚀故障，所以接到空调故障告警，要尽快更换空调或空调门（为了维护简单，把空调固定在机柜门上，现场直接更换带空调的门，连接好线缆即可）。

市场上常用的是单空调的室外机柜，笔者认为这种室外机柜风险较大，而且我们在巡检或现场考察时多次发现空调故障导致设备故障的情况，所以建议通信设备不再使用这种空调机柜。

市面上还有一种"空调+热交换"形式的室外机柜，笔者认为这种室外机柜设计理念有点问题，当空调故障时，依赖热交换器散热，如果热交换器能保证设备正常工作，就没必要配置空调室外机柜了。在现网我们也看到过这样的故障，空调出现故障了，热交换器的制冷量不足，机柜里面温度高达六七十摄氏度。只有当机柜内热耗较低的时候，热交换器才能起到散热作用，建议通信设备不再使用这种形式的空调机柜，性价比太低。

（3）空调室外机柜的使用原则

当热交换室外机柜不能用（通常是解热能力限制），且直通风室外机柜也不能用（要么有腐蚀风险，要么解热能力不足）时，会选用空调室外机柜。大容量设备通常耐温性比较低、设备网络地位重要，这时候适合用双空调室外机柜。

汇聚或接入端设备适合用"空调+直通风"形式的空调室外机柜。汇聚或接入端通常优选热交换室外机柜，当设备热耗比较大，热交换器无法满足散热，且当地存在腐蚀问题时，选用这种形式的空调室外机柜。

配置空调室外机柜最主要的是看机柜内能配置多少热耗设备，严格来说，配置多少热耗设备需要看室外机柜的温度曲线，根据温度曲线做配置，但一般我们无法拿到第三方机柜的这些参数，一般只能知道室外机柜的最大解热能力。

简单来说，按照空调室外机柜解热能力的 70%～80% 来考虑，比如，双3000W 的空调机柜，只考虑一个空调的解热能力，机柜内可以配置 2100～2400W 热耗的设备。极端情况下，当环境温度历史最高气温比较低时，也可以考虑 2700W 热耗的配置，只是这时候设备只能有一个进风口和一个出风口，也就是说机柜内不能有多个进出风导致的混风问题。

如果设备商配置自己的空调室外机柜，可以在机柜内设计导风插箱，解决室外机柜内的混风问题，从而降低室外机柜内的温度，提升设备可靠性或提升设备的配置。

2．热交换器型室外机柜

热交换器型室外机柜是指采用热交换器进行换热的室外机柜，其壳体外部空气与机柜设备舱内部空气不进行对流，简称热交换机柜，如图 15-10 所示。

（1）热交换机柜的优缺点

热交换机柜的优点是成本低（相对空调机

图 15-10　热交换机柜

柜)、耐腐蚀性好、室外机柜本身可靠性高(对比空调机柜和直通风机柜);缺点是机柜内温度一直比室外温度高、对设备的耐热性要求高、机柜内设备配置容量限制比较大。

热交换器有多个风扇或风扇组,当一个风扇出现故障时,不影响室外机柜的散热能力,因此热交换器相比空调和直通风机柜里的少量风扇来说,可靠性高。长期使用,热交换器外风扇积灰后,散热能力也会有所降低,降低多少与灰尘量有关,目前业界还没看到定量的数据。

热交换机柜的防护能力是 IP55,因为其设备舱是密封的,与外界没有对流,所以耐腐蚀性好。

热交换机柜内温度永远比室外机柜环境温度高,通常设计的温升是 10～20℃,因为室外机柜内设备基本处于高温工作状态,单板返修率相对会高一些(对比室内设备或空调机柜,甚至是直通风机柜)。

(2)热交换机柜的应用

热交换机柜是目前推荐使用的室外机柜,只要能保证设备长期工作在标称温度范围内,就优先选用这种类型的机柜。为了避免室外机柜本身被环境所腐蚀,机柜可以采用耐腐蚀性好的铝合金材料。当环境温度较低、配置设备热耗不高时,热交换机柜是最佳选择。热交换机柜也是腐蚀性环境下低热耗设备的最佳选择。

使用热交换机柜时,应注意的是机柜内配置的设备热耗要与机柜散热能力以及环境温度相匹配。热交换机柜根据热交换系数的不同,分为多种规格,选择时要根据室外机柜的热交换系数、设备的耐温性能、环境常规温度和极限温度等情况综合考虑,保证机柜内设备进风温度不会超过设备最高长期工作温度。

进入 5G 时代后,设备容量大幅度增加,热耗随之增加,热交换机柜的使用限制越来越多,虽然热交换器的解热能力在持续优化,但跟不上设备容量的增加,持续提高热交换器的风机数量,会带来噪声问题,热交换机柜还需要持续创新研究。

(3)热交换机柜的发展

为了提高热交换机柜的散热能力,外循环风扇使用离心风机,虽然离心风机可靠性高,但总有故障的一天,当外循环风扇故障时,热交换机柜内温度会升高,可能导致设备故障;在遇到极端天气时,如果室外机柜散热没有留余量,设

备也可能发生故障；室外机柜内设备扩容时，可能会因为计算不够准确，在温度
比较高的情况下，设备也可能发生故障。

如果能设计出"热交换+直通风"形式的室外机柜，这些问题就都可以避免
了。笔者认为可以在这个方向上发散一下思维，拓宽热交换机柜的优势。

3．直通风型室外机柜

直通风型室外机柜是指采用风机强迫对流方式进行换热或者自然对流散热
的机柜，其壳体外部空气与机柜设备舱内部空气进行对流。也就是说，直通风型
室外机柜有含风扇的，也有不含风扇的。直通风型室外机柜简称直通风机柜，如
图 15-11 所示。

图 15-11　直通风机柜

（1）直通风机柜的优缺点

直通风机柜散热效率高、能耗低，成本是室外机柜中最低的，但对设备的防
尘和防腐蚀要求高，对环境要求高，不能用于灰尘大、湿度大、有腐蚀性气体的
环境中。直通风机柜的风扇如果没有备份，风扇故障时，解热能力下降比较大，
柜内设备可靠性风险比较大。风扇有备份的直通风机柜，设备散热风险比较小。

（2）直通风机柜的类型

直通风机柜有带风扇的和不带风扇的，带风扇的直通风机柜有可调速的和不
可调速的。有些直通风机柜有隔热设计，有些没有。总的来说，现网直通风机柜
设计的随意性很大，是室外机柜中最不规范的一种。

理论上标准的直通风机柜的防护能力是 IP45，但现网大量直通风机柜没达到这个标准，不仅机柜进风口没有防尘网，而且机柜门没有密封条，其他许多地方也漏风，这样的机柜给设备只提供了一个不淋雨雪的庇护，其他防护都没有，机柜内灰尘很大，腐蚀风险大，这样的机柜只能算是普通的铁皮柜，不是直通风机柜，要杜绝使用这样的机柜。

（3）直通风机柜的应用

直通风机柜的优势和劣势都非常明显，使用得当不仅能降低站点建设成本，还能提高设备可靠性，降低返修率，有利于节能降耗；若使用不当，除了出现严重的腐蚀问题，还会出现过热问题。建议直通风机柜风扇做备份设计，以提高设备可靠性。

（4）直通风机柜的发展

实践证明，直通风机柜内若没有灰尘，则即使是在湿度较高的环境下，也能大幅度降低腐蚀问题的发生，如果能把 IP45 的直通风机柜做成 IP55 的直通风机柜，那就完美了。市场上有类似的专利技术。我们需要努力的方向就是提升灰尘拦截效率，关键是防尘网和防尘方式的设计，迷宫式尘降舱和高性能防尘网是可以深入研究的方向。

随着网络扩展和业务下沉，室外应用设备的容量会不断提升，而设备功耗下降很困难，热交换机柜的优势也正在丧失，空调机柜对制冷供电要求高，所以未来直通风机柜还有很大的需求空间。

4. 自然散热型室外设备

自然散热型室外设备是指应用于室外通过设备外壳对流、辐射方式进行换热的设备，如图 15-12 所示，简称自然散热室外设备。自然散热室外设备的防护能力一般为 IP65。

（1）自然散热室外设备的优缺点

自然散热室外设备业界一般有 65℃ 和 55℃ 两种规格。这类设备耐温性、耐候性好，安装使用方便，应用环境广泛，缺点是对设备热耗和体积限制比较大。一般功能简单、热耗低、体积小、批量大

图 15-12　自然散热型室外设备

的设备才可以设计成自然散热室外设备。批量小的设备不适合做成自然散热室外设备，因为成本太高。

（2）自然散热室外设备的应用

自然散热室外设备使用时不能超过设备环境规格要求，例如，55℃的设备不能在超过最高温度 50℃的环境下使用，因为还有 5℃太阳辐射，更不能在 55℃以上的环境下使用。

这类设备通常抱杆安装在地上或铁塔上，安装时一定要按照设备安装手册要求执行，保证设备安全可靠，要完全杜绝跌落等事故的发生。壁挂安装时，要避免安装在不稳固的、年久失修的墙壁、装饰外墙等非承重墙上。

相对其他形式的室外设备来说，自然散热室外设备虽然具有良好的耐腐蚀性能，但在腐蚀严重地区也会被腐蚀，例如，在近海地区，盐雾和潮气依然会腐蚀设备外壳。

所有安装辅料需要同设备一样，应具有良好的耐候性，特别是耐腐蚀性、耐低温和防紫外线，需要加强关注标签上的耐候性。

5. 方舱

方舱是指在户外条件下，应用于通信系统，为内部通信设备提供机械和环境保护的机房，典型特征是其组件可以在工厂生产，便于运输和现场安装，相关工作人员可以进入机房内操作，如图 15-13 所示。

图 15-13　方舱

方舱可以当作小型化的室内机房来应用，同正规机房一样，方舱内为密封型空间，防护能力为 IP55，有防雷、接地和防火装置。方舱的金属舱体、仓内走线架、机架或设备机壳等均接方舱保护地。方舱的走线窗需做好防水处理。线缆经过走线窗进入方舱时，需设计好回水弯，避免水顺着线缆进入方舱内部。

（1）方舱的优缺点

方舱可以看作小型室内机房，对设备要求相对较低。与室内机房相比，方舱建造也相对简单方便。同室外机柜相比，方舱成本高，能耗高，但方舱能用于大容量设备室外应用，而室外机柜因体积和散热能力限制，无法用于大容量设备室外应用。

（2）方舱的室外应用

一般在下列情况下可以建设方舱。

1）需要配置单台热耗超过 2700W 的设备。目前业界室外机柜用空调最大制冷量是 3000W，双 3000W 的空调最多配置 2700W 热耗的设备，超过这个规格就需要配置方舱。

2）站点同时配置的设备数量多。当一次配置多台设备时，需要的室外机柜数量多，连接线也复杂，这时候适合建立方舱。

少量低端设备，特别是 1U～3U 高的设备装入方舱的时候，基本不用担心散热问题，只要保证机柜内不产生热级联即可。但大容量设备装入方舱时，需要特别关注散热问题，一方面是因为现在的方舱容纳的设备基本上已经饱和了，热耗增加太多，机房温度升高较多；另外一方面是因为方舱会产生局部热点问题，方舱内空调数量少，风吹不到的地方，风量不足，设备会有噪声问题。

方舱内空间有限，适合配置单面维护的设备，机柜深度大于 600mm 的双面维护的设备在方舱内比较难找到合适的位置。

方舱空调故障的时候需要及时维护，避免方舱内设备过热，排气扇只能应急使用，长期使用设备有腐蚀风险。在湿度低、空气干净的地区才适合长期采用"空调+排气扇"的制冷方式，一般晚上温度低的时候会使用排气扇通风散热。

运维人员进出方舱时，应避免开门时间过长，外界空气大量从门进入机房。当外界温度高于机房内部温度较多时，存在凝露风险。

15.5.4　设备室外应用需要关注的问题

目前来看，国内外设备室外应用规范性还有待提高，很多故障是应用不当所致，笔者从常见问题中总结了以下注意事项：

1）室外机柜需安装在避雷针保护范围之内，即避雷针向下 45º 角范围内。

2）同一项目的室外机柜种类尽量少；同一客户的室外机柜种类尽量少。

3）做好网络地图，方便后续项目顺利、低成本执行。

4）室外站方案要在投标之前评估可行性，因为与室内站成本差异太大，而且不是所有设备都可以室外应用。提前规划好室外方案，设备和室外机柜及环境要严格适配，不能超环境配置，也不能超室外机柜解热能力配置。

5）室外机柜最好架高地面 3m 放置，既可避免洪水、积水，也可降低潮气和地面辐射热对设备的影响，同时也能减少灰尘的吸附，如图 15-14 所示。

6）室外机柜尽可能背风安装，特别是机柜进风口要背风。

7）在台风不频繁地区，尽可能使用遮阳棚，成本低，效果好。

8）尽量避免将风道相反的设备配置在同一室外机柜里，不得已时，需改变其中一款设备的风道，或者尽可能远离放置，有空间时也可以加导风插箱隔离。

图 15-14　架空的室外机柜

9）室外机柜内前后通风或左右通风的设备需紧挨着放置，不能留间隙。

10）规范走线，杜绝线缆堵塞设备风道。

11）根据当地风沙情况，总结一个合适的周期参数，及时定期清理防尘网。

12）室外机柜必须安全接地，数据接口和电接口需要做防雷处理，有条件也可以采用"三米线"原则。

13）室外机柜在安装完成后要确认室外机柜柜体完好，对磕碰掉漆位置需补漆以防止柜体腐蚀。

14）室外机柜柜内设备的所有空余端口需要使用堵头塞好，空槽位必须使用带插座保护罩的假面板。

15）室外机柜内电池出现漏液时，需请客户更换电池（接头腐蚀或者机柜门进风口腐蚀比较严重的很可能是电池酸雾所致）。

16）室外机柜所有进线孔需要密封处理，机柜门上的密封圈需完整，且不可老化失效。

17）所有室外机柜内需保持清洁卫生。

18）室外机柜有故障时，需及时处理，避免过热，以及灰尘和雨水侵入。

15.6 通信设备的腐蚀问题

腐蚀是自然界一种常见的现象，人类一直在与各种腐蚀做斗争，25%～40%的腐蚀成本，可以通过合理防护避免。

通信设备容量在快速增加，使用环境变得越来越差，设备腐蚀问题时有发生，且呈明显上升趋势，特别是 5G 以来，腐蚀问题在快速增加。我们需要明白的是，截至目前，无论对设备做什么处理、防护，都只能延缓腐蚀的发生，不能杜绝腐蚀。防腐蚀是一个系统工程，可以运用全面工艺管理的思想来处理，需要从产品设计到设备安装、使用方案等做全流程防腐蚀设计方案才能有效延缓腐蚀发生。

15.6.1 通信设备常见腐蚀种类

腐蚀是指物质在周围介质（水、空气、酸、碱、盐、微生物等）作用下产生损耗与破坏的过程。通信设备常见的腐蚀失效，主要表现为盐雾腐蚀、湿气腐蚀、湿尘腐蚀、硫化腐蚀四类，设备发生纯粹的湿气腐蚀相对较少，比较多的是盐雾腐蚀、湿尘腐蚀、盐雾腐蚀+湿尘腐蚀、硫化腐蚀。腐蚀能导致印制线路断线、绝缘性能降低、短路以及焊点和元器件失效，甚至单板烧毁。

1. 盐雾腐蚀

盐雾腐蚀大多发生在近海地区。大气中盐雾的来源有海水扰动论和尘土飞扬论两种学说。虽然盐场附近的盐雾浓度比海边高很多，但笔者认为海水扰动造成的盐雾对通信设备的腐蚀影响更大，尘土毕竟要通过湿气或水汽才能产生腐蚀作用。

有资料表明，盐雾中主要含有氯化物、钠离子和硫酸根离子，盐雾中氯化钠占比 77.8%，氯化钠在水中电离产生的氯离子有较强的腐蚀性，例如，我国南部沿海地区的通信设备腐蚀尤为严重，如海南、广东、福建等沿海地区。

有资料表明，各地海水的成分几乎都是一样的，但海水表层的盐度各地有差别，即使同一地区也会随季节的变化而有差异，见表 15-6、表 15-7。

表 15-6　不同海域海水盐度

海　域	盐度（%）	海　域	盐度（%）
大西洋	3.54～3.8	红海	4.1
地中海	3.7～3.9	亚速海	0.9～1.2
黑海	1.7～1.85	白海	1.9～3.3
波罗的海	0.2～0.45	死海	4.3～4.5
太平洋	3.44～3.7	一般海水	0.01～0.3

表 15-7　中国各海域表层海水盐度

海　域		盐度（%）	
		冬　季	夏　季
渤海	远岸	3.4	2.5～3.0
	沿岸	2.6	
东海	长江口	<2.0	<0.5
	远岸	3.3～3.4	
黄海	北部	3.1～3.2	3.0～3.2
	南部	3.15～3.25	
南海	远岸	3.3～3.4	3.0～3.3
	沿岸	3.0～3.2	

　　基本上海水盐度越高，盐雾中的盐分越高，沿岸腐蚀情况就越严重，从而导致不同地区腐蚀程度是不同的。腐蚀程度不仅仅与海水盐度有关，还与当地气候特征有关。总的来说，地区腐蚀严重程度与下列情况有关：

　　1）与海水浪花高低有关。

　　2）与海上的气团特性、厚度与涡流有关。

　　3）与海水涨潮或退潮有关。

　　4）与内海或外海有关。

　　5）与降雨量有关。

　　6）与风向、风量大小及持续时间有关。

　　7）与温度有关。

　　8）与空气湿度有关。

　　9）与温湿度变化率有关。

　　10）与沿海地形有关。

11）与森林覆盖情况有关。

12）与离海边的距离有关。

2．湿尘腐蚀

（1）潮湿对通信设备腐蚀的影响

潮湿以三种方式存在：水汽、凝露和雨水。

相对湿度的概念：在单位体积的空气中，在一定温度条件下，空气中所含水蒸气的量与其达到饱和时含量的百分比，称为相对湿度（RH）。

临界湿度的概念：一般情况下，水溶性物质在 RH 较低的环境中，几乎不吸湿，而当 RH 增大到一定值时，吸湿量急剧增加，这时的 RH 就是该物质的临界湿度（CRH）。简单说，就是一种物质开始快速吸附水分的相对湿度值就是该物质的 CRH，比如铁的 CRH 为 65%、铜的 CRH 为 60%、锌的 CRH 为 70%。

潮湿是腐蚀发生的基本条件，具体表现在如下几个方面：

1）使金属在潮湿的环境中发生电化学反应，导致锈蚀。

2）使 PCB 的铜导线腐蚀断线或短路。

3）使 PCB 的绝缘材料耐压下降，导致短路或爬电等问题。

4）霉菌会导致设备腐蚀，而潮湿是霉菌生长的必要条件，85%以上的湿度环境是霉菌最适宜生长的环境，当湿度低于 65%时，霉菌基本不能生长。霉菌会使有机材料的绝缘性能下降，强度降低。霉菌代谢的有机酸会腐蚀金属和塑料等材料，加速电化学腐蚀。霉菌会吸附水分，加速腐蚀。

5）高湿或快速交变的湿度会加速腐蚀，有资料表明：当 RH 增加超过 10%，或 RH 变化率大于 6%/h 时，腐蚀速度会提高一个等级。

6）当 RH 达到 60%时，设备表面会有一层 2～4 个水分子厚度的水膜，这时各种腐蚀反应发生就具备条件了，当湿度达到 85%时，就有 5～20 个水分子厚的水膜，有害物质可以自由流动了，腐蚀会加速。

7）在温湿度大幅度交变的情况下，会产生凝露，凝露会直接导致腐蚀。

8）温度升高一方面会加速电化学反应，另一方面能降低湿度，减弱腐蚀，所以温度具有双面性，可以适当利用。高温高湿会加速设备的腐蚀，这种情况在现实中很常见。

（2）灰尘对通信设备腐蚀的影响

当温湿度较低时，大气中 60%～90%的污染物会沉积在灰尘里，特别是在远离海岸线的地方。在污染物里，硫和氯的化合物是最有害的物质。有害物质具有吸湿作用，特别是氯离子，所以灰尘也是设备腐蚀的元凶之一。当温湿度升高时，灰尘中的污染物在水汽的作用下，和材料发生的化学反应会加剧。

灰尘对设备的腐蚀离不开水汽，当湿度低于 40%时，腐蚀难以发生。笔者在 2008 年曾经考察过一个西北地区的室外站，站点处于荒野中，在 20m 高铁塔上使用了直通风机柜，设备开通 2 个月，柜内底部和设备表面有大约 2mm 厚的灰尘，设备没有故障。后来笔者连续几年跟踪这个站点，设备都没发生过任何故障。西北地区常年干燥，加上室外机柜在铁塔上远离地面，湿度低，腐蚀难以发生。

同一个站点，机柜密封好、柜内干净少尘的设备腐蚀明显轻于机柜内灰尘多的设备。

在沿海地区，通信设备通常发生的是盐雾腐蚀+湿尘腐蚀，发生腐蚀的单板几乎都有很多的灰尘。内陆非盐场区一般发生湿尘腐蚀。很干净的单板发生腐蚀的情况极少见。湿尘腐蚀是通信设备的主要腐蚀模式。

3．硫化腐蚀

硫化腐蚀受潮气的影响，空气中的硫化氢和二氧化硫溶于金属表面水膜后，会引起下列反应：

1）水膜 pH 值降低，形成酸性电化学腐蚀环境，加速湿气反应发生。

2）金属铜、银的硫化物比氧化物稳定，硫离子会取代铜、银表面氧化物中的氧离子，导致保护性氧化膜破坏，加速铜、银的腐蚀。

3）硫化铜具有一定的水溶性，在高湿环境下，硫化铜由浓度梯度驱动向周围扩散，导致爬行腐蚀。爬行腐蚀的前提是水膜具有流动性，因此低湿环境下，爬行腐蚀不会发生。

硫化氢和二氧化硫通常存在于空气中，根据 ZTE 的经验，机房或基站周围及机房内部如果存在如下情况，硫化腐蚀风险大：

1）火山地区或含硫矿附近。

2）机房周围 5km 内存在化工厂、发电厂、煤田、天然气田、油田。

3）空气中有臭鸡蛋气味或其他异味。

4）机房或基站周围 1km 内存在加油站、垃圾站/堆、臭水沟、下水道、屠宰场、温泉。

5）机房内或旁边有卫生间，且有明显异味。

6）机房内部有含硫的胶垫、冷风通道内铺设含硫保温棉。

7）机房内部铜排或者接地铜线明显发黑。

15.6.2　通信设备防腐蚀方法

防腐蚀是一个系统工程，通信设备的防腐蚀自然也是系统工程，应运用全面工艺管理的思想对产品全生命周期做防腐蚀设计和管理。

室内设备其实还比较好处理，根据理论和实践，我们可以看到，只要机房密封做得好，机房内无污染源，腐蚀发生的概率是很低的。机房密封且无腐蚀源时，水汽、灰尘、氯化物、硫化物等就很少能进入机房了，腐蚀也就不容易发生。室外设备腐蚀风险高，通常从如下几个环节入手预防腐蚀问题发生。

1．产品规划预防腐蚀

产品规划时，要确定产品是否有室外应用需求，有室外需求的产品，要定义预防腐蚀的产品需求，有了需求，后续各种设计方案方可落实防腐蚀设计和防腐蚀管理。

2．产品设计预防腐蚀

产品设计预防腐蚀有很多工作可以做，例如元器件选型，选用防硫化元器件；选用耐腐蚀性高的材料；减少或避免使用金属间电势差较大的金属组合；不使用表面镀银材料；避免选用三聚氰胺树脂（水解乙酸）涂敷的包装以及含硫（硫化）包装材料；单板设计时，电压差大的元器件分开放置，单板进风口提高温升，单板上避免存在涡流区，设计腐蚀检测电路等。ZTE 有产品设计防腐蚀指南。

3．单板"三防"涂敷预防腐蚀

单板"三防"涂敷本属于单板设计方案中的内容，因为情况有些特殊，拿出来单独介绍。这些年单板信号线都走内层了，具备了涂敷条件，目前看到的涂敷方案有热塑性塑料涂敷、热固性塑料涂敷、气相沉积涂敷、纳米材料涂敷等。需要说明的是，单板涂敷不能杜绝腐蚀的发生，仍然只是延缓腐蚀，而且单板涂敷会导致单板生产报废率增加、返修困难，甚至是无法维修，进而使产品成本增加，可以说，单板涂敷是不得已而为之的策略。

单板没必要整板做涂敷，单板失效位置基本都是在进风口附近，少数会在涡流区。进风口位置附近 50%，甚至 30%做涂敷即可。贴胶纸和撕胶纸工序太耗时，减少贴胶纸面积可以较大地提升生产效率，降低损耗。涡流区可通过仿真或测试发现，有涡流区的单板可以做改板处理。

单板其实基本只有 50%左右的面积可以涂敷，因为需要装散热器的芯片、固定孔、接地点/条、表面需要散热的元器件、连接器、可调电阻等都不能涂敷，涂敷时需要贴胶纸保护，涂敷完成，撕掉胶纸后，在涂层和元器件之间留下一个个窗，开窗率越高，涂敷意义越小，即便是使用了气相沉积或纳米材料，也如同一个人穿了带洞洞的棉裤，短板是窗，棉裤再厚，洞洞位置也是冷的。如果对进风口附近的窗做点胶处理，防护效果会大大提高。

4. 产品使用方案预防腐蚀

笔者做室外应用研究近 20 年，对室外方案选择的意义体会非常深刻。早些年，设备容量低，室内型自然散热设备或风扇转速很低的风冷设备，在直通风室外机柜里发生腐蚀的概率比较低，在图 15-15 所示的铁皮柜（铁皮柜位于我国严重易腐蚀地区）里，ZTE 有一款设备已经使用十几年了，功能和性能依然正常，当然单板上面也有很明显的腐蚀发生，只是还没有导致线路故障，这款设备风扇转速非常低，而且进风口被其他设备堵塞，只有一点点进风空间。在这个铁皮柜里还有 ZTE 一款 5G 设备，设备使用几个月就发生了腐蚀问题。

从上面这个案例可以看出，设备容量增加、风扇转速增加，腐蚀发生的概率增加。实际上这样的现象笔者已经看到过很多次了。这说明，设备容量低的时候，在设计上做防腐蚀设计工作，效果很明显，但当设备容量增加到一定程度时，设计上那些防腐蚀措施可以说是杯水车

图 15-15　一款铁皮柜

薪，关键还是要从项目方案上预防腐蚀，以下为笔者总结的几种办法：

1）针对 C1 类地区：距离海边 14km 范围内，不得使用直通风机柜，可使用空调机柜或铝制热交换机柜，也可以使用自然散热室外设备。距离海边 14km 以外的地区，使用直通风机柜时需要配套使用"三防"涂敷单板。

2）针对 C2 类地区：距离海边 7km 范围内，不要使用直通风机柜，可使用方舱、空调机柜、热交换机柜或自然散热室外设备。若使用直通风机柜，则必须配置"三防"涂敷单板。距离海边 7km 以外的地区，要看之前该站点是否发生过腐蚀问题（包括机柜和设备），同时还需要分析风扇转速情况才能确定是否可以用直通风机柜。

3）针对 C3 类地区：距离海边 1km 范围内，不要使用直通风机柜，若使用直通风机柜必须配置"三防"涂敷单板，最好使用自然散热室外设备、热交换机柜、空调机柜或方舱。距离海边 7km 范围内，尽量不要使用直通风机柜，必须用时，需使用"三防"涂敷的单板及铝柜。

4）在干燥、空气干净的内陆地区，使用直通风机柜、带排气扇的方舱以及自然散热室外设备。

5）在潮湿的内陆地区、盐碱地区、有腐蚀性气体地区使用热交换机柜、空调机柜、方舱、自然散热室外设备。

从目前的情况看，根据使用环境和所配置设备情况选择合适的室外机柜或设备，对解决腐蚀问题起到决定性作用。目前出现的腐蚀问题基本都是环境与设备和室外机柜不匹配所致。未来或许会出现新技术或新工艺能降低设备对环境的要求，但在设备未革新前，切不可超环境使用设备。

5. 产品生产预防腐蚀

在产品生产环节预防腐蚀还有许多事情要做，例如，助焊剂是导致 PCB 表面污染最主要的来源，因此要选择不含有卤素离子作为活性剂的助焊剂；导热胶、固定胶选择不当，也会导致单板硫化腐蚀；原材料存储要防止受潮，对于长时间存储的元器件，在使用前需要适当烘烤除湿；半成品和成品库房应按照规范要求管理，保证库房温湿度合规、防尘合规等。

6. 产品包装设计预防腐蚀

产品包装设计时防尘一般都会做到，要预防腐蚀，防潮设计是关键。正常情况下，包装设计时干燥剂、防潮袋都会有考虑，按照规范设计和操作即可。

7．运输管理预防腐蚀

管理好运输过程，对预防腐蚀很重要。运输要预防货损，货损发生后，即便设备没有损坏，但若防潮袋损坏，设备就有受潮腐蚀的风险，所以要做好运输的工艺管理，规范操作，杜绝货损。

国际项目的设备大多是海运，海上腐蚀风险很大，在过海关时需要开箱验货，开箱验货后，需要对设备重新密封包装，避免腐蚀发生。

8．存储管理预防腐蚀

存储阶段是易发生腐蚀的阶段。设备到客户库房后，不会立刻安装上电，通常要存放一段时间，少则几天，多则上百天，而且很多库房条件很差，不少是露天的，下雨时，包装箱淋雨、泡水事件都发生过。设备存储必须满足如下条件：

1）设备存储环境温度要满足设备存储规范要求。

2）存储时间不得超过设备存储要求上限。

3）库房必须能遮风避雨，不能被水淹。

4）设备包装箱必须完整无损。

9．产品安装预防腐蚀

产品安装预防腐蚀要求如下：

1）按照安装环境检查单，确认环境是否符合安装条件，不符合条件的，督导需要请项目经理与客户沟通协调解决。

2）安装设备时尽量戴防静电手套。

3）严禁汗水等留在设备上，如果不小心污染了设备表面，要立即用干净的棉质布擦拭干净。

4）在直通风室外机柜里，风扇转速高的设备尽量往上方装。

5）施工过程要小心谨慎，避免机柜、插箱等金属件磕碰掉漆，施工完成后，立即对划伤或掉漆位置做补漆处理。

6）空槽位需配置带插座防尘罩的假面板。

7）未接线缆的插头、插座均需戴上防尘帽或堵头，并用塑料袋包裹整齐。

8）室外机柜过线孔必须密封。

9）室外机柜门上密封圈有破损或老化时，需请客户更换新的密封圈。

10）有漏液的电池要立即更换。

11）施工完毕需清理干净杂物和灰尘。

15.7 民居机房

民居机房是指用居民住房作为机房使用。民居机房的最大问题是噪声问题。前些年，网络开始下沉，接入站点增加速度很快，一些中大容量的设备进驻了居民楼，有些站点的噪声比较大，居民反应很强烈。ZTE 编制了《民居机房噪声控制规范》，并多方推广给客户，近些年这类问题似乎已经消失了。

《声环境质量标准》（GB 3096—2008）规定，以居住、文教机关为主的区域噪声最高限值白天为 55dB，夜间为 50dB。而中、大型设备的整机噪声应符合 ETS 300 753，23℃±2℃的环境下，噪声不能超出 72dB/75dB/78dB。要使机房外的噪声值不超过 45dB，需要房间墙壁和门来降低这个差值。如果机房选址、设计做得好，则在机房外听不到设备噪声。机房前期选址和改造非常重要，若设备投入使用后再搬站或处理机房就会非常麻烦。

1．机房选址

1）机房选址要避开腐蚀性环境，如近海的海景房、公厕旁边、污水出水口、锅炉房、化工厂等附近。

2）机房最好选择在商铺、地下室等远离住户的地方。

3）机房最好选择在一楼，避免设备振动噪声通过楼板传递到楼下。

4）机房要避开楼上楼下居民卧室房间，尽量选择厨房、客厅、卫生间等位置。

5）机房最好选在窗户少且窗户面积小的房间，窗户需要密封处理，最好是用砖头水泥密封窗户，需要时开灯照明。

6）机房最好选在墙体厚、楼板隔音的房间，预制板楼板隔音效果很差，慎用。

2．机房装修

1）机房门的选择非常重要，因为门的面积越大，对噪声的外泄越严重，尽量选择有一定厚度的复合门，并且加装密封条。几种典型隔音门的隔音量见表 15-8。

表 15-8　几种典型隔音门的隔音量　　　　　　　　　　　　　　单位：dB

门的结构形式	倍频程中心频率/Hz						平均隔音量/dB
	125	250	500	1000	2000	4000	
有橡胶密封条的普通嵌板门（门板厚 50mm）	18	19	23	30	33	32	25.8
三夹板门（门板厚 45mm）	13.4	15	15.2	19.6	20.6	24.5	16.8
双层木板实心门（门板厚 100mm）	16.4	20.8	27.1	29.4	28.9		29
钢板门（门板厚 6mm）	25.1	26.7	31.1	36.4	31.5		35
有橡胶密封条的双层门	28	28.7	32.7	35	32.8	31	31
无橡胶密封条的双层门	25	25	29	29.5	27	26.5	27
多层复合门	38	34	44	46	50	55	44.5

2）选择市面上的隔音地板，必要时还可以加装阻燃的隔音材料。

3）机房进行密封处理后，墙壁和屋顶通过加装多孔性吸声材料或微穿孔板，让声波在孔内传播，通过摩擦使声能转化为热能而消耗掉。材料要满足环保、阻燃等要求。空间够的时候，也可以加砌一道墙。

4）机房空调外机安装时，要避开居民窗户和卧室墙面，尽量选择客厅、厨房、卫生间或其他不影响居民生活的外墙。

5）用空旷的地下室做机房时，需要用简易房隔离，避免噪声在空间中被放大。

3. 设备安装

1）机房制冷量要足够，否则设备进风温度高，风扇转速高，噪声大。

2）设备进出风口离墙面的距离要保证设备有足够散热空间和操作空间，例如，进风口距离墙面至少 600mm，出风口距离墙面至少 100mm，设备容量越大，这个间距要求越高。

3）机房内保持清洁，避免防尘网堵塞，引起噪声增强。

4）避免设备近距离正对、靠近门窗，保证设备距离门窗 3m 以上，减少噪声透过门窗传播。

5）整机质量大的设备应当靠近承重墙摆放，以减小振幅，不应放置在机房正中位置。

6）空调管线的墙洞、线缆的孔洞等要做好密封，防止噪声从孔洞缝隙传播。

15.8 机房和通信设备需要匹配发展

从前面的叙述可以看出，通信设备是严重依赖环境而工作的，对室内设备来说，适配的机房条件是设备正常运行的充分必要条件，两者相互依存，需协同发展。

大约从 2014 年开始，核心机房局部热点问题、噪声超标问题便时有发生。机房大多是早年建的，建设规格比较低，从 4G 开始，设备容量和功耗飙升，机房混风情况越来越严重，制冷量不足的情况也很多，设备过热或噪声超标问题随之爆发。一些机房虽然增加了新的空调，但混风问题依然存在。因为供电问题或楼房承重问题，一些机房无法增加空调。笔者认为，从目前看，解决这个困境最好的办法是"冷风通道封闭+设备液冷"。

15.8.1 冷风通道封闭

冷风通道封闭是指使用专用结构件将两列相对摆放的机柜中间的通道与机房环境隔离的气流组织设计方法，通道和冷却设备送风侧连通，通道内的冷气流不会与机房环境中的气流混合，有效提高了冷气流利用效率。冷风通道封闭简称冷风通道，也叫微模块或微冷池，如图 15-16 所示。

图 15-16　冷风通道外观和内部构造

1．冷风通道的组成

冷风通道是由供电、空调、导风、照明、门禁、监控、消防器材、支架和封闭器材等装置有机组合而成的。

2．冷风通道的分类

按照送风方式分类，目前冷风通道主要分为 3 种形式：地板下送风、行间空调送风、地板下送风+行间空调送风。当前，通信机房里，地板下送风的冷风通道单机位解热能力最大为 5000W。行间空调送风、地板下送风+行间空调送风的冷风通道，单机位解热能力通常为 5000～12000W，最大可以做到 30000W。

按照冷风通道的架构形式，冷风通道可分为两类：单冷风通道和双冷风通道。双冷风通道中间那列设备前后都处于冷风通道里，只能满足上下通风的设备，或者用导风单元把设备风道改成上下通风形式的设备。

3．冷风通道的作用及效果

如果是新建机房，全部建成冷风通道，整个机房 PUE 会很低，目前只有一些数据中心做了这种建设，电信机房基本是拆除两列旧设备，搭建一个冷风通道，用于大容量设备的安装，以解决大容量设备局部热点问题。冷风通道不仅能满足大容量设备制冷需求，更重要的作用是能减少混风导致的制冷量浪费，降低机房 PUE，给设备提供更低的进风温度，有效节能减排：

1）制冷设备紧靠热源，缩短空调送风和回风路径。

2）结合通道封闭，可减少冷风与热风混合，冷风通道外具有更高的回风温度。

3）绿色化，制冷系统高显热比，系统整体更加节能。

4）紧靠热源，与负载的匹配更紧密和精确，可以大幅度提升现有机房的功率密度。

5）模块化、智能化、标准化，可以实现快速布局以及灵活调整。

6）冷风通道大小易调整，可用于数据中心机房、核心机房、汇聚机房及接入机房，特别适合通信机房的数据中心化改造。

7）间接蒸发冷却空调，采用模块化、预制化设计，可以减少初期投入，方便扩展，利用自然冷源，使能耗效率进一步提高。

冷风通道本身的 PUE 一般称为 pPUE，即部分 PUE，采用"冷冻水空调+HVDC"方式，pPUE 可低至 1.06；通信机房水不允许进机房，改用热管列间空调时，pPUE 也能做到1.06。从这个数据可看出冷风通道对机房 PUE 的改善作用。

笔者在国外看到客户用塑料布和纸皮搭建的冷风通道（图 15-17）时感慨万千。客户资金严重不足，为了节省能耗，降低成本，采用塑料布和纸皮搭建冷风通道，整个机房都是一列列的冷风通道，冷风通道内温度是 20℃，外面温度是 30℃，温差 10℃，能耗降低效果是相当大的，因为内部温度低，设备风扇转速低，能耗会进一步降低。在我们看来，塑料布和纸皮会引起火灾（也可能客户用的是阻燃塑料和纸皮），或许不可取，但客户这种极致的节能降耗思想却是我们学习的榜样。

图 15-17　塑料布和纸皮搭建的冷风通道

15.8.2 液冷

1．通信设备散热现状

芯片每 2 年更新一代，性能和功耗同步大幅度增加。随着人工智能、云计算、大数据等分布式计算架构的创新和发展，作为信息基础设施的通信设备的容量需求越来越大，要求通信设备性能不断提升，同时随着芯片设计和芯片生产技术的发展，在当今的 7nm 和 5nm 先进工艺下，芯片集成度大幅度提升，芯片不仅总功耗增加，而且单位面积的功耗增加了接近一倍，单板散热需要更大的散热器及风量和风压，芯片导热材料和风机的压力爆棚。导热材料的发展其实是没有跟上芯片功耗发展的，虽然有多种多样的导热材料不断被研发出来，但导热效率和长期可靠性还需要持续研究。

虽然使用先进工艺的芯片后，"容量/比特"的功耗值在快速降低，但因为容量在飞速发展，芯片总功耗呈快速攀升状态，例如通信行业常用的某款交换芯片，功耗从 2018 年的 399W 攀升到 2020 年的 800W。的确，工艺的改进会使芯片功耗降低，例如，ZTE 自研的 DSP 芯片，从 40nm 到 28nm，再到 16nm，结合算法改进，每代芯片功耗降幅达 50%～70%。但是同面积单板上光口数量从一口增加到十几甚至二十几口，也就是说，总容量在大幅度攀升，总功耗必然在快速增加。简单说，就是芯片降耗设计、先进生产工艺、算法及整机 AI 等降功耗的速度远远比不上设备容量导致功耗增加的速度。

采用传统的风冷散热已经较难满足系统散热需求，风冷离不开风扇，风扇转速从早年的 7000～10000 转/min，到现在的 15000～20000 转/min，小风扇已经做到 36000 转/min 了，这么高的转速，风扇的噪声、功耗和长期可靠性问题已经很突出了。比如噪声，有的风扇的全速噪声已经超过 100dB 了。目前来看，风扇技术的发展已经到了瓶颈期（除非近期风扇技术有大的革新），所以设备急需要一种新型的冷却方式替代现有的风冷散热方案。

2．液冷概述

液冷是一种利用液体对设备电子元器件进行冷却的技术。目前液冷作为一种高效的散热方式受到越来越多的重视。

常规的风冷散热是用空气作为散热介质，而液冷时，单相散热原理是指利用液体高导热、高热容的特性，替代风冷里的空气作为散热手段；两相散热原理是指利用工质的潜热和相变等温原理，高效转移元器件的热量。图 15-18 是带废热回收模式的液冷系统原理图。

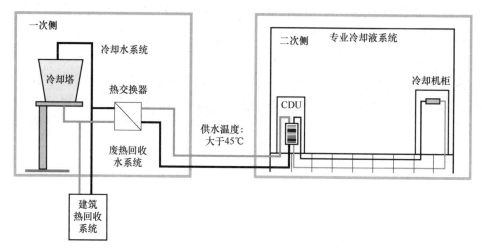

图 15-18　带废热回收模式的液冷系统原理图

（1）液冷散热高效性的表现

液冷散热的高效性主要表现在以下几个方面，如图 15-19 和图 15-20 所示。

1）热容量更大：1 个单位体积的水温升 1℃所吸收的热量等同于 3000 单位体积的空气温升 1℃所吸收的热量。相变制冷的热容更大。

2）热传导更快：水的导热特性为空气的 25 倍。热量能更加快速地从发热源传导至冷却介质。

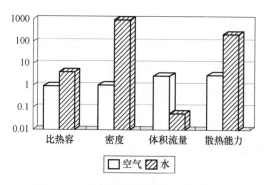

图 15-19　风冷与液冷性能参数对比图

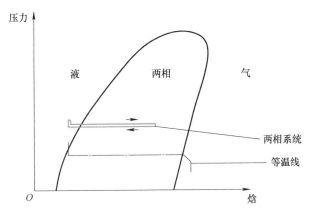

图 15-20　压力–焓变化曲线图

3）更短的散热路径：同风冷相比，液冷的冷液与元器件的距离更近，散热效果更强。

（2）两相液冷技术实现核心路由器节能减排

产品散热是制约大容量设备带宽升级的重要因素之一。ZTE 创新性地将两相液冷技术应用到大容量核心通信设备上。试验数据表明，使用两相无水液冷技术，能够将设备的散热效率提升 2.5 倍，同时减少 30%的机房能耗以及 80%的噪声，单台设备一年节省 9.5 万元电费。按照一棵树平均每天吸收二氧化碳约 5.023kg 来计算，采用两相液冷技术，单台设备每年相当于减少碳排放 97t，植树 53 棵。图 15-21 是 ZTE 核心路由器液冷系统示意图。

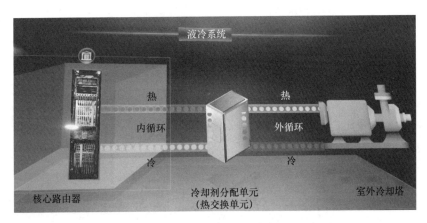

图 15-21　ZTE 核心路由器液冷系统示意图

（3）液冷技术的效果

针对通信设备来说，使用液冷有如下预期效果：

1）液冷可以显著降低芯片温度，提高设备可靠性。

2）有利于提高单板及系统容量。液冷能够更为直接地对高功耗芯片进行冷却，可以满足集成度更高的单板散热需求。

3）降低设备噪声。液冷带走了设备70%以上的热量，能够减少系统内的风扇数量及减少转速，从源头降低系统噪声。

4）节约机房能耗。冷却液能在高温下使用，直接与冷水机组或者室外环境换热，减小机房空调配置，并提高换热效率。同时，液冷直接带走设备的热耗，意味着减小了机房内冷热风混合，从而显著地降低机房的PUE。

3. 液冷技术实现方式分类

液冷散热技术根据冷却介质是否与发热芯片接触可分为直接接触式液冷技术和间接接触式液冷技术。直接接触式液冷是指将冷却液与发热电子元器件直接接触的一种液冷实现方式，目前主要是指浸没式和喷淋式液冷方案，如图 15-22 和图 15-23 所示。间接接触式液冷是指冷却液与发热电子元器件不直接接触的一种液冷实现方式，目前主要是指冷板式液冷方案，如图 15-24 所示。

图 15-22　浸没式液冷

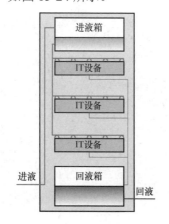
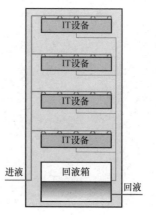

图 15-23　喷淋式液冷

4．液冷通信设备的作用

1）液冷设备可以解决机房制冷量不足或局部热点问题。液冷设备系统可以把自身产生的 70%的热量带出机房，减少对机房制冷量的需求，既能避免局部热点的产生，又能减少机房制冷量不足的影响。

图 15-24　冷板式液冷

2）降低机房 PUE：液冷设备减少了机房制冷量需求，也降低了混风程度及机房能耗，从而降低了机房 PUE，实现节能降耗目标。

3）提升了设备容量。散热限制了设备容量的提升，通过液冷则可以实现高集成度的单板及整机业务配置，设备容量得到大幅度提升。

4）降低机房占地面积。高集成度的设备可以减少机柜数量及机房占地面积，业界分析数据如图 15-25 所示。

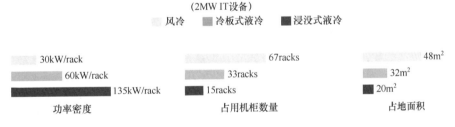

图 15-25　降低机房占地面积分析

5．液冷设备使用注意事项

1）液冷设备要规模使用才能体现液冷的节能降耗作用，如果设备上只有少数的业务单板，则可能会导致能耗增加。

2）液冷产业链成熟，且业界规模使用液冷设备才能降低液冷设备的成本。

3）"冷风通道+液冷设备"可以把节能降耗做到极致。

第 16 章

产品质量管理工作中的工艺管理

16.1 笔者的质量心路

质量是企业的生命线,是企业发展的基石。质量需要企业全员参与,共同践行。企业人员的质量意识不是与生俱来的,是在工作中逐步形成并提高的,笔者就经历了一个这样的质量意识形成过程。

1. 质量是生产工人认真制造+QC 把关得来的

成为 ZTE 员工之前,笔者在一个研究所做工艺技术预研工作,参与的产品设计是那种不用过多考虑成本要保可靠性的,对质量的理解还处在 ISO9000 条款字面意义上。刚进 ZTE 时,笔者在生产线负责生产工艺,公司对生产质量管控很严格,当年每个工位后面都有 QC(质量控制)检验,所以很快笔者对质量有了新的认识:质量是 QC 检验出来的。两三周后,笔者又有了新的体会:质量是生产工人认真制造+QC 把关得来的。

2. 质量是设计+制造+QC 检验得来的

在入职不到一个月的时间内,笔者出了一个质量事故:笔者拟制的包装料单里少了一个不常用的板位条,需要发货的时候缺料了。虽然没有被处罚,但笔者非常内疚不安,同时也有委屈,设计人员没告诉笔者有这个东西,笔者真不知道有这款板位条的存在。

为了提高自身的工艺能力,笔者要求去"泡"各个车间,向车间工人学习,认真观察产品特点和每个工位的操作动作,也会自己上手体验,力求设计出完美的工艺文件,从而提高生产工人的制造质量。在所有车间"泡"过一遍后,笔者最深刻的感受是:质量是设计+制造+QC 检验得来的。在随后的一年多时间里,笔者一直这样认为：QC 检验是质量部的事情，制造工艺质量是笔者（工艺人员）的事情，设计问题是研发人员的事情。研发人员来生产线的时候笔者会向其逐个提出问题并讨论解决办法。

3．质量是设计出来的

1998 年底，ZTE 为了从设计阶段就保证产品质量，把一部分工艺人员（包括笔者）划归开发部门，作为产品工艺设计人员参与产品开发。那些日子笔者有时候也会处理售后问题，认为不方便售后操作是设计人员的责任，不知不觉中，笔者已经很自觉地把生产便利性和操作便利性纳入产品设计中（这是最初的可生产性和可操作性思想），认为产品质量是设计出来的，自此好多年笔者都是这么认为的，那些日子笔者的奋斗目标是做好设计。

2005 年笔者被调到产品线，负责产品工艺管理。从此，笔者不仅要关注产品工艺结构设计，以及单板和整机工艺设计，还要协调处理与工艺结构相关的售前、售后、生产、采购、计划等工作，但是工作重心还是在产品设计上。那时笔者认为产品适应性、可操作性、可维护性和可生产性都可以通过产品设计来保证，只要设计做得好，产品质量大概率就有保障。

4．质量是设计+生产+管理得来的

随着时间的推移，笔者又迷糊了：无论如何努力做设计，问题还是会不断出现，特别是设备功能越来越复杂，容量越来越大，功耗越来越高的时候，要兼顾多个需求，成本快速增加了，但可靠性却降低了，感觉本末倒置了，有时候感觉怎样设计都解决不了问题。例如设备货损问题，有人问：我们设计了这么多年产品，为什么设计不出一个摔不坏的产品呢？笔者答：人类生孩子这么多年，为啥就生不出一个摔不死的孩子呢？

有一段时间，产品频频被投诉噪声问题，笔者也是四处奔走解决。有一天笔者突然想明白了，设备发展很多年了，功能和容量增加了很多，但机房还是很多年前的机房，没有与设备匹配发展，制冷量严重不足，混风问题也越来越严重，导致机房局部温度高，噪声大，要解决噪声问题，就要先处理一系列技术及管理问题。找到问题所在，事情就好办了，笔者四处去给客户讲道理，很快客户都接受了机房急需与设备匹配发展的思想，加上一些技术策略上的处理办法，噪声投

诉基本消失了。于是笔者也明白了，不是所有事情都能通过设计来解决的，产品质量应该是设计+生产+管理来保证的。

5. 质量是产品生命周期里各岗位各司其职得来的

随着质量管理知识的学习和对全面工艺管理问题的深入思考，笔者终于认识到：产品质量是产品生命周期里各岗位各司其职得来的。产品设计做得好、生产质量高、相关管理做得好，还是不够的。例如，产品规划或者产品需求开发做得不好，产品难以满足客户需求，那产品质量也不能说是好。再如，售后设备安装调试做得不好，产品质量也是得不到保证的。

6. 质量是产品全生命周期的全面质量管理得来的

2017 年到 2019 年笔者在 ZTE 推广全面工艺管理的思想，处理过很多的管理问题，越来越多的成功案例让笔者更加坚信：产品质量是产品全生命周期的全面质量管理得来的。我们追求的既不是设计成本最优，也不是管理成本最优，而是产品全流程成本最优。

总之，我们要考虑全流程成本和质量，在产品规划初期就分析好哪些需求通过产品设计来实现，哪些需求通过管理来实现。产品越简单，质量越容易做好，成本越低；相反，如果我们把很多需求都加在产品上，把产品做成"金娃娃"，那我们不仅没钱赚，质量也不容易做好。产品功能简单的时候，通过设计能解决很多的问题，但产品复杂后，就不能只靠设计解决全部问题了。现在笔者觉得管理对质量越来越重要了，毕竟通过管理做好质量管控，收获的是纯利润。相反，产品硬件设计上投入的成本是永远都存在的硬成本，不利于产业生态链的良性发展。

7. 智者一定是会绕过前人走过的弯路

根据笔者这么多年"南征北战"的亲身体会，笔者坚信：说话也是生产力！只要我们脑子里有货，与客户沟通有理有据，98%以上的客户是完全能接受我们的意见和建议的。现在的产品，在设计上想办法，很多时候只能解决部分问题，如果把方方面面协调好，从管理上解决一些问题，例如，给产品提供合适的工作环境，则能很好地解决大部分问题。不能惧怕管理，不要认为说服不了客户，设计、生产芯片要从基础做起，管理也是一样的，没有捷径可走，需要踏踏实实从基础做起，"全面工艺管理+全面质量管理"方法是提高产品质量的有效途径。

（1）案例一

1）问题：如图 16-1 所示，有同事认为这个插箱离机柜底部太近了，固定机柜底部不方便。

2）需求分析：这个产品需要一柜两筐，因为机柜有背靠背安装的需求，所以只能机柜单面进出风，但这样难以避免两筐之间产生热级联（下筐的热风会被上筐吸入，使设备噪声增加，可靠性降低）。保证产品功能和可靠性肯定是第一位的需求，这样就需要尽可能拉大两筐之间的距离，机柜内空间是一定的，考虑下筐的风量需求，机柜底部留 50mm 即可，考虑机柜底部固定螺栓需求，插箱和机柜下门楣之间留 75mm 可以满足操作需求。诚然这个空间的确不是很方便操作，但是使用弯式套筒固定螺栓是完全没有问题的，而且这个操作是一次性完成的，没有重复操作的需求，所以 75mm 是从系统角度权衡利弊得出的经验数据，已经写入了 ZTE 的设计规范。

（2）案例二

1）问题：如图 16-2 所示，塑料袋等垃圾会被吸附在防尘网或风扇插箱下面，堵塞风道，造成设备过热和噪声增大，要求在机柜底部增加拦截网，防止塑料袋等垃圾被吸附。

图 16-1　案例一的图　　　　　　　　图 16-2　案例二的图

2）需求分析：机房有环境洁净度要求，施工规范也要求施工队装配布线后，清理完卫生，然后再上电。所以在设计的时候不会考虑塑料袋吸附问题，而且现在设备容量急剧增加、单位体积内热密度飞速上涨，散热已经是非常困难的事情了，增加拦截网会影响设备散热（芯片温度至少增加 2℃，热设计想降低

2℃却是非常困难的，需要付出更大的成本代价，或者是增加单板故障风险），而且塑料袋拦截在这里，不及时清理的话，同样会堵塞风道，造成设备过热和噪声增大的问题，所以增加拦截网不是个好办法，要求施工完成后及时清理卫生是最根本的解决办法。

总之，这个问题的根本原因是机房很脏，施工时装光纤的塑料袋随手丢弃，施工完没有按照规范要求清理环境卫生就上电了。现在设备因为功耗大，风扇都很强劲，上电后，塑料袋等垃圾瞬间被吸附在防尘网或风扇插箱下面，堵塞风道，造成设备过热和噪声增大。

16.2 质量管理概述

质量管理是指确定质量方针、目标和职责，并通过质量体系中的质量策划、控制、保证和改进来使其实现的全部活动。

16.2.1 质量管理发展的三个阶段

质量管理的发展大致经历了以下 3 个阶段。

（1）质量检验阶段

20 世纪前，产品质量主要依靠操作者本人的技艺水平和经验来保证，是"操作者的质量管理"时代。20 世纪初，质量管理的职能由操作者转移给了工长，属于"工长的质量管理"时代。随着时代的变迁，产品有了技术标准，公差规范日趋完善，各种检验工具和检验技术也随之发展，大多数企业开始设置检验部门，这时是"检验员的质量管理"时代。这几种做法都属于事后检验的质量管理方式。

（2）统计质量控制阶段

1924 年，美国数理统计学家 W.A.休哈特提出控制和预防缺陷的概念。同时，美国贝尔研究所提出关于抽样检验的概念及其实施方案，成为运用数理统计理论解决质量问题的先驱，但当时并未被普遍接受。

（3）全面质量管理阶段

美国 A.V.费根鲍姆于 20 世纪 60 年代初提出全面质量管理的概念。他指出，全面质量管理是在最经济的水平上、充分满足顾客要求的条件下进行生产和提供服务，并把企业各部门在研制质量、维持质量和提高质量方面的活动构成一体的一种有效体系。我国自 1978 年开始推行全面质量管理，并取得了一定成效。

16.2.2　全面质量管理

全面质量管理是以产品质量为核心，以全员参与为基础，建立起的一套科学、严密、高效的质量体系。在全面质量管理中，质量这个概念和全部管理目标的实现有关。全面质量管理的特点如下：

1）全面性：是指全面质量管理的对象是企业生产经营的全过程。

2）全员性：是指全面质量管理要依靠全体员工。

3）预防性：是指全面质量管理应具有高度的预防性。

4）服务性：主要表现在企业以自己的产品或劳务满足客户的需要，为客户服务。

5）科学性：质量管理必须科学化，必须更加自觉地利用现代科学技术和先进管理方法。

1．全面质量管理的七大原则

1）以顾客为关注焦点：质量管理的主要关注点是满足顾客的要求。

2）领导作用：各层领导建立统一的宗旨和方向，创造全员参与的条件，承担责任，总体改进，主要提高对最高管理层的要求。

3）全员参与：组织全员参与，有意识地强调组织的作用。

4）过程方法：在活动组织过程中可以进行分解认识，得到更好的预期结果。

5）改进：改进过程中的绩效、自制能力以及顾客满意度，提高对内外部的风险和机会的预测和反应能力，通过加强学习实现改进。

6）给予证据决策：基于数据和信息的分析及评价决定更有产生期望的结果。

7）关系管理：为了持续成功，组织管理与供方的关系。

2．全面质量管理常用的七种方法

在开展全面质量管理活动中，用于收集和分析质量数据，分析和确定质量问题，控制和改进质量水平常用的七种方法如下。

（1）统计分析表法和措施计划表法

质量管理讲究科学性，一切凭数据说话。因此对生产过程中的原始质量数据的统计分析十分重要，为此必须根据本班组、本岗位的工作特点设计出相应的表格。

（2）排列图法

排列图法是找出影响产品质量主要因素的一种有效方法。

（3）因果分析图法

因果分析图又叫特性要因图。按其形状，又称为树枝图或鱼刺图。因果分析图法是寻找质量问题产生原因的一种有效方法。

（4）分层法

分层法又叫分类法，是分析影响质量（或其他问题）原因的方法。众所周知，如果把很多性质不同的原因搅在一起，是很难厘清头绪的。其办法是把收集来的数据按照不同的目的加以分类，把性质相同、在同一生产条件下收集的数据归在一起。这样可使数据反映的事实更明显、更突出，便于找出问题，对症下药。

（5）直方图法

直方图是频数直方图的简称。它是用一系列宽度相等、高度不等的长方形表示数据的图。长方形的宽度表示数据范围的间隔，长方形的高度表示在给定间隔内的数据数。

（6）控制图法

控制图法是以控制图的形式，判断和预报生产过程中质量状况是否发生波动的一种常用的质量控制统计方法。它能直接监视生产过程中的质量动态，具有稳定生产、保证质量、积极预防的作用。

（7）散布图法

散布图法是指通过分析研究两种因素数据之间的关系，来控制影响产品质量的相关因素的一种有效方法。

实际上，在数字化时代，全面质量管理常用的方法已经不仅仅限于这些传统方法了，很多数字化的方法更为便捷、直观，ZTE 正在大量使用数字化质量管理的方法。

3．ISO9000 概述

ISO9000 是企业的质量管理体系，是企业站在客户的角度对自身提出的质量管理要求，其目的是更好地使客户满意，从而使企业获得更好的经济效益。

ISO9000 标准内容主要涉及企业的组织结构、职责权限、基础设施、人力资源、工作环境、产品质量应满足的要求、产品设计开发、原材料的采购、产品生产过程、产品销售、客户的沟通和交流、内部检查制度、内部改进机制以及整个管理体系运行应满足的总体要求。

企业通过 ISO9000 认证可以使产品质量得到控制，使客户更加满意，内部管理水平得以提升，降低企业的管理成本并提高公司的效率，而且对于企业形象的塑造起到良好的促进作用，最终提升企业的经济效益。

4．ZTE 的全面质量管理

评价一个产品质量的好坏，包括评价产品的功能、性能、工艺性、可靠性、耐用性、可维修性、生产安全、环境污染、生态平衡等。质量管理体系的发展与研发、生产等技术和管理学的发展密切相关。ZTE 在 ISO9000 的基础上，在实践和发展中逐步形成与自身行业特点相结合的质量管理体系，坚持以客户为关注焦点，提高全过程核心能力，致力于为客户创造价值，为企业的高质量发展保驾护航，以质量成就 ZTE 品牌价值。

5G 时代，恰逢数字经济兴起，ZTE 的"智能至简"数字化质量管理模式应运而生。该模式通过数字化手段实现研发、供应链、服务交付及问题闭环管理等业务过程的质量内建，用技术手段解决质量管理问题，把简单留给客户，促进企业高质量经营和发展。

在"智能至简"数字化质量管理模式中，高效研发、智能供应链、极致服务和问题解决闭环是确保实现把简单留给客户的四个关键过程。在高效研发方面，实现研发入云、跨地域在线协同，将研发效率提升 50%，研发代码一键发布版本直达客户，实现客户需求的及时响应；在智能供应链方面，产品自动化装配使装配质量漏检率降低了 80%，使用 5G 机器视觉质检，效率提升 30%；在极致服务方面，网络智能管控系统助力 5G 基站开通从"天"提效为"分"，为客户服务更快捷简便，极简运维工具覆盖运维端到端业务，实现人员提效 17%；在问题解决闭环方面，通过数字化工具和方法实现实时数据监控、业务堵点问题的自动预警并实时处理，通过问题一键跟催实现问题自动升级和自动闭环，大幅提升单据处理效率，故障恢复 SLA 达成率改善 58.5%。

5. ZTE 的质量方针

1）关注客户：理解客户需求和期望，致力于创造客户价值，客户关注的问题基本是质量问题。

2）预防为主：以合规为基石，遵守各项流程规范；坚持一次把事情做好，以全面、可信的事实和数据作为质量决策与行动的依据。

3）持续改进：聚焦短板，坚持质量端到端管理，积极建立持续改进长效机制，促进产品和服务质量的不断提升。

4）协同发展：建立多赢的合作伙伴关系，积极履行企业社会责任，实现共同的可持续发展。

6. 如何理解"把简单留给客户"

ZTE 提倡"把简单留给客户"，意思是：时刻注意创新，用各种先进的新技术、新材料和新工艺，使客户界面的工作简单。例如售后方面，用"一键开通"简化设备业务开通工作，减少客户工作量，提高业务开通质量，从而给客户创造价值。

"把简单留给客户"，一定是在企业能力上升到一定程度，用自身的内功能力给客户创造简便，不能是通过压缩自己的利润空间把简单留给客户，因为这不是一个良性的方式。一个企业当利润非常少时，就难以在研发上投入足够多的研发资金，难以有更多的发明创造，难以给客户创造更大的价值，对产业链来说，这不是一个良性循环状态。

在技术或能力尚未达到给客户提供更多的"简单"时，客户界面还是需要按照产品现有的各种要求操作，否则设备无法正常工作或保证长期可靠性。

16.3 全面工艺管理和全面质量管理的关系

1. 全面工艺管理的发展历程与全面质量管理一致

全面质量管理的发展经历了质量检验阶段、统计质量控制阶段和全面质量管理阶段，全面工艺管理经历了生产工艺管理阶段、生产+研发工艺管理阶段、全面工艺管理阶段，二者都经历了事后、事中、事前预防的管理模式转变。

2．全面工艺管理的名称来源于全面质量管理

全面工艺管理最终定位为全员参与、管理对象为产品全流程的工艺工作，与全面质量管理目标、范围一致，于是借用全面质量管理的名称，定义为全面工艺管理。全面工艺管理是全面质量管理的一个维度。

3．全面工艺管理和全面质量管理的工作方式不同

二者工作方式不同，全面工艺管理是要求各岗位"做什么"，全面质量管理是保证各岗位"做好什么"。例如，按照全面工艺管理的思想，要解决设备在机房的散热问题，从售前到售后，每个岗位都有自己需要完成的工作，共同保证设备安全工作；全面质量管理通过质量管理体系、管理工具，结合数字化技术，保证各岗位顺利完成本职工艺工作，实现设备安全工作。

4．全面工艺管理和全面质量管理相辅相成促进企业良性发展

全面工艺管理和全面质量管理都是企业良性发展的基石，都是为企业高速发展铺设高速路的。"细节决定一切。产品的质量高低，最终取决于对产品生产过程细节的把握。"这句话适合全面质量管理，也适合全面工艺管理。全面工艺管理按照产业链性价比最优的原则，保证所有过程高效、有序、高品质。

ZTE 全面工艺管理的各项措施或活动通过全面质量管理来保证实施效果，因为全面质量管理有："以质量为先"的高质量保证机制；先进的质量管理工具，通过技术手段解决质量管理问题；有效的质量度量系统；优秀的"不重复犯错、自工序完结""第一次就把事情做好"的质量文化。

ZTE 在质量管理体系方面，除了依托公司的高质量管理体系，还投入大量资金充分利用开发运维一体化平台、数据中台、云计算、大数据等技术，构建了一条完整的工具链。在链条上又拉起了多道质量防护网来提高研发质量能力，例如软件质量防护网、硬件工具防护网等。在过程节点设置门限进行自动化拦截，通过有线度量与分析平台实现可视化管控，并持续织密、增厚防护网，使得研发过程执行更加自动化，减少断点，切断旁路，让堵点或质量短板更加量化和可视化，进而尽可能地把风险提前化解、把故障拦截在产品发布之前。由此可见，先进的质量管理是实现全面工艺管理强有力的保障。

全面质量管理也需要通过先进的工艺技术和工艺管理措施，提高产品质量，用

技术手段解决管理问题。例如，ZTE 使用的各种检查工具就是先进工艺技术的体现，目前原理图和 PCB 检查工具已在全公司推广使用，最大日活量超过 300 人次，最大月活量超过 3500 人次，已累计服务超 15 万人次，自动检查超 300 项；一次检查根据单板复杂度，最多执行 5min；已累计发现错误上万次，将检查的人力投入降低了 80%。用先进的工艺技术提高了设计和生产效率，提高了产品质量。

管理手段若主要靠人力执行，则会由于每个人的理解不一致导致管理执行不一致，质量就会产生波动，因此需要持续通过工艺技术解决质量管理问题。全面工艺管理和全面质量管理相辅相成促进企业良性发展。

16.4　全面工艺管理与全面质量管理联动可以解决设计无法解决的问题

通过揭秘深圳地铁通信设备不腐蚀的原因来说明这个问题。

1. 地铁项目设备腐蚀情况

这些年，全球很多城市都在加速兴修地铁，ZTE 有大量通信设备被部署在各条地铁线上，其中出现了不少设备腐蚀的问题。单板一旦发生腐蚀，不能维修，一律报废，因为除了能看到的元器件或焊点的腐蚀外，元器件或单板线路也可能发生了腐蚀，单板可靠性风险很高，为了网络安全，只能报废。

在这种情况下，需要通信设备与时俱进，能耐腐蚀的呼声很高。

图 16-3 是某地铁腐蚀单板，图 16-4～图 16-6 为某地铁机房情况。

图 16-3　某地铁腐蚀单板

图 16-4　某地铁机房清灰实况

图 16-5　某地铁机房内的设备　　　　图 16-6　某地铁机房旁边的状况

2．地铁项目设备发生腐蚀的原因

　　地铁在建设过程中，一些大型设备（包括通信设备）要在机房、站台都未建成时先放进去，这时候，会有大量的灰尘落在设备里，一些地方一边打磨墙壁，一边安装调试设备，风扇启动时，大量的灰尘瞬间涌向单板。同时，这个时期的地铁里非常潮湿，而且设备需要放置很久才会被上电使用，灰尘+湿气两大杀手都有了，设备腐蚀在劫难逃。

　　地铁机房里正常使用的设备也会发生腐蚀，一方面，单板上有大量的灰尘（清灰行动不仅不合法，也只能清理肉眼可见的灰尘，依然会有一部分腐蚀物存留在单板上）；另一方面，地铁常年需要往机房里通新风，这些空气是没经过处理直接吹入机房的，新风里有湿气和灰尘，所以一定程度上，地铁的机房相当于直通风室外机柜，腐蚀也是必然的。

　　图 16-7 所示是在一个正常使用的机房做的测试数据，分别采集了设备入风口和机房内换气扇下方的温湿度数据。从温度对比看，换气扇下方温度低于设备入风口处温度；从湿度对比看，换气扇下方湿度高于设备入风口处湿度；在 24h 内，湿度和温度都在随时间发生变化，而且换气扇下方和设备入风口位置的温湿度变化是一致的，说明机房不是密封的，机房内的温湿度会随外面大气温湿度变

化而变化。当外面湿度很高的时候，机房内湿度也会很高。笔者在另一个机房测得湿度为 88%，客户也说，严重的时候湿度会超过 90%。

设备入风口

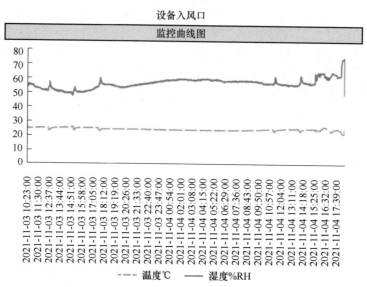

机房内换气扇下方

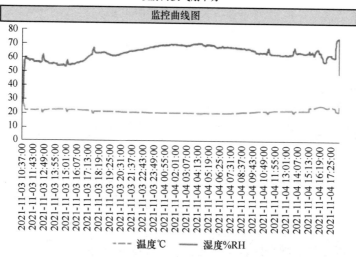

图 16-7 设备入风口和机房内换气扇下方温湿度对比

湿度对比

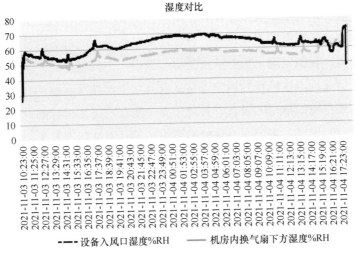

温度对比

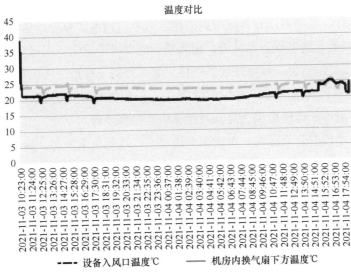

图 16-7 设备入风口和机房内换气扇下方温湿度对比（续）

因为机房温湿度受外界影响，所以当外面环境温度或湿度急剧变化时，机房内也会产生同样的变化（估计变化程度会稍微弱一点），急剧变化的温湿度也会导致设备腐蚀加剧。

3. 揭秘深圳地铁设备从不腐蚀的原因

所有地铁使用的设备都会发生腐蚀吗？答案是否定的，有些地铁通信设备会发生腐蚀，有些地铁从不发生设备腐蚀问题。从 2020 年初到 2021 年底，我们走访了一些城市地铁项目的在建机房、投入使用时间不久的机房以及投入使用时间比较久的机房，我们发现，虽然深圳是海滨城市，空气湿度大，空气中盐雾浓度相对较高，但深圳地铁机房的通信设备从没有发生过腐蚀问题，有些线路运行十几年，用的还是我们早期的设备，目前还有一些在网正常运行的设备，最长的已经运行超过 10 年了，客户和办事处同事说从没有腐蚀问题发生，我们也没查到有腐蚀维修记录。在深圳地铁的调研中得到这样一些信息：

1）督导说：深圳地铁机房建设完成，审查合格后才可以安装设备。

2）客户说：设备进入机房时，只有空调不能用，其他都已经做好了。

3）客户说：设备上电前会再清理灰尘，但单板没做清理。

4）客户说：机房里有除湿机，机房湿度控制在 70%以内，超过 70%，除湿机会一直运行。现场可以看到除湿机的积水有专门的水管导出，是特意设计的。

5）正在施工的工程队人员说：每天都会清理机房卫生（用吸尘器）。

6）办事处同事说：目前在建的线路，客户每两天检查一次机房情况。

深圳地铁机房里有带出水管的除湿机，不用担心水满外溢，如图 16-8 所示。在其他城市的地铁机房也见到过除湿机，但都没有出水管，显然白天可以人工倒水，晚上没有开除湿机，否则水会溢出来，这是机房大忌，除非机房有人值守，但是现在很少有有人值守的机房了。

机房里放温湿度计（图 16-9），客户可以随时关注温湿度变化。

图 16-8　机房里的除湿机和水管

图 16-9　温湿度计

以下通过某地铁线的建设情况来具体说明地铁设备不腐蚀的原因。

图 16-10 是一个正在建的地铁线路入口情况。图 16-11 是地铁大厅建设情况，机房之外的地方还没装修好，处于铺设地板阶段。

图 16-10　地铁入口工况

图 16-11　地铁大厅工况

从图 16-12 可以看到，地铁机房门外基本装修完成，地面铺木板，应该是保护地板不被划伤，门上塑料保护膜很完整，说明提前给装修队提了要求。

如图 16-13 所示，地铁机房门口有鞋套和鞋套机，说明客户很注重机房卫生，避免将外面的灰尘带入机房。笔者已经很多年没看到哪个机房需要穿鞋套进入了，多年前进机房是要求换大褂、拖鞋或者穿鞋套的，正常使用的机房内外都很干净，的确不需要这样做了，但这种外面还在装修的机房穿鞋套还是很有作用的。

图 16-12　地铁机房门外工况

图 16-13　地铁机房门口的鞋套和鞋套机

如图 16-14 所示，地铁机房里的设备和机柜分别用塑料薄膜包裹，外面套专用保住罩。虽然机房里很干净，但外面还在施工，灰尘还是很大，所以设备需要严密保护。

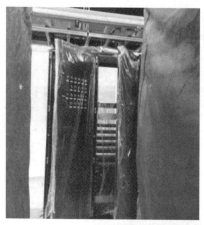

图 16-14　地铁机房内设备包裹工况

图 16-15 所示的是地铁机房里的空调及新风管道，右边管道就是新风进风管，这个设计方式在其他地方都没看到过，笔者认为非常科学，新风不仅有潮气，还有灰尘，出风口接近地面，可以最大限度地减少灰尘和潮气直接进入设备，旁边的空调能快速降低湿度。

所以地铁设备为什么不发生腐蚀呢？通过以上实例应该很清晰了：追求极致和工匠精神！从头到尾严格规范施工工艺以及自始至终严格执行质量管理。

图 16-15　地铁机房内的空调和新风进风管

4．总结地铁机房管理要求

1）机房装修完成后，清理干净，检查合格后，设备方可进入。

2）机房需要安装带密封条的门，机房门要随时处于关闭状态，机房需要及时清理灰尘，并防止灰尘进入机房内。

3）设备安装后需要严密防护灰尘，插箱和机柜用塑料薄膜包裹，机柜外面再罩专用防护套，防护套要密实，不可使用编织袋。

4）设备在机房内未加电放置时间最好在半个月至一个半月之间，静置时间越长，腐蚀风险越大。

5）设备上电前，需对机柜内外再做一次灰尘清理，并清理好环境卫生。

6）切不可在有灰尘时给设备上电，这样灰尘会落在单板上。因为设备之前静置，单板有湿气，因此更容易附着灰尘。

7）因为地铁机房通新风会带来灰尘，所以正常运行的机房需要定期或不定期清理地面及所有设备表面灰尘。

8）机房空气湿度大于 70% 时，需要使用除湿机。

只有守住设备环境的底线，才能守住客户、守住企业的效益。

第 17 章

企业如何推行全面工艺管理

17.1 企业推行全面工艺管理的过程

相对于新建企业，有一定发展史的企业推行全面工艺管理会困难一些，企业人员思想观念的改变是难点，也是关键点。任何一个企业都有其惯有的思维和做事习惯，这是由企业产品特点和企业文化决定的。

推行全面工艺管理等同于一场不大不小的变革。根据业界的统计数据看，企业进行的各项变革，成功的不多，失败率比较高。导致失败的原因排名前三项的都是与人相关的问题：员工抵制、领导支持力度不够、期望值太高。可见，推行全面工艺管理最大的挑战来自人，改变人的观念、意识和行为是推行全面工艺管理成功的关键。下面介绍一下 ZTE 推广全面工艺管理的过程。

17.1.1 领导的支持

2017 年初，笔者提议将笔者在产品线实行多年的全面工艺管理方法推广至全公司系统产品，得到系统产品 CTO（首席技术官）的大力支持，安排了三名三层领导帮助笔者开展推广工作。随后，系统产品发布红头文件，各产品线设立工艺总监一职，主导各产品线全面工艺管理推广工作。各产品线工艺总监组成小组，横向拉通需求和管理，实现信息共享，基层信息共享才是真正的共享，有利于具体的、先进的工艺技术及工艺管理方法在各产品线之间相互借鉴，出现的问题，大家也相互吸取教训，总结经验，升华解决办法。笔者自己在这个过程中也是收获满满。

17.1.2   建立企业级工艺管理团队

在公司各级领导的支持下，我们成立了全面工艺管理团队，目的是传播全面工艺管理思想、推动全面工艺管理落地。产品生命周期中每个环节负责的部门都安排专家参加团队，如各产品线负责售前、产品线、研发、结构平台、中试、计划、采购、工艺、生产、售后等专家作为团队执行成员，系统产品 CTO 和各体系二层领导、三层领导坐镇团队指委会，笔者担任项目经理。团队首先制定了第一年的推广计划。主要内容如下：

1）广泛宣传什么是全面工艺管理。

2）通过具体行动向大家展示为什么要推行全面工艺管理。

3）我们推行全面工艺管理的基本思路、计划和方案。

4）各体系（或各环节）的工作内容、目标和计划。

团队的三年目标是识别出每个环节的工艺职责，嵌入流程中，并推广执行。第一年要在各领域培养全面工艺管理的"树苗"，"树苗"在各体系继续"播种""育苗"，逐步形成"树林"，各体系的"树林"逐步合并成"森林"。"森林"里的"树苗"长成参天大树，全面工艺管理思想就会扎根在 ZTE 肥沃的"土壤"里，绽放出勃勃生机。

17.1.3   收集各个领域存在的与工艺相关的问题

项目开始后，就要求团队里各部门负责人，收集各种与工艺相关的问题，包括与工艺相关的设计问题、生产问题、售后问题、售前问题、计划及采购问题、转产问题、需求问题等，总之，产品生命周期中无论是工艺技术方面的问题、工艺管理方面的问题，还是工作中与工艺相关的困惑或愿景都可以提。实质上就是通过展现问题、呈现现实与理想之间的差距等方式，加深大家对全面工艺管理的理解和认识，激起大家对推行全面工艺管理的热情。事实证明，这个办法非常有效。

幸运的是，公司同事们非常踊跃地提出了各种问题、想法和愿景。企业的这些问题、想法和建议，与产品客户需求一样宝贵，可以当作企业管理需求来看，是企业不断优化、健壮的源动力。ZTE 的员工习惯了有言必发、畅所欲言，这是工作责任感的表现，一直以来，这种文化氛围对 ZTE 的发展起到积极的促进作用。

17.1.4　分析产生这些问题的根因

团队用一个月的时间，收集了公司各个环节存在的与工艺相关的问题 442 条，分析了问题产生的根因，整理出 46 个类别的问题、66 个点的改进项。任何问题的产生都是有原因的，如果只限于解决问题本身，下次同样的问题还是会再次发生，只有解决了问题的根源，才有可能杜绝该类问题的重复发生。

例如，室内设备在易腐蚀地区用于直通风机柜，发生不良质量成本这个问题的原因是：在项目投标阶段，市场营销人员没有甄别出设备的使用环境，室内设备应用于直通风机柜，在易腐蚀地区很可能发生腐蚀问题。再如，某外购件带有四根导线，不同厂家来料区分接线关系的方式不同，有的厂家用不同颜色区分，有的厂家用热缩套管颜色区分，这样工艺文件描述会比较复杂，生产操作难度和售后维护难度增加。这个问题的根因是：这个外购件的物料技术规格书里没有对线缆接线关系区分做要求。

17.1.5　研究这些根因的解决办法

解铃还须系铃人，团队把问题分类后，针对问题，组织相关领域人员讨论解决办法。工艺的问题宜疏、不宜堵，哪地方有结，哪地方就要想办法引流，疏通渠道，道路畅通了，业务流就有水到渠成的效果。

例如，室内设备在易腐蚀地区用于直通风机柜，发生不良质量成本这个问题的原因是市场营销人员没有在产品销售配置之前甄别产品的使用环境，解决思路是市场营销人员必须甄别产品的使用环境，给出合理的产品配置方案，责任定位是销售环节和产品线，解决办法是产品线在售前配置检查单中增加环境甄别条款，售前在做项目时，要完成这项任务，就必须了解产品的使用环境，根据环境给出适配的销售方案和配置方案。同时通过售后"产品安装环境检查单"，核对环境和设备的匹配性，做最后的兜底工作，为产品安全增加一道防线。

确定问题的解决方案，一定是站在全流程的角度，看用什么样的方法、放在哪个环节做全流程性价比最高，这种思路才是全面工艺管理的思维方式。

很多时候解决方案不是做一件事情就能成功的，往往是需要几个环节的力量相互配合来完成，而且解决方案必须闭环。

为了加速全面工艺管理的推进，当时团队有个口号是"边整理边实践"，就是解决方案出来立刻实施，有优化方案时，立刻迭代，目的就是保证实施办法更有效、更高效。因此在同步实践活动中，一些问题的解决办法有了进一步的合并、优化措施，并通过及时迭代的方式得到更好的解决方案。

17.1.6　将解决办法嵌入企业相关流程和标准里

任何一个稍有规模的企业，业务执行都必须靠流程推动（数字化企业也靠流程推动，只不过流程更可视、更高效、更有质量），如果靠人控制，则难以持续发展。工艺管理的解决方案只有加入相关业务流程或相关标准、规范中，才能防止"回潮"现象发生。例如，要保证"售前配置检查单"落到实处，需要闭环管理，在售前、售后交接环节，交接清单里增加"售前配置检查单"，检查单每项都通过，检查单才算有效，交接工作才能顺利完成。这样就保证了检查单的意义。再如，将各岗位人员应知应会的工艺知识加入"岗位工作指引"中的应知应会章节，不定期考试，考试成绩关联个人绩效考核。

17.1.7　根据企业架构和企业文化组建全面工艺管理组织架构

在推广活动中培养优秀的工艺管理带头人非常重要。团队成立时，各体系都推选了最优秀的业务骨干来组建团队，经过推广工作的锻炼，一批批有全面工艺管理思想、具有前瞻性视野的新生力量不断涌现，这些人员都是企业宝贵的财富。此时，企业具备了组建全面工艺管理架构的条件。

在推动全面工艺管理的第二年初始，系统产品发布红头文件，各产品设立产品工艺总监，由各产品总经理直接领导，负责各自产品售前、研发、生产、采购、计划、成本、售后和客户机房管理等各环节与工艺结构相关的各项工作的规划与协调，推进产品实施全面工艺管理，并持续优化全面工艺管理相关方法或措施，达到提高产品质量、降低全流程成本的目的。

各产品线的工艺总监组成工艺总监小组，共同策划，整体推进。对于共性的工作，大家分工完成，结果共享。各产品个性的工作由各工艺总监负责。各产品工艺总监组建各自的工艺团队，成员也是产品生命周期里负责各环节的人员，大家每个月汇报工作进展。各工艺总监定期或不定期会组织困难问题研讨、成果或失败的经验分享。ZTE 本身有结构平台、中试平台、生产工艺研究部、生产工艺部等工艺管理部门，负责产品具体研发、生产等任务，至此，ZTE 组建了横向和纵向均拉通的工艺管理模式。

17.1.8　培训及各种宣传

无论培训还是宣传，都是希望大家统一意识、达成共识，为全面工艺管理推进保驾护航。培训和各种宣传伴随着整个项目的始终，团队在培训宣传方面的主张是：让企业全体成员听说→了解→接受→执行→再创造，即通过多种方式，让大家逐步了解全面工艺管理的思想，接受并执行全面工艺管理中的各项工作，最后开启再创造新思路、新方法、新工艺技术的新纪元。团队主要做了如下一些培训和宣传工作：

1）开展全员培训。结合案例，介绍什么是全面工艺管理，以及团队工作进展、取得的成果等。

2）每月的团队月报尽可能详细撰写，同时附带各类专题性文章，将团队月报推送给所有的四层以上领导和所有团队、子团队成员，通过循序渐进的作用，使全面工艺管理的思想一点点地深入人心。

3）持续在"中兴报"投稿，每次按照专题形式介绍全面工艺管理思想和方法。

4）不定期组织工艺管理或工艺技术扩大型研讨会，让大家更深入了解全面工艺管理。

5）让部分人员在执行中学习。有些同事一时还接受不了全面工艺管理的理念，但工作还要推进，就只能要求大家先按指引做起来，再在与团队一起工作的过程中体会全面工艺管理带来的便利和收益。其实这种方式也是企业常用的方式，虽然过程有些痛苦，但效果很好。

6）不定期给领导们汇报，通过成果汇报，强化领导的信心，也便于领导掌握情况，并从公司整体规划出发，给团队提出意见和更高的要求，保证团队方向正确，眼界更高、更宽广。

7）团队甄别并编写出各个环节需要掌握的工艺知识和技能点，通过培训、自学、认证等各种方式，提高大家的工艺能力。

17.1.9　持续推进全面工艺管理

全面工艺管理是为企业持续高速发展铺路的，是为企业成为百年老店打基础的。多数全面工艺管理的收益不会很快展现出来，会打击推广全面工艺管理者的信心，造成松懈，甚至中途放弃。半途而废的结果就是前功尽弃。

推广全面工艺管理一定要坚定信心，一步一个脚印持之以恒地坚持行动，假以时日，一定能帮助企业走出一条康庄大道。

17.1.10　持续优化全面工艺管理

全面工艺管理组织架构、管理方法、管理工具、工艺技术，甚至是思想都不会是固定不变的，随着企业的发展、业务的变化，随着新技术、新材料、新工艺的诞生，以及设备使用环境的变化，全面工艺管理的架构、思想、方法等都可能要随之改变，要时刻紧跟时代的脉搏，不断创新，给企业搭建适合企业腾飞的高速路。例如，数字化转型时，以前的工艺管理思想没变，但流程、方法、工具、质量管理方式等发生了巨大的改变。再如 AI 在产品生命周期各环节大量使用时，很多对人的要求转化成对设备、软件、网络、机器人的要求，变化是显而易见的，这时候没变的是全面工艺管理的思想理念。

总之，全面工艺管理既要匹配企业的发展，又要能够引领企业的发展。所以全面工艺管理会一直处于动态发展中。

17.1.11　推行全面工艺管理遇到的问题及解决办法

1. 在有一定发展历史的企业推行全面工艺管理可能会遇到的问题

1）大家不理解什么是全面工艺管理。
2）刚开始一些同事不接受"小小的工艺"竟然要"全面"管理的思想。
3）期待全面工艺管理能短期内见到巨大的成效。
4）环环相扣的解决方案没固化在公司业务流程中。
5）没有固定的全面工艺管理组织架构。
6）没有持续坚持推进全面工艺管理。

2．解决办法

1）企业高层领导支持，将推行全面工艺管理纳入企业近期及远期规划中。

2）成立覆盖产品全生命周期人员的推广团队。

3）制定推广计划和方案，推行计划和方案时要特别注意员工培训和沟通问题。

4）将甄别出的各环节需要完成的工艺工作内容加入流程或标准、规范中，充分利用流程和其他管理、技术工具，尽量避免人工管理。

5）建立适合长期推行全面工艺管理的组织。

6）人力部门配合制定绩效管理及奖励机制。

7）坚定不移地持续推进全面工艺管理。

17.2 新建企业开展全面工艺管理的方法建议

新建企业在企业成立规划时，把全面工艺管理的思想纳入规划中，设置工艺管理架构，每一件工作按照全流程成本最低原则，分配在不同岗位，整体上保证所有工艺工作一脉相承，环环相扣，闭环管理。

其实，公司成立初始，因为部门不多，有时候一人兼任多职，全面工艺管理更容易实施，关键是最初的定调。需要注意的是，随着企业的发展，全面工艺管理的模式和方法也要随之改变，不变的是全面工艺管理的思想。

对于数字化的企业，全面工艺管理就更好落实了，因为数字化的企业的工艺管理人员很容易知道哪件事情放在哪个岗位做全流程成本最低。只是随着企业壮大和数字化体系的深化，全面工艺管理模式和方式要随之调整。

具体来说，新建企业推行全面工艺管理的大致步骤如下：

（1）设置全面工艺管理的组织架构

搭建适合企业规模、产品特点以及适合进行全面工艺管理的工艺管理组织架构非常重要，有了组织，全面工艺管理的思想建设、标准及流程建设、工艺技术发展、工艺管理方法发展等才能持续有效地进行，企业才能获得全面工艺管理带来的效益。

全面工艺管理必须持续有效地推行，切不可急功近利，也不可以靠整风运动获得成功，只能一步一个脚印地持续推进，并随着科学技术的发展、行业的变化、企业的变化等，及时优化工艺管理措施和方法。工艺技术和工艺管理的创新发展，也会带动企业的发展、行业的变化、科学技术的发展等，适配的全面工艺管理架构必不可少。

（2）制定企业可靠性及工艺技术和工艺管理标准

可靠性是工艺技术的基础导论，必须先行。制定了企业可靠性及工艺技术和工艺管理标准，企业就有了"齐步走"的号令和行动的指南针，避免了盲目行动导致的内耗，而且标准的先进性能保证产品的先进性，这是企业效益的基础来源。

（3）建立融合工艺管理的业务流程

流程就是业务实现的途径和方法，以及业务实现过程中所需遵循的规则和要求。简单说，流程就是又快又好地实现业务的渠道。由流程定义可以看出，流程是企业各项业务必不可少的过程，数字化的企业也有各种流程，只是流程融合在整体模型里，流程会更短、可视化更好、更有效、实现的业务质量更高。

所有的工艺管理工作只有固化在相关业务流程里，才能被很好地执行或实现，所以建立融合工艺管理的业务流程是企业必经之路，也是实现全面工艺管理的有效措施。

这里需要重点强调的是，全面工艺管理是融合在各个业务流程里的，而不是独立的。

（4）通过全面质量管理督促全面工艺管理保质保量展开

全面工艺管理给出的是各岗位需要做什么、如何做，如何保证业务按规定实施以及实施质量。通过全面质量管理引导持续按照标准和流程工作，并核验工作效果，从而推进全面工艺管理保质保量地开展。

（5）持续补充工艺技术及工艺管理标准和规范

人们常说"罗马不是一日建成的"，的确如此，工艺技术或工艺管理标准和规范都不是短时间内能完成的，需要在实践中不断总结、积累，最终沉淀成标准和规范。这项工作是企业日常工作，会一直伴随着企业发展。

有些标准和规范在当前满足企业业务需要，随着企业壮大及业务发展变化，标准和规范需要及时修订，特别是管理方面的标准和规范。技术规范随着认知的深入也需要更新迭代。

新技术、新工艺、新材料都会促进工艺管理措施和方法的优化，这也是全面工艺管理标准需要持续优化的原因之一。

（6）持续优化流程

流程同标准一样，在一定时期、一定条件下会促进企业发展，内部或外部条件发生了变化，相应的流程就需要随之变化。而且随着经验积累或认知的增加，对问题的处理办法会发生改变，自然需要优化解决问题的流程。随着企业的发展壮大、业务量和业务种类的增加，业务流程很可能需要随之优化否则可能会减缓甚至是阻碍企业的发展。数字化转型更是会引起流程变化，甚至会发生重大的变化。

持续提升流程规范、方法及工具的有效性、适用性和先进性，是全面工艺管理的重要内容。总之，流程同标准和规范一样，要定期或不定期优化，使之一直具有促进企业良性发展的能力。

17.3 工艺人员培养

全球大学中，有很多生产层面的工艺技术和工艺管理专业，招聘这些环节的工艺技术人员和管理人员不算困难，但很少有学校能输出其他环节负责工艺技术和工艺管理的人员，业界这样的人才也不多，因此需要企业自己培养。具有前瞻性眼光、丰富经验的工艺人员是企业的无价之宝。

对通信行业来说，目前需要重点培养的工艺人员有：产品工艺总监、工艺设计人员、中试工艺人员、工艺技术研究人员。工艺人员的培养主要包括以下三个方面。

（1）眼界的培养

对工艺人员来说，眼界不同，最终会体现在解决方案不同、收益不同上。数字化转型后，生产对人的依赖性降低，但规则是人定的，还是离不开人的能力。

工艺总监不仅要"看"产品的整个生命周期，还要"看"全产业链、"看"产业发展趋势、"看"全球最先进的管理经验和技术等，眼界的重要性是显而易见的。

产品的工艺性很大程度上是设计出来的，例如生产流程，工艺设计人员要负责产品可操作性、可生产性、可维护性和成本的设计，不仅需要有产品的全局观，还需要能用全局观的思想权衡各种需求的取舍或兼容。在大型企业里，设计必须各个产品之间横向拉通，这时候的取舍全局观就更关键了，可见工艺设计人员的眼界是非常重要的。

中试工艺是设计和生产的衔接环节，是采购和计划的工作输入，同时也需要协助售前及售后完成一些工作。中试工艺人员前瞻性的眼光能协调好各方面之间的关系，使产品具有先进的可生产性，使企业具有先进的生产工艺技术能力。

眼光所及的地方，就是产品能够达到的高度。总之，眼界是工艺人员不可或缺的能力。眼界很多时候是个人的能力，广泛学习、多思考可以拓宽眼界。企业需要给工艺人员创造学习的机会，不仅仅是工艺技能方面的，企业内部及行业的相关信息也是需要学习的重要内容。各种交流、参观、尖端技术或材料的了解等，都是拓宽眼界的方法。

（2）经验的培养

经验是指从多次实践中得到的知识或技能。经验有三个特征：亲身体验、多次体验、总结沉淀，这三个特征缺一不可，例如，甲和乙同时做同样的工作 10 年，甲成了这个领域的专家，乙还在做以前的工作，没有升职。因为甲在工作中非常擅长总结、积累，长此以往，沉淀了丰富的专业知识和技能。而乙总是得过且过，啥事情都是过眼烟云，多少年过去，仅仅是熟手而已。

经验的培养有两个条件：一个是机会，有机会经历，才有积累经验的可能；另一个是总结，这个主要是个人素质问题。机会一方面是企业给予的，另一方面是自己争取的。笔者经常告诉年轻人：一定要争取多做事，这是你未来很宝贵的财富！越是复杂难啃的骨头，收获越大。潜心解决工作中的每一个难题，是经验积累的好方法，因为每一个问题背后都是一次成长的机会。

笔者这些年习惯于从工作实践中总结规律，得出解决方案，然后再寻找理论依据，来证明解决方案的正确性并优化解决方案。过往证明，笔者这一方法非常有效，适配快节奏的工作需要，毕竟工艺涉及的专业知识非常广泛，不能够很快找到理论支撑，但时不待人。实践是检验真理的唯一标准，每一天的工作中都蕴藏着大量的真理，等待着我们去发现、总结、理论升华、再应用。

（3）知识积累

经验不总结成文字，永远是私人财富，随着经验者的离开而消逝。虽然言传身教会传递一些经验给别人，但不能广泛传播和被充分利用。适合本企业的工艺技能和工艺管理经验是企业珍贵的资产，要想厚积而薄发，离不开长期的知识积累，这些知识积累是其他工艺人员，乃至所有读者的珍贵营养。经验总结者在整理知识的过程中，通常自身的知识会再次升华，因为总结的过程会有经验和理论的碰撞，一定有火花产生。笔者编写本书，也不是一挥而就的，过程中又重新学习了很多的知识和理论，编写工作已接近尾声，笔者感觉眼界提高了，理论知识丰富了，思路开阔了，收获良多。

人都有惰性，日常工作又很忙碌，没有外界力量驱使，一般比较难主动提笔做技术积累，所以需要企业有相应的规章制度和激励政策，督促大家养成随时总结的习惯。ZTE 有个 COP（学习与可靠性相关的技术或知识的组织），每周都有经验或知识分享，笔者一直坚持参与，感兴趣的细听，甚至反复听，也会找分享嘉宾请教。与自己工作关系不大的粗听，了解即可，笔者也曾在这里给大家分享全面工艺管理在可靠性方面的案例。这个 COP 在可靠性知识和技能传播中意义重大。

17.4 推行全面工艺管理与推行数字化转型如何协同发展

多年以前，为了做好工艺规划和工艺管理，以及收集工艺需求，笔者渴望能了解售前、售后、研发、采购、生产、客户、供应商等每天发生的与工艺相关的事情，想让产品规划人员了解我们的产品在市场上的各种表现，因此笔者经常全球各地出差，公司内部事务也是各种参与，以便实时了解情况。现在笔者坐在家里，却有眼观六路，耳听八方的感觉。后来笔者才知道，原来笔者之前一直渴望的是数字化平台。ZTE 现在有了数字化平台 icent，笔者梦圆。

17.4.1 数字化转型

数字化转型是在业务数据化后利用人工智能、大数据、云计算、区块链、5G 等新一代信息技术，通过数据整合，对组织、业务、市场、产品开发、供应链、制造等经济要素进行全方位变革，提升效率，控制风险，提高产品和服务的竞争力，形成物理世界与数字世界并存的局面。

从这个定义就可以看出，数字化转型对企业发展的重要性，未来数字化成熟度的高低，预示着企业竞争力的高低。数字化转型前后，企业的各种业务会发生革命性变化：企业的战略、愿景和核心价值会从成熟业务转变到创新商业模式，如运营服务化、使能行业数字化转型、个性化智能制造等；企业组织和人员从矩阵组织到敏捷化组织，且从 IT 驱动到全员参与数字化转型；企业产品及物理资源从产品到用户体验，以及从实物到基于 V+R 的数字孪生；企业 IT 系统及技术从传统 IT 到全新数字化平台与技术（人工智能、大数据、云计算、区块链、5G 等）；企业业务流程从瀑布式流程到敏捷+精益的端到端数字化流程支撑业务扩展。

数字化转型表明，只有企业对其业务进行系统性、重大的重新定义（不仅仅是 IT，还包括对组织活动、流程、业务模式和员工能力的方方面面进行重新定义），成功才会得以实现。企业数字化转型不仅仅是企业内部的事情，还需要助力客户和供应商等合作伙伴拥抱数字化转型。所以企业的数字化转型是一项声势浩大的变革行动。

全面工艺管理是企业众多业务活动中的一项，全面工艺管理的数字化转型自然是随企业业务数字化转型而转型。

17.4.2　数字化转型方法

数字化转型一般有如下几个步骤：

1）数字化转型成熟度分析。现今，各企业或多或少都已经做了一些数字化方面的工作了，数字化转型成熟度可以分为已规划级、探索级、规范级、优化级、领先级。通过评估，可以了解企业现状，知道哪些地方是薄弱点，在后续数字化规划中要重点研究解决办法。

2）痛点分析。企业痛点通常是企业现有流程或规章制度难以解决的问题，这些正是数字化转型需要解决的事情，所以罗列出工作中的痛点问题，分析出产生痛点问题的原因，再对症找出解决办法，后续加入数字化模型中。这个痛点也有可能是整个行业的痛点，行业痛点或许会关系到上下游企业，解决办法会难一些，也是需要把解决办法加入模型中，很可能是与上下游企业对接的模型中。

3）罗列企业愿景、目标和总体战略。

4）罗列业务战略。

5）整理行业发展趋势。

6）整理行业最佳实践。

至此，准备工作就做好了，后面就开始按照价值导向规划方法，具体实施数字化体系建设了。价值导向规划方法一般分为如下四个步骤：

1）价值评估：评估业务目标与价值，制定高阶路线图。

2）价值定义：深究并定义可彰显价值的场景与方案架构，评估初步的业务效益。

3）价值验证：理解团队制定的方案，评估 KPI（关键绩效指标），辨识方案落差、风险并拟定应对对策。

4）价值实施：完成方案落地，确保团队方案落地交付的质量与完整性。

通过以上四个步骤，可以得到如下成果：

1）评价关键过程。

2）评估业务价值。

3）体系建设路线图规划。

4）行动建议。

5）概念验证。

6）正式体系建设：进入正式体系建设就是建模的开始。建模之后就是数据结构化上线，这一步也很关键，数据必须按照定义好的结构形式上线，这样能被模型使用的数据才是有效数据。如果所有未经定义的数据都上线，除了增加服务器负担外，没有多少用处。

需要注意的是，建模也是一个长期工作，想一次性建好模型，很困难，可能出现原有的流程不能用了，新的流程又难以很好地支撑业务工作，企业还可能处于举步维艰的境地。所以 ZTE 通过从线下到线上、从线上到在线、从在线到智能在线三个阶段，逐步实现数字化转型。

17.4.3　全面工艺管理遇到数字化

全面工艺管理是希望"站在云上看云卷云舒"，数字化就提供了这样的条件，企业业务云在眼前流动，使得产品全流程可视化，更容易获得全局视野，一切都更加可视，风险可预测、可控。数字化使得各环节的衔接、交流更顺畅。再加上各种工艺管理规范和通用要求等可以作为神经元嵌入模型中，自动诊断、预测，辅助决策，支撑工艺执行流快速反应，实现工艺技术、工艺管理风险和异常管控，最终辅助决策支撑。例如，数字化使得研发和生产工艺更为方便地融合起来，数据同源，可以很方便做出工艺仿真，通过工艺库直接调用并输出生产工艺文件，提高工作效率。各种仿真、模拟使工艺管理工作如同走上了捷径。因此全面工艺管理遇到数字化，有如虎添翼之势。

数字化转型不是一蹴而就的，推行全面工艺管理要结合数字化转型的程度，顺势而为，全面工艺管理的思想和目的不变，方法、措施改变，可以说是变简单了，减少了大量的人为引导和说教工作。随着数字化转型的深入，全面工艺管理的方法、流程等要继续变革，要适配新阶段的数字化要求。

数字化模型要兼顾全面工艺管理的各项需求和业务流。全面工艺管理的很多内容是嵌在各业务流程里的，这部分内容方便搭上数字化的云平台。工艺技术和工艺管理需要的各类一手信息，需要企业设计数字化模型时统筹考虑。

需要关注的是，引入数字化后，全面工艺管理的内容和做法也会发生相应的变化。当然，数字化的模型体系也不是一成不变的，也需要不定时优化和完善。

ZTE 规划了依托基于交易思想的数字化企业架构，主要包括规范流程化、流程工具化、工具系统化、系统智能化四个方面。全面工艺管理也是统筹规划后，分阶段、分步骤完成的，二者互帮互助，携手并进，把复杂留给云平台和工具，把简单留给一线和客户，共同为企业、为国家、为人类创造美好的未来！

参 考 文 献

[1] 环境保护部. 声环境质量标准：GB 3096—2008[S]. 北京：中国环境科学出版社，2008.

[2] 中华人民共和国工业和信息化部. 音视频、信息技术和通信技术设备 第 1 部分：安全要求：GB 4943.1—2022[S]. 北京：中国标准出版社，2022.

[3] 白殿一. 标准的编写[M]. 北京：中国标准出版社，2009.

[4] 李克民. 信息通信基础设施低碳节能技术及应用指南[M]. 北京：人民邮电出版社，2022.